COMPORTAMENTO SUICIDA DA CRIANÇA E DO ADOLESCENTE

Dados Internacionais de Catalogação na Publicação (CIP)
(Câmara Brasileira do Livro, SP, Brasil)

Miller, David N.
  Comportamento suicida da criança e do adolescente : prevenção, avaliação e intervenção para escolas / David N. Miller ; tradução de Luciana Aché. – Petrópolis, RJ : Vozes, 2025.

  Título original: Child and adolescent suicidal behavior.
  Bibliografia.

  ISBN 978-85-326-7051-9

  1. Adolescentes – Comportamento suicida
  2. Estudantes – Comportamento suicida 3. Psicologia educacional
  4. Suicídio – Prevenção I. Título.

24-238900   CDD-371.713

Índices para catálogo sistemático:
1. Psicólogos escolares : Formação : Educação   371.713

Eliete Marques da Silva – Bibliotecária – CRB-8/9380

DAVID N. MILLER

COMPORTAMENTO SUICIDA DA CRIANÇA E DO ADOLESCENTE

PREVENÇÃO, AVALIAÇÃO E
INTERVENÇÃO PARA ESCOLAS

Tradução de Luciana Aché
Revisão técnica e adaptação ao Brasil de Isadora Sampaio

EDITORA VOZES

Petrópolis

© 2021 The Guilford Press.
Uma divisão da Guilford Publications, Inc.
Publicado conforme acordo com The Guilford Press

Tradução do original em inglês intitulado *Child and adolescent suicidal behavior –
School-based prevention, assessment, and intervention*

Direitos de publicação em língua portuguesa – Brasil:
2025, Editora Vozes Ltda.
Rua Frei Luís, 100
25689-900 Petrópolis, RJ
www.vozes.com.br
Brasil

Todos os direitos reservados. Nenhuma parte desta obra poderá ser reproduzida
ou transmitida por qualquer forma e/ou quaisquer meios (eletrônico ou mecânico,
incluindo fotocópia e gravação) ou arquivada em qualquer sistema ou banco de dados
sem permissão escrita da editora.

CONSELHO EDITORIAL

Diretor
Volney J. Berkenbrock

Editores
Aline dos Santos Carneiro
Edrian Josué Pasini
Marilac Loraine Oleniki
Welder Lancieri Marchini

Conselheiros
Elói Dionísio Piva
Ludovico Garmus
Teobaldo Heidemann
Thiago Alexandre Hayakawa

Secretário executivo
Leonardo A.R.T. dos Santos

PRODUÇÃO EDITORIAL

Anna Catharina Miranda
Eric Parrot
Jailson Scota
Marcelo Telles
Mirela de Oliveira
Natália França
Priscilla A.F. Alves
Rafael de Oliveira
Samuel Rezende
Verônica M. Guedes

Editoração: Rafaella Nóbrega Esch de Andrade
Diagramação: Editora Vozes
Revisão gráfica: Fernanda Guerriero Antunes
Capa: Rafael Machado

ISBN 978-85-326-7051-9 (Brasil)
ISBN 978-1462-54658-9 (Estados Unidos)

Este livro foi composto e impresso pela Editora Vozes Ltda.

Para Kris e os gatinhos, Ollie e Aries
E para Sue Klebold

Sumário

Prólogo 13

Prefácio 15

    Prevenção do suicídio de crianças e adolescentes: um assunto urgente 19

    Objetivo e síntese da segunda edição 19

    Por que profissionais escolares devem ler este livro 22

    Agradecimentos 23

Capítulo 1
Comportamento suicida em crianças e adolescentes: introdução e resumo . . 25

    Suicídio e escolas 28

    Comportamento suicida 29

    Comportamento suicida juvenil: a dimensão do problema 35

    O suicídio juvenil em perspectiva 36

    A demografia do suicídio juvenil 37

    Mitos e equívocos comuns sobre o suicídio juvenil 45

    Suicídio juvenil: quando, onde e como 48

    A principal pergunta: por que os jovens morrem por suicídio? 50

    Primeiras teorias sobre comportamento suicida 51

    Teorias posteriores sobre comportamento suicida 53

    Teorias de suicídio contemporâneas de ideação para ação 55

    Dor, sofrimento e cognição 63

    A importância de diminuir o sofrimento no suicídio juvenil 64

    Ciência, pseudociência e prevenção do suicídio 65

    Comentários finais 66

Capítulo 2

Comportamento suicida juvenil e as escolas 67

Prevenção do suicídio em escolas: uma breve história 68

Avaliando programas escolares de prevenção do suicídio 71

Elementos eficazes de programas escolares de prevenção do suicídio 74

Elementos ineficazes que devem ser evitados. 76

Prevenção do suicídio no Distrito Escolar Público de Miami-Dade. 77

Componentes de programas escolares amplos de prevenção do suicídio . . 78

Por que as escolas devem se preocupar com a prevenção do suicídio?. 80

Questões de responsabilidade legal, legislativa, ética e melhores práticas . . 82

Comentários finais 93

Capítulo 3

Trabalho em equipe, papéis, responsabilidades e autocuidado nas escolas. . 95

Políticas e procedimentos públicos para a prevenção do suicídio. 96

Guardião: papel e responsabilidade de toda a equipe escolar 98

Papéis e responsabilidades do professor 100

Papéis e responsabilidades da ECPS 101

Conduzindo reuniões eficazes da ECPS 102

Resposta à crise e a ECPS 105

Cuidar do cuidador: autocuidado para educadores. 105

Lidando com estresse e prevenindo o burnout. 107

Estratégias de autocuidado organizacional. 109

Comentários finais 110

Capítulo 4

Abordagens de saúde pública para a prevenção do suicídio juvenil. 111

O suicídio como um problema de saúde pública. 112

Saúde pública: um breve resumo 114

Abordagens comunitárias de saúde pública para a prevenção do suicídio . 116

Saúde mental como um componente da saúde pública 133

Saúde mental, saúde pública, políticas públicas e as escolas. 140

Comentários finais 141

Capítulo 5

Programas escolares de prevenção do suicídio para todos os alunos (nível 1) . . 143

Informações sobre suicídio juvenil para todos os alunos e funcionários ... 146

Informações demográficas 148

Mitos e realidades... 149

Variáveis que podem ajudar a explicar ou prever o comportamento
suicida juvenil 149

Fatores de risco 150

Possíveis sinais de alerta do comportamento suicida 153

Disparadores: crises e eventos de vida estressantes 155

Fatores de proteção.. 155

Ensinando alunos a como e onde encontrar ajuda 156

Limitações dos programas curriculares............................. 158

Outros programas de nível 1 de prevenção do suicídio em escolas....... 159

Maximizando a eficácia do programa de prevenção de suicídio de nível 1:
a importância do clima, da satisfação e da conexão escolares 164

Elogios e outras estratégias para melhorar o clima escolar............. 166

Comentários finais 168

Anexo 5.1 – Suicídio de jovens: exemplos de mitos e realidades 169

Anexo 5.2 – Crises e eventos estressantes na vida que podem precipitar
ou desencadear comportamento suicida 172

Capítulo 6

Identificando estudantes de nível 2 ou 3 e vinculando avaliação e intervenção . . 173

Triagem 174

Unindo avaliação de risco de suicídio à intervenção.................. 175

Uma visão geral de programas de triagem para suicídio 175

Vantagens de programas escolares de triagem para suicídio 179

Desafios da implementação de programas escolares de triagem para suicídio . . 180

Questões éticas e legais na triagem de estudantes 182

Resumo da triagem.. 183

Outros procedimentos para identificar jovens potencialmente em risco . . 184

Realizando avaliações individuais de risco de suicídio em estudantes 185

Os objetivos das avaliações escolares de risco de suicídio 186

Princípios básicos de avaliação de risco de suicídio em jovens 190

Entrevistando crianças e adolescentes. 192

Entrevistando professores e outros funcionários da escola 207

Entrevistando pais ou cuidadores 208

Procedimentos de avaliação a serem evitados 208

Tópicos especiais na avaliação de risco de suicídio 209

Suicídio e homicídio: tiroteios em escolas 219

Aprimorando habilidades profissionais na avaliação de risco de suicídio . 223

Comentários finais 224

Anexo 6.1 – Amostra de entrevista com perguntas para avaliar o risco
de suicídio 225

Anexo 6.2 – Exemplos de perguntas para professores e pais ou responsáveis . . 226

Capítulo 7
Intervenções de nível 2 e nível 3 para estudantes em risco e alto risco 227

Intervenções para estudantes em baixo risco 228

Intervenções para estudantes em risco moderado. 229

Programas escolares de intervenção no suicídio para estudantes em risco 230

Outras intervenções escolares de nível 2 para estudantes em risco. 232

Intervenções para estudantes em alto risco. 242

Outras intervenções de nível 3 para jovens suicidas 250

Comentários finais 262

Anexo 7.1 – Prevenção e estratégias de intervenção para jovens
potencialmente suicidas por nível de risco 263

Capítulo 8
Posvenção do suicídio na escola. 265

A importância da prontidão 267

Princípios que orientam a posvenção do suicídio nas escolas 268

Samn para posvenção em suicídio 269

Desenvolvendo um protocolo para responder ao suicídio de estudantes. . 269

Passos para desenvolver um protocolo de posvenção do suicídio na escola. . 270

Protocolo escolar de posvenção do suicídio 273

Contágio e aglomerados de suicídios. 292

Contágio de suicídio relacionado à divulgação midiática. 294

Orientações para trabalhar com a mídia. 295

Aspectos positivos da cobertura da mídia. 298

Respondendo ao suicídio de um estudante na escola 298

Respondendo ao suicídio de um membro adulto da equipe 299

Homenagens e a resposta da escola 299

Informações adicionais sobre a posvenção do suicídio nas escolas. 306

Além das escolas: os efeitos em cadeia do suicídio 307

Comentários finais 307

Anexo 8.1 – Um protocolo de prevenção de suicídio nas escolas 308

Anexo 8.2 – Diretrizes recomendadas para uma cobertura responsável
da mídia sobre suicídios. 309

Epílogo 311

Cura e recuperação. 312

Derrubando barreiras 313

Um problema evitável e uma tragédia desnecessária. 313

Pensamentos finais 314

Referências 315

Índice 357

Prólogo

O problema do comportamento suicida entre crianças e adolescentes não é novo. Quando comecei a estudar a depressão em crianças e adolescentes em ambiente escolar, há cerca de 40 anos, fiquei surpreso ao descobrir a quantidade de estudantes que manifestavam comportamentos suicidas, seja com ou sem depressão. Baseado em autorrelatos e em entrevistas clínicas com milhares de estudantes, conduzidas com a ajuda de vários alunos de pós-graduação da Universidade de Wisconsin-Madison, na década de 1980, descobrimos que um número significativo de alunos do Ensino Fundamental 2 e Ensino Médio exibia relevante ideação suicida. Daqueles com ideação suicida, aproximadamente 25% não estavam deprimidos. Minhas descobertas iniciais sobre a grande quantidade de estudantes suicidas não deprimidos mostraram que a triagem para depressão por si só não era suficiente, levando ao desenvolvimento de métodos para a avaliação direta de comportamentos suicidas em jovens. Essa pesquisa também revelou a magnitude do problema do comportamento suicida em crianças e adolescentes.

Os comportamentos suicidas continuam a ser um problema crítico de saúde mental em crianças e adolescentes. Quando fui convidado por David Miller para escrever o prefácio deste livro, me senti honrado. Eu havia lido a primeira edição e sabia do valor e da importância de uma segunda edição atualizada para auxiliar e educar os profissionais sobre como entender e lidar com o problema dos comportamentos suicidas em jovens.

Este livro é importante e crítico para escolas e profissionais de saúde mental. Ele apresenta a ciência e as melhores práticas para entender e ajudar a prevenir comportamentos suicidas em crianças e adolescentes, servindo de base para lidar com eles. Também é necessário compreender as boas práticas sobre como lidar com o suicídio de uma criança ou adolescente, pois o não cumprimento delas pode colocar outros jovens em risco de suicídio.

Este livro chega em um momento oportuno para profissionais escolares e outros que prestam serviços a crianças e adolescentes. Recomendo fortemente que todos os psicólogos que trabalham com essas faixas etárias leiam e considerem a implementação das melhores práticas apresentadas pelo autor. Também recomendaria o livro a professores, orientadores, assistentes sociais, enfermeiras e administradores escolares.

Este livro está sendo publicado em 2021, uma época de estresse sem precedentes para os jovens. Muitos ficaram isolados, com graves limitações no apoio social, e enfrentaram diversos estressores associados a uma pandemia mortal. Tais condições levaram ao aumento da depressão, da ansiedade e de tendências suicidas entre crianças e adolescentes. Sou grato ao dr. Miller por esta nova edição, que auxiliará psicólogos e outros profissionais de saúde mental, trazendo o conhecimento necessário para ajudar as crianças e os adolescentes vulneráveis. O conteúdo do livro reflete a notável experiência do autor, um dos principais educadores no campo da suicidologia.

Meu endosso a este livro tão importante, significativo e bem escrito é sincero. Atuei em muitos conselhos editoriais e revisei milhares de manuscritos enviados para publicação no campo da psicologia, bem como em campos relacionados à psiquiatria, à enfermagem e a outras profissões. Sou conhecido por não tecer falsos elogios (como muitos de meus ex-alunos de doutorado e mestrado podem atestar). Embora eu tenha amadurecido um pouco na velhice, meu foco crítico na qualidade e na integridade científica não mudou. Este livro é uma contribuição significativa para a literatura e, mais importante, para a educação de profissionais que trabalham ou trabalharão com jovens em risco de comportamentos suicidas. A vida (e a saúde mental) de uma criança é preciosa, e atender às necessidades dos estudantes em risco deve ser nossa maior prioridade.

William M. Reynolds, PhD
Universidade Estadual de Humboldt

Prefácio

Não há tragédia na vida como a morte de uma criança.
Dwight D. Eisenhower

Sobreviver à morte de um ente querido traz grande sofrimento. Sobreviver a uma morte por suicídio acrescenta ao sofrimento constrangimentos como a ridicularização pública e a humilhação particular, e com frequência sentimentos exagerados de culpa e raiva.
Iris Bolton

Suicídio é uma palavra sussurrada, inadequada para o convívio social. Família e amigos costumam fingir não ouvir o terrível som das palavras ao serem pronunciadas. Suicídio é um tabu que estigmatiza não apenas a vítima, mas também os sobreviventes.
Earl A. Grollman

A citação acima de Dwight Eisenhower, comandante supremo das Forças Aliadas na Europa durante a Segunda Guerra Mundial e mais tarde o 34º presidente dos Estados Unidos, nos lembra que há poucos acontecimentos mais trágicos na vida do que a morte de uma criança. Eisenhower e sua esposa estavam bem familiarizados com tal tragédia – seu filho primogênito morreu de escarlatina aos 3 anos de idade. Todos os anos, por quase meio século depois disso, até sua própria morte em 1969, Eisenhower enviou à esposa um buquê de flores no aniversário do nascimento de seu filho – um lembrete comovente de sua perda irreparável (Ambrose, 1990).

Como Eisenhower, inúmeros outros ao longo da história sofreram com a morte de um filho, filha, cônjuge, membro da família ou amigo. Embora a morte de um indivíduo em qualquer idade evoque tristeza e pesar, quando isso acontece com crianças ou adolescentes é particularmente trágico devido à brevidade de suas vidas e à frequente imprevisibilidade de suas mortes. A devastação emocional vivida pela família e amigos do falecido normalmente vem acompanhada por angústia pelas possibilidades perdidas e pelo potencial desperdiçado. Uma vida se extingue antes de ter a chance de florescer completamente.

O fim prematuro de uma vida jovem torna-se ainda mais difícil quando uma criança ou adolescente morre por suicídio. Geralmente, o suicídio é considerado a causa de morte mais chocante entre os jovens, bem como a mais incompreensível. Por não ter sido bem compreendido, muitas vezes o suicídio resulta em equívocos e mal-entendidos, além de despertar emoções complicadas entre aqueles que ficam para trás. Iris Bolton, cujo filho adolescente morreu por suicídio, descreveu como o desgosto e a angústia vivenciados pelos familiares sobreviventes de uma vítima de suicídio são, muitas vezes, exacerbados por outras emoções altamente aversivas, intensas e conflitantes, incluindo culpa (que pode ocorrer quando as pessoas se percebem como, de alguma forma, responsáveis por não terem impedido o suicídio) e raiva (de si mesmo, dos outros e até da vítima, o que reforça, então, o sentimento de culpa).

Os pais de uma criança ou adolescente que morre por suicídio em geral são especialmente dominados pela tristeza e pelo desespero (Linn-Gust, 2010). Embora não haja uma pessoa ou acontecimento que seja o "culpado" pela morte de um indivíduo por suicídio, esses pais são frequentemente assombrados e vivem cheios de culpa, com o sentimento de terem falhado com seus filhos em um momento crítico, de serem insensíveis à extensão da dor dos filhos ou de negligenciarem indícios importantes de comportamento suicida (Jamison, 1999). Na segunda citação no início deste prefácio, Iris Bolton afirma que, embora a morte de qualquer ente querido seja dolorosa, essa dor é particularmente aguda quando um ente querido morre por suicídio. O sofrimento emocional experimentado por familiares e amigos sobreviventes é certamente compreensível, mas como entender sua afirmação de que a morte de um ente querido por suicídio também causa sentimentos de "constrangimento", incluindo "ridicularização pública" e "humilhação particular"?

A razão parece ser que, embora o suicídio frequentemente desperte compaixão nas pessoas, também carrega um estigma público. De acordo com Joiner (2010, p. 272), cuja teoria sobre o motivo por que as pessoas morrem por suicídio é discutida no capítulo 1 deste livro, "o estigma combina medo e nojo, desprezo e falta de compaixão, todos esses decorrentes da ignorância". Sue Klebold (2016, p. 248–249) resumiu como esse estigma sobre as pessoas que morrem por suicídio afeta suas famílias:

> O suicídio é feio. Está envolto em desgraça. Grita para o mundo que a vida de uma pessoa terminou em fracasso. A maioria das pessoas nem quer ouvir falar disso. Como cultura, acreditamos que as pes-

soas que morrem por suicídio são fracas, não têm força de vontade, escolheram "a saída do covarde". Acreditamos que são egoístas e agiram de forma agressiva. Se eles se preocupassem com suas famílias/cônjuges/trabalho, teriam encontrado uma maneira de sair do buraco em que estavam. Nada disso é verdade e, no entanto, a mácula é generalizada e compartilhada pelas famílias sobreviventes.

O estigma associado ao suicídio, que inclui admitir corajosamente e buscar ajuda para o comportamento suicida e os problemas de saúde mental subjacentes a ele, precisa mudar para que haja uma prevenção eficaz e constante do suicídio em nível nacional. No entanto, não é preciso mudar o *medo* associado ao suicídio. Como Joiner (2010, p. 272) apontou, "o suicídio é muito temível e intimidador, e é certo e natural que continue assim". O medo do suicídio, e da morte em geral, evita que algumas pessoas morram por suicídio e, portanto, tem uma função benéfica para a sociedade. Já o estigma associado é outra questão. Presente na sociedade há séculos (Hecht, 2013; Minois, 1999), a estigmatização do suicídio certamente não é uma novidade (Alvarez, 1971; Colt, 2006). Na verdade, talvez seja o mais estigmatizado de todos os comportamentos humanos (Joiner, 2010), bem como um dos últimos grandes tabus sociais (Grollman, 1988). Suicídio, como descreveu o rabino e escritor Earl Grollman, é uma palavra sussurrada.

Por que as pessoas que morrem por suicídio são tão altamente estigmatizadas? A resposta a essa pergunta é complexa, mas, em parte, mostra que indivíduos que são vistos como tendo mais controle sobre sua própria existência são mais estigmatizados do que aqueles vistos como vítimas de circunstâncias fora de seu controle (Joiner et al., 2009). Por exemplo, para algumas pessoas, quanto mais responsabilidade alcoólatras e obesos tiverem por sua condição, mais hostil será a reação a eles (Joiner et al., 2009). O suicídio, assim como o alcoolismo e a obesidade, tem sido associado a causas ambientais e genéticas, indicando que a "escolha" pessoal em tais assuntos é claramente limitada. Apesar disso, parece que, para muitos, o suicídio representa "um caso extremo de responsabilidade pessoal" (Joiner et al., 2009, p. 168), pois é amplamente percebido como se estivesse, em grande parte, senão totalmente, sob o controle de um indivíduo. Infelizmente, mesmo sendo uma percepção equivocada, há ampla disseminação dessa ideia. Consequentemente, o suicídio continua sendo um problema "no qual muitos de nós ainda tendemos a culpar as vítimas" (Satcher, 1998, p. 326).

O estigma associado ao suicídio afeta não apenas as vítimas e suas famílias, mas também comunidades inteiras. Por exemplo, o ex-ministro da Saúde[1] dos

---

1. Em inglês, o termo *surgeon general*, cuja tradução livre é cirurgião-geral, se refere a um cargo nomeado pelo presidente norte-americano e representa a autoridade máxima em saúde pública do país, assemelhando-se ao ministro da Saúde, como será definido nesta obra [N.T.].

Estados Unidos David Satcher (1998) descreveu uma onda de suicídios de jovens, no fim dos anos de 1990, em uma pequena cidade, em um estado do meio-oeste. A cidade, que tinha uma população de cerca de 3 mil habitantes, testemunhou 11 suicídios em um período de 3 anos – cerca de 13 vezes mais do que seria normalmente esperado na época. Todas as 11 vítimas de suicídio tinham entre 13 e 23 anos, e 8 delas eram adolescentes. Os obituários das vítimas frequentemente usavam a expressão eufemística "morreu em casa" e faziam pouca ou nenhuma menção ao suicídio. Além disso, a mãe de uma das vítimas relatou que teve que ignorar "sussurros" pelas costas sobre o que havia de "errado em sua casa", que presumivelmente levou ao suicídio de seu filho.

Quando cidadãos preocupados tentaram organizar discussões abertas na escola secundária local sobre o número alarmante de suicídios de jovens, encontraram resistência de pais que, erroneamente, acreditavam que falar sobre suicídio apenas encorajaria outros alunos – uma crença que não é apenas equivocada, mas que também prejudicou claramente os esforços de prevenção do suicídio. As consequências da estigmatização de pessoas suicidas na comunidade ficaram ainda mais evidentes quando foi revelado que, se um indivíduo da cidade fosse suicida e ligasse para os socorristas (CVV, Corpo de Bombeiros ou Samu) pedindo ajuda, seria colocado em uma cela até a conclusão de uma avaliação realizada por um profissional de saúde mental, que, muitas vezes, tinha que viajar mais de 300 km para realizá-la.

Neste caso, a reação da comunidade ao suicídio não foi incomum ou isolada e, como Satcher (1998, p. 326) observa, "poderia facilmente ter acontecido em inúmeros lugares ao redor do país". Na verdade, o estigma associado ao suicídio é tão forte que levou muitas famílias de jovens vítimas a pedirem aos médicos legistas para indicarem outra causa de morte para seus filhos ou filhas, como um acidente, por exemplo (Nuland, 1993), evidenciando que *qualquer* outra causa seria preferível ao suicídio. Joiner (2010) cita um legista-chefe que afirmou que *nunca* registra a morte de um jovem como suicídio, mesmo que as evidências indiquem claramente que é esse o caso, porque não quer "estigmatizar" os pais.

Por causa do estigma associado a ele, o suicídio é visivelmente um tópico que causa grande desconforto para muitas, senão para a maioria das pessoas. De acordo com Satcher (1998, p. 326), que, enquanto era ministro da Saúde, fez da conscientização sobre o suicídio uma das principais prioridades de saúde pública em sua gestão, o suicídio é um tópico sobre o qual "não gostamos de falar". O escritor Andrew Solomon (2001, p. 248), cuja mãe se suicidou e que já experimentou seus próprios surtos de depressão suicida, fez uma observação semelhante quando descreveu o suicídio como "uma vasta crise de saúde pública, que nos deixa tão desconfortáveis que desviamos o olhar". Infelizmente, como acontece com a maioria dos outros problemas da vida, desviar a atenção do problema do suicídio não fará com que ele desapareça.

Prevenção do suicídio de crianças e adolescentes: um assunto urgente

Nos Estados Unidos, o suicídio entre crianças e adolescentes vem aumentando a um ritmo alarmante, principalmente nos últimos anos, fazendo com que seja urgente uma reação das escolas e comunidades para reverter essa tendência perturbadora. Alimentando ainda mais a urgência do assunto, houve uma proliferação de relatos na mídia sobre suicídio, especialmente entre jovens de minorias sexuais (ou seja, gays, lésbicas, bissexuais, transgêneros) e outros que morrem por suicídio após sofrerem *bullying*. O suicídio de celebridades (como Anthony Bourdain, Kurt Cobain, Chris Cornell, Aaron Hernandez, Kate Spade e Robin Williams) recebe atenção proeminente da mídia, e relatos fictícios de suicídio (como o caso da série da Netflix *13 Reasons Why*) também geraram ampla cobertura, resultando em maior ansiedade sobre os possíveis efeitos que podem causar nos jovens. Problemas urgentes requerem soluções urgentes, e o suicídio juvenil é claramente um problema urgente.

Felizmente, há várias ações que escolas e comunidades podem fazer, agora mesmo, para abordar o problema do suicídio juvenil. Infelizmente, a ideia de ter conversas francas e abertas sobre suicídio é angustiante para muitas pessoas, e o tema do suicídio juvenil parece deixá-las particularmente desconfortáveis. Por esse motivo, não somos tão eficazes quanto poderíamos ser na prevenção. No entanto, este problema pode ser corrigido e as escolas podem representar uma parte importante da solução. Este livro destina-se a auxiliar a equipe escolar nesse processo.

Objetivo e síntese da segunda edição

O objetivo deste livro é fornecer aos colaboradores de instituições educacionais, incluindo profissionais de saúde mental escolar (por exemplo, psicólogos escolares, orientadores educacionais e assistentes sociais), bem como outros profissionais da escola (por exemplo, administradores, professores, enfermeiras e equipe de apoio), informações úteis, práticas e baseadas em evidências sobre comportamento suicida de crianças e adolescentes e sua prevenção, avaliação, intervenção e posvenção dentro do ambiente escolar. Esta segunda edição é uma versão profundamente revisada e ampliada da primeira, publicada em 2011.

Em muitos aspectos, os leitores da primeira edição encontrarão um livro inteiramente novo. Todos os capítulos foram atualizados para incorporar novas informações e avanços no campo da prevenção do suicídio. Um novo capítulo foi adicionado, totalizando oito capítulos, mais este prefácio, um epílogo e um apêndice, listando recursos *online*. Meu objetivo para esta segunda edição foi torná-la ainda mais prática e informativa do que a primeira, mantendo uma abordagem de saúde pública abrangente e baseada em evidências para a prevenção do suicídio nas escolas. A ênfase ao longo do livro é em como as escolas podem prevenir o comportamento suicida juvenil e responder a ele com eficácia por meio da implementação de uma estrutura de sistemas de apoio em múltiplos níveis para a população.

O capítulo 1 oferece uma ampla introdução e visão geral do comportamento suicida juvenil, definindo o que significa o termo e localizando-o em um contexto apropriado. Os tópicos abordados nesse capítulo contemplam uma revisão dos dados demográficos sobre suicídio juvenil nos Estados Unidos, incluindo informações sobre idade, sexo, raça e etnia, geografia, orientação sexual, *status* socioeconômico e outras variáveis. Os muitos mal-entendidos e equívocos que cercam o suicídio e as pessoas suicidas também são discutidos, assim como informações sobre quando, onde e como o suicídio juvenil ocorre com mais frequência. Teorias sobre por que os jovens morrem por suicídio também são abordadas, com ênfase em modelos recentes de ideação para ação de comportamento suicida, que têm suporte empírico crescente, bem como implicações importantes para a prevenção, avaliação e intervenção no ambiente escolar.

O capítulo 2 apresenta uma introdução à prevenção do suicídio na escola, incluindo como avaliar programas escolares; os elementos eficazes e ineficazes desses programas; as razões pelas quais as escolas devem se envolver na prevenção do suicídio juvenil; e as questões legais e éticas relacionadas ao suicídio e às escolas. Esse capítulo pode ser de especial interesse para administradores escolares, além de outros funcionários que estão compreensivelmente preocupados com suas obrigações legais na prevenção e resposta ao suicídio de estudantes.

O capítulo 3, novo nesta segunda edição, descreve as funções e responsabilidades de vários profissionais escolares na prevenção do suicídio juvenil. Discute a importância do trabalho em equipe e a logística para a realização de reuniões efetivas, que abordem o planejamento e o desenvolvimento de estratégias de prevenção e posvenção do suicídio. Esse capítulo também fornece informações para prevenir a fadiga e o esgotamento entre os funcionários da escola que trabalham com jovens suicidas por meio de autocuidado adequado.

O capítulo 4 analisa as muitas vantagens de adotar uma abordagem de saúde pública para a prevenção do suicídio juvenil. Também avalia a eficácia de vários programas comunitários de prevenção do suicídio, como abordagens de segurança, linhas diretas para crise, mídia social e educação pública, considerando que essas estratégias devem ser idealmente combinadas com programas de prevenção no ambiente escolar para maximizar sua eficácia. Além disso, é discutida a questão das armas de fogo, método muito usado por indivíduos que se suicidam nos Estados Unidos, incluindo adolescentes, e são fornecidas informações sobre como uma abordagem de saúde pública para a prevenção do suicídio pode ser usada de forma eficaz nas escolas.

No Brasil, um estudo da Sociedade Brasileira de Psiquiatria, que analisou dados compilados entre 2012 e 2021, revela que "viver em uma casa com armas de fogo está associado a um risco três a quatro vezes maior de suicídio entre jovens" (Valeri, 2024).

O capítulo 5 fornece informações sobre como desenvolver programas de prevenção universal no ambiente escolar (nível 1), pensados para todos os alunos, como uma série inteira, toda a escola ou distrito escolar. Inclui informações que devem ser compartilhadas com todos os alunos e funcionários da instituição educacional em relação ao comportamento suicida juvenil, incluindo fatores de risco, proteção e sinais de alerta. A importância de maximizar a eficácia dos programas de prevenção ao suicídio de nível 1, por meio do desenvolvimento e da manutenção de um clima escolar positivo, bem como da promoção da conexão e satisfação do aluno com a escola, também é abordada nesse capítulo. Por exemplo, promover que os estudantes procurem ajuda (para si mesmos e para seus colegas) é um componente crítico da prevenção eficaz do suicídio na escola, mas é improvável que isso ocorra, a menos que o clima escolar seja positivo e as relações dos alunos com os funcionários sejam caracterizadas por confiança e respeito mútuos.

O capítulo 6 discute questões e procedimentos para identificar estudantes que podem estar em risco de suicídio, seja através de triagem ou de outros meios, e como vincular efetivamente as informações da avaliação ao desenvolvimento de intervenções apropriadas. Amplamente revisado desde a primeira edição e o capítulo mais longo do livro, o capítulo 6 contém informações detalhadas sobre os benefícios e desafios dos procedimentos de triagem e explica como realizar avaliações eficazes de risco de suicídio nas escolas, principalmente através de entrevistas individuais com alunos. Esse capítulo também aborda questões importantes na avaliação, como a distinção efetiva entre os alunos que se envolvem em automutilação não suicida e que são suicidas. Outros temas abordados incluem a relação entre suicídio e *bullying*, bem como entre suicídio e atiradores em escolas.

O capítulo 7 descreve intervenções selecionadas para alunos com risco de suicídio (nível 2), bem como intervenções terciárias e de crise para alunos de alto risco e alunos que vivenciam uma crise suicida na escola (nível 3). Esse capítulo discute uma variedade de intervenções baseadas em evidências, incluindo a controvérsia sobre medicamentos psicofarmacológicos e seus efeitos em jovens suicidas. Também é abordado como as escolas podem responder melhor quando um estudante retorna à instituição após ser hospitalizado por comportamento suicida.

O capítulo 8 trata da posvenção do suicídio e procedimentos que os funcionários da escola devem implementar após a morte de um estudante por suicídio, incluindo como responder e atender com eficácia às necessidades dos alunos, funcionários e da mídia. Considerando que a equipe está frequentemente despreparada para o suicídio de um aluno e insegura sobre a melhor forma de responder quando isso ocorre, esse capítulo fornece informações importantes sobre o que as escolas devem fazer, bem como sobre o que *não* devem fazer, após o suicídio de um estudante. Um breve epílogo conclui o livro, juntamente com um apêndice, que fornece uma lista de recursos *online*.

Por que profissionais escolares devem ler este livro

Poucas questões envolvendo crianças e adolescentes despertam tanta ansiedade entre os funcionários da escola quanto o suicídio juvenil. No entanto, muitas vezes, eles relatam serem inadequadamente treinados na prevenção do suicídio, em sua avaliação de risco, na intervenção com jovens suicidas e na forma de reagir às situações trágicas, quando um aluno morre por suicídio. A equipe escolar, principalmente os administradores e profissionais de saúde mental, também fica frequentemente confusa e insegura quanto às suas obrigações legais e éticas em relação ao suicídio juvenil e podem até temer um possível litígio. Este livro aborda cada uma dessas questões e muito mais.

Como o suicídio juvenil é um tópico tão triste, trágico e, muitas vezes, emocionalmente avassalador, alguns podem se perguntar por que alguém iria querer ler sobre isso. Não é um assunto muito mórbido? Não consigo pensar em uma resposta melhor para essa pergunta do que a de Joiner (2010, p. 269), que disse: "Não há nada mórbido em trabalhar para prevenir uma causa de morte agonizante e um enorme problema de saúde pública". Uma ideia semelhante é expressa em uma inscrição acima da porta do Instituto de Anatomia de Viena, Áustria, onde as autópsias são realizadas: *Hic locus est ubi mors gaudet succurrere vitae*, ou "Este é o lugar onde a morte se alegra em ajudar os vivos" (como citado em Shneidman, 2004). Eu acrescentaria que, embora a morte seja uma parte natural e inevitável da vida, a morte por suicídio não é natural nem inevitável, especialmente para crianças e adolescentes. Ao aprimorar seu conhecimento e compreensão em relação ao comportamento suicida juvenil, além de aprender como preveni-lo, avaliá-lo e responder a ele de maneira mais eficaz, a escola pode ajudar a diminuir sua ocorrência.

Espero que este livro, pelo menos de alguma forma, possa lançar luz sobre o tema sombrio do comportamento suicida em crianças e adolescentes e, consequentemente, reduzir alguns dos mal-entendidos que cercam o tema, bem como o estigma experimentado por jovens e adolescentes suicidas e suas famílias. Mais importante, espero que possa ser um recurso útil e prático para profissionais em escolas. O objetivo final da prevenção, avaliação e intervenção no suicídio nas escolas é salvar vidas de jovens. O propósito deste livro é fornecer aos profissionais escolares uma melhor compreensão de como alcançar esse objetivo de forma mais eficaz.

Agradecimentos

Nenhum autor escreve um livro sozinho, e este não é exceção. Tenho dívidas de gratidão para com muitas pessoas, principalmente minha esposa, Kris, a quem este livro é dedicado. Ela me encorajou e me apoiou de forma inabalável enquanto escrevia, trazendo ideias que foram essenciais para o desenvolvimento e a execução do livro. Kris tem mais empatia e compaixão pelo sofrimento dos outros do que qualquer pessoa que já conheci, e devo mais a ela do que posso expressar. Nossos dois amados gatos resgatados, Ollie e Aries, também nos deram apoio de suas próprias maneiras inimitáveis, sempre nos entretendo com suas travessuras. Ollie merece um reconhecimento especial por me fazer companhia perto de minha escrivaninha, em seu saco de dormir improvisado, uma visão especialmente reconfortante tarde da noite, quando a inspiração era escassa.

Conheci Sue Klebold em Chicago, na conferência da Associação Americana de Suicidologia (AAS)[2], em 2016, quando eu atuava como presidente da AAS. Fiquei imediatamente impressionado com sua bondade, coragem e graça – qualidades que ela tem em abundância, como qualquer pessoa que a conhece pode atestar. Sue é mãe de Dylan Klebold, que, junto com seu colega de classe Eric Harris, matou 13 pessoas e feriu várias outras na Columbine High School, antes de tirar a própria vida. Desde a tragédia de Columbine, e apesar dos inúmeros obstáculos, Sue canalizou sua dor para se tornar uma poderosa defensora da saúde mental e da prevenção do suicídio. Sua fascinante palestra TED sobre seu filho e Columbine foi vista por mais de 10 milhões de pessoas até o momento em que este livro foi escrito, e seu extraordinário livro de memórias *O acerto de contas de uma mãe* tornou-se um *best-seller* do New York Times (pelo qual ela não recebeu nenhum lucro; toda a receita foi doada para pesquisas e organizações de caridade com foco em questões de saúde mental). A dedicatória de meu livro a Sue é uma pequena tentativa de agradecer por tudo o que ela fez para defender a prevenção do suicídio e a promoção da saúde mental.

Sou grato a Natalie Graham, minha editora na The Guilford Press, por sua paciência, apoio, encorajamento e orientação no avanço desta segunda edição.

---

2. No original, American Association of Suicidology (ASS) [N.T.].

Também agradeço ao meu amigo e colega Chris Riley-Tillman, ex-editor da *Série de intervenções práticas em escolas* da The Guilford, por seu apoio. Chris substituiu o editor fundador dessa série, o falecido Kenneth W. Merrell, que me incentivou a escrever a primeira edição deste livro e continua sendo uma importante influência em minha vida. Ter esta segunda edição, assim como a primeira, publicada pela Guilford na *Série de intervenções práticas em escolas* é uma honra e um dos destaques da minha carreira.

Este livro recebeu muito auxílio e contribuições de numerosos pesquisadores, profissionais, sobreviventes de perdas por suicídio, sobreviventes de tentativas de suicídio e defensores da prevenção ao suicídio, muitos dos quais são mencionados nele. Sem o excelente trabalho realizado por essas e outras pessoas, dedicadas a compreender e prevenir o suicídio e apoiar as pessoas afetadas por ele, este livro não teria sido possível. Gostaria de agradecer particularmente a Mike Anestis, Lanny Berman, Iris Bolton, Pat Breux, Dave Jobes, Thomas Joiner, Cheryl King, Amy Kulp, Dan Reidenberg e Michelle Rusk. Tive o prazer de conhecê-los durante meus vários cargos de lideranças na AAS. Sou especialmente grato a dois ex-presidentes da AAS, Pete Gutierrez e Jim Mazza, por sua amizade, incentivo e apoio duradouros e contínuos.

Comecei a me interessar pela prevenção do suicídio na escola quando era estudante de doutorado em psicologia escolar na Lehigh University, onde recebi educação de qualidade, bem como a oportunidade e o incentivo para seguir meus interesses. Sou particularmente grato a três de meus mentores da Lehigh, cada um dos quais me influenciou e inspirou muito: George J. DuPaul, Michael P. George e o falecido Edward S. Shapiro.

Por último, mas certamente não menos importante, meus agradecimentos a William M. (Bill) Reynolds, um estudioso proeminente e ganhador do prestigiado Prêmio de Cientista Sênior da Divisão 16 (Psicologia Escolar) da Associação Americana de Psicologia, por gentilmente escrever o prefácio deste livro. Durante a pós-graduação, tornei-me um ávido leitor e admirador dos artigos de jornal, capítulos de livros e livros de Bill sobre transtornos internalizantes de crianças e adolescentes, particularmente seu trabalho sobre depressão infantil e juvenil e comportamento suicida. Ele se tornou um modelo para mim e, desde então, meu respeito e admiração por Bill e seu trabalho só aumentaram. Como uma das figuras de maior referência da psicologia escolar, o legado de Bill pode ser visto através do amplo uso, em escolas e clínicas, de suas muitas ferramentas de avaliação, incluindo a Escala de Avaliação de Depressão para Crianças de Reynolds, a Escala de Avaliação de Depressão para Adolescentes de Reynolds e o Questionário de Ideação Suicida. Sou profundamente grato a Bill como mentor, colega e amigo.

Capítulo 1

Comportamento suicida em crianças e adolescentes: introdução e resumo

Cada forma de suicídio é particular: intensamente única, desconhecida e terrível... e cada tentativa dos vivos de entender esse momento final de uma vida pode ser apenas um rascunho irritantemente incompleto.

Kay Redfield Jamison

Para entender o suicídio, precisamos entender o sofrimento e a dor psicológica e até que ponto é possível aguentá-la; para tratar pessoas suicidas (e evitar o suicídio), é preciso encarar e, em seguida, amenizar a dor psicológica que o impulsiona.

Edwin S. Shneidman

Dizer que as pessoas que se suicidam estão sozinhas no momento da morte é começar a aproximar-se da verdade, como dizer que o oceano está molhado. É a solidão combinada com alienação, combinada com isolamento, combinada com rejeição e ostracismo – isso é melhor, mas ainda não captura totalmente a essência. Na verdade, acredito que seja impossível captar totalmente o fenômeno em palavras, porque está muito além da experiência comum, tanto quanto é difícil conceber o que pode estar além da borda do universo.

Thomas Joiner

O suicídio é uma tragédia global e uma crise de saúde pública, que causa sofrimento imensurável a indivíduos, famílias e comunidades. A Organização Mundial da Saúde (OMS, 2014) estima que aproximadamente 800 mil pessoas morrem por suicídio todos os anos, número que equivale a mais de 2 mil

Capítulo 1

mortes por dia, 90 mortes por hora ou 1 morte a cada 40 segundos. Mais pessoas morrem por suicídio do que por homicídio ou guerras, e a quantidade de suicídios aumentou tão significativamente em todo o mundo que é a segunda principal causa de morte entre jovens de 15 a 29 anos no mundo (OMS, 2014, 2018).

Nos Estados Unidos, 44.344 pessoas morreram por suicídio em 2018, o equivalente a um suicídio aproximadamente a cada 10,9 minutos ou quase 6 pessoas por hora. Nos Estados Unidos, houve um aumento substancial no número de suicídios nos últimos anos, enquanto, no resto do mundo, a quantidade diminuiu. De 1999 a 2017, houve um aumento de 33% na taxa de suicídio nos Estados Unidos entre homens e mulheres com idades entre 10 e 74 anos, com maiores aumentos percentuais anuais após 2006 (Hedegaard et al., 2018). Como em outros países, a grande maioria dos suicídios nos Estados Unidos em 2018 foi realizada por homens, com uma taxa 3,6 vezes mais frequente do que entre as mulheres. Além disso, para cada morte por suicídio, há muito mais pessoas que tentam o suicídio, mas, por uma variedade de razões, não morrem dessa forma. Estima-se que 1,3 milhão pessoas nos Estados Unidos tentaram suicídio em 2017, um número aproximadamente equivalente à população de Dallas, Texas.

> Aproximadamente 800 mil pessoas morrem por suicídio todos os anos, número que equivale a mais de 2 mil mortes por dia, 90 mortes por hora ou 1 morte a cada 40 segundos.

Os dados da Organização Mundial de Saúde (OMS) revelam um aumento mundial na taxa de suicídio na população entre 15 e 44 anos, sendo atualmente a terceira principal causa de morte nessa faixa etária (CRPDF, 2020). O Brasil está entre os dez países que registram os maiores números absolutos de suicídios (Botega, 2014). Entre 2011 e 2015, a taxa de suicídio no Brasil aumentou 12%, chegando a 5,7 óbitos por 100 mil habitantes em 2015.

> O suicídio aumentou significativamente durante os últimos cinquenta anos e é a segunda principal causa de morte em todo o mundo entre jovens de 15 a 29 anos.

As taxas entre jovens vêm aumentando a ponto de, atualmente, a juventude ter se tornado o grupo de maior risco em um terço dos países. Na média, o suicídio é a segunda principal causa de morte entre jovens de 15 a 29 anos no mundo (CRPDF, 2020).

Por mais preocupantes que sejam esses números, talvez ainda mais preocupante seja o fato de muitas crianças e adolescentes em idade escolar morrerem por suicídio. Embora, em geral, as taxas de mortalidade de crianças e adolescentes nos Estados Unidos tenham diminuído constante e substancialmente durante as últimas décadas, devido aos contínuos avanços médicos, a taxa de suicídio juvenil aumentou dramaticamente desde a década de 1950, com os aumentos mais significativos tendo ocorrido nos últimos anos. Por exemplo, a taxa de suicídio entre crianças e adolescentes de 10 a 19 anos aumentou consideravelmente de 1999 a 2017 (Hedegaard et al., 2018), com aumentos maiores na segunda metade desse período.

De acordo com os Centros de Controle e Prevenção de Doenças[3] (CCD; 2018), embora o suicídio tenha sido a décima principal causa de morte nos Estados Unidos em 2017, ocupa o segundo lugar entre crianças e adolescentes de 10 a 14 anos e entre adolescentes e jovens adultos de 15 a 24 anos. Em 2017, nos Estados Unidos, 517 crianças e adolescentes entre 10 e 14 anos morreram por suicídio (uma média de mais de 1 suicídio por dia nessa faixa etária) e 2.491 adolescentes entre 15 e 19 anos se mataram (uma média de quase 7 suicídios por dia). Coletivamente, isso significa que uma média de cerca de 8 crianças e adolescentes entre 10 e 19 anos morrem por suicídio todos os dias nos Estados Unidos.

> Embora as taxas de mortalidade de crianças e adolescentes tenham diminuído constante e substancialmente durante as últimas décadas, devido aos avanços médicos contínuos, a taxa de suicídio de jovens nos Estados Unidos permaneceu persistentemente alta e houve aumentos alarmantes nos últimos anos.

De acordo com o Sistema de Informações Sobre Mortalidade, no Brasil, entre 2000 e 2015, ocorreram 11.947 mortes em função de lesões autoprovocadas em jovens de 10 a 19 anos, representando 8,25% do total de mortes por suicídio no período citado, havendo tendência de crescimento (Cicogna et al., 2019, p. 3).

> Em média, aproximadamente 8 crianças e adolescentes entre 10 e 19 anos morrem por suicídio todos os dias nos Estados Unidos.

Infelizmente, os suicídios de jovens são apenas parte do problema. Para cada jovem que morre por suicídio, estima-se que cerca de 100 a 200 outros façam tentativas de suicídio, e milhares mais se envolvam em pensamentos sérios sobre se matar (D. N. Miller & Eckert, 2009). Formas não fatais, mas ainda graves, de comportamento suicida (por exemplo, ideação suicida, ameaças e planos suicidas e tentativas de suicídio) afetam negativamente um número enorme de crianças, adolescentes e seus amigos e familiares a cada ano. Por exemplo, situações de jovens que tentam o suicídio, mas não morrem, ainda podem resultar em ferimentos graves, incluindo possíveis danos cerebrais, ossos quebrados ou falência de órgãos. Além disso, os jovens que contemplam seriamente ou tentam o suicídio, frequentemente, sofrem de depressão e outros problemas de saúde mental, e familiares e amigos de jovens suicidas também correm o risco de desenvolver esses

---

3. No original, Centers for Disease Control and Prevention (CDC) [N.T].

problemas. Consequentemente, os custos psicológicos, emocionais, comportamentais, sociais, médicos e financeiros do comportamento suicida juvenil, não apenas para os indivíduos, mas também para as famílias e comunidades inteiras, são frequentemente devastadores (D. N. Miller et al., 2009).

Estatísticas sobre o suicídio juvenil são fundamentais para entender o escopo e contexto, e são apresentadas neste capítulo e ao longo do livro. Mas as estatísticas não medem o enorme e incalculável sofrimento experimentado pelos jovens suicidas e pelas pessoas que se preocupam com eles. Em suma, os números contam apenas parte da história. Também é necessário que haja uma maior compreensão do suicídio no nível emocional, por meio da empatia com o sofrimento dos suicidas. Talvez o mais importante seja uma maior conscientização sobre o suicídio juvenil, assim como aumentar o número de indivíduos atenciosos e empáticos que são treinados e comprometidos para identificar com precisão os jovens suicidas e lhes dar uma resposta efetiva. A melhor maneira de fazer isso de forma que possa potencialmente ter o maior impacto envolve as escolas de nossa nação.

> Para cada jovem que morre por suicídio, estima-se que talvez 100 a 200 jovens façam tentativas de suicídio, e milhares mais se envolvam em pensamentos sérios sobre se matar.

Suicídio e escolas

Como os funcionários da escola têm contato diário com crianças e adolescentes, ocupam uma posição única, ideal para prevenir o suicídio juvenil. Embora existam muitos desafios significativos enfrentados pelas escolas de nosso país, poucos ou nenhum são mais importantes do que o comportamento suicida juvenil e certamente nenhum é mais urgente (Mazza, 2006). Muitas escolas experimentaram um aumento significativo no número de estudantes gravemente deprimidos, automutilados e/ou suicidas, e essa tendência parece continuar (por exemplo, a pandemia mundial de Covid-19 pode ter consequências psicológicas de longo prazo, afetando a saúde mental de crianças e adolescentes vulneráveis). Infelizmente, poucos funcionários da escola parecem estar adequadamente treinados para fornecer os serviços de saúde mental necessários para seus alunos.

De fato, até mesmo os profissionais de saúde mental das escolas frequentemente relatam estar despreparados para prevenir o comportamento suicida juvenil ou responder a ele com eficácia (J. A. Brown et al., 2018; Debski et al., 2007; D. N. Miller & Jome, 2008, 2010; O'Neill et al., 2020). Por exemplo, uma pesquisa com psicólogos escolares de todo o país descobriu que 86% haviam atendido um aluno que ameaçara ou tentara suicídio, 62% relataram que conheciam um aluno em sua escola que fez uma tentativa de suicídio não fatal e 35% relataram que um aluno em sua escola havia morrido por suicídio. No entanto, apenas 22% dos psicólogos escolares que participaram dessa pesquisa acreditam que sua formação universitária os preparou de forma satisfatória para intervir adequadamente com jovens suicidas ou para contribuir efetivamente para procedimentos de posvenção após o suicídio de um aluno (Berman, 2009). Se os profissionais de saúde mental das escolas revelam que *eles* não são treinados adequadamente para lidar com o comportamento suicida juvenil, só podemos imaginar a falta de preparo que professores, administradores e outros funcionários da escola enfrentam. Claramente, os profissionais de instituições educacionais precisam de muito mais informação sobre o comportamento suicida juvenil, principalmente na forma de um guia prático para prevenção, avaliação e intervenção eficaz nas escolas.

Para que os funcionários da escola respondam de forma proativa e eficaz ao comportamento suicida dos jovens, eles precisam aprender e se qualificar em várias áreas diferentes, incluindo a implementação e manutenção de programas escolares de prevenção do suicídio, realização de avaliações de risco de suicídio, intervenção com jovens suicidas e resposta proativa e eficaz caso um aluno se suicide. Essas questões são críticas, porque a maneira como os profissionais da escola respondem ao comportamento suicida dos jovens pode, literalmente, ser a diferença entre a vida e a morte.

Comportamento suicida

O primeiro passo no processo de prevenir o comportamento suicida juvenil e responder a ele de modo efetivo envolve entender adequadamente o que significa esse termo, usado ao longo do livro. Da forma como colocamos aqui, o *comportamento suicida* se refere a "comportamentos relacionados ao suicídio, incluindo atos preparatórios, bem como tentativas de suicídio e mortes" (Ministério da Saúde dos Estados Unidos & Aliança Nacional para Ação pela Prevenção do Suicídio, 2012, p. 142)[4]. Mais especificamente, o comportamento suicida se refere a quatro condições diferentes, mas frequentemente sobrepostas, que existem em um *continuum*: ideação suicida, comunicações relacionadas ao suicídio, tentativas de suicídio e suicídio. Os comportamentos ao longo desse *continuum* variam e não são mutuamente exclusivos, nem todos os jovens suicidas avançam sequencialmente através deles (Mazza, 2006; Silverman et al., 2007a, 2007b). Além disso, embora a

---

4. No original, U.S. Department of Health and Human Services Office of the Surgeon General & National Action Alliance for Suicide Prevention [N.T.].

frequência de cada comportamento *diminua* à medida que os indivíduos se movem ao longo desse *continuum*, o nível de letalidade e a probabilidade de morte *aumentam* (Mazza & Reynolds, 2008). Consequentemente, o comportamento suicida inclui e incorpora um conjunto muito maior de comportamentos além apenas do suicídio. Cada um desses quatro tipos de comportamento suicida é agora descrito em maiores detalhes.

> O comportamento suicida se refere a quatro condições diferentes, mas frequentemente sobrepostas, que existem em um *continuum*: ideação suicida, comunicações relacionadas ao suicídio, tentativas de suicídio e suicídio.

Ideação suicida

A *ideação suicida* ocorre no início do *continuum* do comportamento suicida e se refere a "pensamentos de envolvimento em comportamentos relacionados ao suicídio" (Ministério da Saúde dos Estados Unidos & Aliança Nacional para Ação pela Prevenção do Suicídio, 2012, p. 143). Os pensamentos podem variar desde reflexões mais gerais, como desejos de nunca ter nascido ou de estar morto, até pensamentos mais específicos, como o desenvolvimento de planos detalhados sobre quando, onde e como o suicídio pode ocorrer (Mazza, 2006). Dependendo do grau e tipo de ideação suicida, ela pode ser uma precursora de formas mais graves de comportamento suicida. Por exemplo, um adolescente que raramente pensa em suicídio e rejeita rapidamente essa ideia quando ocorre geralmente não é considerado em alto risco, principalmente se não tiver histórico de tentativas anteriores ou problemas de saúde mental. Em contraste, um adolescente que se envolve em ideação suicida frequente, caracterizada por um plano detalhado e específico para morrer por suicídio, deve ser considerado em um risco maior.

Pensamentos transitórios sobre suicídio parecem ser bastante comuns e até um tanto normativos durante a adolescência (Rueter et al., 2008). Por exemplo, um estudo descobriu que até 63% dos alunos do Ensino Médio envolvidos na pesquisa relataram algum nível de ideação suicida (Smith & Crawford, 1986). No entanto, quando medidas de avaliação transversal são usadas, os estudos geralmente constatam que cerca de 20% dos adolescentes têm pensamentos sérios sobre suicídio em algum momento (Bridge et al., 2006). A pesquisa indica que a prevalência de ideação suicida aumenta à medida que as crianças crescem, atingindo o pico por volta dos 14-16 anos (Rueter & Kwon, 2005). Embora a ideação suicida nunca deva ser tratada de maneira leviana, os jovens que se envolvem em alguma forma de ideação não irão típica ou inevitavelmente prosseguir para comportamentos suicidas mais sérios, como planejar ou tentar o suicídio (Lewinsohn et al., 2001).

A ideação suicida torna-se mais significativa e preocupante quando "é mais do que transitória, possivelmente uma preocupação, e quando é acompanhada pela possibilidade de ser traduzida em ações comportamentais" (Berman et al., 2006, p. 99). Além disso, quando há histórico de tentativa de suicídio anterior, a ideação atual está significativamente relacionada ao aumento da probabilidade de futuras tentativas de suicídio.

Comunicações relacionadas ao suicídio

As *comunicações relacionadas ao suicídio* se referem a "qualquer ato interpessoal de comunicar, expressar ou transmitir pensamentos, vontade, desejo ou interesse [sobre o suicídio], para o qual há evidência (explícita ou implícita) de que o ato de comunicação não é um comportamento autoinfligido ou autolesivo" (Silverman et al., 2007b, p. 268). Esta categoria inclui comunicações verbais e não verbais que podem ter intenção suicida, mas não tiveram resultados prejudiciais para o indivíduo. Dentro desta categoria estão dois subconjuntos: ameaça de suicídio e plano de suicídio.

Uma *ameaça de suicídio* se refere a "qualquer ação interpessoal, verbal ou não verbal, sem um componente autolesivo direto, que uma pessoa razoável interpretaria como comunicação ou sugestão de que [uma forma mais extrema de] comportamento suicida pode ocorrer em um futuro próximo" (Silverman et al., 2007b, p. 268). Essa comunicação pode ser direta (por exemplo, um aluno dizendo a um de seus colegas que quer se matar) ou indireta (um aluno se envolvendo em comportamento altamente perigoso, arriscado e autodestrutivo) e varia de acordo com o nível de planejamento, comunicação e ocultação de outros (Kingsbury, 1993). Um *plano de suicídio* remete a "um método proposto de execução de um projeto que levará a um resultado potencialmente autolesivo; uma formulação sistemática de um programa de ação que tem o potencial de resultar em autolesão" (Silverman et al., 2007b, p. 268). Jovens que fazem ameaças ou planos de suicídio estão comunicando a outros a intenção de morrer.

Comunicações relacionadas ao suicídio podem ser vistas como um ponto intermediário entre a ideação suicida e formas mais extremas de comportamento, como tentativas de suicídio (Silverman et al., 2007b). Essa categoria de comportamento suicida é motivada por relações interpessoais e, com frequência, envolve comunicar a outras pessoas como um indivíduo pode avançar da ideação para a pré-ação (ameaça de suicídio) ou da ideação para a ação (plano de suicídio).

Nem todos os jovens suicidas fazem ameaças de suicídio, nem todos os jovens que fazem ameaças de suicídio são ativamente suicidas (Mazza, 2006). Dito isso, uma maioria significativa das tentativas de suicídio de jovens ou mortes por suicídio são precedidas por ameaças ou avisos. Por outro lado, a grande maioria das ameaças individuais de suicídio não são seguidas por ações suicidas e, muitas vezes, não têm essa intenção ou são adiadas por causa da presença de reações positivas, como a atenção desejada de outras pessoas (Berman et al., 2006). Compreender que nem todos os jovens que ameaçam suicídio realizam tentativas genuínas de suicídio, entretanto, não deve ser visto como uma razão ou justificativa para minimizar ou ignorar tal comportamento. Conforme observado por Berman e seus colegas (2006, p. 99), "todas as ameaças e comunicações sobre suicídio devem ser levadas a sério, respondidas e avaliadas como indicadores de significado clínico e risco em potencial. Não fazer isso e descobrir que estava errado após um eventual [suicídio] é um custo que acreditamos ser inaceitável e evitável".

Tentativas de suicídio

Tentativa de suicídio é a terceira forma de comportamento suicida nesse *continuum* e pode ser definida como "um comportamento autoinfligido, potencialmente prejudicial, com resultado não fatal, para o qual há evidências (explícitas ou implícitas) da intenção de morrer" (Silverman et al., 2007b, p. 273). Existem diferentes tipos de tentativas de suicídio, sendo algumas consideradas de *alta intencionalidade* e outras de *baixa intencionalidade*. O que geralmente distingue esses dois tipos é o nível de letalidade do método usado na tentativa (Berman et al., 2006). Por exemplo, tentativas de suicídio de alta intencionalidade são geralmente associadas a níveis mais altos de letalidade (como o uso de armas).

Felizmente, a maioria das tentativas de suicídio realizadas por crianças e adolescentes é de baixa letalidade, permitindo maior probabilidade de resgate e com menor chance de morte. Por exemplo, uma arma é um método muito mais letal do que tomar uma overdose de comprimidos, e um jovem tem muito mais probabilidade de morrer em uma tentativa de suicídio se usar o método mais letal. O nível tipicamente baixo de letalidade nos métodos escolhidos pelos jovens que tentam suicídio sugere que a maioria é ambivalente quanto a tirar a própria vida (Mazza, 2006). De fato, a grande maioria das tentativas de suicídio de jovens (aproximadamente sete em cada oito) é de letalidade tão baixa que elas não requerem atenção médica e sequer são relatadas (Berman et al., 2006).

Alguns jovens que tentam o suicídio se envolvem no que Berman e seus colegas (2006) chamam de *comportamento autodestrutivo de baixa letalidade*. A intenção da maioria dos jovens que se envolvem nesse comportamento geralmente parece ser mobilizar ou causar mudanças no comportamento de outras pessoas. Por exemplo, um adolescente que se corta na frente de outras pessoas em uma área que provavelmente não resultará em grande perda de sangue (como no cotovelo) pode estar se envolvendo em um comportamento autodestrutivo de baixa letalidade. Às vezes, os comportamentos de baixa letalidade são descritos como um *pedido de ajuda* ou um *gesto suicida*. Ambos os termos são infelizes, porque cada um, à sua maneira, minimiza o significado do comportamento por meio da implicação de que o jovem não está "seguro" quanto ao suicídio e/ou está apenas "querendo chamar atenção".

Embora os jovens que se envolvem em tentativas de suicídio de baixa letalidade possam estar buscando atenção e/ou tentando mudar o comportamento dos outros, vale a pena refletir sobre o *motivo* que os levou a se envolver em tal comportamento. Por exemplo, pode ser que outros métodos para atingir esses mesmos objetivos tenham sido tentados diversas vezes, mas sem sucesso. Independentemente disso, como foi observado na seção anterior sobre comunicações relacionadas ao suicídio, *todas* as comunicações sobre comportamento suicida feitas por jovens devem ser respondidas de maneira séria e cuidadosa por adultos atenciosos.

Tentativas repetidas de suicídio são comuns em jovens que se envolvem em "comportamento autodestrutivo crônico e habitual" (Berman et al., 2006, p. 98). Esses indivíduos geralmente parecem ter mais sintomas crônicos associados ao suicídio, bem como estratégias e histórias de enfrentamento mais frágeis, e também pertencem a famílias que apresentam padrões de comportamento disfuncionais mais caóticos e crônicos (incluindo comportamento suicida e abuso de substâncias) do que indivíduos que tentam suicídio com menos frequência. Embora as tentativas iniciais de suicídio desses indivíduos sejam geralmente menos letais do que as posteriores, não é incomum que o nível de letalidade aumente junto com a frequência. Tentativas repetidas de suicídio correm maior risco de, eventualmente, resultar em morte, porque um histórico de múltiplas tentativas é um dos fatores de risco mais destrutivos para o suicídio. Não é surpresa que tentativas repetidas de suicídio levem a hospitalizações e, muitas vezes, exijam muito dos prestadores de serviços, hospitais e outros sistemas de tratamento (Berman et al., 2006).

Embora a maioria das tentativas de suicídio de jovens não tenha resultados letais, isso não significa que esses comportamentos não devam ser tratados com seriedade por adultos. Juntamente com a presença de transtornos de saúde mental, tentativas anteriores de suicídio são um dos fatores de risco mais significativos para indivíduos que, mais tarde, morrem por suicídio. Além disso, os jovens que tentam o suicídio têm um risco muito maior de repetir o comportamento no futuro, bem como um risco aumentado de morte posterior por suicídio (Groholt & Ekeberg, 2009). Embora a maioria dos jovens que tenta o suicídio o faça apenas uma vez e não morra, um número substancial de indivíduos que tentam o suicídio morre mais tarde dessa forma (Berman et al., 2006).

Além de aumentar a probabilidade de comportamento suicida adicional, envolver-se em uma tentativa de suicídio coloca o indivíduo em risco de uma série de outros problemas. Por exemplo, um estudo acompanhou um grupo de crian-

Capítulo 1

ças de 8 a 10 anos após uma tentativa de suicídio. Dos 71 indivíduos da amostra, 79% apresentaram pelo menos um transtorno psiquiátrico, sendo a depressão o mais comum. Além disso, um terço da amostragem recebeu algum tipo de tratamento hospitalar, 78% recebeu algum tipo de tratamento psiquiátrico e 44% fez tentativas adicionais de suicídio (Groholt & Ekeberg, 2009).

Suicídio

O *suicídio* é o último e obviamente o comportamento mais grave e letal no *continuum* do comportamento suicida (Mazza & Reynolds, 2008). Pode ser definido como "morte causada por comportamento prejudicial autodirigido, cuja intenção é morrer" (Ministério da Saúde dos Estados Unidos & Aliança Nacional para Ação pela Prevenção do Suicídio, 2012, p. 143). Para que ocorra o suicídio, o indivíduo deve utilizar um método suficientemente letal. Muitas vezes, é difícil determinar a intencionalidade, pois está baseada na evidência de que o indivíduo entendeu que o ato autoinfligido produziria a morte. Para que a causa da morte seja considerada suicídio, deve ser certificada como tal por um médico ou legista.

Uma variável-chave entre os jovens que morrem por suicídio é a presença de psicopatologia, como transtornos de humor, abuso de substâncias e transtornos de comportamento disruptivo (Fleischmann et al., 2005). Na verdade, a pesquisa sugere que aproximadamente 90% ou mais dos jovens que morrem por suicídio têm pelo menos um transtorno mental diagnosticável no momento de suas mortes (Berman et al., 2006; McLoughlin et al., 2015). A relação entre a psicopatologia infantil e adolescente e o suicídio juvenil é crítica e será abordada mais extensivamente no capítulo 2.

A importância das palavras

Ao discutir os diferentes termos associados ao comportamento suicida, as palavras são importantes. Por exemplo, o termo *cometeu suicídio* foi muito usado no passado e, infelizmente, ainda é amplamente usado hoje em dia. O problema é que esse termo sugere que a culpa pelo suicídio recai direta e exclusivamente sobre o indivíduo que morreu (em vez de entender o suicídio como um resultado complexo, influenciado por muitos fatores, incluindo alguns externos ao indivíduo) e implica intenção criminosa (o suicídio foi, e em alguns lugares ainda é, considerado crime). Por exemplo, alguém "comete" uma diversidade de atos ilegais, como perjúrio, roubo ou assassinato. Consequentemente, é mais apropriado usar a expressão *morreu por suicídio* ao descrever o ato de suicídio, ou dizer que um indivíduo *tirou a própria vida* ou *se matou*. Cada um desses termos descreve o ato com precisão e não julga a pessoa envolvida. A frase *morreu por suicídio* é usada ao longo deste livro e seu uso é altamente recomendado.

Além disso, ao descrever o resultado da tentativa de suicídio de um indivíduo, deve-se evitar o uso do termo "fracassada", pois implica que o indivíduo, de alguma forma, fez algo errado, porque "falhou" em sua tentativa de morrer. Da mesma forma, o uso do termo "tentativa de suicídio bem-sucedida" também transmite uma mensagem inútil (não devemos associar os conceitos de bem-sucedido e morte por suicídio). Em vez disso, o uso dos termos *tentativa de suicídio abortada* (ou seja, a pessoa se detém) ou *tentativa de suicídio interrompida* (quando uma circunstância externa impede o indivíduo) é considerado mais apropriado (T. A. Erbacher et al., 2015). As palavras importam.

Resumo

Definir com precisão as formas de comportamento suicida pode ser um processo complexo e levou diferentes pesquisadores e teóricos a definirem o comportamento suicida de diferentes maneiras (Silverman et al., 2007a, 2007b). Considerando o objetivo deste livro, o comportamento suicida foi amplamente definido para englobar não apenas o suicídio, mas também outros comportamentos sérios e intimamente relacionados, incluindo ideação suicida, comunicações relacionadas ao suicídio e tentativas de suicídio.

As características dos indivíduos que se envolvem em diferentes formas de comportamento suicida variam significativamente. Por exemplo, o jovem típico que *tenta suicídio* é uma adolescente, do sexo feminino, que ingere drogas em casa na frente de outras pessoas (isto é, os pais), enquanto o jovem que normalmente *morre por suicídio* é um adolescente, do sexo masculino, usando arma de fogo (Berman et al., 2006). Consequentemente, crianças e adolescentes que tentam o suicídio muitas vezes são diferentes dos jovens que morrem dessa forma, assim como existem diferenças importantes entre aqueles que se envolvem em ideação suicida e jovens que fazem tentativas de suicídio. Um elemento comum compartilhado por jovens que se envolvem em *qualquer forma* de comportamento suicida, no entanto, é a presença de sofrimento psicológico e emocional grave, em um grau que requer atenção urgente e intervenção ativa por parte dos adultos responsáveis.

> Aproximadamente 1 em cada 6 alunos do Ensino Médio se envolve em ideação suicida grave, 1 em 8 faz um plano de suicídio e 1 em 14 faz uma tentativa de suicídio, alguns a ponto de exigir tratamento médico ou hospitalização.

Comportamento suicida juvenil: a dimensão do problema

O problema do comportamento suicida juvenil se torna aparente ao vislumbrar toda a dimensão da situação e ao considerar a prevalência de ideação suicida,

Capítulo 1

comunicações relacionadas ao suicídio (ou seja, ameaças e planos de suicídio) e tentativas de suicídio, além do suicídio em si. O Sistema de Vigilância de Comportamento de Risco Juvenil[5] realizou uma Pesquisa Nacional de Comportamento de Risco Juvenil[6] em 2017, resultando em mais de 14 mil questionários preenchidos por estudantes do 9º ano do Ensino Fundamental à 3ª série do Ensino Médio, em 46 estados e no Distrito de Columbia. Essa pesquisa, a mais abrangente já realizada até a edição deste livro, constatou que aproximadamente 17,2% dos estudantes americanos consideraram seriamente a possibilidade de tentar suicídio durante os 12 meses anteriores à pesquisa, sendo 22,1% das mulheres e 11,9% dos homens.

Durante esse mesmo período de 1 ano, 13,6% dos alunos planejaram a forma como tentariam o suicídio (17,1% das mulheres e 9,7% dos homens), 7,4% relataram ter feito pelo menos uma tentativa de suicídio (9,3% das mulheres e 5,1% dos homens) e 2,4% relataram ter feito pelo menos uma tentativa que resultou em lesão, envenenamento ou overdose (3,1% das mulheres e 1,5% dos homens), precisando ser tratados por um médico ou enfermeiro (CCD, 2018). Coletivamente, esses dados sugerem que, em média, aproximadamente 1 em cada 6 estudantes do Ensino Médio se envolve em ideação suicida grave, 1 em 8 faz um plano de suicídio e 1 em 14 faz uma tentativa de suicídio, algumas a ponto de exigir tratamento médico ou hospitalização.

Também foi identificado um aumento no comportamento suicida entre jovens admitidos em hospitais nos Estados Unidos, seja no serviço de emergência, seja na internação. A partir de uma análise retrospectiva dos dados de cobrança do Sistema de Informações de Saúde Pediátrica[7], os pesquisadores descobriram que a porcentagem anual de todas as visitas hospitalares por ideação suicida e tentativas de suicídio entre crianças e adolescentes quase dobrou de 2008 a 2015, principalmente entre jovens de 12 a 17 anos. Aumentos na ideação suicida e nas tentativas de suicídio foram observados em meninos e meninas, mas foram maiores nas meninas (Plemmons et al., 2018). Durante esse período de 8 anos, mais de 115 mil incidentes de ideação suicida e tentativas de suicídio foram registrados entre os jovens internados em hospitais pediátricos nos Estados Unidos.

O suicídio juvenil em perspectiva

Para que o comportamento suicida juvenil possa ser visto a partir de uma perspectiva apropriada, é importante contextualizá-lo. Conforme observado anteriormente, embora em 2017 o suicídio tenha sido a décima principal causa de

---

5. No original, Youth Risk Behavior Surveillance System (YRBSS) [N.T.].

6. No original, National Youth Risk Behavior Survey [N.T.].

7. No original, Pediatric Health Information System [N.T.].

morte entre os americanos em geral, foi a segunda principal causa de morte entre jovens de 10 a 24 anos. Para colocar isso em contexto, mais adolescentes e adultos jovens morrem anualmente de suicídio do que de câncer, doenças cardíacas, HIV/Aids, doenças congênitas, derrame, pneumonia e gripe, doença pulmonar crônica e outras condições médicas *combinadas*.

Além disso, apesar das taxas flutuantes de suicídio juvenil nas últimas décadas, a taxa geral de suicídio de crianças e adolescentes aumentou mais de 300% desde a década de 1950 até o início deste século (Berman et al., 2006) e tem continuado a aumentar durante as duas primeiras décadas do século XXI. A essa estatística preocupante soma-se a possibilidade de que o número de suicídios de jovens relatados possa ser subestimado em relação à sua ocorrência real (R. Lieberman et al., 2008). Por exemplo, algumas mortes que ocorrem como resultado de suicídio podem não ser classificadas assim se a causa da morte for ambígua, se outra possibilidade não puder ser descartada conclusivamente ou se os médicos legistas que certificam a morte relutarem em identificar sua causa como suicídio, para evitar "estigmatizar" os pais/cuidadores da vítima. Em suma, o estigma que envolve o suicídio e as pessoas que morrem dessa forma indica que pode haver pelo menos algum grau de subnotificação do suicídio juvenil.

Mais adolescentes e jovens adultos morrem de suicídio do que de câncer, doenças cardíacas, HIV/Aids, doenças congênitas, derrame, pneumonia e gripe, doença pulmonar crônica e outras condições médicas *combinadas*.

Historicamente, no Brasil, as taxas de suicídio entre adolescentes vêm sendo mais baixas do que em outras faixas etárias. Porém, nos últimos anos, houve um aumento importante nesses números. Entre 2010 e 2019, houve um aumento nas taxas de suicídio especialmente entre adolescentes do sexo masculino. Entre o ano 2000 e 2015, houve um aumento na incidência de suicídio, especialmente nos homens e em áreas urbanas. Nesse mesmo período, percebe-se um aumento significativo de 47% na mortalidade por suicídio entre adolescentes, subindo de 1,71 por 100.000 habitantes no ano 2000 para 2,51 em 2015 (Fiocruz, 2024, p. 8).

A demografia do suicídio juvenil

É importante entender a demografia do suicídio juvenil, pois esses dados indicam fatores de risco para o aumento da possibilidade de comportamento suicida e fornecem informações que podem guiar os esforços de prevenção e orientar decisões sobre onde alocar recursos (C. A. King et al., 2013). No entanto, deve-se evitar a interpretação exagerada de informações demográficas baseadas nas taxas de suicídio de grandes grupos de indivíduos ao trabalhar com jovens que podem ser suicidas. Por exemplo, ao realizar avaliações individuais de risco de suicídio (discutidas no capítulo 6), os fatores de risco individuais para crianças/adolescentes e os fatores de risco familiares devem ter precedência sobre os fatores de risco demográficos (C. A. King et al., 2013).

Embora discutidas separadamente, essas variáveis demográficas frequentemente interagem e devem ser consideradas tanto coletiva quanto individualmente. Seis variáveis demográficas são descritas brevemente abaixo, incluindo raça e etnia, idade, sexo, orientação sexual e identidade de gênero, geografia e *status* socioeconômico.

Raça e etnia

Vários grupos étnicos apresentam diferentes taxas de suicídio juvenil, considerando o contexto em que o suicídio ocorre e seus padrões de busca de ajuda (Goldston et al., 2008). Entre os grupos raciais e étnicos nos Estados Unidos, mais pessoas brancas morrem por suicídio do que qualquer outro grupo, embora proporcionalmente as maiores taxas de suicídio de jovens tenham ocorrido entre os jovens nativos americanos e do Alasca (CCD, 2017). A taxa proporcionalmente maior de suicídio entre os jovens nativos americanos, apesar de sua representação limitada na população geral dos Estados Unidos, é uma descoberta antiga. Índices mais baixos são geralmente encontrados entre asiático-americanos, habitantes das ilhas do Pacífico, latinos e negros.

Várias hipóteses sobre a alta taxa de suicídio entre os jovens nativos americanos foram propostas, incluindo um uso proporcionalmente maior de álcool e armas de fogo, bem como uma frequente falta de integração social (Middlebrook et al., 2001). No entanto, existem grandes variações nas taxas de suicídio entre os jovens nativos americanos, que são afetadas por diversas variáveis diferentes, incluindo a geografia (Berman et al., 2006). Esses jovens também tendem a ter os índices mais altos de ideação suicida e comportamento suicida não fatal em comparação com outros grupos étnicos (Joe et al., 2008).

Embora historicamente a juventude negra tenha mantido uma taxa de suicídio mais baixa do que a juventude branca, a quantidade de suicídios entre homens negros aumentou substancialmente e de forma alarmante nas últimas décadas. Na verdade, descobriu-se que a taxa de mortalidade por suicídio entre jovens negros está aumentando mais rapidamente do que em qualquer outro grupo racial ou étnico. Por exemplo, entre 1960 e 2000, a taxa de suicídio entre homens negros de 15 a 19 anos mais do que triplicou, aumentando mais de 200% durante esse período (Berman et al., 2006). Além disso, embora proporcionalmente morram mais adolescentes brancos do que negros por suicídio, nos últimos anos duas vezes mais crianças negras entre 5 e 12 anos morreram por suicídio em comparação com crianças brancas na mesma faixa etária (Bridge et al., 2018).

Também ocorreram disparidades em outros comportamentos suicidas entre jovens negros e brancos. Por exemplo, no período de 1991 a 2017, as tentativas de suicídio entre adolescentes negros aumentaram 73% e diminuíram entre adolescentes brancos, com base em uma análise nacional de mais de 198 mil estudantes do Ensino Médio (Lindsey et al., 2019). No final de 2019, foi lançado um relatório intitulado *Toque o alarme: A crise do suicídio na juventude negra nos Estados Unidos*, que inclui uma variedade de recomendações para trabalhar com jovens negros suicidas e está disponível *online* em *watsoncoleman.house.gov/uploadedfiles/full_taskforce_report.pdf*.

Discrepâncias e desigualdades baseadas em raça e etnia em relação à prestação de serviços de saúde mental para casos de suicídio têm sido relatadas com frequência. Por exemplo, Freedenthal (2007) conduziu um estudo envolvendo mais de 2 mil jovens brancos, negros e latinos de 12 a 17 anos, cada um dos quais havia relatado ideação suicida ou feito uma tentativa de suicídio durante o ano anterior. Os resultados do estudo indicaram que era significativamente menos provável que jovens negros e latinos recebessem ajuda profissional para problemas de saúde mental, se comparado aos brancos. O comportamento suicida juvenil está altamente correlacionado com problemas de saúde mental, e muitas crianças e adolescentes sofrem com falta de apoio nessa área devido ao seu *status* de minoria étnica ou racial, ou por serem imigrantes. A Associação Americana de Psicologia[8] tem vários recursos *online* para abordar as disparidades raciais e étnicas na saúde mental dos jovens em seu *site* (*apa.org*).

De acordo com uma publicação do Ministério da Saúde em parceria com a Universidade de Brasília (UnB) em 2018, a média de óbitos por suicídio entre 2012 e 2016 no Brasil foi superior entre a população de jovens e adolescentes negros, em comparação às demais raças e etnias. Em 2012, a taxa de mortalidade por suicídio entre adolescentes e jovens negros foi de 4,9 óbitos por 100 mil e aumentou 12%, atingindo 5,9 óbitos por 100 mil em 2016. Segundo essa mesma publicação, o racismo gera danos que impactam significativamente nos estados psíquicos, ligados à humilhação racial e à negação de si. Como consequência, o sofrimento psíquico pode se tornar mais agudo e, assim, culminar na manifestação do comportamento suicida (CRPDF, 2020).

Idade

A probabilidade de suicídio aumenta à medida que as crianças crescem. Adolescentes com 15 anos ou mais correm um risco muito maior de suicídio do que jovens de 10 a 14 anos, que, por sua vez, correm maior risco do que crianças

---

8. No original, American Psychological Association [N.T.].

com menos de 10 anos (Berman et al., 2006; C. A. King et al., 2013). Para colocar isso em perspectiva, em 2017, jovens entre 15 e 19 anos morreram por suicídio quase cinco vezes mais do que crianças entre 10 e 14 anos.

> Os jovens correm um risco maior de suicídio à medida que crescem. Os adolescentes estão em maior situação de risco do que as crianças mais novas.

Embora o suicídio entre crianças pré-adolescentes seja raro, o número aumentou significativamente nos últimos anos. Por exemplo, a taxa de suicídio de crianças de 5 a 14 anos mais que dobrou de 2007 a 2017 (Drapeau & McIntosh, 2020). Um estudo epidemiológico constatou que, durante um período de 20 anos (1993-2012), 657 crianças de 5 a 11 anos morreram por suicídio – uma média de quase 33 crianças por ano nessa faixa etária (Bridge et al., 2015). A principal razão para a elevada taxa de suicídio nessa idade foram os suicídios entre crianças negras, que aumentaram substancialmente durante o período (Bridge et al., 2015). Ao contrário de adolescentes e adultos, cujo principal método de suicídio são as armas de fogo, quase 80% das crianças do estudo de Bridge et al. (2015) morreram por enforcamento ou sufocamento, sendo que 17,7% morreram por arma de fogo.

Sheftal e colegas (2016) analisaram dados do Sistema Nacional de Divulgação de Mortes Violentas[9] para crianças (de 5 a 11 anos) e adolescentes (de 12 a 14 anos) que morreram por suicídio de 2003 a 2012 em 17 estados dos Estados Unidos. Eles descobriram que, em comparação com os adolescentes, as crianças eram mais comumente do sexo masculino, negras e morreram em casa, por enforcamento/estrangulamento. Além disso, verificou-se que as crianças que morreram por suicídio tinham mais problemas de relacionamento com familiares e/ ou amigos, menos questões com relacionamentos amorosos e deixaram um bilhete (Sheftal et al., 2016).

O suicídio pode ocorrer e ocorre em crianças menores de 10 anos. Há até mesmo alguns casos documentados de comportamento suicida em crianças em idade pré-escolar. Por exemplo, um estudo identificou 16 pré-escolares, com idades entre 2 e 5 anos, que se envolveram em tentativas de suicídio não letal (Rosenthal & Rosenthal, 1984). No passado, muitos profissionais de saúde mental acreditavam que crianças pequenas não deveriam ser consideradas suicidas porque não poderiam entender e conceituar o caráter definitivo da morte (Pfeffer, 2003). No entanto, observações indicam que o comportamento autodestrutivo pode ocorrer em crianças pequenas. A partir dos 3 anos de idade, elas são capazes de compreender conceitos de morte, e a intenção de realizar um comportamento suicida não requer necessariamente que a criança tenha um entendimento ma-

---

9. No original, National Violent Death Reporting System (NVDRS) [N.T.].

duro da morte (Pfeffer, 1986). No entanto, o suicídio entre crianças com menos de 10 anos é extremamente raro, com apenas alguns casos relatados a cada ano. Quando o suicídio ocorre nessa faixa etária, geralmente está associado a disfunção grave e psicopatologia no sistema familiar da criança.

Em suma, o suicídio pode ocorrer e ocorre em crianças pequenas, mas é muito mais provável que aconteça entre adolescentes, particularmente entre as idades de 15 a 19 anos. Esta descoberta não deve ser interpretada, entretanto, como uma possibilidade de minimizar ou descartar a necessidade de esforços de prevenção do suicídio na escola para alunos do Ensino Fundamental 1 e 2. Em primeiro lugar, como será visto mais adiante neste livro, muitos fatores de risco para o suicídio juvenil se desenvolvem durante a infância, e lidar efetivamente com eles (e também promover ferramentas de proteção) enquanto os estudantes estão no Ensino Fundamental 1 e 2 pode diminuir o risco de suicídio quando crescerem. Em segundo lugar, como descrito anteriormente, o comportamento suicida é um conceito mais amplo do que apenas o suicídio e inclui ideação suicida, comunicações relacionadas ao suicídio e tentativas de suicídio. Cada um desses comportamentos ocorre entre alunos do Ensino Fundamental 1 e 2, colocando-os em maior risco de suicídio durante a adolescência e a idade adulta. Consequentemente, é fundamental que *todos os funcionários da escola em todos os segmentos –* Ensino Fundamental 1, 2 e Médio – estejam cientes do comportamento suicida juvenil e como prevenir, avaliar e responder a ele de maneira eficaz.

Sexo

A pesquisa encontrou uma relação forte, mas paradoxal, entre o sexo biológico e o comportamento suicida (Canetto & Sakinofsky, 1998). Especificamente, embora as adolescentes do sexo feminino relatem taxas muito mais altas de ideação suicida do que os adolescentes do sexo masculino, e tentem suicídio em taxas duas a três vezes maiores do que eles, os homens morrem por suicídio até cinco vezes mais do que as mulheres (Berman et al., 2006; C. A. King et al., 2013). Essa relação paradoxal também aparece em diferentes etnias (Joe et al., 2008). Razões plausíveis para a taxa de suicídio muito maior entre os jovens do sexo masculino em comparação com as mulheres incluem mais fatores de risco significativo de suicídio entre os homens (por exemplo, acesso a armas de fogo, abuso de álcool), bem como a menor probabilidade de se envolverem em uma variedade de comportamentos protetores, como procurar ajuda, estar atento aos sinais de alerta, ter habilidades de enfrentamento flexíveis e desenvolver sistemas eficazes de apoio social (R. W. Maris et al., 2000).

No Brasil e em muitos outros países, o número de mortes por suicídio é superior entre os homens, porém o número de tentativas de autoextermínio é maior entre as mulheres. De acordo com o Ministério da Saúde (como citado em CRPDF, 2020), as mulheres têm duas vezes mais registros de tentativas de suicídio que os homens, mas eles morrem por suicídio três vezes mais do que elas. Esse fenômeno é conhecido como paradoxo de gênero do comportamento suicida e há algumas hipóteses para entendê-lo. Por exemplo, os homens costumam utilizar métodos com maior potencial letal em suas tentativas (Canetto & Sakinofsky, 1998 como citado em CRPDF, 2020), o que pode apontar para o fato de que, numa cultura machista e patriarcal como a brasileira, o homem não pode falhar – mesmo diante de um ato suicida. Outra questão a considerar é que o zelo pela própria saúde e o autocuidado são comportamentos culturalmente associados à feminilidade, sendo pouco praticados entre os homens (Baére & Zanello, 2020 como citado em CRPDF, 2020).

Orientação sexual e identidade de gênero

Os jovens pertencentes a minorias sexuais correm maior risco de se engajar em diversos comportamentos suicidas. Em geral, as minorias sexuais podem ser definidas por meio de duas características distintas: *orientação sexual* e *identidade de gênero* (A. P. Haas et al., 2010). Pesquisas sugerem que aproximadamente 3% dos alunos do 9º ano à 3ª série descrevem sua orientação sexual como lésbica, gay ou bissexual (LGB), e há evidências crescentes de que esses jovens de minorias sexuais correm um risco elevado de comportamento suicida em comparação com os jovens heterossexuais. Por exemplo, com base nos dados do *Estudo nacional longitudinal sobre a saúde do adolescente*[10], descobriu-se que os jovens LGB tinham muito mais probabilidade de relatar ideação suicida (17,2% *vs.* 6,3%) e tentativa de suicídio (4,9% *vs.* 1,6%) do que jovens não LBG (Silenzio et al., 2007).

Em 2016, o CCD lançou o primeiro estudo com representatividade nacional sobre os riscos à saúde de estudantes LGB do Ensino Médio. O CCD analisou dados de mais de 15 mil alunos de uma amostra com representação nacional, além de 25 pesquisas estaduais adicionais e 19 pesquisas de grandes distritos escolares urbanos. A pesquisa descobriu que mais de 40% dos estudantes LGB em sua amostragem relataram considerar seriamente o suicídio e que 29% tentaram suicídio ao longo dos 12 meses anteriores. Descobertas semelhantes foram relatadas pelo Trevor Project, que, em 2020, divulgou os resultados da maior pes-

> Jovens lésbicas, gays, bissexuais e transgêneros (LGBT) correm um risco elevado de comportamento suicida em comparação com seus pares heterossexuais.

---

10. No original, *National longitudinal study of adolescent health* [N.T.].

quisa de saúde mental LGBTQ (lésbica, gay, bissexual, transgênero e *queer*) já realizada – mais de 40 mil jovens de 13 a 24 anos de todos os Estados Unidos. Em descobertas semelhantes às relatadas anteriormente pelo CCD, a pesquisa constatou que 40% dos entrevistados haviam considerado seriamente a possibilidade de tentativa de suicídio nos últimos 12 meses (The Trevor Project, 2020). Dadas essas taxas consistente e impressionantemente altas, é provável que os jovens de minorias sexuais também tenham uma taxa de suicídio mais alta do que seus pares heterossexuais. No entanto, como os atestados de óbito não costumam incluir a orientação sexual do indivíduo falecido, não há uma maneira oficial ou confiável de determinar a taxa de morte por suicídio entre jovens pertencentes a minorias sexuais.

O termo *transgênero* refere-se à identidade de gênero, e não à orientação sexual, e é usado para descrever indivíduos "cuja identidade ou expressão de gênero é diferente do sexo que lhes foi atribuído no nascimento. Alguns indivíduos transexuais tomam medidas para a transição física e/ou legal de um sexo para outro" (Ministério da Saúde dos Estados Unidos & Aliança Nacional para Ação pela Prevenção do Suicídio, 2012, p. 143). No primeiro estudo publicado que examina o comportamento suicida de jovens desse grupo, uma amostra de 55 adolescentes e jovens adultos transgêneros (de 15 a 21 anos) relatou seus comportamentos que ameaçavam a vida. Os resultados do estudo indicaram que quase metade da amostra revelou ter ideação suicida em grau grave, e um quarto relatou ter feito tentativas de suicídio (A. H. Grossman & D'Augelli, 2007).

Outros estudos apresentaram resultados semelhantes. Por exemplo, Peterson, Matthews, Copps-Smith e Conrad (2017) descobriram que 30% de sua amostra de adolescentes transgêneros relataram pelo menos uma tentativa de suicídio, enquanto o Trevor Project (2020) relatou que mais de 50% dos jovens transgêneros e não binários consideraram seriamente o suicídio. Na pesquisa do Trevor Project, jovens transgêneros e não binários cujos pronomes preferidos eram respeitados por todas ou pela maioria das pessoas em suas vidas relataram 50% menos tentativas de suicídio do que aqueles cujo uso dos pronomes preferidos não foi respeitado.

Geografia

Tal como acontece com os adultos, as taxas de suicídio de jovens são consistentemente mais altas nos estados do oeste americano e no Alasca, e mais baixas nos estados do leste, ao norte (Berman et al., 2006; Gould & Kramer, 2001). Por exemplo, em 2018, o Novo México teve a taxa de suicídio proporcionalmente mais alta se comparado a qualquer outro estado americano, seguido por Wyoming, Alasca, Montana, Idaho, Colorado, Virgínia Ocidental, Nevada, Utah e New Hampshire, respectivamente. Oito desses dez estados estão localizados a oeste do Rio Mississippi e na porção oeste dos Estados Unidos. O estado com a menor proporção de suicídios no mesmo período foi Nova Jersey, seguido por Nova York, Rhode Island e Massachusetts – todos localizados na costa leste.

Sugere-se que a taxa de suicídio proporcionalmente maior nos estados do oeste pode ser, pelo menos em parte, consequência da maior densidade populacional em outras áreas do país, como na costa leste (Berman et al., 2006). Menor concentração populacional, maior isolamento físico, menos instalações de saúde mental e oportunidades limitadas de interação social, particularidades que caracterizam muitos estados do

> As taxas de suicídio de jovens são mais altas nos estados do oeste americano e no Alasca, e mais baixas nos estados do leste, ao norte.

oeste, podem levar a uma maior desconexão social, uma variável altamente associada ao suicídio (Joiner, 2005). Consistente com essa hipótese é a constatação de que as taxas de suicídio são tipicamente mais altas em áreas rurais do que em áreas urbanas (Berman et al., 2006).

Há também um etos histórico e cultural antigo nos estados do oeste, que enfatiza um código de "individualismo rígido" e não estimula a busca de ajuda para si mesmo (White, 1993), o que pode ser um fator nas taxas de suicídio consistentemente mais altas observadas nesses estados. Da mesma forma, muitos indivíduos (especialmente homens) nessa região e em áreas rurais parecem viver de acordo com um código ético, com base em uma "cultura de honra" (Joiner, 2005, p. 99), caracterizada pelo uso de violência para proteger a reputação de alguém, o que pode levar ao aumento do comportamento suicida. Devido à ênfase cultural que a caça recebe nessa região do país, a posse de armas é altamente prevalente entre os indivíduos, o que também pode ser um fator nas taxas mais altas de suicídio nessas localizações geográficas. A relação entre armas de fogo e suicídio é importante e será abordada no capítulo 4.

Status socioeconômico

Embora pessoas em todos os níveis socioeconômicos morram por suicídio, a pesquisa indica que o grau de dificuldade econômica dos indivíduos está associado a um maior risco de suicídio (Stack, 2000; Ying & Chang, 2009). Há bastante evidência de uma associação direta entre recessão econômica e suicídio, particularmente em países de renda média e alta (Haw et al., 2014). Também parece haver maior risco de suicídio para os indivíduos nos níveis socioeconômicos mais baixos e aqueles que vivem em áreas de maior privação (Platt, 2016). Não há muita pesquisa que relacione *status* socioeconômico e suicídio juvenil, mas um estudo que examinou mais de 20 mil jovens dinamarqueses que morreram por suicídio descobriu que aqueles na camada socioeconômica mais baixa tinham um risco cinco vezes maior de suicídio em comparação com seus pares mais ricos (Qin et al., 2003).

Mitos e equívocos comuns sobre o suicídio juvenil

Existem vários mitos sobre o suicídio (para uma ampla revisão deste importante tópico, cf. Joiner, 2010), incluindo o suicídio juvenil. Esses equívocos são prejudiciais por vários motivos, mas talvez o mais significativo seja que podem enfraquecer os esforços de prevenção do suicídio. Cada um desses mitos é discutido a seguir. O anexo 5.1 lista os mitos e realidades relacionados ao suicídio juvenil e é apresentado no fim do capítulo 5, que discute a incorporação dessas questões em um programa universal (nível 1) de prevenção do suicídio.

Mito: falar ou perguntar sobre o suicídio irá aumentar a chance de que aconteça

Talvez o mito mais significativo e perigoso sobre o suicídio juvenil seja que fazer perguntas ou falar sobre o assunto com crianças e adolescentes aumentará a probabilidade de ocorrência de suicídio (Kalafat, 2003). Apesar do medo de que isso aconteça, não há evidências para essa crença (Gould et al., 2005; Mathias et al., 2012). Na verdade, a pesquisa sugere que os jovens que discutem abertamente o tema do suicídio com adultos de confiança geralmente têm resultados mais benéficos, assim como aqueles que podem estar em risco (Mazza, 2006). Além disso, é essencial questionar jovens que podem se envolver em comportamento suicida, para avaliar de forma eficaz o risco de suicídio, um assunto que é explorado com mais detalhes no capítulo 6.

> Talvez o mito mais significativo e perigoso sobre o suicídio juvenil seja que fazer perguntas ou falar sobre o assunto com crianças e adolescentes aumentará a probabilidade de ocorrência de suicídio. Apesar do medo de que isso aconteça, não há evidências para essa crença.

Mito: pais/cuidadores conhecem o comportamento suicida do filho

Outro equívoco é acreditar que os pais/cuidadores estão cientes do comportamento suicida de seus filhos (Mazza, 2006). Um estudo descobriu que 86% dos pais desconheciam o comportamento suicida dos filhos, incluindo as tentativas de suicídio (Kashani et al., 1989). Jovens (especialmente adolescentes) normalmente não comunicam seus pensamentos ou ações suicidas a seus pais/cuidadores. Em vez disso, é muito mais provável que conversem com amigos. Essa descoberta reforça a necessidade de a escola perguntar diretamente aos jovens sobre seu comportamento suicida, em vez de confiar principalmente nos pais ou em outros adultos para obter essas informações.

Mito: a maioria dos jovens que tentam suicídio recebe algum tipo de tratamento

Outro mito é achar que os jovens que tentam o suicídio geralmente recebem atenção médica ou alguma outra forma de tratamento (Mazza, 2006). Infeliz-

Capítulo 1

mente, a pesquisa sugere que isso normalmente não ocorre. Por exemplo, apenas 12% de uma amostra de 313 adolescentes que tentaram suicídio receberam tratamento médico, deixando 88% sem tratamento (Smith & Crawford, 1986). Estudos mais recentes corroboram essa informação, mostrando que poucas crianças e adolescentes suicidas recebem tratamento para seu comportamento suicida. Além disso, uma vez que a maioria das crianças em idade escolar não dirige, o transporte para tratamento médico exigiria informar um pai, cuidador ou irmão mais velho sobre seu comportamento suicida, algo que a maioria dos jovens não parece fazer (Mazza, 2006).

Mito: a maioria dos jovens que morrem por suicídio deixa bilhetes

É um equívoco pensar que a maioria dos jovens que se suicidam deixa uma carta ou bilhete (N. K. Martin & Dixon, 1986). Um estudo descobriu que apenas 5% das crianças e adolescentes escreveram uma carta antes de suas tentativas de suicídio (Garfinkel et al., 1982), um número consistente com outras pesquisas, que indicam que a maioria das pessoas que morrem por suicídio (incluindo crianças, adolescentes e adultos) não deixa bilhetes (Jamison, 1999). Por exemplo, em um estudo que examinou quase 3 mil pessoas que morreram por suicídio, menos de 20% deixaram uma carta (Cerel et al., 2015).

Estima-se que uma das principais razões pelas quais os jovens normalmente não escrevem cartas de despedida é porque não querem revelar o que estão pensando ou sentindo para seus pais ou cuidadores. Eles podem acreditar que seus pais estão excessivamente envolvidos em suas vidas e que escrever um bilhete apenas aumenta a probabilidade de interferência (Mazza, 2006). Além disso, na maioria dos casos, os bilhetes não são particularmente reveladores e, entre os indivíduos que se suicidam, frequentemente não há diferenças significativas entre aqueles que deixam cartas e os que não deixam (V. J. Callahan & Davis, 2009).

Mito: pessoas suicidas são impulsivas

Um quinto equívoco é considerar os indivíduos suicidas como impulsivos, muitas vezes morrendo por suicídio "por capricho". Este mito se deve ao fato de que, muitas vezes, o suicídio pode parecer repentino, sem muita premeditação ou planejamento. Na verdade, é o oposto. Na maioria dos casos, os indivíduos que tentam ou morrem por suicídio pensaram muito sobre isso e fizeram planos cuidadosos e específicos. Conforme observado por Joiner (2010, p. 75), "as pessoas que morrem por suicídio pensaram nos possíveis métodos, locais e demais detalhes com bastante antecedência, às vezes anos". Por exemplo, Witte e seus colegas (2008) descobriram que jovens que tentaram suicídio e poderiam ser considerados "impulsivos" com base no autorrelato, não apresentavam necessariamente esse comportamento. Outro estudo descobriu que o tempo médio entre os primeiros pensamentos suicidas dos adolescentes e a tentativa efetiva é de um ano (Nock et al., 2013).

A impulsividade pode desempenhar um papel no suicídio, particularmente com crianças mais novas, mas, em geral, sua influência é indireta. Por exemplo, há indícios de que indivíduos impulsivos são mais propensos a se envolver em comportamento suicida, porque a impulsividade aumenta a tendência de a pessoa se expor a experiências dolorosas e provocativas, que contribuem para o desenvolvimento da capacidade de suicídio (Joiner, 2005). Os autores de uma meta-análise abrangente sobre esse tópico concluíram que "o comportamento suicida raramente ou nunca é impulsivo; é algo muito assustador e fisicamente angustiante para se envolver sem premeditação, e o comportamento suicida em indivíduos impulsivos é explicado por atos dolorosos e assustadores, capazes de aumentar sua capacidade de suicídio" (Anestis et al., 2014, p. 366). A questão da capacidade para o suicídio é extremamente importante e será discutida em detalhes mais adiante neste capítulo.

Mito: crianças pequenas não são suicidas

Conforme observado anteriormente, crianças pequenas podem e ocasionalmente exibem comportamento suicida. Apesar desse fato, existe um equívoco comum de que crianças pré-adolescentes não podem ou não morrerão por suicídio, porque não entendem adequadamente o conceito de morte (Wise & Spengler, 1997). Joiner (2010) observa que grande parte da cobertura da mídia sobre o suicídio sugere que crianças pequenas talvez não saibam o que estão fazendo quando tentam ou morrem por suicídio. No entanto, a infeliz realidade é que crianças pequenas podem se envolver em várias formas de comportamento suicida, incluindo tentativas e, em casos raros, até mesmo a morte por suicídio (Ridge Anderson et al., 2016; Westefeld et al., 2010). Consequentemente, todos os funcionários de instituições educacionais, incluindo escolas primárias (D. N. Miller, 2019), devem participar de programas de prevenção ao suicídio.

Mito: a taxa de suicídio aumenta em dezembro

Um mito comum é que as taxas de suicídio aumentam em dezembro, particularmente em torno dos feriados comemorados ao longo desse mês, ou seja, Natal, Hanukkah, Kwanzaa e véspera de Ano-Novo (Joiner, 2010). No entanto, normalmente há *menos* suicídios em dezembro do que em qualquer outro mês, uma descoberta consistente com pesquisas que indicam que as taxas de suicídio tendem a diminuir um pouco antes e durante feriados importantes (Berman et al., 2006; Bradvik & Berglund, 2003; Phillips & Feldman, 1973). Conforme observado por Joiner (2010, p. 258), "longe de representar o pico de suicídios, a época em torno das férias de inverno[11] representa o ponto baixo nas mortes por suicídio, provavelmente porque é um momento de união". A questão da "união" ou "conexão" está sendo cada vez mais reconhecida como um importante fator de proteção para a prevenção do suicídio. A razão para a diminuição da taxa de suicídio em dezembro pode, portanto, estar relacionada ao aumento da interação social e do apoio que as pessoas recebem durante as festas de fim de ano.

Mito: se uma pessoa é suicida, há pouco ou nada que possa ser feito para evitar o suicídio

Uma percepção equivocada comum é que mesmo as tentativas bem-intencionadas de prevenir o suicídio são inúteis, porque mesmo que o suicídio de um indivíduo seja evitado em um momento, ele simplesmente tentará ou morrerá por suicídio no futuro. Há duas razões importantes pelas quais essa percepção é incorreta. Primeiro, a maioria das pessoas que tenta o suicídio o faz apenas uma vez. Consequentemente, se um suicídio puder ser evitado, há uma excelente chance de que o indivíduo não volte a tentar no futuro e não morra por suicídio. Em segundo lugar, a pesquisa indica que as estratégias de prevenção podem e salvam vidas, como será discutido nos capítulos subsequentes. Este é um dos mitos mais perigosos sobre o suicídio, porque, muitas vezes, tem sido usado para justificar a crença errônea de que não é possível evitá-lo.

Outros mitos comuns sobre o suicídio

Outros mitos e equívocos comuns sobre o suicídio incluem a crença de que ele é causado principalmente por estresse familiar e social, e não por problemas ou distúrbios de saúde mental (M. A. Moskos et al., 2004), que os indivíduos que falam sobre suicídio o fazem apenas para chamar a atenção e não estão considerando isso "seriamente" (N. K. Martin & Dixon, 1986), que as pessoas suicidas são "loucas" ou "fora de si", que os suicídios são principalmente uma forma de demonstrar raiva ou se vingar e que seguem um ciclo lunar e atingem o pico durante a lua cheia (Joiner, 2010).

Suicídio juvenil: quando, onde e como

Quando é mais provável que aconteça o suicídio juvenil?

Muitos estudos avaliaram variações temporais no suicídio (por exemplo, Blachly & Fairley, 1989; Lester, 1979). A pesquisa indica que, em geral, os suicídios

---

11. O autor se refere ao inverno no hemisfério norte, nos meses de dezembro, janeiro e fevereiro [N.T.].

ocorrem com frequência relativamente semelhante nos diferentes meses do ano (exceto em dezembro, conforme observado anteriormente), sendo o fim da primavera o momento de maior ocorrência.

Os pesquisadores também examinaram os dias mais prováveis da semana e o horário. Em geral, os suicídios parecem ocorrer com mais frequência às segundas-feiras, e menos nos fins de semana (Bradvik & Berglund, 2003). A razão não é totalmente clara, embora uma possibilidade seja que, durante os fins de semana, as pessoas são mais propensas a se envolver em atividades sociais agradáveis, que, muitas vezes, terminam abruptamente às segundas-feiras, com o início de uma nova semana de trabalho ou escola. Outra hipótese foi fornecida por Joiner (2010, p. 266), que sugeriu que, como o suicídio "é uma atividade que requer reflexão, planejamento e uma espécie de determinação... aqueles que morrem na segunda-feira podem ter passado o fim de semana fortalecendo sua vontade de fazer uma coisa muito assustadora e difícil".

Em relação ao horário, a maioria dos suicídios de jovens ocorre à tarde ou à noite, e não pela manhã (Hoberman & Garfinkel, 1988; Shafii & Shafii, 1982). No entanto, as tendências temporais no suicídio de jovens devem ser interpretadas com cautela tanto por causa dos dados limitados atualmente disponíveis quanto porque os atestados de óbito podem não refletir com precisão quando ocorreu o suicídio (Berman et al., 2006).

Onde é mais provável que aconteça o suicídio juvenil?

A pesquisa sobre esse tópico é limitada, mas parece que a maioria dos suicídios de jovens ocorre em suas casas ou perto delas, onde os principais meios (como armas de fogo) estão normalmente disponíveis (Berman et al., 2006; Hoberman & Garfinkel, 1988). A maioria das tentativas não fatais de suicídio juvenil envolve a ingestão de drogas, que também ficam normalmente guardadas na casa do jovem (Berman et al., 2006). Uma porcentagem muito menor de suicídios e tentativas de suicídio de jovens ocorre em escolas ou em áreas diferentes do local de residência da criança ou do adolescente.

Como é mais provável que aconteça o suicídio juvenil?

O risco de comportamento suicida geralmente está relacionado à intenção, e a intenção está intimamente ligada ao método usado para tentar o suicídio (D. N. Miller & Eckert, 2009). Embora existam exceções (isto é, um indivíduo pode ter uma forte intenção de morrer, mas usar um método de baixa letalidade), em muitos casos, quanto mais forte a intenção de morrer, maior o potencial de letalidade do método selecionado (Berman et al., 2006). Por exemplo, armas de fogo e enforcamento normalmente são métodos mais letais do que corte no pulso, envenenamento por monóxido de carbono ou overdose por ingestão de drogas. A escolha do método de suicídio é fortemente influenciada por diversos fatores, incluindo (1) acessibilidade e prontidão para uso; (2) conhecimento, experiência e familiaridade; (3) significado e importância cultural; e (4) o estado de espírito da pessoa em risco (Berman et al., 1989, 2006).

As tentativas de suicídio da maioria das crianças e adolescentes tendem a ser de baixa letalidade, com uma alta probabilidade de resgate (Garfinkel et al., 1982). Por exemplo, uma pesquisa realizada com 469 adolescentes que tentaram suicídio descobriu que os dois métodos mais comuns eram overdose por ingestão de drogas (ou seja, tomar pílulas) e corte no pulso, respectivamente (W. M. Reynolds & Mazza, 1993). Esses mesmos resultados também foram encontrados em outros estudos, sugerindo a ambivalência que muitos jovens parecem experimentar em relação a tirar a própria vida (Mazza, 2006). A maioria dos jovens que se suicidam, porém, faz uso de armas de fogo. A questão das armas e da prevenção do suicídio é amplamente discutida no capítulo 4.

A principal pergunta: por que os jovens morrem por suicídio?

Uma das questões mais difíceis, ambíguas e complexas de responder é o que leva algumas crianças e adolescentes a se envolverem em comportamento suicida? Por que as pessoas, incluindo os jovens, morrem por suicídio? Infelizmente, não há agora e provavelmente nunca haverá respostas simples para essas perguntas. Conforme observado na *Estratégia nacional de prevenção do suicídio de 2012*[12], "embora algumas pessoas possam perceber o suicídio como o ato de um indivíduo com problemas, na verdade é um resultado complexo, influenciado por muitos fatores" (Ministério da Saúde dos Estados Unidos & Aliança Nacional para Ação pela Prevenção do Suicídio, 2012, p. 13).

As variáveis que podem ajudar a explicar ou prever o comportamento suicida juvenil incluem fatores de risco e sinais de alerta (discutidos extensivamente no capítulo 5), mas não conseguem explicar totalmente por que os indivíduos se envolvem em comportamento suicida. Como a maioria dos outros problemas sérios, o suicídio é complicado; nenhum fator único pode explicar completamente por que o suicídio, incluindo o juvenil, ocorre (Anestis, 2018; Ministério da Saúde dos Estados Unidos & Aliança Nacional para Ação pela Prevenção do Suicídio, 2012). Para compreender de forma abrangente as causas do comportamento suicida juvenil, é preciso demonstrar sensibilidade para uma ampla gama de variáveis complexas e inter-relacionadas, incluindo influências genéticas, neurobiológicas, sociais, culturais e psicológicas (Berman et al., 2006; Goldston et

---

12. No original, *2012 national strategy for suicide prevention* [N.T.].

al., 2008; Ministério da Saúde dos Estados Unidos & Aliança Nacional para Ação pela Prevenção do Suicídio, 2012).

Além de entender que o comportamento suicida é resultado de diversas variáveis interconectadas, os educadores também devem estar cientes de algumas das teorias mais proeminentes sobre o assunto. Embora as teorias sobre o suicídio existam há muito tempo, muitas, senão a maioria, não foram avaliadas cientificamente, e mesmo aquelas com algum suporte empírico não foram amplamente compreendidas ou adotadas pelo público (Anestis, 2018). Consequentemente, outras ideias, muitas vezes não testadas ou sem suporte empírico, "acabaram preenchendo o vazio, e os mitos sobre o suicídio se espalharam e foram aceitos como verdades" (Anestis, 2018, p. 21).

A função e o valor de uma teoria são frequentemente mal compreendidos. A função primária de uma teoria é gerar novas ideias e descobertas, que podem então ser submetidas a uma avaliação rigorosa. Uma teoria útil é coerente, econômica, testável e generalizável, e pode explicar descobertas previamente conhecidas (Higgins, 2004). Talvez o ponto mais crítico seja entender que a orientação teórica de alguém em relação ao comportamento suicida (ou a qualquer outro problema psicológico ou de saúde mental, neste caso) não é, de forma alguma, um exercício abstrato e impraticável. Pelo contrário, a orientação teórica de um indivíduo fornece uma "lente" de como perceber e conceituar um problema e, portanto, como abordar sua solução (Joiner, 2009). Nas palavras do proeminente psicólogo Kurt Lewin (1951, p. 169), "não há nada tão prático quanto uma boa teoria".

> Nenhum fator isolado pode explicar completamente por que o suicídio, incluindo o juvenil, ocorre. Para compreender de forma abrangente as causas do comportamento suicida juvenil, é preciso sensibilidade para uma ampla gama de variáveis complexas e inter-relacionadas, incluindo influências genéticas, neurobiológicas, sociais, culturais e psicológicas.

Uma breve visão geral das teorias sobre o suicídio, desde as mais antigas até as mais recentes e contemporâneas, é fornecida na próxima seção. Atenção especial é dada às teorias contemporâneas de "ideação para ação" do comportamento suicida por causa de sua abrangência, crescente apoio empírico, ampla influência na suicidologia contemporânea e implicações práticas para a prevenção do suicídio na escola.

Primeiras teorias sobre comportamento suicida

Uma das primeiras teorias sobre o suicídio que ainda hoje é influente foi proposta há mais de 120 anos pelo sociólogo francês Emile Durkheim (1897), que enfatizou o impacto de fatores sociais no comportamento suicida. Durkheim

Capítulo 1

defendeu que as forças sociais coletivas eram muito mais centrais para o comportamento suicida do que os fatores individuais, e sua teoria se concentrava na importância da integração social e da regulação moral. A teoria de Durkheim ignora variáveis individuais (como distúrbios psicológicos), que claramente desempenham um papel importante no comportamento suicida, mas continua influente porque há suporte empírico para alguns de seus aspectos e também porque foi a primeira teoria abrangente e testável sobre o tema (Joiner, 2005).

Embora a obra de Durkheim seja frequentemente considerada a afirmação sociológica clássica sobre o tema do suicídio, outros modelos sociológicos também foram propostos, bem como abordagens que tentam sintetizar variáveis sociais e psicológicas que podem levar ao comportamento suicida. Por exemplo, a teoria de Hendin (1987) sobre o comportamento suicida juvenil tenta explicá-lo a partir de perspectivas epidemiológicas e psicodinâmicas, enquanto Lester (1988) propôs uma perspectiva sociopsicológica, que tenta associar o comportamento suicida juvenil à qualidade de vida.

Teorias de suicídio mais psicologicamente orientadas começaram a aparecer no século XX, dominadas inicialmente por modelos psicanalíticos. Um dos mais influentes teóricos com uma orientação psicodinâmica em relação ao suicídio foi Karl Menninger (1933), que, em obras como *Eros e tânatos: O homem contra si próprio* (1970), elaborou e ampliou algumas das formulações teóricas de Freud do suicídio, acrescentando outras de sua autoria (Berman et al., 2006). As teorias psicodinâmicas do suicídio, incluindo a bem conhecida hipótese de que o suicídio resulta, em grande parte, do ódio ou da raiva voltada para dentro, foram rejeitadas por muitos teóricos e pesquisadores devido à falta de evidências empíricas. Joiner (2005, p. 35), por exemplo, afirmou que "é difícil pensar em uma contribuição duradoura para a compreensão do suicídio a partir dessa perspectiva (ou seja, psicanalítica)". Embora alguns teóricos continuem a promover uma abordagem psicodinâmica para entender o suicídio (como Hendin, 1991), a influência dessa linha de pensamento diminuiu significativamente.

Na minha opinião, embora a compreensão do comportamento suicida exija claramente uma abordagem holística, que considere diversos fatores, uma *perspectiva cognitivo-comportamental* fornece um modelo teórico valioso e prático para conceituar o comportamento suicida. Por exemplo, Rudd, Joiner e Rajab (2001) apresentam uma abordagem cognitivo-comportamental abrangente para o tratamento do comportamento suicida e argumentam, de forma convincente, que qualquer abordagem viável à intervenção deve ser baseada em um modelo conceitual teoricamente sólido. Seu modelo é integrado, no qual as interações de diferentes aspectos do indivíduo suicida (ou seja, esquemas cognitivos, afetivos, comportamentais e motivacionais) são enfatizados e fornecem um excelente exemplo de como relacionar teoria e prática.

Teorias posteriores sobre comportamento suicida

As teorias posteriores sobre o comportamento suicida receberam maior apoio empírico do que as anteriores e geralmente apresentam uma estrutura mais útil e prática para previsões coerentes e hipóteses testáveis (Van Orden, Witte, Selby et al., 2008). Embora modelos de suicídio de desenvolvimento (por exemplo, Emery, 1983), de sistemas familiares (Richman, 1986) e neurobiológicos e genéticos (Mann, 1998) tenham sido propostos, muitas teorias contemporâneas conceituam o suicídio a partir de uma perspectiva cognitivo-comportamental, com foco principalmente em padrões de pensamento e de cognição que podem contribuir para o desenvolvimento e a manutenção do comportamento suicida (para mais informações sobre o apoio empírico a essas teorias, o leitor deve consultar Berman et al., 2006; Joiner et al., 2009; Klonsky & May, 2015; Van Orden, Witte, Selby et al., 2008).

Por exemplo, Aaron Beck e seus colegas (1975, 1989) propuseram uma *teoria cognitiva do suicídio* que enfatizava o papel da *desesperança*, que viam como algo mais característico do suicídio do que da depressão, um ponto de vista que recebeu apoio de pesquisa. Beck e seus colegas (Beck, 1996; Beck et al., 1979) enfatizaram, por muitos anos, o importante papel que os *erros cognitivos* e o *pensamento distorcido* desempenham no comportamento suicida. O conceito de Beck da *tríade cognitiva* (ou seja, pensamentos negativos sobre si mesmo, sobre os outros e sobre o futuro) é um componente central de sua teoria cognitiva da depressão, com implicações distintas e importantes para a compreensão do suicídio e para intervir com indivíduos suicidas (Berman et al., 2006).

O psicólogo britânico Mark Williams também vê o comportamento suicida a partir de uma perspectiva cognitiva. Ao discutir a ideação suicida e as tentativas de suicídio, Williams (2001) afirma que, embora o suicídio seja comumente visto por muitos como um "grito de ajuda", é mais correto interpretá-lo como um "grito de dor". Como Williams (2001, p. 148) observa:

> O grito de ajuda, que muitos interpretaram erroneamente como falta de sinceridade, deve ser visto como um grito de dor. O comportamento suicida pode resultar em uma comunicação, sem que ela seja o motivo principal. Este comportamento é provocado por uma situação na qual a pessoa se sente presa... Pode se manifestar de forma abertamente comunicativa em uma minoria de casos, mas principalmente é "provocado" pela dor de uma situação com a qual a pessoa não consegue lidar – é um grito de dor primeiro e, só depois disso, um pedido de ajuda.

A experiência da dor também desempenha um papel central no modelo de compreensão do suicídio desenvolvido por Edwin S. Shneidman, um teórico in-

Capítulo 1

fluente e fundador da AAS, a maior e mais antiga organização dedicada a compreender e prevenir o suicídio e apoiar as pessoas afetadas por ele. Shneidman (1985, 1996) defendeu que os indivíduos se envolvem em comportamento suicida por causa de uma *dor psicológica* severa e intolerável, que resulta de necessidades psicológicas não satisfeitas. O autor sugeriu que todas as pessoas que morrem por suicídio experimentam dor psicológica antes de morrer, embora apenas uma pequena porcentagem das pessoas que experimentam dor psicológica morra por suicídio. Ele acreditava que a dor psicológica é uma condição necessária, mas não suficiente, para que o suicídio ocorra. Segundo Shneidman, também é necessário que haja o fator adicional de *letalidade*. "O suicídio acontece", disse Shneidman (1996, p. 13), "quando a dor psicológica é considerada insuportável e a morte é ativamente buscada para interromper o fluxo incessante de consciência dolorosa".

Assim como Shneidman, a *teoria da fuga do comportamento suicida* de Roy Baumeister (1990) também defende que a dor mental ou psicológica é um fator-chave no comportamento suicida, embora Baumeister dê maior ênfase ao papel da *autoconsciência aversiva* em sua conceituação do comportamento suicida. Segundo Baumeister, para que o comportamento suicida surja, várias etapas sequenciais devem ocorrer. Primeiro, o indivíduo deve experimentar uma grave discrepância entre suas expectativas e os acontecimentos reais. Quando isso ocorre, um elevado nível de autoconsciência aversiva se desenvolve, levando a experiências emocionais altamente negativas. Para escapar dessas emoções negativas e experiências aversivas de autoconsciência, o indivíduo se refugia em um estado conhecido como "desconstrução cognitiva". Nesse estado, ele se torna essencialmente "entorpecido" em relação às suas emoções e autoconsciência, desenvolvendo inibições reduzidas e, consequentemente, um risco aumentado de suicídio (Baumeister, 1990).

O desejo de escapar de emoções negativas e aversivas também é um componente importante da *teoria da desregulação emocional do comportamento suicida* de Marsha Linehan (1993). A teoria de Linehan defende que o suicídio resulta da desregulação emocional, uma condição que se desenvolve a partir das influências conjuntas de predisposições biológicas e ambientes invalidantes. Inicialmente, Linehan desenvolveu sua teoria no contexto do tratamento de indivíduos com múltiplos problemas emocionais e comportamentais e com alto risco de suicídio. A terapia comportamental dialética (TCD)[13], tratamento cognitivo-comportamental derivado de sua teoria (Linehan, 2020), foi usada para tratar adolescentes suicidas (A. L. Miller et al., 2007) e é discutida em mais detalhes no capítulo 6. Mazza, Dexter-Mazza, Miller, Rathus e Murphy (2016) desenvolveram um programa curricular baseado em habilidades da TCD que pode ser usado com alunos do Ensino Fundamental 2 e Médio e é discutido no capítulo 5.

---

13. No original, dialectical behavior therapy (DBT) [N.T.].

Teorias de suicídio contemporâneas de ideação para ação

Mais recentemente, o suicídio passou a ser cada vez mais reconhecido como um grave e significativo problema de saúde pública, cuja prevenção exige uma abordagem que leve isso em consideração. Para muitos problemas de saúde pública (por exemplo, acidentes de carro, HIV e câncer de pulmão), os esforços bem-sucedidos de prevenção foram aprimorados ao se compreender as principais fontes de risco e as oportunidades mais viáveis para esforços eficazes de prevenção e tratamento. Adotar estratégias de prevenção que envolviam múltiplos componentes de tratamento, em vez de uma única solução, resultou em reduções substanciais em vários problemas de saúde pública. O desenvolvimento de estratégias de prevenção de suicídio igualmente eficazes provavelmente dependerá de uma melhor compreensão dos mecanismos que influenciam os fatores de risco (Anestis, 2018).

Infelizmente, uma meta-análise de 50 anos de pesquisa sobre os fatores de risco gerais para suicídio não encontrou melhora, ao longo desse período, em nossa capacidade de prever a morte por suicídio (Franklin et al., 2017). Além disso, a pesquisa tem repetida e consistentemente demonstrado que uma grande maioria dos indivíduos que pensa em suicídio (ou seja, aqueles que se envolvem em ideação suicida) não fará uma tentativa, e que a maioria daqueles que tentam não morrerá por suicídio (Goldsmith et al., 2002; Nock et al., 2008). Consequentemente, o foco principal dentro da suicidologia nos últimos anos mudou para o que é conhecido como uma estrutura de "ideação para ação" (Klonsky & May, 2015).

As *teorias de ideação para ação do comportamento suicida* enfatizam a compreensão de como vários fatores contribuem para a ideação suicida, bem como a transição da ideação para formas mais graves de comportamento suicida, como tentativas de suicídio e suicídio (Klonsky et al., 2018; Klonsky & May, 2014). Especificamente, as estruturas de ideação para ação determinam que o desenvolvimento da ideação suicida e a progressão da ideação para as tentativas de suicídio "são fenômenos distintos, com explicações e indicadores também distintos" (Klonsky et al., 2016, p. 307). Por exemplo, problemas de saúde mental, como depressão e desesperança, podem ajudar a prever o avanço da ideação suicida, mas, por si sós, não podem prever com precisão se um indivíduo fará uma tentativa de suicídio ou morrerá por suicídio. Duas proeminentes teorias de ideação para ação, a teoria interpessoal do suicídio de Joiner (2005) e a teoria dos três passos do suicídio de Klonsky e May (2015), são discutidas a seguir.

A teoria interpessoal do suicídio de Joiner

A *teoria interpessoal do suicídio* (TIS; Joiner, 2005, 2009; Joiner et al., 2009) foi o primeiro modelo de suicídio de ideação para ação e é a teoria mais influente no campo da suicidologia contemporânea. Foi a primeira em que "a ideação suicida e a progressão da ideação para as tentativas foram tratadas como processos separados, que apresentam conjuntos separados de explicações e fatores de risco" (Klonsky & May, 2015, p. 115). Mais importante para os propósitos deste livro, a teoria também traz ferramentas úteis e práticas para prevenir o comportamento suicida juvenil, realizar avaliações de risco de suicídio e intervenção com jovens suicidas. Portanto, essa teoria é analisada em detalhes aqui, e seus desdobramentos são discutidos nos próximos capítulos.

A teoria do comportamento suicida de Joiner não foi projetada para substituir as teorias de Beck e Shneidman, e sim para acrescentar, incorporar seus pontos fortes e ser mais ampla e conceitualmente mais precisa do que as anteriores (Joiner, 2005). Por exemplo, mesmo que alguém aceite a teoria de Beck de que a desesperança é um fator-chave na causa do suicídio, "sobre o que, em particular, as pessoas suicidas não têm esperança? Se a desesperança é a chave, por que então relativamente poucas pessoas sem esperança morrem por suicídio?" (Joiner, 2005, p. 39). A teoria psiquiátrica de Shneidman (1985, 1996) sobre o comportamento suicida tem problemas semelhantes, uma vez que não explica com precisão por que uma pessoa suicida experimenta dor psicológica ou o que leva ao seu desenvolvimento. Nem Beck nem Shneidman esclareceram adequadamente por que algumas pessoas que exibem desesperança ou dor psicológica morrem por suicídio, e muitas outras não.

Essencialmente, de acordo com Joiner (2009, p. 244), as pessoas (incluindo crianças e adolescentes) morrem por suicídio "porque podem e porque querem". Os indivíduos correm um risco maior de morrer por suicídio se tiverem tanto o desejo quanto a *capacidade* de fazê-lo (Joiner, 2005). Quanto ao desejo de morrer por suicídio, de acordo com a teoria de Joiner, "os indivíduos correm maior risco de ideação suicida quando sentem que representam um peso para os outros, não têm um senso de pertencimento e não sentem esperança de que esses estados mudem" (Anestis et al., no prelo, p. 5). Mas o que confere a um indivíduo a *capacidade* de morrer por suicídio? Como ele se torna capaz de morrer por suicídio, visto que as forças evolutivas geralmente operam para promover a autopreservação e evitar a autodestruição (Joiner, 2005)? Joiner e seus colegas (2009, p. 4) indicam que é possível encontrar a resposta a essa pergunta buscando o que "é óbvio após um momento de reflexão e, no entanto, tem sido muito negligenciado em trabalhos anteriores, ou seja, que a autolesão letal está associada a tanto medo e/ou dor que poucos são capazes de fazer isso... o que se aplica a quem tem ideias e desejos de suicídio".

A TIS defende que os únicos indivíduos capazes de suicídio são aqueles que passaram por experiências envolvendo dor e provocação (por exemplo, automutilação, comportamentos ilegais de risco, combate) a ponto de se *acostumarem* ao medo e à dor associados à morte, de modo que o instinto de autopreservação e o medo da morte diminuem. Como as pessoas têm uma predisposição biológica e evolutiva para evitar dor, lesões e morte, é muito difícil que tentem o suicídio, mesmo quando se manifestam fortes níveis de ideação suicida (Klonsky & May, 2015).

Em graus variados, *qualquer* experiência que induz ao medo e/ou dor – como lesões, acidentes, violência (seja como vítima, perpetrador ou testemunha) e/ou comportamentos "atrevidos" – pode funcionar efetivamente para que o indivíduo se acostume ao medo da morte. Assim como um paraquedista que supera seu medo depois de pular repetidamente de aviões, a teoria de Joiner sugere que os indivíduos superam o medo da morte por suicídio após encontros frequentes com experiências dolorosas e/ou provocativas, que levam à eventual construção do hábito. Essa teoria pode ajudar a explicar, pelo menos parcialmente, por que adultos que trabalham como médicos, policiais e soldados têm índices elevados de suicídio, em comparação com indivíduos em muitas outras carreiras profissionais. O denominador comum em cada uma dessas profissões é sua exposição frequente e, acredita-se, eventual costume a experiências fisicamente dolorosas ou provocativas, além de suas interações e experiências com pessoas que morrem, muitas vezes por meios violentos (Joiner, 2005).

A capacidade de morrer por suicídio requer tempo e prática e é física e psicologicamente muito difícil de realizar (Joiner et al., 2009). De fato, há ampla evidência de que matar os outros ou a si mesmo é uma tarefa altamente difícil. Grossman (1995) aponta como as lutas dentro da espécie são, muitas vezes, não letais, inclusive envolvendo humanos. Por exemplo, soldados em batalha frequentemente erram a mira ao usar armas de fogo em uma proporção muito maior do que o acaso. Grossman (1995, p. 11) citou uma testemunha ocular durante a batalha da Guerra Civil de Vicksburg, em 1863, que disse que "parece estranho que um pelotão de homens possa disparar tiro após tiro em um número igual de homens, a uma distância não maior do que quinze passos, e não haver uma única vítima. No entanto, tais foram os fatos neste caso". A proibição instintiva de matar alguém de sua própria espécie parece se estender também a matar a si mesmo (Joiner, 2005). Embora meios altamente letais direcionados a áreas muito vulneráveis (como puxar o gatilho de uma arma apontada para a própria cabeça) provavelmente levem à morte, muitos indivíduos suicidas aprenderam como é difícil, tanto física quanto psicologicamente, se envolver em comportamento autodestrutivo.

A dificuldade *física* do suicídio é ilustrada pelo sobrevivente Brent Runyon, que, aos 14 anos, se encharcou de gasolina e se incendiou. Antes dessa tentativa, ele havia feito várias outras, como descreve no seguinte trecho:

> Eu me pergunto por que todas as maneiras que usei para tentar me matar não funcionaram. Quer dizer, eu tentei me enforcar. Eu costumava ter um laço amarrado na coluna do meu armário. Eu entrava lá, deslizava aquilo sobre minha cabeça e deixava meu peso ir. Mas, toda vez que eu começava a perder a consciência, eu apenas me levantava. Tentei tomar comprimidos. Uma tarde, tomei vinte Advil, mas isso só me deixou com sono. E, todas as vezes que tentei cortar os pulsos, nunca consegui cortar fundo o suficiente. Essa é a questão – seu corpo tenta se manter vivo, não importa o que você faça (Runyon, 2004, p. 13).

A dificuldade *psicológica* do suicídio é ilustrada por esta observação de Knipfel (2000, p. 13, 33), especulando sobre por que suas múltiplas tentativas de suicídio não resultaram em morte:

> Ficou claro que foi a covardia que me impediu de ir até o fim. Nunca tive sucesso porque não tive coragem... Por mais que eu tentasse, nada funcionava. Eu me joguei escada abaixo, bebi alvejante, cortei os pulsos, pulei na frente de um ônibus, tudo em vão.

A noção de que o suicídio é um ato covarde é comum. O escritor Tom Hunt, autor de *Cliffs of despair* (2006), entrevistou um homem que, por muitos anos, trabalhou em uma equipe que resgatava os corpos de quem pulava dos penhascos à beira-mar em Beachy Head, localizado em East Sussex, Inglaterra. Quando perguntaram ao homem se ele achava que era preciso coragem para pular de Beachy Head, ele respondeu que era "a saída do covarde". Então, acrescentou que "seria preciso muito mais coragem para realmente enfrentar a vida, os problemas, a depressão, ou o que quer que seja que está levando as pessoas a esse ponto, do que escolher, de certa forma, a opção mais fácil" (Hunt, 2006, p. 115). Embora essa visão seja amplamente aceita, permanece o fato de que morrer por suicídio geralmente requer muita determinação pessoal e destemor, no sentido de que é uma morte que geralmente requer grande esforço, bem como a superação do instinto de preservação da vida (Joiner, 2005).

A capacidade de morrer por suicídio, no entanto, não implica necessariamente um *desejo* de se suicidar. Por exemplo, indivíduos treinados nas artes marciais têm a capacidade de infligir dano físico a outros, mas, exceto em situações de autodefesa, normalmente não têm o desejo de fazê-lo e, portanto, não costumam se comportar de maneira agressiva (Joiner, 2009). Da mesma forma, de acordo com a teoria de Joiner, a capacidade de se envolver em comportamento suicida é uma condição necessária, mas não suficiente para que o suicídio ocorra. Junto com a capacidade, é necessário que também haja o desejo.

Quanto ao que constitui o desejo suicida, Joiner defende que, para que o suicídio ocorra, um indivíduo deve experimentar dois estados mentais interpessoais relevantes e simultâneos: sobrecarga percebida e falta de pertencimento. A *sobrecarga percebida* se refere à crença de que a existência de um indivíduo é, de alguma forma, onerosa para os outros, como família, amigos ou sociedade (Joiner et al., 2009). Quando aplicada a crianças e adolescentes, a noção de sobrecarga percebida também pode incorporar a ideia de que o indivíduo é *dispensável* e *inútil* (Joiner, 2005). Ou seja, crianças e adolescentes que se percebem como dispensáveis e/ou inúteis muitas vezes se veem como um fardo para sua família ou para outras pessoas em seu ambiente. Basicamente, acreditam que sua morte vale mais do que a vida.

Compreender o conceito de sobrecarga percebida é um contraponto importante para o mito comum de que o suicídio é um ato "egoísta" (Joiner, 2010), no sentido de que, ao se matar, os indivíduos desconsideram a família e os amigos que ficarão emocionalmente devastados. Do ponto de vista dos suicidas, no entanto, seu suicídio geralmente não é visto como um ato egoísta, mas sim benéfico, porque resultaria em um fardo a menos para família e amigos, que estariam "melhores" sem eles. É importante reconhecer que esse ponto de vista, comum entre muitas pessoas suicidas, representa uma *percepção errônea* significativa e uma ameaça em potencial – que pode resultar em consequências fatais (Joiner, 2009).

Kay Redfield Jamison, uma autoridade reconhecida em transtorno bipolar e suicídio, conhece esse fenômeno em primeira mão, conforme descrito em seu livro *Quando a noite cai: Entendendo o suicídio* (1999, p. 291):

> Eu havia tentado me matar anos antes e quase morri, mas não considerei isso algo egoísta ou não. Foi simplesmente o fim do que eu podia suportar, a última tarde tendo que imaginar acordar na manhã seguinte apenas para começar tudo de novo, com uma mente confusa e imaginações sombrias. Foi o resultado final de uma doença ruim, que parecia que nunca ia sarar. Nenhum amor dos outros ou pelos outros – e havia muito – poderia ajudar. Ter uma família atenciosa e um trabalho fabuloso não foram suficientes para superar a dor e a desesperança que eu sentia; nenhum amor apaixonado ou romântico, por mais forte que fosse, poderia fazer a diferença... Eu sabia que minha vida era uma confusão e acreditava – incontestavelmente – que minha família, amigos e pacientes estariam melhores sem mim. Não restava muito de mim e pensei que minha morte liberaria as energias gastas e os esforços bem-intencionados que estavam sendo desperdiçados em meu nome.

Da mesma forma, Jamison (1999, p. 292) cita um jovem químico que afirmou o seguinte, provavelmente em uma carta de despedida, pouco antes de sua morte por suicídio:

Capítulo 1

> Não tenho nada a falar ou opinar sobre a relação entre suicídio e egoísmo em relação a amigos e parentes próximos. É óbvio, no entanto, que refleti e decidi que os machucaria menos morto do que vivo.

Consistente com a teoria de Joiner, e assim como outros indivíduos com histórico de comportamento suicida, nem Jamison nem o jovem químico consideraram seu desejo de morrer por suicídio como reflexo de um impulso egoísta. Em vez disso, ambos pareciam ver o suicídio como uma resposta racional e razoável ao sofrimento emocional que estavam experimentando, bem como um método para diminuir o fardo que consideravam representar para os outros.

Embora Joiner proponha que a sobrecarga percebida seja uma condição necessária para despertar o desejo de suicídio, não é suficiente. Além da sobrecarga percebida, também é necessária a falta de pertencimento. A *falta de pertencimento* se refere à "experiência de alienação dos outros, sem formar parte integrante de uma família, círculo de amigos ou outros grupos importantes" (Joiner, 2009, p. 245). É um sinônimo aproximado, embora não perfeito, de solidão e alienação social (Joiner et al., 2009). Tal qual a sobrecarga percebida, a falta de pertencimento é um *estado de percepção*. Por exemplo, o jovem suicida pode parecer ter muitos amigos, mas se ele *perceber* que não é assim e se vir como alguém que está socialmente isolado e não pertencente, o risco de suicídio aumenta. Quando os indivíduos experimentam simultaneamente graus significativos de sobrecarga percebida *e* falta de pertencimento, bem como desesperança quanto a qualquer uma dessas condições mudar no futuro, Joiner (2009, p. 245) afirma que "o desejo de morte se desenvolve por causa da percepção de que não há nada mais pelo que viver".

Para resumir brevemente a teoria de Joiner, por que as pessoas, incluindo crianças e adolescentes, morrem por suicídio? Porque têm o desejo e a capacidade de fazê-lo. A sensação de sobrecarga e falta de pertencimento, combinada com desesperança quanto a qualquer mudança no futuro, frequentemente leva ao desenvolvimento de ideação suicida. Em suma, são indivíduos que se percebem como um fardo para os outros (por exemplo, familiares, amigos) e não se sentem realmente pertencentes a um grupo ou relacionamento importante. Embora a sobrecarga percebida e a falta de pertencimento geralmente resultem no desenvolvimento de ideação suicida, isso não levará a uma ação comportamental, a menos que o indivíduo também tenha a capacidade de morrer por suicídio, que se desenvolve principalmente por meio da capacidade de autolesão letal, quando o indivíduo se acostuma a experiências dolorosas e provocativas. Tanto o desejo quanto a capacidade são necessários para a

> Os jovens morrem por suicídio essencialmente porque podem e querem. Em outras palavras, os indivíduos correm um risco maior de se suicidar se tiverem tanto a *capacidade* quanto o *desejo* de morrer por suicídio.

morte por suicídio, o que pode ajudar a explicar por que há muito mais pessoas com ideação do que indivíduos que morrem por suicídio. Conforme observado por Anestis (2018, p. 48): "A maioria dos que pensam em suicídio não tem a capacidade de agir de acordo com esses pensamentos, e a maioria dos que são capazes de suicídio não tem pensamentos suicidas".

A TIS foi avaliada e apoiada em diversas populações, incluindo amostras de comunidades (Van Orden, Witte, Gordon et al., 2008), estudantes universitários (Joiner et al., 2009), militares americanos (Anestis et al., 2015) e adolescentes (Czyz et al., 2015; Stewart et al., 2017). Em relação ao suicídio juvenil, Stewart e colegas (2017) analisaram 17 estudos envolvendo comportamento suicida entre adolescentes que testaram ou interpretaram especificamente as descobertas a partir da perspectiva da TIS. Essa análise forneceu suporte geral para validar a teoria, principalmente a associação entre capacidade adquirida e tentativas de suicídio.

Como as outras teorias apresentadas aqui, uma discussão abrangente sobre a teoria do comportamento suicida de Joiner está fora do escopo deste livro. Os leitores interessados em uma revisão mais extensa da teoria interpessoal do suicídio são encorajados a revisar os trabalhos de Joiner e seus colegas (por exemplo, Joiner, 2005, 2009; Joiner et al., 2009).

Teoria dos três passos do suicídio de Klonsky e May

Assim como a teoria de Joiner, a *teoria dos três passos do suicídio* de David Klonsky e Alexis May (T3P; Klonsky & May, 2015) apresenta explicações separadas para o desenvolvimento de ideação suicida e das tentativas de suicídio. Quatro fatores são enfatizados: dor, desesperança, conexão e capacidade de suicídio. Como o próprio nome indica, a teoria envolve três etapas, incluindo o desenvolvimento da ideação (passo 1), ideação suicida forte *versus* moderada (passo 2) e progressão da ideação para tentativas de suicídio (passo 3).

De acordo com a teoria, o primeiro passo para a ideação suicida começa com a *dor*, seja física ou (mais tipicamente) psicológica ou emocional (Klonsky & May, 2015). Essa dor pode resultar de múltiplas fontes, incluindo sofrimento físico, isolamento social, sobrecarga percebida, baixo pertencimento, derrota e aprisionamento, autopercepções negativas e/ou uma variedade de outros pensamentos, emoções ou experiências repugnantes. A experiência da dor, no entanto, é considerada uma condição necessária, porém insuficiente, para o desenvolvimento da ideação suicida. Para que ocorra a ideação suicida, a dor deve ser combinada com a *desesperança*. Conforme observado por Klonsky e May (2015, p. 117), "quando a experiência do dia a dia de alguém é caracterizada pela dor e a pessoa não tem esperança de que a dor melhore, ela considerará o suicídio. Em suma, a combinação de dor e desesperança é o que faz com que a ideação suicida se desenvolva". Essa perspectiva é apoiada por pesquisas que descobriram que as percepções de dor e desesperança são as duas motivações mais comuns para tentativas de suicídio (Klonsky & May, 2015).

O segundo passo na T3P envolve *conexão*. Na maioria das vezes, entendemos a conexão como a relação com outras pessoas, mas Klonsky e May (2015, p. 117) usam o termo de forma mais ampla, referindo-se "ao apego de alguém a um trabalho, projeto, interesse ou qualquer senso de propósito percebido ou significado que mantém essa pessoa determinada a viver". A conexão é importante "porque mesmo que alguém sinta dor e desesperança e considere o suicídio, a ideação suicida permanecerá mais moderada (por exemplo, 'às vezes acho que estaria melhor morto') do que forte (como, 'eu me mataria se tivesse a chance'), desde que a conexão com a vida seja maior do que a dor" (Klonsky & May, 2015, p. 117–118).

Nesta teoria, a conexão interrompida é muito parecida com a construção da falta de pertencimento da teoria de Joiner. No entanto, há uma diferença importante entre a maneira como a conexão é conceituada na teoria de Klonsky e May e na estrutura de Joiner. No modelo de Klonsky e May (2015, p. 118), "o principal papel da conexão é proteger indivíduos com alto risco da ideação suicida devido à dor e à desesperança. Embora acreditemos que a conexão interrompida possa contribuir diretamente para o aumento da dor e da desesperança, não é necessária para seu surgimento e, portanto, para o desenvolvimento da ideação suicida. Acreditamos que muitas pessoas com conexão interrompida não têm ideação suicida e que muitas pessoas com ideação suicida não experimentam conexão interrompida".

A terceira e última etapa na estrutura de ideação para ação de Klonsky e May envolve uma progressão da ideação para as tentativas de suicídio. Esses teóricos concordam com a noção de Joiner (2005) de que o ponto-chave no comportamento suicida que leva à ação é se um indivíduo tem a capacidade de fazer uma tentativa de suicídio. No entanto, enquanto Joiner (2005) considera a capacidade como o hábito adquirido de um indivíduo de vivenciar experiências dolorosas e provocativas por meio da exposição a diferentes situações na vida, Klonsky e May (2015) adotam uma visão mais ampla, descrevendo três tipos diferentes, incluindo (1) capacidade de disposição, (2) capacidade adquirida e (3) capacidade prática.

A *capacidade de disposição* se refere a fatores impulsionados em grande parte pela genética, como a sensibilidade à dor. A *capacidade adquirida* se refere ao mesmo conceito que Joiner descreve, enquanto a *capacidade prática* se refere a fatores concretos que facilitam o suicídio, como alguém que tem conhecimento e acesso a meios letais (por exemplo, armas). Para resumir, "fatores de disposição adquiridos e práticos contribuem para a capacidade de tentativa de suicídio, e um indivíduo com forte ideação só fará uma tentativa de suicídio se e quando tiver a capacidade de realizá-lo" (Klonsky & May, 2015, p. 119). Klonsky e May (2015) examinaram

910 adultos que manifestaram ideação e tentativas de suicídio e descobriram que os princípios centrais de sua teoria não dependem do sexo nem da faixa etária.

Nos últimos anos, as teorias da ideação para ação revolucionaram a forma como os pensamentos e comportamentos suicidas mais orientados para a ação são conceituados (D. N. Miller, 2018). Tanto Joiner (2005) quanto Klonsky e May (2015) defendem que os fatores que levam ao desejo de suicídio (ou seja, ideação suicida) não são os mesmos que promovem formas mais graves de comportamento suicida, como tentativas de suicídio. Ao se concentrar em programas de prevenção que abordam a capacidade dos alunos para o suicídio, bem como seu desejo de fazê-lo, a escola, junto com as comunidades locais, pode ser capaz de prevenir de forma mais eficaz o suicídio juvenil (D. N. Miller, 2018).

Dor, sofrimento e cognição

Um tema comum em cada uma das teorias recentes descritas neste capítulo, incluindo as teorias contemporâneas de ideação para ação, é a ênfase na dor e no sofrimento psicológicos como uma variável causal primária no desenvolvimento da ideação suicida. No entanto, embora as palavras *dor* e *sofrimento* sejam frequentemente usadas de forma intercambiável e interpretadas como sinônimos, elas não são idênticas e existem distinções importantes. Por exemplo, Kabat-Zinn (1990, p. 258–286) distingue entre dor e sofrimento da seguinte forma:

> Dor é uma parte natural da experiência da vida. O sofrimento é uma das muitas respostas possíveis à dor. O sofrimento pode advir da dor física ou emocional. Envolve nossos pensamentos e emoções e como eles moldam o significado de nossas experiências. O sofrimento também é perfeitamente natural. Na verdade, muitas vezes se fala da condição humana como um sofrimento inevitável. Mas é importante lembrar que o sofrimento é apenas *uma* resposta à experiência da dor... nem sempre é a dor em si, mas a forma como a vemos e reagimos a ela que determina o grau de sofrimento que vamos experimentar. E o que mais tememos é o sofrimento, não a dor.

A noção de que o sofrimento emocional, muitas vezes, é resultado de fatores cognitivos também foi apontada por DeMello (1998, p. 94):

> O que causa o sofrimento? Atividade mental, construindo nossos pensamentos. Às vezes, a mente está em repouso e tudo está bem. Mas, às vezes, ela começa a agir, elaborando o que Buda chama de construção de pensamentos. Começa a fazer julgamentos, avaliações, pensamentos diferentes e variados. A mente se move de uma forma que leva a avaliar coisas e julgar pessoas e fatos. O sofrimento é o resultado de avaliações, julgamentos e construções mentais.

Capítulo 1

A perspectiva de que problemas emocionais são frequentemente causados e mantidos menos pelos fatos e mais por como eles são percebidos, avaliados e valorizados não é uma novidade. De fato, esse conceito era conhecido tanto no mundo antigo oriental quanto no ocidental. Por exemplo, escritos budistas com milhares de anos discutem essa ideia extensivamente, assim como antigos filósofos estoicos, como Sêneca, Epicteto e Marco Aurélio (Farnsworth, 2018). A influência dessas ideias "antigas" pode ser vista no desenvolvimento contemporâneo de terapias cognitivo-comportamentais (Ellis, 2004) e tem implicações importantes para a prevenção do suicídio juvenil.

A importância de diminuir o sofrimento no suicídio juvenil

A escola, principalmente os profissionais escolares de saúde mental, devem estar cientes da importância de reduzir o sofrimento psicológico e emocional em suas tentativas de prevenir o comportamento suicida e intervir com jovens suicidas. De fato, um ponto crítico a ser entendido é que os indivíduos que contemplam ou tentam o suicídio muitas vezes não querem morrer, por mais que desejem que seu sofrimento acabe (Shneidman, 1996). Em outras palavras, pessoas suicidas, incluindo jovens, frequentemente não são motivadas pelo desejo de morrer, e sim pelo desejo de escapar do que veem como uma situação insuportável (C. Jacobson et al., 2013; Williams, 2001).

Para muitas crianças e adolescentes suicidas, suas múltiplas e variadas tentativas de diminuir seu sofrimento ou acabar com ele não foram bem-sucedidas e, como resultado, eles podem perceber a morte por suicídio como a única opção viável para atingir esse objetivo. Consequentemente, os indivíduos que exibem comportamento suicida geralmente buscam mitigar um tipo de sofrimento que é "prolongado, intenso e sem alívio" (Jamison, 1999, p. 24). Para jovens suicidas, esse sofrimento é vivenciado em um grau tão intenso que acaba sendo percebido como insuportável.

Embora os modelos de comportamento suicida de ideação para ação defendam que a dor psicológica e o sofrimento, que tantas vezes a acompanha, não são suficientes por si sós para levar ao suicídio, o risco pode aumentar significativamente quando há também o desejo de morte e a capacidade adquirida de se envolver em atividades potencialmente letais. Embora os funcionários da escola possam não desempenhar o papel principal no tratamento de jovens suicidas, eles claramente podem e devem ser uma parte importante do processo. Práticas específicas nas quais os funcionários e educadores podem se engajar para prevenir o comportamento suicida juvenil e responder de forma eficaz quando ele ocorre serão discutidas nos capítulos subsequentes deste livro.

> Muitas vezes, indivíduos que contemplam ou tentam o suicídio não querem morrer, e sim que seu sofrimento acabe.

Ciência, pseudociência e prevenção do suicídio

Um tema comum ao longo deste livro será a defesa de programas de prevenção e intervenção baseados em evidências (A. W. Leschied et al., 2018) para evitar o suicídio juvenil nas escolas. Infelizmente, as escolas têm sido, historicamente, instituições onde programas de prevenção e intervenção populares e/ou altamente elogiados são adotados com frequência, apesar de pouca ou nenhuma evidência de sua eficácia. Programas da moda, não comprovados, mas modernos, costumam florescer nas escolas, apenas para serem eventualmente substituídos por outras iniciativas educacionais bem-intencionadas, mas muitas vezes fugazes (D. N. Miller & Sawka-Miller, 2011).

Muitos desses programas são implementados com pouco ou nenhum apoio à pesquisa (o Programa de Educação para a Resistência às Drogas[14], é um exemplo lamentável) e, em muitos casos, são avaliados de forma ineficaz ou, ainda pior, não são avaliados de forma alguma (Merrell et al., 2012). A Internet e as mídias sociais também tornaram muito mais fácil a disseminação rápida e ampla de informações erradas, e a escola não está imune a isso. Mesmo profissionais experientes e bem-intencionados são capazes de exibir "credulidade *online*" e tendem a "não fazer perguntas importantes sobre o conteúdo que encontram em um navegador" (Steinmetz, 2018, p. 28).

Relacionado a esse problema, e para agravá-lo ainda mais, as escolas geralmente não distinguem práticas científicas (ou seja, baseadas em evidências) de práticas pseudocientíficas (não baseadas em evidências) (Lilienfield et al., 2012). Os efeitos danosos da pseudociência, da anticiência ou da simples ignorância podem ser vistos em diversas áreas, inclusive na prevenção do suicídio, em que mitos e concepções errôneas sobre o suicídio (como os descritos anteriormente neste capítulo) muitas vezes impedem esforços de prevenção, em vez de promovê-los (D. N. Miller, 2015). Os funcionários escolares que trabalham com crianças e adolescentes devem "desenvolver e manter um conjunto de habilidades que lhes permita distinguir práticas baseadas em evidências das não baseadas" (Lilienfield et al., 2012, p. 8), o que inclui programas de prevenção ao suicídio.

Consequentemente, ao desenvolver, implementar e avaliar esses programas nas escolas, é preciso fazê-lo com base em evidências (por exemplo, estudos revisados publicados em periódicos conceituados), e não em variáveis questionáveis (como experiência pessoal, intuição e depoimentos de outras pessoas). Para alcançar isso de forma mais eficaz, é necessário que os defensores dos programas de prevenção do suicídio desenvolvam uma mentalidade científica. Ou seja, re-

---

14. No original, Drug Assistance Resistance Education Program [N.T.].

Capítulo 1

conhecer que a ciência é mais do que um corpo de conhecimento ou uma mera coleção de fatos é, antes de tudo, uma forma de pensar, que requer um equilíbrio entre o que inicialmente podem parecer duas ideias conflitantes: ceticismo combinado com mente aberta (Sagan, 1996). Os defensores dos programas de prevenção do suicídio nas escolas devem se tornar mais habilidosos no que Sagan (1996, p. 201) chamou de "a fina arte da detecção de informações falsas", ao mesmo tempo que mantêm a mente aberta para novos dados.

É claro que a ciência por si só não nos ajudará a reduzir a tragédia que é o suicídio juvenil. Também precisamos apoiar as pessoas afetadas pelo suicídio para que sejam capazes de enfrentar e reduzir ativamente a estigmatização que sofrem e os problemas de saúde mental que vivenciam, além de desenvolver melhor parcerias escolares e comunitárias. Mas, se realmente queremos prevenir o suicídio juvenil, um compromisso com práticas cientificamente fundamentadas e baseadas em evidências não é apenas extremamente importante, é essencial. Na verdade, deixar de fazê-lo seria como abrir mão de nossas responsabilidades éticas e profissionais (D. N. Miller, 2015).

Comentários finais

O comportamento suicida juvenil é um importante problema de saúde pública. Apesar das taxas flutuantes ao longo do tempo, o número de suicídios de crianças e adolescentes aumentou significativamente nas últimas décadas nos Estados Unidos, especialmente nos últimos anos. O objetivo deste capítulo foi fornecer uma definição de comportamento suicida, bem como algumas informações demográficas básicas, para colocar esse problema nacional e internacional em um contexto apropriado. Foram discutidos alguns mitos comuns e equivocados sobre o suicídio e como eles podem prejudicar os esforços de prevenção. Também foram apresentadas informações sobre quando, onde e como o suicídio juvenil ocorre com mais frequência, bem como uma breve visão geral de algumas teorias de destaque sobre por que as pessoas – incluindo crianças e adolescentes – morrem por suicídio. A teoria interpessoal de Joiner sobre o comportamento suicida recebeu ênfase especial por causa de sua ampla influência, assim como de suas implicações claras e práticas na prevenção, avaliação e intervenção no suicídio – tópicos que serão amplamente discutidos nos próximos capítulos.

No entanto, antes de mais nada, é importante entender melhor o papel das escolas e dos educadores na prevenção do suicídio juvenil, incluindo questões de responsabilidade, legislação e ética, assim como os componentes de programas eficazes de prevenção do suicídio nas escolas. Esses e outros tópicos importantes são abordados no capítulo 2.

Capítulo 2

Comportamento suicida juvenil e as escolas

Sendo a escola a instituição comunitária que tem a responsabilidade primária pela educação e socialização dos jovens, o contexto escolar tem o potencial de moderar a ocorrência de comportamentos de risco e de identificar e assegurar ajuda para indivíduos em risco.
John Kalafat

Uma pergunta muito real e prática que os educadores precisam fazer diz respeito à responsabilidade do sistema escolar em relação ao suicídio.
Scott Poland

O trabalho dos educadores é mais amplo do que apenas a educação. É alterar a trajetória de vida de nossos alunos.
Robert Horner

Considerando a seriedade do problema do comportamento suicida juvenil e o tempo que crianças e adolescentes passam na escola, tem sido frequentemente sugerido que as escolas desempenhem um papel mais proeminente nos esforços de prevenção do suicídio juvenil. Por exemplo, em seu excelente texto *Suicídio na adolescência: Avaliação e intervenção*[15], Alan Berman e colegas (2006, p. 21) pedem ao leitor que faça o seguinte:

---

15. No original, *Adolescent suicide: Assessment and intervention* [N.T.].

Capítulo 2

> Imagine-se assistindo a um simpósio sobre suicídio de adolescentes organizado em resposta a relatos da mídia sobre um aumento alarmante na incidência de suicídio juvenil. Palestrantes ilustres e interdisciplinares se reuniram para apresentar pontos de vista, explicações para o problema e sugestões para sua resolução. A apresentação foca nas escolas e na pressão competitiva intensa da atualidade como fontes de estresse. O suicídio de jovens é apontado por alguns palestrantes como um problema internacional. Outros questionam a validade e adequação das estatísticas oficiais; outros ainda comentam o problema do sensacionalismo jornalístico. Preocupações são levantadas sobre aglomerados de suicídio, o papel da sugestionabilidade e imitação, bem como a disponibilidade de armas. Várias estratégias preventivas e de intervenção são propostas, e a posição do sistema educacional é apontada como particularmente importante para desempenhar um papel fundamental na prevenção.

Qualquer profissional escolar de saúde mental contemporâneo, incluindo psicólogos, orientadores educacionais e assistentes sociais, poderia se imaginar participando de tal simpósio. O que talvez seja mais interessante sobre esse exemplo, no entanto, é que o simpósio descrito pelo autor ocorreu há mais de 100 anos, em 1910. O organizador era Sigmund Freud, e foi uma das últimas reuniões da Sociedade Psicanalítica de Viena (cujos membros incluíam Carl Jung e Alfred Adler), presidida por Freud e realizada nas noites de quarta-feira em sua sala de estar (Berman et al., 2006). O fato de que as questões que enfrentamos hoje já eram discutidas há mais de um século é um lembrete útil de que o problema do suicídio juvenil não é novo e é algo desconcertante e inquietante há muito tempo (Berman, 2009).

Prevenção do suicídio em escolas: uma breve história

Os sinistros e preocupantes aumentos no suicídio de jovens que ocorreram durante a segunda metade do século XX nos Estados Unidos e em outros países geraram o desenvolvimento e o crescimento de programas de prevenção do suicídio nas escolas. Os primeiros estudos norte-americanos e subsequentes revisões de literatura que tentaram examinar e avaliar esses programas começaram a aparecer na década de 1980 (por exemplo, Ashworth et al., 1986; E. L. Nelson, 1987; Overholser et al., 1989; Ross, 1980; Spirito et al., 1988); tornaram-se mais prevalentes durante a década de 1990 (por exemplo, Ciffone, 1993; Eggert et al., 1995; Garland & Zigler, 1993; Kalafat & Elias, 1994; Klingman & Hochdorf, 1993; T. LaFromboise & Howard-Pitney, 1995; Mazza, 1997; D. N. Miller & DuPaul, 1996; Orbach & Bar-Joseph, 1993; W. M. Reynolds & Mazza, 1994; Shaffer et al.,

Comportamento suicida juvenil e as escolas

1990, 1991; Zenere & Lazarus, 1997); e continuaram no século XXI (Aseltine & DeMartino, 2004; Ciffone, 2007; Kalafat, 2003; Mazza, 2006; Mazza & Reynolds, 2008; D. N. Miller et al., 2009; Randall et al., 2001; Robinson et al., 2013; Schilling et al., 2016; Singer et al., 2019; Wasserman et al., 2015; York et al., 2013).

Desenvolvidos inicialmente na década de 1970, os programas escolares de prevenção do suicídio cresceram rapidamente durante a década de 1980. Por exemplo, Garland, Shaffer e Whittle (1989) realizaram uma pesquisa nacional desses programas e relataram que o número de escolas que os utilizavam aumentou de 789, em 1984, para 1.709, em 1986. Após um período de declínio do interesse por esses programas durante a década de 1990, diversos fatores, como ações do governo federal, como o *Chamado à ação do ministro da Saúde para prevenção do suicídio*[16] (Ministério da Saúde dos Estados Unidos, 1999)[17] e doações fornecidas pela Lei Garrett Lee Smith[18] (Goldston et al., 2010), geraram um interesse renovado em tais iniciativas.

Os programas de "primeira geração" de prevenção do suicídio para escolas (objeto de estudos publicados na década de 1980) foram criticados por sua falta de foco em relação ao público-alvo e objetivos (Kalafat, 2003). Uma crítica adicional, e que pode ter prejudicado sua eficácia, foi a constatação de que a grande maioria dos programas informativos para estudantes parecia apresentar um "modelo de estresse" de comportamento suicida (Garland et al., 1989). Embora bem-intencionado, o modelo apresenta uma visão distorcida e imprecisa do comportamento suicida na juventude. Especificamente, mostra o suicídio como "uma resposta a uma quantidade significativa ou extrema de estresse, ignorando as diversas pesquisas que mostraram que o suicídio adolescente e o comportamento suicida estão fortemente associados a doenças mentais ou psicopatologia" (Mazza, 1997, p. 390). Pesquisas em ambientes clínicos, por exemplo, revelaram que a grande maioria dos jovens que tentaram o suicídio e foram atendidos por serviços médicos tinha um ou mais transtornos mentais diagnosticáveis (Brent et al., 1999).

O "modelo de estresse" também foi criticado porque essencialmente normaliza o suicídio e o comportamento suicida, sugerindo que, com estresse suficiente, qualquer pessoa seria vulnerável ao suicídio, o que não é apoiado por pesquisas (Mazza, 1997; D. N. Miller & DuPaul, 1996; D. N. Miller & Mazza, 2018). Diretores que usaram um modelo de estresse em seus programas de prevenção de suicídio revelaram que evitavam o modelo de doença mental porque temiam que vincular o suicídio a problemas de saúde mental desencorajaria os jovens a revelar seu próprio comportamento suicida ou o de seus colegas (Garland et al., 1989).

---

16. No original, *Surgeon general's call to action to prevent suicide* [N.T.].

17. U.S. Department of Health and Human Services [N.T.].

18. No original, *Garrett Lee Smith Memorial Act* [N.T.].

Shaffer, Garland, Gould, Fisher e Trautman (1988), no entanto, observaram que, ao "normalizar" o suicídio, o modelo de estresse poderia torná-lo um comportamento mais aceitável entre os alunos. Também defenderam que enfatizar a relação entre suicídio e doença mental tornaria o suicídio um método menos atraente para os jovens potencialmente suicidas lidarem com seus problemas. De forma mais significativa, a revisão da literatura sugeriu que os programas informativos pareciam ser menos benéficos para os alunos com maior probabilidade de serem suicidas. As recomendações feitas por Shaffer e colegas, que incluíam essencialmente colocar uma "moratória" em certos programas de prevenção, geraram controvérsias e discussões importantes sobre os possíveis efeitos colaterais não intencionais de tais programas.

Os programas escolares de prevenção do suicídio de "segunda geração", mais recentes, geralmente fornecem aos alunos informações mais precisas, explicando que o suicídio não é resultado de estresse, e sim um possível subproduto de sérios problemas de saúde mental, mais tipicamente (mas nem sempre) a depressão. Eles também se concentraram mais em preparar os alunos para responder de forma eficaz aos seus colegas em risco e mostraram resultados positivos no conhecimento do estudante e nas intenções de buscar ajuda em nome de seus colegas problemáticos (Kalafat, 2003; Mazza, 1997). No entanto, como a maioria dos outros programas avaliados antes e depois, muitas vezes não avaliaram especificamente os efeitos da prevenção sobre o *comportamento* dos alunos considerados em risco de suicídio.

Esses programas também foram criticados por supor que mudanças no conhecimento e nas atitudes levam a alterações comportamentais, o que não foi demonstrado empiricamente (Berman et al., 2006; D. N. Miller & DuPaul, 1996; York et al., 2013). Embora os alunos tenham aprendido mais sobre o suicídio juvenil e buscado mais ajuda para seus problemas através de programas de prevenção do suicídio, isso pode não resultar em uma redução do comportamento suicida real (Kalafat, 2003; Mazza, 1997; Mazza & Reynolds, 2008; D. N. Miller & Mazza, 2013, 2017, 2018).

> Programas mais recentes de prevenção do suicídio nas escolas fornecem aos alunos informações precisas de que o suicídio não é resultado de estresse, mas sim um possível subproduto de sérios problemas de saúde mental, mais tipicamente a depressão.

Embora seja difícil identificar um programa escolar "típico" para prevenção do suicídio, uma opção comum parece ser um ciclo de palestras e discussões baseado no currículo, centrado na sala de aula, geralmente consistindo em três a seis aulas, para estudantes do Ensino Médio (Goldsmith et al., 2002). Os objetivos desses programas geralmente incluem (1) aumentar a conscientização sobre o suicídio juvenil, (2) discutir e dissipar vários mitos e desinformações sobre o suicídio, (3) aumentar o nível de conhecimento dos alunos sobre os fatores de risco e possíveis sinais de alerta, (4) mudar atitudes sobre buscar ajuda e (5) fornecer informações sobre recursos na escola e na comunidade. Muitos programas também trazem informações semelhantes e sessões educativas para os funcionários da escola. Outros usam componentes adicionais, como enfatizar redes de apoio entre pares e ensinar aos alunos habilidades de resolução de problemas e gerenciamento de crises (D. N. Miller & Mazza, 2018).

> O programa escolar típico para prevenção do suicídio parece ser um ciclo de palestras e discussões baseado no currículo, centrado na sala de aula, geralmente consistindo em três a seis aulas, para estudantes do Ensino Médio.

No entanto, a proliferação de programas de prevenção do suicídio nas escolas durante as últimas décadas não significa necessariamente que toda a equipe escolar aprove ou apoie esse avanço. Na verdade, os funcionários da escola podem ter várias perguntas e preocupações legítimas e razoáveis sobre o assunto. Por exemplo, quão eficazes são os programas escolares de prevenção? Por que as escolas devem se envolver na prevenção do suicídio juvenil? Este problema é mesmo responsabilidade das escolas?

Avaliando programas escolares de prevenção do suicídio

A avaliação de programas escolares de prevenção do suicídio é um processo relativamente recente. Uma revisão da situação global dos programas escolares de prevenção do suicídio, no início deste século, indicou que os Estados Unidos e o Canadá estavam "na vanguarda" (Leenaars et al., 2001, p. 381) desses esforços. Um número crescente de países está adotando alguma forma de programa de prevenção do suicídio em suas escolas, incluindo o Japão, onde o suicídio é um tabu há séculos. No entanto, muitos países em desenvolvimento não têm nenhum programa escolar de prevenção do suicídio de qualquer tipo. Mesmo entre os países desenvolvidos, os esforços de prevenção do suicídio nas escolas foram descritos como estando apenas nos estágios iniciais de desenvolvimento e "cerca de 20 anos atrás" dos Estados Unidos e Canadá (Leenaars et al., 2001, p. 381). Desde então houve um aumento de estudos publicados examinando tais programas em outros países, embora ainda sejam limitados e muitos enfrentem desafios significativos em seu avanço e manutenção (por exemplo, Wolf et al., 2015).

Considerando o desenvolvimento relativamente recente dos programas de prevenção do suicídio nas escolas, não é de surpreender que as pesquisas para os avaliar ainda sejam incipientes e que muitas outras iniciativas sejam necessárias para medir sua eficácia. Antes de avaliar algo, primeiro precisamos definir o que queremos medir, e isso pode ser mais difícil do que parece inicialmente. Por

Capítulo 2

exemplo, o capítulo 1 descreveu a importância de conceituar o suicídio como apenas um componente da construção mais ampla do comportamento suicida. Visto dessa forma, o conceito de "prevenção do suicídio" torna-se mais amplo e pode ser entendido como intervenções para reduzir *qualquer* forma de comportamento suicida, incluindo ideação suicida, comunicação relacionada ao suicídio, tentativas de suicídio e suicídio.

Além disso, avaliar a eficácia dos programas escolares de prevenção do suicídio é um desafio por vários motivos. Em primeiro lugar, embora a maneira mais óbvia de determinar a eficácia do programa seja avaliar o grau em que ele impediu a ocorrência de suicídios, é quase impossível medir isso nas escolas (T. A. Erbacher et al., 2015). Como a morte de uma criança ou adolescente por suicídio é (felizmente) um evento raro, é difícil estabelecer uma conexão causal direta entre a implementação de programas de prevenção de suicídio na escola e uma redução na quantidade de suicídios de estudantes. Erbacher e seus colegas (2015, p. 77) fornecem um exemplo hipotético útil para explicar isso:

> Digamos que seu distrito escolar implemente um programa abrangente de prevenção ao suicídio que oferece serviços universais e criteriosos de intervenção para todos os 100 mil alunos. No ano anterior à implementação, 11 estudantes morreram por suicídio. Se, no ano seguinte, houver 9 mortes de alunos por suicídio, seu programa de prevenção seria considerado eficaz? E se 13 estudantes morrerem por suicídio? Estatisticamente, é impossível demonstrar que o programa de prevenção ao suicídio foi a causa da variação de +2/-2 nas mortes por suicídio. Politicamente, é impossível comemorar 9 mortes de estudantes, em vez de 11. Além disso, você nunca saberá quantas vidas foram salvas por causa do programa. Talvez houvesse 23 suicídios naquele ano se nada tivesse sido feito. Não há como mensurar o que poderia ter acontecido.

Consequentemente, a maioria dos programas escolares de prevenção do suicídio não avaliou a eficácia em termos de redução de mortes. Em vez disso, a maior parte da revisão sobre a avaliação dos programas, até o momento, se concentrou em variáveis como relatos de alunos sobre sinais de alerta de suicídio ou de funcionários da escola sobre como identificar e encaminhar jovens potencialmente suicidas (T. A. Erbacher et al., 2015). Outras possíveis variáveis que podem ser medidas e examinadas antes e depois da implementação de um programa de prevenção de suicídio incluem o número de alunos encaminhados para atendimento, que procuraram ajuda, além de relatos de ideação suicida e de tentativas de suicídio. Alguns estudos, por exemplo, demonstraram eficácia na redução da ideação e das tentativas de suicídio (Calear et al., 2016; Katz et al., 2013; Wasserman et al., 2015).

Embora um número crescente de estudos examinando a eficácia dos programas escolares de prevenção do suicídio tenha sido publicado nos últimos anos, ainda são relativamente poucos. Muitos também apresentam sérias limitações metodológicas, como o estabelecimento de resultados relacionados ao suicídio, a identificação de mecanismos de mudança e o enfrentamento de desafios associados ao estabelecimento de condições de controle, principalmente a falta de ensaios clínicos randomizados (D. N. Miller et al., 2009; Robinson et al., 2013; York et al., 2013).

Ensaios clínicos randomizados (ECR) são considerados o "padrão ouro" ao avaliar os resultados do tratamento. Conduzido por Wasserman e colegas (2015), um ECR foi usado para examinar a eficácia dos programas escolares de prevenção do suicídio, designando aleatoriamente 11.110 estudantes do Ensino Médio de 168 escolas da União Europeia para uma das três intervenções ou um grupo de controle. O resultado inicial foi o número de tentativas de suicídio feitas 3 e 12 meses após a implementação da intervenção. Uma das intervenções – o Programa de Consciência Juvenil sobre Saúde Mental (CJSM)[19] – foi eficaz na redução das tentativas de suicídio e da ideação suicida em comparação com os outros grupos de tratamento e com o grupo de controle. Mais informações sobre o CJSM, um programa universal (nível 1) de prevenção do suicídio, são fornecidas no capítulo 5.

A avaliação do programa é um aspecto essencial, mas frequentemente negligenciado, para a prevenção do suicídio nas escolas. Embora não abordem especificamente a prevenção do suicídio nas escolas, Morrison e Harms (2018) fornecem um excelente guia para a avaliação de programas em escolas, seguindo a estrutura de um sistema de apoio em múltiplos níveis (Samn)[20]. Wandersman e Florin (2003) fazem dez perguntas sobre a avaliação de programas, que são úteis a se considerar no caso de programas escolares de prevenção do suicídio:

- Quais são as necessidades e recursos em suas escolas?
- Quais são os objetivos, o público-alvo e os resultados desejados?
- Como o programa de prevenção ou intervenção incorpora o conhecimento da ciência e as melhores práticas nesta área?
- Como o programa de prevenção ou intervenção se encaixa em outros preexistentes?
- Quais são as capacidades necessárias para concretizar este programa de prevenção ou intervenção com qualidade?
- Como será realizado esse programa de prevenção ou intervenção?
- Como será avaliada a qualidade da implementação?
- Qual foi a eficácia do programa de prevenção ou intervenção?
- Como as estratégias de melhoria contínua da qualidade serão incorporadas?
- Se a intervenção for bem-sucedida, como será mantida?

---

19. No original, Youth Aware of Mental Health Program (YAM) [N.T.].

20. No original, *multi-tiered systems of support* [N.T.].

Capítulo 2

Elementos eficazes de programas escolares de prevenção do suicídio

Apesar do número limitado de estudos atualmente disponíveis, nosso conhecimento sobre as ferramentas eficazes para a prevenção do suicídio na escola continua a crescer. Por exemplo, fornecer serviços escolares abrangentes, abordando diferentes componentes, incluindo prevenção, intervenção e posvenção do suicídio, é extremamente importante (D. N. Miller & Mazza, 2018; Singer et al., 2019). Além disso, programas eficazes identificam alunos em risco e em alto risco, prestam serviços a eles e promovem e apoiam ativamente aqueles que buscam ajuda para si mesmos e/ou para colegas que possam estar experimentando e exibindo comportamento suicida. Dado que os jovens frequentemente revelam seus pensamentos e/ou comportamentos suicidas aos colegas, e não aos adultos, é importante que os estudantes saibam a quem recorrer em suas escolas para obter ajuda, bem como quais são os recursos disponíveis na escola e na comunidade local (D. N. Miller & Mazza, 2018; Singer et al., 2019).

Programas eficazes de prevenção do suicídio na escola também devem ser integrados à instituição e considerados parte do currículo de educação geral (Mazza & Reynolds, 2008; D. N. Miller & Mazza, 2018). Ao oferecer tais programas, todos os alunos de uma série ou escola têm a garantia de receber um conjunto universal de intervenções, enquanto um subconjunto desses jovens receberá serviços adicionais para atender às suas necessidades individuais. Esse formato é consistente com outros modelos de saúde pública de base populacional, projetados para fornecer suporte acadêmico, social, emocional e comportamental nas escolas (Doll & Cummings, 2008a; McIntosh & Goodman, 2016). Por exemplo, a Colaboração para a Aprendizagem Acadêmica, Social e Emocional (Caase)[21] recomenda a implementação de programas de Aprendizagem Social e Emocional (ASE)[22] nas escolas e defende que isso seja parte integrante do currículo acadêmico, e não apenas um complemento (Caase, 2015).

Um terceiro aspecto de programas eficazes é que a questão do comportamento suicida juvenil deve ser fundamentada no campo da saúde mental, entendendo que os problemas de saúde mental geralmente estão subjacentes e contribuem para o desenvolvimento do comportamento suicida em crianças e adolescentes. A ausência de problemas de saúde mental, no entanto, não deve ser vista como sinônimo de alto grau de saúde mental. Em vez disso, a saúde mental deve ser vista em um *continuum* e dentro da perspectiva de um modelo de fator duplo (Suldo, 2016), que inclui tanto problemas de saúde mental (ou seja, psicopatologia) quanto saúde mental ideal (ou seja, poucos ou nenhum sintoma de psi-

---

21. No original, Collaborative for Academic, Social, and Emotional Learning (Casel) [N.T.].

22. No original, Social and Emotional Learning (SEL) [N.T.].

copatologia e um alto nível de bem-estar subjetivo). Apresentar essa estrutura comunica aos alunos que a ausência de problemas de saúde mental não deve necessariamente ser equiparada à saúde mental ideal. Por exemplo, Greenspoon e Saklofske (2001) e Suldo e Shaffer (2008) identificaram um subgrupo de crianças que relataram baixo sofrimento psicológico, mas também baixos níveis de bem-estar subjetivo.

Além dos aspectos programáticos gerais da prevenção do suicídio na escola, também sabemos bastante sobre o que "funciona" na prevenção efetiva do suicídio. Por exemplo, sabemos que fornecer informações a alunos e funcionários pode aumentar o conhecimento desses grupos sobre o comportamento suicida juvenil, levando a um maior número de encaminhamentos para profissionais de saúde mental escolar (Kalafat, 2003; Mazza, 1997; D. N. Miller & DuPaul, 1996). Sabemos também que apresentar informações aos alunos sobre suicídio juvenil pode ajudar a mudar suas atitudes sobre isso (Kalafat, 2003) e que discutir possíveis sinais de alerta não resulta em efeitos colaterais negativos e não intencionais, como o aumento do pessimismo ou do comportamento suicida (Robinson et al., 2018; Rudd et al., 2006; Van Orden et al., 2006).

Sabemos que fornecer informações aos alunos para a conscientização e intervenção no suicídio, ensinando-lhes habilidades de resolução e enfrentamento de problemas e reforçando fatores de proteção, ao mesmo tempo que são abordados fatores de risco, pode aprimorar suas habilidades de resolução de problemas, bem como reduzir a vulnerabilidade autorrelatada ao suicídio (D. N. Miller et al., 2009; Singer et al., 2019). Sabemos que existem medidas e métodos de triagem e avaliação confiáveis e válidos (Goldston, 2003; Gutierrez & Osman, 2009), que podem ser usados na escola, com a turma e/ou individualmente (Gutierrez & Osman, 2008; W. M. Reynolds, 1991), que podem efetivamente identificar os alunos que estão em risco de suicídio (Gutierrez & Osman, 2008, 2009), e que o uso desses dispositivos de triagem não leva a um aumento no nível de sofrimento ou comportamento suicida entre os estudantes (Gould et al., 2005), como alguns temiam.

Sabemos que as escolas podem criar e promover ambientes que apoiem ativamente os fatores de proteção entre os alunos, resultando em uma menor probabilidade de comportamento suicida. Por exemplo, aqueles que apresentaram um alto grau de conexão com a escola foram menos propensos a relatar pensamentos suicidas ou tentativas de suicídio (Marraccini & Brier, 2017). E, talvez o mais significativo, sabemos que alguns programas escolares de prevenção demonstraram eficácia na redução da ideação e das tentativas suicidas dos estudantes (Calear et al., 2016; Katz et al., 2013; Wasserman et al., 2015; Zenere & Lazarus, 2009).

Capítulo 2

Elementos ineficazes que devem ser evitados

Também sabemos que algumas abordagens para a prevenção do suicídio na escola provavelmente não serão eficazes, como ações breves e isoladas (Kalafat, 2003). Frequentemente, os alunos não retêm as informações e, raramente, há qualquer acompanhamento para determinar se estão usando ou se beneficiando do conteúdo. Não há tempo ou recursos adequados para que sejam eficazes nem oportunidade de monitorar todas as reações dos jovens ao material apresentado. Como outros programas de saúde mental de curta duração, quaisquer ganhos de conhecimento não equivalem necessariamente à mudança comportamental, que é a variável mais importante a ser considerada na prevenção do suicídio (D. N. Miller & Mazza, 2018).

Os programas de prevenção do suicídio não devem incluir imagens ou representações divulgadas na mídia de comportamento suicida de jovens que já fizeram tentativas anteriores, pois a pesquisa sugere que podem ser contraproducentes para adolescentes vulneráveis, incluindo o possível aumento de efeitos de contágio (uma questão que será amplamente discutida no capítulo 8). Embora o uso de consultores externos para desenvolver ou avaliar programas de prevenção possa ser benéfico, terceirizá-los completamente, em vez de desenvolver conhecimentos locais com a equipe da escola, não melhora os recursos locais disponíveis e, portanto, não é recomendado. Programas mal implementados, que propõem um tratamento sem seriedade, independentemente de sua qualidade ou frequência de uso, provavelmente não terão efeitos positivos no comportamento dos alunos.

Finalmente, os programas de prevenção do suicídio podem ser ineficazes se falham em ensinar aos alunos habilidades explícitas para ajudá-los a reduzir qualquer comportamento suicida que possam estar experimentando, bem como os problemas de saúde mental que normalmente estão por trás do comportamento suicida (D. N. Miller & Mazza, 2018; Singer et al., 2019). Dado que intervenções psicoterapêuticas como a TCD (Linehan, 1993) demonstraram eficácia empírica na redução do comportamento suicida em adolescentes (McCauley et al., 2018; A. L. Miller et al., 2007), integrar os componentes centrais dessa abordagem terapêutica parece ser benéfico (D. N. Miller & Mazza, 2018). Mazza e seus colegas (2016) desenvolveram um programa curricular que envolve o ensino de habilidades da TCD a adolescentes para auxiliar em problemas de regulação emocional, incluindo (mas não limitado a) comportamento suicida. Esse programa (discutido no capítulo 5) traz um modelo do que as escolas podem fazer para abordar a aprendizagem social e emocional dos alunos, o que pode promover a saúde mental e, potencialmente, diminuir a probabilidade de comportamento suicida.

Embora ainda haja muito a aprender sobre a prevenção do suicídio na escola, o que já sabemos é substancial, e esse conhecimento pode e deve ser usado para reduzir o comportamento suicida dos jovens. No Distrito Escolar Público de Miami-Dade, no sul da Flórida, temos um exemplo de como os esforços de prevenção podem levar a mudanças significativas. Os dados coletados ao longo de três décadas fornecem evidências convincentes de que a prevenção do suicídio na escola pode, de fato, reduzir a incidência de suicídio juvenil. Os programas de prevenção do suicídio implementados nas escolas públicas de Miami-Dade são particularmente interessantes, porque continuam sendo um dos poucos exemplos que demonstram reduções de longo prazo no comportamento suicida real em vez de simplesmente mudar o conhecimento e as atitudes dos alunos sobre o suicídio. Além disso, os programas implementados no Distrito Escolar de Miami-Dade são notáveis por seu foco universal em todo o distrito.

Prevenção do suicídio no Distrito Escolar Público de Miami-Dade

Localizado em Miami, Flórida, o Distrito Escolar Público do Condado de Miami-Dade é o quarto maior do país, atendendo 345 mil alunos em 392 escolas. É um distrito urbano, altamente diversificado, cujos alunos falam 56 idiomas e são originários de 160 países diferentes.

Em 1988, 18 estudantes morreram por suicídio no Distrito de Miami-Dade. O nível de alarme e preocupação gerado pelas mortes desencadeou o desenvolvimento de um programa distrital de prevenção do suicídio, que começou formalmente no ano seguinte. O programa incluiu vários componentes, em diferentes níveis, que foram modificados conforme necessário nos anos seguintes.

O programa de prevenção, com foco em vários aspectos do comportamento suicida, incluindo ideação, tentativas e suicídio, foi conduzido durante um período de 5 anos. Tanto a quantidade de tentativas quanto a de suicídios de estudantes diminuíram substancialmente após a implementação do programa (Zenere & Lazarus, 1997). Apesar de suas limitações metodológicas, esse estudo de caso forneceu evidências iniciais de que os programas escolares de prevenção do suicídio podem potencialmente reduzir o comportamento suicida juvenil, incluindo suas formas mais graves (ou seja, tentativas de suicídio e suicídio). Foi também o único estudo encontrado em uma revisão da literatura que demonstra evidências promissoras de importância educacional/clínica (em oposição à meramente estatística) (D. N. Miller et al., 2009). Um estudo longitudinal de acompanhamento durante um período de 18 anos indicou que a redução no número de tentativas de suicídio e de suicídios de estudantes manteve-se estável ao longo do tempo (Zenere & Lazarus, 2009), inclusive durante o ano letivo de 2017-2018 (F. J. Zenere, comunicação pessoal, 30 de julho de 2018).

Embora Miami-Dade seja o único distrito escolar de que tenho conhecimento que coletou e publicou dados sobre os efeitos de seus programas de prevenção do suicídio durante um período extenso, não é o único a implementar programas de prevenção do suicídio em nível distrital massivo. Por exemplo, o Distrito Escolar Unificado de Los Angeles, que inclui 1.147 escolas, atende aproximadamente 734 mil alunos e é o segundo em tamanho, menor apenas que as Escolas Públicas da cidade de Nova York. Em 1986, o distrito começou a implementar um programa de prevenção de suicídio juvenil, oferecendo uma variedade de serviços de prevenção, intervenção e posvenção do suicídio, que incluíam o treinamento de equipes escolares sobre fatores de risco e sinais de alerta, serviços de apoio consultivo, treinamento de equipes de crise e apoio após a morte de um aluno, funcionário ou pai por suicídio (R. Lieberman et al., 2008).

Componentes de programas escolares amplos de prevenção do suicídio

Berman e colegas (2006) identificaram sete componentes que, conforme defendem, caracterizam programas abrangentes de prevenção do suicídio em escolas: (1) detecção precoce e habilidade para encaminhamento, (2) identificação de recursos, (3) comportamento de busca de ajuda, (4) educação profissional, (5) educação dos pais, (6) prevenção primária e (7) posvenção. Cada um desses componentes é brevemente descrito a seguir.

Detecção precoce e habilidade para encaminhamento se referem à necessidade de ensinar aos alunos e funcionários da escola os fatores de risco e possíveis sinais de alerta de suicídio, bem como o que devem fazer e quais procedimentos devem seguir ao realizar um encaminhamento caso suspeitem que um aluno pode ser suicida. É necessário *identificar recursos* porque um encaminhamento eficaz requer profissionais competentes na escola, para realizar avaliações de risco de suicídio, e na comunidade, para quem os encaminhamentos podem ser direcionados, se necessário. Recursos comunitários, agências de saúde mental, hospitais psiquiátricos e médicos particulares podem ser avaliados para garantir a competência dos encaminhamentos profissionais dos alunos em risco ou em alto risco. Os recursos da escola destinados a ajudar os alunos também devem ser claramente comunicados (Berman et al., 2006). Mais informações sobre esses tópicos são apresentadas nos capítulos 5 e 6.

Ao identificar os recursos, um dos benefícios colaterais para os alunos é que o *comportamento de busca de ajuda* se torna mais natural (Berman et al., 2006). Quando escolas e comunidades se mostram preocupadas com a necessidade de fornecer serviços para jovens suicidas, assim como com sua qualidade, aumentam a conscientização e o potencial para maior desestigmatização de pessoas suicidas. Como resultado, pode haver maior aceitação na utilização dos recursos. É até possível que a adesão dos alunos aos tratamentos aumente. Também relacionada à identificação de recursos está a *educação profissional*, um avanço na formação dos funcionários em relação ao suicídio juvenil, o que aumenta os recursos identificados nas escolas (Berman et al., 2006). Mais informações sobre esses tópicos são fornecidas nos capítulos 1 e 5.

Ao considerar que o papel da escola inclui educar todos os membros da comunidade, então a *educação dos pais* também é um componente importante dos esforços de prevenção do suicídio nas escolas. Os pais ou cuidadores devem receber informações sobre os fatores de risco e sinais de alerta para o suicídio, da mesma forma que os alunos e funcionários da escola. Além disso, dado que a maioria dos suicídios de jovens ocorre pelo uso de arma de fogo e em casa, programas de extensão sobre gerenciamento e segurança de armas podem ser conduzidos para os pais (Simon, 2007), principalmente aqueles com filhos considerados em risco ou alto risco de comportamento suicida (Berman et al., 2006). A questão das armas e do suicídio juvenil é amplamente discutida no capítulo 4.

> Quando escolas e comunidades se mostram preocupadas com a necessidade de fornecer serviços a jovens suicidas, assim como com sua qualidade, aumentam a conscientização e o potencial para maior desestigmatização de pessoas suicidas.

As estratégias de *prevenção primária* (que são descritas como estratégias *universais* ou de nível 1 neste livro) são provavelmente "os procedimentos mais eficazes e mais econômicos" (Berman et al., 2006, p. 320) disponíveis para a equipe escolar para a prevenção do suicídio. Berman e colegas (2006) recomendam que esses programas ensinem comportamentos para melhorar a saúde por meio da aquisição de habilidades comportamentais, que comecem nos anos iniciais do Ensino Fundamental e sejam reforçados em treinamentos futuros, e que se concentrem na construção de habilidades e competências adaptativas dos alunos. As estratégias universais (nível 1) são discutidas no capítulo 5.

> Os pais/cuidadores devem receber informações sobre fatores de risco e sinais de alerta para suicídio, da mesma forma que os alunos e funcionários da escola.

Finalmente, os autores sugerem que programas abrangentes de prevenção do suicídio em escolas devem incluir procedimentos de *posvenção*, que, conforme definido por Berman e colegas (2006), devem ser seguidos não apenas se ou quando um aluno morre por suicídio, como também nas situações em que ocorre uma tentativa grave, mas não fatal. Por exemplo, procedimentos de posvenção seriam aplicados quando um aluno fez uma tentativa de suicídio prejudicial, ficou

Capítulo 2

hospitalizado por vários dias e agora está voltando para a escola. Essas questões são discutidas brevemente no capítulo 7 e com mais destaque no capítulo 8.

Além de sua abordagem abrangente para a prevenção do suicídio na escola, uma das claras vantagens desses componentes é a relativa facilidade com que podem ser implementados, se comparados a outras iniciativas. Ao contrário de outros programas escolares abrangentes (como intervenção e apoio ao comportamento positivo), a implementação das recomendações listadas anteriormente não precisa ser tão cara financeiramente nem exigir tanto tempo e esforço da escola, e provavelmente é mais fácil de desenvolver e manter. Sua relativa facilidade de implementação, no entanto, é apenas uma vantagem dos programas escolares de prevenção do suicídio. Existem muitas razões mais importantes pelas quais as escolas devem se envolver na prevenção do suicídio, como descrito a seguir.

Por que as escolas devem se preocupar com a prevenção do suicídio?

Além das evidências crescentes de que os programas escolares de prevenção do suicídio podem ser eficazes (por exemplo, Kalafat, 2003; D. N. Miller et al., 2009; Robinson et al., 2013; Singer et al., 2019; Wasserman et al., 2015; Zenere & Lazarus, 1997, 2009), há muitas outras razões pelas quais as escolas devem se envolver nos esforços de prevenção do suicídio juvenil. Em primeiro lugar, dada a quantidade substancial de tempo que crianças e adolescentes passam na escola, as instalações educacionais representam um local ideal para esforços focados na prevenção do suicídio. São espaços que "seguram relativamente a atenção do aluno, onde o ensino e a aprendizagem são tarefas normativas e onde as interações entre pares podem ser mobilizadas em torno de um tema comum" (Berman et al., 2006, p. 313). Em segundo lugar, conforme discutido em mais detalhes posteriormente neste capítulo, os funcionários da escola têm a responsabilidade ética de empreender os esforços necessários para prevenir o suicídio juvenil sempre que possível, incluindo a criação de políticas e procedimentos claros sobre o tópico (Jacob, 2009).

> Dada a quantidade substancial de tempo que crianças e adolescentes passam na escola, as instalações educacionais representam um local ideal para esforços focados na prevenção do suicídio.
> Os funcionários da escola têm a responsabilidade ética de empreender os esforços necessários para prevenir o suicídio juvenil sempre que possível, incluindo a criação de políticas e procedimentos claros sobre o tópico.

Em terceiro lugar, existe uma forte relação entre suicídio juvenil e problemas de saúde mental, e a equipe escolar está sendo cada vez mais solicitada a assumir um papel maior na abordagem dessas questões, principalmente nas áreas de prevenção e promoção da saúde mental (Mazza et al., 2016; D. N. Miller et al., 2008;

Power et al., 2003). Embora alguns funcionários da escola possam questionar se essa responsabilidade é adequada, não há muita escolha, uma vez que nenhuma instituição além do sistema escolar supervisiona as necessidades de saúde mental de crianças e adolescentes (Mazza & Reynolds, 2008). A presença de problemas de saúde mental é um fator de risco primário para o desenvolvimento de comportamento suicida, e prevenir e fornecer tratamento para esses problemas é uma característica importante de programas eficazes de prevenção do suicídio.

Uma quarta razão pela qual as escolas devem se envolver na prevenção do suicídio é a falta de profissionais de saúde mental treinados para responder ao comportamento suicida juvenil. Em geral, o treinamento adequado entre profissionais de saúde mental para avaliar e lidar com indivíduos suicidas é surpreendentemente limitado (Schmitz et al., 2012), e isso se estende às escolas. Por exemplo, várias

> Existe uma forte relação entre suicídio juvenil e problemas de saúde mental, e a equipe escolar está sendo cada vez mais solicitada a assumir um papel maior na abordagem dessas questões, particularmente nas áreas de prevenção e promoção da saúde mental.

pesquisas nacionais indicam que os psicólogos escolares sabem que precisam de treinamento adicional em avaliação de risco de suicídio (D. N. Miller & Jome, 2008), prevenção e intervenção (Debski et al., 2007; D. N. Miller & Jome, 2010) e posvenção (O'Neill et al., 2020). Portanto, diversos profissionais da escola se beneficiariam ao receber informações adicionais e treinamento sobre esses tópicos.

Outra razão importante para envolver a escola mais ativamente na prevenção do suicídio é considerar sua função primária – a educação. Por exemplo, descobriu-se que o baixo desempenho acadêmico está associado à depressão e ao comportamento suicida (Thompson et al., 2013). Um estudo revelou que adolescentes com baixa capacidade de leitura têm maior probabilidade de se envolver em ideação ou tentativas suicidas e de abandonar a escola do que jovens com capacidade de leitura típica, mesmo considerando variáveis psiquiátricas e demográficas (Daniel et al., 2006).

Da mesma forma, também pode haver uma relação entre o desempenho acadêmico *percebido* e o comportamento suicida juvenil. Por exemplo, um estudo descobriu que o fracasso no desempenho acadêmico estava associado a uma maior probabilidade de tentativa de suicídio entre um grupo de adolescentes, mesmo considerando fatores como autoestima, lócus de controle e sintomas depressivos (Richardson et al., 2005). Um estudo de acompanhamento longitudinal descobriu que o desempenho acadêmico percebido, junto com a autoestima e o lócus de controle, estava significativamente associado ao comportamento suicida, sendo inclusive capaz de prevê-lo a longo prazo (G. Martin et al., 2005).

Para evitar qualquer possível confusão, essas descobertas não devem ser interpretadas como uma sugestão de que problemas acadêmicos de crianças ou adolescentes, geral ou inevitavelmente, resultarão no aumento do comportamento suicida do aluno. Com base no que sabemos sobre possíveis variáveis causais associadas ao suicídio, os problemas acadêmicos não levariam, por si sós e isoladamente, ao desenvolvimento do comportamento suicida. No entanto, esses e outros estudos ilustram a relação significativa entre saúde mental e desempenho acadêmico (Durlak et al., 2011; Taylor et al., 2017) e trazem um lembrete útil de que a melhoria em uma dessas áreas pode ter efeitos positivos na outra (D. N. Miller et al., 2005). Por exemplo, o maior sucesso acadêmico dos alunos geralmente tem o efeito colateral de melhorar seu comportamento e sua saúde mental (Berninger, 2006). Consequentemente, intervenções acadêmicas e de saúde mental eficazes devem ser vistas como complementares e integralmente relacionadas.

Questões de responsabilidade legal, legislativa, ética e melhores práticas

Se essas razões não forem convincentes o suficiente, há também razões legais, legislativas e éticas para que a escola adote programas de prevenção do suicídio. Questões de responsabilidade envolvendo escolas e suicídio juvenil, legislação que exige programas de prevenção do suicídio nas escolas e as responsabilidades éticas que a equipe escolar tem na prevenção do suicídio juvenil e na resposta ao comportamento suicida juvenil são discutidas nas próximas seções, juntamente com a importância das melhores práticas ao implementar programas de prevenção nas escolas.

Questões de responsabilidade

Os distritos escolares, assim como os funcionários da escola, não apenas podem ser, como já foram processados por pais ou cuidadores após a morte de um aluno por suicídio. Alguns funcionários podem, compreensivelmente, temer ser responsabilizados pelo suicídio de um aluno se não informarem adequadamente outras pessoas – especialmente pais e cuidadores – sobre o comportamento potencialmente suicida do jovem. Provavelmente, essa preocupação originou-se com o conhecido caso *Tarasoff* (Tarasoff versus diretores da Universidade da Califórnia, 1976)[23], que estabeleceu que um psicoterapeuta tem o dever de alertar se seu cliente representa uma séria ameaça para os outros. O que parece não ser amplamente conhecido, no entanto, é que a decisão do caso *Tarasoff* não foi adotada universalmente por outros tribunais, e mesmo o mais alto tribunal da Califórnia se recusou a estender essa exigência a casos envolvendo suicídio (Fossey & Zirkel, 2011).

---

23. No original, *Tarasoff v. regents of University of California* [N.T.].

Ao analisar as decisões judiciais nas quais as famílias buscaram responsabilizar os funcionários das escolas por suicídios de alunos, descobrimos que a grande maioria dessas decisões foi favorável aos funcionários das escolas (Fossey & Zirkel, 2004, 2011; Jacob et al., 2016; Zirkel, 2019; Zirkel & Fossey, 2005). Além disso, até o momento em que este livro foi escrito, *nenhuma* dessas decisões resultou em um profissional escolar de saúde mental ou outro funcionário sendo responsabilizado, com uma indenização por danos. Conforme resumido por Zirkel (2019, p. 30) em sua análise abrangente da jurisprudência publicada nesta área até o início de 2019, "as chances de resultado para os requerentes (ou seja, pais) são baixas contra os distritos escolares e – com base nos bolsos mais profundos do distrito e nas bases legais menores aplicáveis aos réus individuais – insignificante para psicólogos escolares ou outros funcionários do distrito". Embora isso esteja obviamente sujeito a mudanças em futuras decisões judiciais, os tribunais têm claramente relutado responsabilizar os funcionários da escola por suicídios de jovens em várias circunstâncias (Fossey & Zirkel, 2011; Jacob et al., 2016; Zirkel, 2019).

> Uma revisão das decisões judiciais publicadas nas quais as famílias tentaram responsabilizar os funcionários das escolas por suicídios de alunos revela que a grande maioria dessas decisões foi favorável aos funcionários das escolas.

A equipe escolar deve entender que as questões de responsabilidade envolvendo escolas e suicídio normalmente incluem atos de *negligência* e *previsibilidade*. No contexto do suicídio, a negligência pode ser definida como "uma violação do dever devido a um indivíduo, envolvendo lesão ou dano (suicídio), que encontra uma conexão causal entre a falta ou ausência do dever de cuidar do aluno e seu subsequente suicídio" (T. A. Erbacher et al., 2015, p. 52). Por exemplo, se um aluno morrer por suicídio e os pais ou cuidadores acreditarem que os funcionários da escola foram negligentes em não prevenir a morte de seu filho, quando poderiam tê-lo feito razoavelmente (por exemplo, funcionários da escola falharam em monitorar um aluno na escola mesmo sabendo que ele era iminentemente suicida), os funcionários podem ser responsabilizados pelos tribunais.

> A equipe escolar deve entender que as questões de responsabilidade envolvendo escolas e suicídio normalmente incluem atos de *negligência* e *previsibilidade*.

Além disso, os funcionários da escola correm o risco de possíveis processos judiciais se não agirem adequadamente para evitar um suicídio *previsível*. Todos têm o dever de proteger os alunos "de riscos de danos razoavelmente previsíveis" (Jacob, 2009, p. 243). As escolas podem ser responsabilizadas "se for descoberto que uma pessoa sensata seria capaz de reconhecer que um aluno estava em um estado emocional agudo de angústia, e que o perigo ou dano auto infligido poderia e deveria, de alguma forma, ter sido antecipado" (T. A. Erbacher et al., 2015, p. 52). Dito isso, "previsível não é sinônimo de esperado" (Berman, 2009, p. 234). Em vez disso, a previsibilidade se refere a uma "avaliação razoável do risco de um aluno causar danos a si mesmo" (Berman, 2009, p. 234). É claro que o que é considerado "razoável" está aberto à interpretação, mas, em geral, os tribunais deram às escolas uma ampla gama de possibilidades (Fossey & Zirkel, 2011; Zirkel, 2019).

Um exemplo de um distrito escolar que foi responsabilizado após o suicídio de um aluno é o caso *Wyke* (Wyke versus Conselho Escolar do Condado de Polk, 1997)[24]. Nesse caso, um estudante de 13 anos chamado Shawn Wyke se suicidou em sua casa, em 1989, após duas tentativas anteriores de suicídio (ambas por enforcamento), na escola. A mãe de Shawn, Carol Wyke, processou o Conselho Escolar do Condado de Polk, alegando que a morte do filho por suicídio era previsível e que o distrito foi negligente ao não o evitar. Na época de sua morte, Shawn morava com Helen Schmidt, a mãe do ex-namorado de Carol Wyke. O julgamento revelou evidências claras de que a escola falhou em notificar Carol Wyke ou Helen Schmidt sobre qualquer uma das tentativas de suicídio de Shawn na escola. O júri decidiu contra o distrito escolar, responsabilizando-o por não oferecer programas de prevenção do suicídio, não fornecer supervisão adequada a Shawn e não notificar Carol Wyke ou Helen Schmidt de que Shawn era suicida. Conforme observado por Erbacher e colegas (2015, p. 57), "este caso deveria ter resultado no aprimoramento dos treinamentos para a prevenção do suicídio para funcionários, em todas as escolas, desenvolvendo diretrizes para garantir que os pais sejam prontamente notificados sobre o comportamento suicida de seus filhos, mas infelizmente poucos administradores escolares estão cientes das lições importantes deste caso".

Outro exemplo de um distrito escolar considerado responsável pelo suicídio de um aluno é o caso *Armijo* (Armijo versus Escolas Públicas de Wagon Mound, 1998)[25]. Nesse caso, um estudante de 16 anos chamado Philadelphio Armijo morreu por suicídio com um tiro autoinfligido depois de ser suspenso por supostamente fazer ameaças de violência a um professor que o havia denunciado por importunar um aluno do Ensino Fundamental 1. O diretor da escola pediu a um orientador educacional que levasse Armijo para casa, mas não tentou entrar em contato com seus pais. As evidências apresentadas durante o caso indicavam que Armijo havia se envolvido em comportamento suicida e que a escola sabia disso. Por exemplo, no dia de seu suicídio, Armijo teria dito a um auxiliar da escola que seria "melhor se ele morresse". Na visão do Décimo Tribunal de Apelações, havia

---

24. No original, *Wyke v. Polk County School Board* [N.T.].

25. No original, *Armijo v. Wagon Mound Public Schools* [N.T.].

evidências demonstrando que o diretor e o orientador educacional deixaram Armijo sozinho em casa, com acesso a uma arma de fogo, sabendo que ele era suicida.

Os funcionários da escola podem ser e foram processados por ações como deixar de notificar os pais sobre as comunicações suicidas de seus filhos, não intervir em situações em que um aluno comunicou um plano de suicídio e não seguir as políticas e procedimentos escolares estabelecidos relacionados ao comportamento suicida juvenil (Berman, 2009). Embora as escolas e os funcionários que foram processados nessas condições normalmente não tenham sido responsabilizados pelos tribunais, qualquer membro do conselho escolar, administrador ou funcionário pode afirmar que ações judiciais dirigidas ao distrito escolar – ou a um funcionário – devem ser evitadas sempre que possível.

O custo de tais processos é extenso, independentemente do resultado, não apenas em termos financeiros, mas também considerando o tempo, trabalho e a má publicidade que geram.

> Os funcionários da escola podem ser e foram processados por ações como deixar de notificar os pais sobre as comunicações suicidas de seus filhos, não intervir em situações em que um aluno comunicou um plano de suicídio e não seguir as políticas e procedimentos escolares estabelecidos relacionados ao comportamento suicida juvenil.

O que a escola deve fazer para diminuir a probabilidade de se tornar alvo de uma ação judicial relacionada ao comportamento suicida de jovens? Em primeiro lugar, deve estar ciente de que processos judiciais raramente, ou nunca, ocorreram, exceto sob as condições de (1) um aluno morrer por suicídio, e (2) os pais ou cuidadores do jovem falecido acreditarem que a escola poderia ter evitado isso, mas não o fez. Muitos administradores e outros profissionais, ao lidar com os numerosos desafios diários que as escolas de nosso país enfrentam, podem compreensivelmente reagir à declaração anterior com alívio. Por exemplo, alguns funcionários escolares podem nunca ou raramente ter testemunhado um suicídio, dependendo dos anos de experiência e de outros fatores.

No caso do Brasil, por conta da Lei n. 13.819 de 2019, é compulsório que a escola notifique o Conselho Tutelar e entende-se que ela tem um papel fundamental dentro do sistema de garantia de direitos da criança e do adolescente. Esse sistema é a articulação e integração entre os diversos atores do Estado e da sociedade civil na promoção, defesa e controle da efetivação dos direitos da infância e da adolescência previstos no Estatuto da Criança e do Adolescente (Avanci et al., 2023). Por isso, caso a escola tenha a mera suspeita de um caso de autolesão ou ideação suicida, entende-se que é sua responsabilidade avisar aos pais e ao Conselho Tutelar; se não o fizer, poderá responder legalmente pela omissão.

Embora o suicídio de uma criança ou adolescente já seja demais, a relativa raridade do suicídio juvenil (mas *não* do comportamento suicida, como vimos

Capítulo 2

no capítulo 1), pelo menos em comparação com outros problemas enfrentados por alunos e escolas, pode dar aos funcionários uma falsa sensação de segurança. Frequentemente, o suicídio de jovens ocorre quando menos se espera e, muitas vezes, deixa os funcionários da escola confusos, assustados e sem saber o que fazer. A falta de planejamento e previsibilidade também aumenta a probabilidade de que erros sejam cometidos em resposta à morte de um aluno por suicídio, resultando em maior possibilidade de litígio. De fato, os resultados de vários processos judiciais, como o caso *Kelson* (Kelson versus Cidade de Springfield, 1985)[26], o caso *Eisel* (Eisel versus Conselho de Educação do Condado de Montgomery, 1991)[27] e o já mencionado caso *Wyke* (Wyke versus Conselho Escolar do Condado de Polk, 1997), têm sido interpretados como uma sugestão para que as escolas desenvolvam políticas e procedimentos claros de prevenção do suicídio, incluindo notificação aos pais ou cuidadores de qualquer suspeita ou possível comportamento suicida exibido pelo filho, e para que garantam que a equipe escolar é adequadamente orientada, conforme as políticas e procedimentos da escola, em relação ao comportamento suicida juvenil (Jacob et al., 2016).

A escola também deveria estar menos preocupada em evitar ações judiciais e mais preocupada em adotar medidas proativas para melhor prevenir o suicídio em suas dependências (T. A. Erbacher et al., 2015). Conforme observado por Erbacher e colegas (2015, p. 51), "em vez de arriscar tempo, dinheiro, estresse e estigma de estar envolvido em um processo judicial, as escolas devem fazer tudo ao seu alcance para evitar que o suicídio ocorra". Zirkel (2019, p. 31), advogado e importante especialista em jurisprudência envolvendo suicídio e escolas, chegou a uma conclusão semelhante: "Em vez de temer a responsabilidade…, o foco deve estar em determinar e adotar as melhores práticas, baseadas em evidências, relacionadas ao suicídio de estudantes, uma das características de escolas bem-sucedidas".

Dito isso, os funcionários do distrito escolar (principalmente administradores escolares) desejarão ter um entendimento claro de quaisquer questões de responsabilidade em potencial ao implementar programas escolares de prevenção do suicídio. Para isso, devem estar cientes dos processos judiciais mencionados anteriormente, bem como de processos futuros, à medida que forem aparecendo. Erbacher e colegas (2015) oferecem várias recomendações sobre como os funcionários da escola podem se proteger melhor no caso de suicídio de um estudante:

- *Procurar a supervisão dos colegas*. Embora os profissionais de saúde mental escolares devam ser competentes nas áreas de prevenção do suicídio, avalia-

---

26. No original, *Kelson v. City of Springfield* [N.T].

27. No original, *Eisel v. Board of Education of Montgomery County* [N.T.].

ção de risco, intervenção e posvenção, consultar outros profissionais oferece perspectivas adicionais e aumenta a probabilidade de uma resposta eficaz.

- *Manter registros adequados.* A documentação é fundamental, pois sem registros não há provas. Todas as ações tomadas em relação a um aluno potencialmente suicida, incluindo avaliações de risco de suicídio, devem ser documentadas. A documentação cuidadosa e a organização dos registros podem salvar um distrito escolar de uma decisão desfavorável no tribunal.

- *Documentar o treinamento de crise.* Todos os funcionários devem receber treinamento obrigatório de crise para a prevenção do suicídio. As datas dos treinamentos e os nomes dos participantes devem ser documentados, assim como o conteúdo abordado.

- *Responder com as melhores práticas.* Todas as escolas devem se engajar na prevenção, intervenção e posvenção do suicídio, com base em evidências. Fazer isso limita muito o potencial de ser considerado responsável pelos tribunais.

Legislação

Nos Estados Unidos, além dos processos judiciais, a legislação governamental, principalmente em nível estadual, ressaltou a necessidade de treinamento para muitos profissionais escolares na área da prevenção do suicídio juvenil. Por exemplo, a Lei Jason Flatt[28] (em homenagem ao filho de Clark Flatt, que fundou a organização de prevenção do suicídio juvenil, conhecida como Jason Foundation, depois que seu filho morreu por suicídio) exige que todos os educadores de um estado concluam o treinamento de conscientização e prevenção do suicídio juvenil para obter e manter a certificação de docência. A Jason Foundation oferece recursos *online* para treinamento sem nenhum custo para os distritos escolares. A Lei Jason Flatt foi aprovada em vinte estados até o momento, incluindo Alabama, Alasca, Arkansas, Califórnia, Geórgia, Idaho, Illinois, Kansas, Louisiana, Mississippi, Montana, Dakota do Norte, Ohio, Carolina do Sul, Dakota do Sul, Tennessee, Texas, Utah, Virgínia Ocidental e Wyoming.

Onze estados (Alasca, Delaware, Georgia, Idaho, Iowa, Kansas, Louisiana, Maryland, Nebraska, Tennessee e Texas), no momento em que este livro foi escrito, exigem treinamento anual de prevenção de suicídio para funcionários escolares. Vinte outros estados (Arizona, Arkansas, Connecticut, Illinois, Indiana, Kentucky, Maine, Massachusetts, Mississippi, Nevada, Nova Jersey, Ohio, Pensilvânia, Carolina do Sul, Dakota do Sul, Utah, Virgínia, Washington, Virgínia Ocidental e Wyoming), além do Distrito de Columbia, exigem treinamento em prevenção de suicídio, mas não é necessário que ocorra anualmente. O estado da Califórnia exige que o treinamento em prevenção do suicídio seja ofereci-

---

28. No original, Jason Flatt Act [N.T.].

do, mas não é uma exigência individual do professor. Treze estados (Alabama, Califórnia, Colorado, Flórida, Michigan, Minnesota, Missouri, Montana, Nova York, Dakota do Norte, Oklahoma, Rhode Island e Wisconsin), no momento da redação deste livro, têm leis em vigor que incentivam o treinamento em prevenção de suicídio na escola.

Também no momento em que o livro foi escrito, vinte estados (Alabama, Califórnia, Connecticut, Delaware, Geórgia, Idaho, Illinois, Indiana, Iowa, Kansas, Maine, Mississippi, Missouri, Montana, Nevada, Oregon, Pensilvânia, Tennessee, Utah e Washington) mais o Distrito de Columbia, exigem políticas estaduais de prevenção, intervenção e posvenção do suicídio. Outros sete estados (Arkansas, Louisiana, Maryland, Nova Jersey, Oklahoma, Texas e Virgínia) incentivam tais políticas e/ou programas.

No Brasil, existe uma única legislação válida em todos os estados: trata-se da Política Nacional de Prevenção da Automutilação e do Suicídio, instituída pela Lei n. 13.819, de 26 de abril de 2019. Seu objetivo central é promover a saúde mental e prevenir a violência autoprovocada por meio de ações integradas entre a União, estados, Distrito Federal, municípios e a sociedade civil. A política prevê estratégias como a educação permanente de profissionais, notificação compulsória de casos de automutilação ou tentativa de suicídio, implementação de serviços de atendimento sigilosos e gratuitos (incluindo telefônicos), campanhas de sensibilização e coleta de dados para subsidiar políticas públicas. A lei também exige que planos de saúde incluam cobertura para atendimento relacionado à violência autoprovocada e reforça a proteção de grupos vulneráveis, como crianças, adolescentes e profissionais de segurança pública, com destaque para a articulação intersetorial e o sigilo nas notificações.

A equipe escolar, especialmente os educadores envolvidos na prevenção do suicídio, deve estar ciente dos requisitos e políticas de seu estado. Infelizmente, há algumas evidências de que isso pode não ocorrer tanto quanto deveria. Por exemplo, um estudo nacional com diretores de escolas de Ensino Médio constatou que apenas cerca de 25% identificaram com precisão as leis de seus estados em relação à prevenção do suicídio escolar, e que apenas 66,1% relataram que os programas de prevenção de suicídio de suas escolas estavam em total conformidade com as leis estaduais (Smith-Millman & Flaspohler, 2019).

Todas as escolas e distritos escolares também devem ter políticas e procedimentos claros sobre o comportamento suicida juvenil e como responder a ele, pois isso oferece às escolas uma ferramenta para responder de forma consistente e proativa ao comportamento suicida juvenil, além de ajudar a orientar e apoiar os funcionários em suas ações (informações adicionais sobre este tópico são apresentadas no capítulo 3). O desenvolvimento de políticas e procedimentos escolares relacionados ao comportamento suicida juvenil é recomendado não apenas por ser uma exigência legal (em muitos estados), mas também porque é um excelente exemplo de *responsabilidade ética* e *melhores práticas*, que serão discutidas a seguir.

Responsabilidade ética

Em contraste com as leis, que são "um corpo de regras de conduta prescritas pelo estado, com força legal obrigatória", a ética profissional se refere a "uma combinação de princípios éticos amplos e regras que orientam a conduta de um profissional em suas interações com outras pessoas no ambiente de trabalho" (Jacob et al., 2016, p. 22). Os indivíduos que trabalham nas escolas são profissionais, independentemente do papel ou função que desempenham, e, portanto, têm responsabilidades éticas com as crianças e adolescentes que atendem. O envolvimento profissional ético envolve princípios éticos e regras específicas para responder aos problemas que inevitavelmente surgem na prática profissional (Jacob et al., 2016).

Muitos educadores, incluindo profissionais escolares de saúde mental, são considerados responsáveis por exibir um comportamento profissional, conforme descrito em "códigos de conduta". Uma distinção crucial entre lei e ética é que os códigos de ética profissional, geralmente, são vistos com "maior rigor" (Ballantine, 1979, p. 636) do que a lei e, com frequência, exigem que os profissionais alterem seu comportamento para atender a esses padrões éticos mais elevados (Jacob et al., 2016). Por exemplo, a Associação Americana de Psicologia (2017, p. 3) deixa claro que, se o seu "Código de Ética estabelece um padrão de conduta mais elevado do que o exigido por lei, os psicólogos devem atender ao padrão mais alto".

> Os códigos de conduta profissional, muitas vezes, exigem que os funcionários da escola se comportem de maneira mais rigorosa do que dita a lei e, com frequência, exigem que os profissionais alterem seu comportamento para atender a esses padrões éticos mais elevados.

Consequentemente, os profissionais das escolas devem estar cientes de que, embora devam cumprir os requisitos legais em termos de prevenção do suicídio juvenil, também têm o dever de se comportar eticamente, considerando que a conformidade com os códigos éticos geralmente requer um nível mais alto de responsabilidade do que apenas seguir a lei (D. N. Miller, 2014). Além disso, há uma distinção entre *códigos de ética* e *conduta ética*. Embora os códigos de ética "forneçam orientação para o profissional em sua tomada de decisão", a conduta ética "envolve escolhas cuidadosas com base no conhecimento de princípios éticos amplos, raciocínio ético e valores pessoais" (Jacob et al., 2016, p. 4).

Para ilustrar esses pontos, considere a seguinte situação: imagine que você está sozinho, relaxando à beira de um lago, lendo um livro agradável, em um dia quente de verão. O sol se pôs recentemente e o salva-vidas que estava de plantão foi embora. De repente, você ouve alguém gritando por socorro. Olha à frente e vê um adolescente se debatendo na água, balançando os braços freneticamente, com uma expressão de pânico no rosto. Todos os sinais indicam que ele não sabe nadar. Você rapidamente percebe que, a menos que alguém ajude imediatamente esse menino, ele pode se afogar. Percebe também que o salva-vidas anteriormente de plantão foi embora. Não há mais ninguém por perto e você é o único ao alcance da voz do menino capaz de ouvir seus pedidos de ajuda cada vez mais urgentes.

O que você faria? Na maioria dos estados americanos, não há obrigação legal de ajudar ou resgatar outra pessoa. Então, normalmente não haveria nenhuma obrigação legal exigindo que você pulasse na água e tentasse resgatar a pessoa em perigo, e o fato de não o fazer não teria consequências legais. Já no Brasil, o artigo 135 do Código Penal prevê o crime de omissão de socorro, punindo quem, podendo agir sem risco pessoal, deixa de prestar assistência a pessoas em situação de vulnerabilidade, como crianças abandonadas, pessoas inválidas, feridas, ou em grave perigo, ou não solicita ajuda às autoridades nesses casos. A pena é de detenção de um a seis meses, ou multa, mas pode ser agravada: aumenta pela metade se a omissão causar lesão grave e é triplicada se resultar em morte.

Você, portanto, ignoraria o pedido de ajuda? Claro que não. Por quê? Porque, embora tentar ajudar a pessoa nessa situação não seja uma obrigação legal, a maioria de nós concordaria que, eticamente, é o que deve ser feito. Ou, dito de outra forma, é a atitude moral e eticamente "certa", dados os valores culturais e sociais amplamente aceitos.

Há três questões éticas importantes que devem ser consideradas ao trabalhar com jovens potencialmente suicidas nas escolas: (1) confidencialidade, (2) competência e (3) defesa.

Confidencialidade

A confidencialidade pode ser definida como "uma promessa ou contrato explícito para não revelar nada sobre um indivíduo, exceto sob condições acordadas pela fonte ou assunto" (Siegel, 1979, p. 251). Na maioria dos casos envolvendo interações entre alunos e funcionários da escola, as preocupações do jovem normalmente seriam mantidas em sigilo. Uma exceção, no entanto, é se o aluno revelar pensamentos ou comportamentos relacionados a um possível suicídio. Nesse caso, os pais ou cuidadores devem ser notificados. Jacob e colegas (2016, p. 215) afirmam que "os pais devem ser contatados em todos os casos [de possível suicídio], seja o risco considerado baixo ou alto". Alguns profissionais escolares de saúde mental podem ver a notificação à família como excessivamente restritiva e potencialmente prejudicial para o relacionamento aluno-educador, mas, como observado sem rodeios por Erbacher e colegas (2015, p. 62), "embora o aluno possa ficar incomodado por você divulgar informações privadas para seus pais ou para outros funcionários relevantes, será menos difícil reparar o relacionamento com um aluno vivo do que lidar com as possíveis consequências se ele tentar ou morrer por suicídio sem que os pais tenham sido notificados".

A falha em notificar os pais ou responsáveis em situações em que há motivos para suspeitar que um aluno pode ser suicida é a origem mais comum de ações judiciais (Berman et al., 2009). Quando houver evidência razoável de que um aluno pode estar pensando em suicídio, a confidencialidade deve ser desconsiderada; e os pais ou responsáveis, notificados. Os educadores têm a obrigação legal e ética de denunciar qualquer aluno que seja suspeito de estar em risco potencial de suicídio, com base no princípio da previsibilidade discutido anteriormente. Essa obrigação é válida "mesmo que o aluno negue a ideação ou intenção suicida", pois "é dever da escola notificar os pais se as informações disponíveis indicarem que o aluno pode ser suicida, e não o fazer é considerado negligência da instituição" (T. A. Erbacher et al., 2015, p. 62). A notificação aos pais em casos de suspeita de suicídio deve ser sempre documentada, de preferência com a assinatura dos pais ou cuidadores.

Quando é necessário alertar os pais de que seu filho pode ser suicida, podemos nos deparar com três situações. Em primeiro lugar, quando há suspeita de abuso ou negligência infantil em casa, a escola deve, antes de mais nada, entrar em contato com os serviços de proteção à criança. Em segundo lugar, os serviços de proteção à criança devem ser contatados se os pais ou responsáveis se recusarem a garantir a segurança de seus filhos, se negarem a procurar serviços de saúde mental e/ou não levarem a sério o risco de suicídio. Em terceiro lugar, em situações em que os pais ou cuidadores podem não cooperar, recusando-se a falar pessoalmente com o filho ou a buscá-lo na escola e levá-lo para casa em segurança, os funcionários da escola não devem permitir que o aluno caminhe ou vá de ônibus para casa sem a supervisão de um adulto (T. A. Erbacher et al., 2015).

Competência

Os educadores são eticamente obrigados a agir dentro de seu nível de competência, sem exceder seu conhecimento e treinamento (Jacob et al., 2016). O termo *competência* geralmente sugere que "o profissional é capaz de integrar conhecimentos e habilidades profissionais com uma compreensão do cliente e da situação, e tomar decisões adequadas, considerando os efeitos imediatos e de longo prazo" (Jacob et al., 2016, p. 16). Conforme a afirmação acima, os profissionais escolares de saúde mental, que provavelmente possuem conhecimento, habilidade e aptidão para lidar com os problemas vivenciados pelos jovens, devem ser competentes em várias habilidades relacionadas à prevenção do suicídio na escola, assumindo a liderança no desenvolvimento de programas escolares de prevenção do suicídio. Dada a sua formação e experiência, os profissionais escolares de saúde mental seriam considerados mais adequados para essa tarefa do que outros funcionários (como professores ou administradores), que provavelmente carecem dos conhecimentos e habilidades necessários para esta função. Como a prevenção do suicídio juvenil é um ponto crítico para os profissionais escolares de saúde mental, eles são eticamente obrigados a avaliar e atualizar continuamente suas habilidades nessa área.

Defesa

A defesa é uma responsabilidade ética importante da equipe escolar, mas, muitas vezes, subestimada. Conforme declarado nos *Padrões profissionais* da Associação Nacional de Psicólogos Escolares[29] dos Estados Unidos (2020, p. 39)[30], espera-se que os psicólogos escolares "atuem como defensores de todos os alunos". No contexto da prevenção do suicídio, isso sugere que eles (e, por extensão, outros profissionais escolares de saúde mental) devem se esforçar para defender jovens suicidas que, assim como outras populações estudantis vulneráveis, como jovens de minorias sexuais (Jacob, 2013), podem ser estigmatizados e/ou marginalizados por outros estudantes (e/ou funcionários da escola) por seu comportamento suicida e pelos problemas de saúde mental normalmente subjacentes a ele.

Como apenas um exemplo, os profissionais escolares de saúde mental devem estar cientes de que muitos alunos podem não se beneficiar dos programas de prevenção do suicídio porque, frequentemente, não estão na escola. Isso inclui alunos que estão "suspensos, sem moradia segura, detidos, em abrigos de emergência, em instalações de tratamento residencial, hospitais, ou cujos pais os impediram de participar de programas de prevenção do suicídio" (Singer et al., 2019, p. 68). Defender esses alunos (que geralmente são marginalizados e correm maior risco de comportamento suicida do que outros), bem como trabalhar em colaboração com outras pessoas para garantir que recebam apoio adequado, é um papel importante dos profissionais de saúde mental nas escolas.

Além de esperar que atuem como defensores, os *Princípios de ética profissional da Associação Nacional de Psicólogos Escolares*[31] (2010, p. 302) exigem que os profissionais prestem "serviços eficazes" aos jovens que atendem. Embora o significado do termo "serviços eficazes" não esteja definido, implica que quaisquer serviços prestados demonstrem utilidade baseada em evidências. A defesa requer uma abordagem proativa (em vez de reativa), e os funcionários da escola que trabalham com crianças e adolescentes são incentivados a "lutar pela excelência, em vez de cumprir as obrigações mínimas descritas nos códigos de ética e na lei" (Jacob et al., 2016, p. 315).

---

29. No original, *The professional standards of the National Association of School Psychologists* [N.T.].

30. No original, National Association of School Psychologists (Nasp) [N.T.].

31. No original, *National Association of School Psychologists principles for professional ethics* [N.T.].

Melhores práticas

As *melhores práticas* se referem a métodos, estratégias ou técnicas demonstradas empiricamente, que levam a resultados mais benéficos para os alunos. É crucial que as melhores práticas sejam *fundamentadas* em exigências legais e responsabilidades éticas, sem que precisem estar *limitadas* a elas. Ou seja, embora a escola deva se comportar de acordo com obrigações legais e com seu código de ética profissional, atender a esses requisitos deve ser visto simplesmente como o padrão mínimo esperado, sem necessariamente refletir ou limitar o que os profissionais *podem ou devem fazer*.

Por exemplo, fornecer estratégias de prevenção e intervenção baseadas em evidências nas escolas, sejam os programas de prevenção do suicídio descritos neste livro ou programas de prevenção e/ou intervenção em muitas outras áreas (por exemplo, para abuso de substâncias ou *bullying*), normalmente não é uma exigência legal nem ética. No entanto, o uso de tais programas não é apenas justificado, mas também fortemente recomendado, pois atendem aos interesses principais e mais amplos de crianças e adolescentes. Em outras palavras, tais programas exemplificam as melhores práticas.

> As melhores práticas são *fundamentadas* em exigências legais e responsabilidades éticas, mas não precisam estar *limitadas* a elas.

Comentários finais

Muitos anos atrás, Robert Horner, da Universidade do Oregon, deu uma palestra na Lehigh University para um grupo de alunos de pós-graduação que estavam estudando para trabalhar em escolas. "O trabalho do educador", disse ele a certa altura, "é mais amplo do que apenas a educação. É alterar a trajetória de vida dos nossos alunos". Essa frase memorável é um lembrete útil da influência poderosa dos educadores na modificação do comportamento dos alunos, melhorando seus resultados e até mesmo mudando suas vidas. Programas escolares eficazes de prevenção do suicídio podem potencialmente fazer todas essas coisas. Na verdade, não apenas podem mudar vidas, mas também salvá-las.

> Os programas escolares de prevenção do suicídio tentam alcançar um dos objetivos mais significativos e importantes que podemos imaginar – salvar vidas de jovens de uma morte desnecessária e prematura.

A principal justificativa para programas escolares de prevenção do suicídio não é evitar complicações legais ou possíveis processos judiciais, embora esse resultado seja certamente vantajoso. Em vez disso, a principal justificativa para implementá-los é que se trata da atitude ética e profissionalmente responsável, pois tais programas tentam atingir um dos objetivos mais importantes e significativos que podemos imaginar – salvar vidas de jovens de uma morte desnecessária e prematura. O que poderia ser mais importante do que isso?

Capítulo 3

Trabalho em equipe, papéis, responsabilidades e autocuidado nas escolas

*A unidade faz a força... Quando há trabalho em equipe
e colaboração, é possível alcançar coisas maravilhosas.*
Mattie Stepanek

*A força da equipe é cada membro individualmente. A
força de cada membro é a equipe.*
Phil Jackson

O trabalho em equipe entre os funcionários da escola, caracterizado por colaboração efetiva e respeito mútuo, é um ingrediente essencial para desenvolver e manter programas eficazes de prevenção do suicídio. Para que o trabalho em equipe seja mais eficaz, os funcionários devem estar claramente cientes de seus papéis e responsabilidades específicas e de como contribuem coletivamente para o objetivo comum de prevenir o suicídio juvenil. Para ser claro, *todos* os funcionários da escola têm papéis e responsabilidades na prevenção do suicídio juvenil. Alguns membros da comunidade escolar terão funções e responsabilidades mais proeminentes do que outros, mas todos podem contribuir significativamente e devem ser vistos como partes integrantes de uma equipe.

O objetivo deste capítulo é discutir os papéis e responsabilidades da equipe, em uma abordagem coletiva, para prevenção, avaliação, intervenção e posvenção do suicídio nas escolas. Embora as funções e responsabilidades sejam especificadas para vários membros da equipe escolar, é dada atenção especial às questões envolvidas na criação e manutenção de uma Equipe Central de Prevenção do Suicídio (ECPS)[32] para apoiar os esforços contínuos de prevenção, assim como para responder de forma mais eficaz nos casos raros, mas trágicos, em que um aluno morre por suicídio.

Como trabalhar com alunos potencialmente suicidas pode afetar emocionalmente a comunidade escolar, o capítulo termina com uma extensa discussão sobre "cuidar do cuidador". Os funcionários que trabalham com jovens suicidas podem, dependendo da situação, sofrer esgotamento, fadiga por compaixão e/ou trauma secundário (T. A. Erbacher et al., 2015). Consequentemente, o autocuidado é uma habilidade importante para qualquer pessoa envolvida na prevenção do suicídio, incluindo indivíduos que trabalham em escolas.

Para aqueles que trabalham de perto com jovens suicidas, particularmente alunos em crise suicida, engajar-se no autocuidado eficaz é especialmente crítico. Começamos, no entanto, com uma discussão sobre as políticas e procedimentos gerais do distrito escolar em relação ao suicídio juvenil e sua prevenção, pois eles têm implicações importantes para os papéis e responsabilidades da equipe escolar.

Políticas e procedimentos públicos para a prevenção do suicídio

Todas as escolas devem ter políticas e procedimentos relativos à prevenção do suicídio. Medidas eficazes devem ser claras e garantir a responsabilidade institucional. Os funcionários também devem ter funções e responsabilidades claramente articuladas (ou seja, quem fará o quê), para garantir que as políticas e procedimentos sejam executados conforme pretendido. Além disso, tais medidas não devem ser simplesmente impressas em manuais de professores e funcionários ou publicadas em um *site* (onde podem permanecer não lidas). Devem ser atualizadas regularmente; e a equipe, ativamente treinada. Pesquisas indicam que é improvável que, na ausência de outras medidas de contingências que garantam a responsabilidade, o treinamento leve a uma mudança comportamental eficaz (Sawka-Miller et al., 2002; Shapiro et al., 1999).

Deve-se levar em consideração diversas diretrizes recomendadas ao desenvolver políticas públicas relacionadas à prevenção do suicídio. Tais orientações foram retiradas da segunda edição de *Política pública da escola modelo para prevenção do suicídio*[33], um esforço conjunto da Fundação Americana para Pre-

---

32. No original, Core Suicide Prevention Team (CSPT) [N.T.].

33. No original, *Model school district policy on suicide prevention* [N.T.].

venção do Suicídio[34], da Associação Americana de Orientadores Educacionais[35], da Associação Nacional de Psicólogos Escolares e do Trevor Project (2019). Se, atualmente, o seu distrito tem políticas e procedimentos relativos ao suicídio juvenil, recomendo examiná-los para determinar se são suficientemente abrangentes e abordam os componentes descritos na *Política pública da escola modelo para prevenção do suicídio*. Os funcionários são incentivados a revisar a política como equipe e considerar as seguintes questões:

- A política pública atual exige treinamento anual ou a cada dois anos para a equipe escolar sobre prevenção do suicídio, incluindo educação sobre saúde mental e sinais de alerta de risco?
- A política pública atual aborda populações com maior risco de suicídio?
- A política pública atual discute a prevenção do suicídio?
- A política pública atual exige uma força-tarefa de prevenção do suicídio ou grupo semelhante?
- A política pública atual oferece um profissional de saúde mental para realizar avaliações de suicídio?
- A política pública atual contém informações sobre encaminhamentos adequados para alunos em crise?
- A política pública atual discute o que fazer em caso de uma tentativa de suicídio na escola? E os processos de reinserção de alunos após uma tentativa de suicídio?
- A política pública atual discute tentativas de suicídio fora da escola e como os pais devem ser informados e envolvidos?
- A política atual aborda a posvenção e como discutir com segurança uma tentativa de suicídio ou morte?

A Política Nacional de Prevenção da Automutilação e do Suicídio (Lei 13.819/2019) estabelece que instituições de ensino públicas e privadas deverão realizar notificação compulsória ao Conselho Tutelar dos casos confirmados ou suspeitos de violência autoprovocada. Porém, não fornece diretrizes específicas em relação à atuação e formação da equipe escolar para a prevenção do suicídio. Nesse sentido, alguns documentos que oferecem orientações a profissionais de educação são: *Orientações para a atuação profissional frente situações de suicídio e automutilação* (CRPDF, 2020); *Guia para pais e educadores"*, elaborado pelo Centro de Valorização da Vida (CVV, 2023); *Comportamento suicida e autolesão na infância e adolescência: Conversando com profissionais sobre formas de prevenção* (Avanci et al., 2023), que inclui profissionais da educação, fruto de uma parceria entre a

---

34. No original, American Foundation for Suicide Prevention [N.T.].

35. O original remetia à American School Counselor Association [N.T.].

Capítulo 3

Faperj em parceria com o CNPq e a Escola Nacional de Saúde Pública da Fiocruz. Entende-se que as escolas devem alertar os agentes educativos (pais e professores) para os riscos aos quais crianças e adolescentes podem estar expostos e como preveni-los. Além disso, são o espaço ideal para implementar programas de prevenção universais e para trabalhar o desenvolvimento de habilidades socioemocionais para lidar com os desafios ao longo da vida (Avanci et al., 2023, p. 109).

Guardião: papel e responsabilidade de toda a equipe escolar

O único papel na prevenção do suicídio pelo qual todos os adultos da comunidade escolar devem ser responsáveis é o de guardião. O guardião é alguém que trabalha na escola, que pode identificar alunos com risco potencial de suicídio, com base em fatores de risco e sinais de alerta comumente conhecidos, e que sabe como conectar os alunos com recursos profissionais apropriados quando necessário (E. Walsh et al., 2013). Todos que trabalham na escola – incluindo administradores, profissionais de saúde e saúde mental, professores, equipe de apoio, auxiliares, inspetores, funcionários do refeitório, da limpeza e motoristas de ônibus – devem ser treinados para se tornarem guardiões, porque estão em posições ideais para perceber qualquer jovem potencialmente angustiado devido ao contato frequente com eles. Ter um quadro de adultos atuando como guardiões aumenta a capacidade da escola de identificar alunos potencialmente suicidas.

O que dizer

Os funcionários da escola, especialmente os professores que têm contato e interações diárias com os alunos, podem ser colocados em situações potencialmente constrangedoras por não saber o que dizer se um aluno se aproximar deles e relatar pensamentos e/ou comportamentos suicidas. As palavras podem variar, mas o objetivo deve ser validar as preocupações do aluno, comunicar compaixão e expressar o desejo de ajudar. Erbacher e colegas (2015, p. 33) apresentam alguns exemplos de validação e respostas úteis:

- "Agradeço que tenha confiado em mim para me dizer isso. Agora, quero ajudá-lo."
- "Ninguém deveria sentir tanta dor, vamos buscar ajuda."
- "Sinto muito pelo seu sofrimento. Por favor, saiba que há ajuda."
- "Sinto-me honrado por você ter sentido que poderia vir até mim. Agora podemos conseguir a ajuda de que você precisa, para que não continue sofrendo assim."

O que não dizer

Apesar das melhores intenções, as pessoas às vezes dizem coisas que, sem querer, pioram uma situação ruim. Um tipo comum de resposta inútil é o "reflexo de correção", que é o "desejo de consertar o que parece errado com as pessoas e colocá-las prontamente em um caminho melhor, apenas redirecionando" o aluno, para que se envolva em uma ação desejada (W. R. Miller & Rollnick, 2013, p. 6). Exemplos do reflexo de correção incluem declarações como: "O que você deve fazer é..." ou "Algo que você pode fazer é..." (T. A. Erbacher et al., 2015, p. 33). Essa postura minimiza o sofrimento que os alunos estão experimentando, tentando "resolver" imediatamente seus problemas em vez de reconhecê-los e validá-los com respeito e compaixão.

Um segundo tipo de resposta inútil é aquela que comunica um sentimento de experiência compartilhada, indicando que o guardião adulto experimentou a mesma dor que o aluno suicida, quando não é esse o caso (por exemplo, "Eu sei como você se sente"). Tal resposta tira o foco do aluno e transmite a falsa impressão de que o sofrimento que ele sente pode ser prontamente compreendido, muitas vezes resultando em uma reação negativa (como "Você não tem ideia de como me sinto!"). Em vez de *compartilhar* o sofrimento ("Eu sei como você se sente"), uma resposta mais apropriada seria transmitir *preocupação* com o sofrimento do aluno (por exemplo, "Estou preocupado que você esteja passando por isso"). Quaisquer que sejam os pensamentos, sentimentos ou experiências que os profissionais da escola possam ter, "é importante praticar a aceitação incondicional com jovens suicidas e garantir que não sintam nenhum julgamento vindo de você" (T. A. Erbacher et al., 2015, p. 33).

Erbacher e colegas (2015, p. 34–35) oferecem vários exemplos de respostas inúteis a jovens potencialmente suicidas, que devem ser evitadas:

- "Entendo o que você está passando."
- "Você deve pensar positivo."
- "Seus pais ficariam furiosos se ouvissem você dizer essas coisas."
- "Considere tudo o que tem para viver."
- "Volto já."

Muitas dessas respostas são inúteis, porque são excessivamente diretivas ("Você deve pensar positivo"; "Considere tudo o que tem para viver"), sugerem uma falsa sensação de experiência compartilhada ("Entendo o que você está passando") ou implicam críticas ao aluno por seu comportamento suicida ("Você deve pensar positivo"; "Seus pais ficariam furiosos se ouvissem essas coisas"). Quanto ao último exemplo ("Volto já"), nenhum aluno potencialmente suicida deve ser deixado sozinho.

Capítulo 3

Papéis e responsabilidades do professor

Como os professores passam mais tempo com os alunos do que qualquer outro profissional da escola, eles têm um papel crítico a desempenhar nos esforços de prevenção do suicídio. Além de servir como guardiões, também podem desempenhar um papel ativo na prevenção, promovendo a saúde mental geral e o bem-estar de *todos* os alunos – não apenas daqueles considerados possivelmente em risco de suicídio. Uma maneira de fazer isso é participando ativamente em programas de Aprendizagem Social e Emocional (ASE) (Merrell & Gueldner, 2010), que promovem a saúde mental, ensinando aos alunos habilidades sociais e emocionais importantes. Ensinar os alunos a aprimorar suas habilidades socioemocionais melhora significativamente seu funcionamento social e emocional e a saúde mental em vários contextos, além de manter esses efeitos ao longo do tempo (Durlak et al., 2011; Taylor et al., 2017). A recente ênfase na prevenção do suicídio (Wyman, 2014), que se concentra no fortalecimento de fatores de proteção e na promoção da saúde mental, sugere que a implementação de programas de ASE, começando no Ensino Fundamental 1, pode ser um elemento importante na redução das taxas de suicídio juvenil (D. N. Miller, 2019; Singer et al., 2019).

Os professores também podem fazer uso dos programas de ASE nos segmentos de Ensino Fundamental 2 e Médio. Podem, por exemplo, implementar o Treinamento de Habilidades da TCD para Resolução de Problemas Emocionais para Adolescentes[36] (Mazza et al., 2016), um currículo projetado para apoiar a ASE entre os estudantes. Concentrando-se em ensinar aos alunos uma variedade de habilidades importantes para melhorar seu funcionamento geral e saúde mental (como tolerância ao sofrimento, regulação emocional), o treinamento de habilidades da TCD é único, porque visa diretamente habilidades relacionadas à prevenção do suicídio. Informações adicionais sobre o treinamento de habilidades da TCD são fornecidas no capítulo 5.

Outra maneira significativa de os professores promoverem a saúde mental é fortalecendo as percepções e sentimentos de conexão e pertencimento entre os alunos na comunidade escolar. Conforme discutido no capítulo 1, a sensação persistente de estar desconectado (ou seja, falta de pertencimento) pode, em conjunto com outras variáveis, resultar no desejo de morrer por suicídio. Pesquisas indicaram que promover a conexão escolar pode ser eficaz para reduzir o comportamento suicida em adolescentes (Marraccini & Brier, 2017; Whitlock et al., 2014), o grupo de jovens em idade escolar com maior risco de suicídio. Além de sua utilidade na prevenção do suicídio, aumentar a conexão dos alunos com as escolas também pode levar a outros resultados importantes, como diminuição da

---

36. No original, DBT Skills Training for Emotional Problem Solving for Adolescents [N.T.].

probabilidade de abandono escolar e melhora no desempenho acadêmico e nos comportamentos saudáveis.

O papel crítico dos professores como guardiões não pode ser superestimado. É improvável que a prevenção do suicídio nas escolas seja efetiva se os professores não forem efetivamente treinados para identificar alunos potencialmente suicidas e responder a eles. Além de guardiões e promotores da saúde mental geral entre seus alunos, alguns professores também podem optar por se envolver mais diretamente na prevenção do suicídio servindo na ECPS. As funções e responsabilidades dessa equipe são discutidas a seguir.

Papéis e responsabilidades da ECPS

Todas as escolas devem ter uma equipe de especialistas para desenvolver, liderar e manter esforços focados na prevenção do suicídio juvenil. Em muitos casos, a prevenção do suicídio pode ser apenas uma área de responsabilidade da equipe, que executa também outras atividades de prevenção e intervenção, principalmente atendimento à crise (Brock et al., 2016; Brock & Jimerson, 2012). Embora os membros da equipe devam certamente ter conhecimento e habilidade para responder às crises, os papéis e responsabilidades no que diz respeito à prevenção do suicídio podem e devem ser muito mais amplos, e não restritos apenas a responder aos problemas depois que eles ocorrem. Em vez disso, as equipes de prevenção do suicídio devem assumir papéis de liderança na coordenação de esforços em toda a escola (e em todo o distrito, se possível) para a prevenção do suicídio juvenil.

Quem deve ser membro da ECPS? Não há uma resposta definitiva para essa questão, mas a ECPS deve idealmente incluir diferentes membros da comunidade escolar, como profissionais de saúde, de saúde mental, administradores e professores. Também pode incluir indivíduos de fora da escola, como profissionais de saúde mental com experiência em prevenção de suicídio. Todos os membros da equipe devem ter as "habilidades necessárias, como conhecimento de crise, e atributos pessoais, como calma, boa capacidade de comunicação e orientação para a equipe" (T. A. Erbacher et al., 2015, p. 40). Para garantir o funcionamento eficaz e eficiente da ECPS, as escolas devem facilitar e apoiar o desenvolvimento profissional contínuo da equipe, alocar os recursos necessários, garantir um tempo adequado para reuniões de planejamento e desenvolvimento de programas e criar políticas e procedimentos escolares apropriados para a prevenção, intervenção e posvenção do suicídio juvenil.

Embora todos os membros da ECPS tenham um papel a desempenhar nos esforços eficazes de prevenção do suicídio nas escolas, os profissionais de saúde mental (como psicólogos escolares, orientadores educacionais e assistentes sociais) são membros particularmente importantes da equipe. Eles podem e devem assu-

Capítulo 3

mir papéis de liderança e devem estar integralmente envolvidos na implementação, manutenção e avaliação dos programas de prevenção do suicídio. Também devem liderar e orientar os esforços de posvenção se um aluno morrer por suicídio.

Berman (2009, p. 237) indica que os psicólogos (e, consequentemente, outros profissionais escolares de saúde mental) podem "desempenhar um papel vital na redução da incidência de comportamento suicida entre os alunos e na resposta a eventos suicidas e seus efeitos". Para atingir esse objetivo, ele sugere que as seguintes competências sejam exigidas de todos os profissionais escolares de saúde mental:

- Conhecer os fatores de risco e os sinais de alerta do comportamento suicida.
- Compreender as questões legais e as boas práticas relativas à prevenção do suicídio nas escolas.
- Compreender as práticas baseadas em evidências para a prevenção do suicídio.
- Saber formular e conduzir uma avaliação de risco de suicídio.
- Ser capaz de diferenciar entre comportamento suicida e automutilação não suicida.
- Compreender as diferenças e as vantagens de planos de segurança *versus* acordos de não suicídio.
- Ter conhecimento e competência nas áreas de avaliação e intervenção em crise.
- Saber envolver os pais de jovens potencialmente suicidas no processo de intervenção.
- Saber como reintegrar um aluno na sala de aula após uma tentativa de suicídio.
- Conhecer questões relacionadas ao contágio e a aglomerados de suicídio.
- Saber como implementar efetivamente procedimentos eficazes de posvenção do suicídio.

Os leitores deste livro obterão conhecimento em cada uma dessas áreas e serão incentivados a buscar oportunidades adicionais de treinamento "para estarem mais bem preparados para enfrentar os desafios de prevenir o próximo, senão o primeiro, suicídio em suas escolas" (Berman, 2009, p. 237).

Conduzindo reuniões eficazes da ECPS

Oferecer iniciativas eficazes de prevenção e posvenção do suicídio na escola requer um planejamento cuidadoso e coletivo, o que geralmente é mais bem realizado em reuniões de equipe. Alguns funcionários, no entanto, podem ser céticos quanto ao valor de tais reuniões, especialmente se muitas de suas experiências anteriores não foram positivas (o que, infelizmente, costuma ser o caso). Reuniões mal gerenciadas podem rapidamente resultar em insatisfação, diminuição da motivação e do comprometimento e aumento da probabilidade de ausência da equipe em futuros encontros. Consequentemente, os membros da ECPS devem tomar medidas para garantir que todas as reuniões sejam percebidas como um bom uso do tempo. Mais especificamente, devem ser valiosas e significativas, com metas e objetivos claramente definidos, bem como o estabelecimento de responsáveis por implementá-los (ou seja, quem fará o quê e quando).

Existem várias estratégias para conduzir reuniões de equipe envolventes e produtivas, incluindo (1) escolher os membros estrategicamente, (2) prestar atenção à logística da reunião, (3) preparar uma pauta e segui-la, (4) estabelecer regras básicas e revisá-las no início da reunião, (5) conduzir a reunião de forma eficiente e eficaz e (6) permitir que a pauta oriente a reunião (Kern et al., 2016, p. 31). Cada uma dessas estratégias inclui os seguintes componentes específicos (Kern et al., 2016, p. 31):

Escolher os membros estrategicamente
- Identificar a contribuição potencial de cada membro.
- Aproveitar a experiência de cada membro em algum aspecto de prevenção e posvenção do suicídio.

Prestar atenção à logística da reunião
- Enviar avisos com antecedência, antes de agendar as reuniões.
- Escolher uma sala de reunião confortável, com privacidade adequada.
- Estabelecer intervalos para reuniões mais longas.
- Discutir com antecedência as expectativas da função e o processo de tomada de decisão.
- Desenvolver e distribuir resumos ou anotações aos membros.

Preparar uma pauta e segui-la
- Disponibilizar a pauta para comentários antes da reunião.
- Desenvolver processos para os outros adicionarem itens à pauta.
- Incluir um momento para "Pendências" (questões deixadas inacabadas ou não resolvidas desde a última reunião) e outro para "Novos Temas" (itens recentemente introduzidos para discussão e decisão).
- Incluir um momento para "Anúncios" (mensagens impressas que economizam tempo e substituem os anúncios verbais).
- Avaliar a inclusão de um momento para *Check-in* (anúncios de qualquer assunto pessoal que possa interferir na presença de alguém na reunião; por exemplo, "Preciso me retirar da reunião em 20 minutos para fazer uma ligação").

Capítulo 3

- Avaliar a inclusão de um tempo para "*Check-outs*" (declarações avaliativas no final da reunião; por exemplo, "Achei a reunião produtiva e quero agradecer ao grupo por trabalhar bem em conjunto" ou "Embora não me sinta confortável com os acordos alcançados pelo grupo durante a reunião, vou apoiá-los porque representam o consenso da equipe").
- Revisar a pauta antes de iniciar a reunião, dando aos membros da equipe a oportunidade de adicionar questões urgentes recentes que precisam ser abordadas.
- Listar e atender primeiro aos itens mais urgentes e importantes da pauta.
- Usar a pauta para organizar a reunião e focar nas discussões.

Estabelecer regras básicas e revisá-las no início da reunião

- Desenvolver expectativas acordadas em equipe sobre como as reuniões devem se desenrolar, incluindo regras que rejam a pauta, as interações dos membros uns com os outros e a tomada de decisões.
- Exemplos: falar um de cada vez; manter o foco em questões e soluções; usar linguagem educada e respeitosa; manter as declarações breves; vir preparado para as reuniões; ouvir; não interromper os outros; administrar conflitos de maneira civilizada.

Conduzir a reunião de forma eficiente e eficaz

- Começar e terminar a reunião no horário.
- Manter o foco e ser fiel à pauta.

Permitir que a pauta oriente a reunião

- Se houver menos itens na agenda, encurte a reunião.
- Se houver muitos itens na agenda, transfira alguns para a próxima reunião, se necessário.
- Identificar um modo de comunicação (por exemplo, *e-mail*).
- Determinar um processo de comunicação (quem, quando, como).

A realização de reuniões eficazes e eficientes levará a melhores resultados, bem como a participantes mais felizes e engajados. Desenvolver, implementar, manter e avaliar uma abordagem abrangente para a prevenção e posvenção do suicídio na escola requer um tempo considerável e esforços contínuos de muitas pessoas. Desenvolver um modelo eficaz e eficiente para reuniões é um componente crítico desse processo. Quando ocorrem crises relacionadas ao suicídio, é tarde demais para desenvolver planos sobre a melhor forma de responder. Ao criar uma equipe eficaz e se envolver em um planejamento eficiente, a escola pode estar mais bem preparada para qualquer crise que ocorra, incluindo uma envolvendo comportamento suicida.

Resposta à crise e a ECPS

Um papel central para os membros da ECPS, e particularmente para os profissionais escolares de saúde mental, é a resposta à crise. Pode haver equipes focadas em crise em nível escolar, bem como em âmbito distrital, dependendo da natureza e gravidade da crise, do tamanho da escola e do distrito e da área em que estão localizados (T. A. Erbacher et al., 2015). De preferência, deveria haver uma equipe de crise em cada escola, e muitos dos membros dessas equipes também serviriam em equipes distritais para fornecer às escolas suporte mais amplo, em nível governamental, quando necessário. Ter equipes de crise dentro das escolas traz várias vantagens. Por exemplo, em comparação com as equipes de crise em nível distrital, as equipes locais são mais fáceis de organizar, pois os membros já estão familiarizados uns com os outros, e a organização de reuniões de planejamento pode ser feita com mais eficiência. Além disso, as equipes locais geralmente estão em melhor posição para responder às crises em sua escola, pois conhecem as características e dinâmicas únicas da instituição e dos alunos.

O tema da resposta à crise é especialmente relevante em situações que envolvem a posvenção do suicídio, que é o assunto do capítulo 8. No entanto, muitos profissionais de saúde mental nas escolas atuam em equipes de resposta à crise que lidam com uma variedade de questões além do suicídio, como resposta a tiroteios (ou outras formas de violência escolar) e desastres naturais (Brock & Jimerson, 2012). Embora as limitações de espaço impeçam uma discussão extensa de versões mais abrangentes de equipes de resposta a crises (ou seja, aquelas encarregadas de responder a múltiplas crises, incluindo, mas não se limitando ao suicídio), os leitores interessados em aprender mais sobre esse importante tópico são encorajados a revisar os trabalhos de Brock e Jimerson (2012), Brock et al. (2016), Heath e Sheen (2005) e Sandoval (2013). Um traço comum entre cada um desses trabalhos é que a equipe escolar, que trabalha de perto com alunos em crise, corre o risco de desenvolver seus próprios problemas. O restante deste capítulo discute a importância de "cuidar do cuidador" e como esse autocuidado pode ser realizado.

Cuidar do cuidador: autocuidado para educadores

Os funcionários escolares podem, ocasionalmente, se sentir sobrecarregados ao trabalhar com jovens potencialmente suicidas e, posteriormente, correr o risco de desenvolver seus próprios problemas emocionais. Quanto maior a frequência e a proximidade com esses alunos – o que normalmente inclui profissionais de saúde mental da escola, bem como membros da ECPS –, maior é o risco. Isso não surpreende, visto que trabalhar com indivíduos suicidas é consistentemente classificado como uma das experiências profissionais mais estressantes (T. A. Erbacher

Capítulo 3

et al., 2015). Por exemplo, entre os psicólogos escolares que relataram fazer trabalho de crise (incluindo trabalhar com jovens suicidas), 90% relataram consequências físicas, emocionais e profissionais negativas (Bolnik & Brock, 2005). Os educadores são responsáveis por crianças e adolescentes e prestam assistência e apoio aos alunos em suas escolas. No entanto, indivíduos que cuidam de outras pessoas muitas vezes correm o risco de não cuidar adequadamente de si mesmos e, como resultado, se tornam potencialmente vulneráveis ao enfrentar seus próprios problemas.

Três problemas um tanto diferentes, mas altamente relacionados, que podem ocorrer entre os cuidadores nas escolas são (1) *burnout*, (2) fadiga por compaixão e (3) trauma secundário (T. A. Erbacher et al., 2015). O *burnout* se refere à exaustão emocional, despersonalização e redução da sensação de sucesso que podem ser desencadeadas entre os cuidadores. Está associado a um início gradual de desesperança, dificuldades em executar seu trabalho de forma eficaz e à percepção de que seus esforços não fazem diferença (Brock et al., 2016). Possíveis sinais de *burnout* incluem fadiga, frustração ou raiva, negatividade, retraimento, capacidade reduzida de desempenhar seu trabalho e reações negativas aos outros (T. A. Erbacher et al., 2015).

A *fadiga por compaixão* é a dificuldade do cuidador de manter sentimentos de empatia pelos outros (Brock et al., 2016). Envolve "os comportamentos e emoções naturais, sentidos após tomar conhecimento de um evento traumatizante experimentado ou sofrido por uma pessoa" (Figley, 1995, p. 7). Indivíduos que frequentemente trabalham com alunos em crise, como jovens suicidas, podem desenvolver, ao longo do tempo, fadiga por compaixão, cujos sinais incluem tristeza ou luto, pesadelos, dores somáticas, culpa, aumento da excitação, desapego e isolamento e/ou mudanças nos sistemas de crenças (T. A. Erbacher et al., 2015).

O *estresse traumático secundário* é a constatação de que "pessoas que trabalham com vítimas podem experimentar efeitos psicológicos profundos", que "podem ser perturbadores e dolorosos para o cuidador e podem persistir por meses ou mesmo anos após o trabalho com pessoas traumatizadas" (McCann & Pearlman, 1990, p. 133). Os efeitos negativos da exposição repetida a traumas vivenciados por terceiros (por exemplo, lidar com vários alunos passando por crises suicidas) podem potencialmente resultar na traumatização secundária dos cuidadores. Alguns sinais incluem ansiedade, tristeza, confusão, apatia, queixas somáticas, diminuição da capacidade de relacionamento, perda de controle e de confiança e pensamentos intrusivos (T. A. Erbacher et al., 2015).

Os sintomas de *burnout*, fadiga por compaixão e trauma secundário são semelhantes e frequentemente se sobrepõem (T. A. Erbacher et al., 2015). Os educadores, especialmente aqueles que frequentemente trabalham com alunos em situações de crise, correm o risco de ter esses problemas e são fortemente encorajados a monitorar seus próprios sintomas. Erbacher e colegas (2015, p. 204) recomendam que os cuidadores se façam as seguintes perguntas e sugerem que os indivíduos que respondem afirmativamente a uma ou mais delas correm o risco de *burnout*, fadiga por compaixão e/ou trauma secundário:

- "Acho que não tenho tempo ou energia para mim mesmo?"
- "Tenho pesadelos relacionados ao trabalho?"
- "Tenho uma visão mais negativa do mundo do que antes?"
- "Fico doente com frequência?"
- "Meu nível de motivação caiu no trabalho ou estou menos produtivo?"
- "Acho que não consigo parar de pensar em certos clientes ou casos?"

Oferecer autocuidado adequado para prevenir ou responder ao *burnout* e problemas semelhantes não é apenas uma questão profissional, mas também ética. Especificamente, a diminuição da competência profissional resultante de tais questões pode constituir uma violação ética grave ao colocar os alunos em risco, diminuindo a qualidade do serviço que recebem (Brock et al., 2016). Consequentemente, os profissionais da escola que trabalham em situações de crise com jovens potencialmente suicidas têm obrigações pessoais, profissionais e éticas de se engajar em autocuidado adequado.

Lidando com estresse e prevenindo o burnout

Gerenciar o estresse que pode surgir ao lidar com jovens suicidas e prevenir a ocorrência de *burnout* é necessário não apenas para o autocuidado, mas também para as crianças e adolescentes que atendemos. Estratégias de autocuidado pessoal e profissional são importantes porque ajudam a manter o bem-estar dos profissionais da escola e também porque ajudarão os profissionais a atender melhor seus alunos e a instituição. O gerenciamento eficaz do estresse e a prevenção do *burnout* requerem autocuidado em três níveis: (1) estratégias pessoais, (2) estratégias profissionais e (3) estratégias organizacionais (T. A. Erbacher et al., 2015). Exemplos de cada uma dessas estratégias são apresentados a seguir.

Estratégias de autocuidado pessoal

As estratégias de autocuidado pessoal recomendadas incluem (1) seguir uma rotina normal, (2) ajudar outros interventores de crise, compartilhando experiências e sentimentos, (3) perceber que aqueles ao seu redor também estão sob estresse, (4) exercitar-se, (5) descansar adequadamente e (6) passar tempo com outros interventores de crise (Bolnik & Brock, 2005; T. A. Erbacher et al., 2015). Erbacher e colegas (2015) sugerem outras estratégias de autocuidado pessoal, incluindo as seguintes:

- Passar tempo com entes queridos (incluindo animais).
- Evitar comportamentos de alto risco, como beber álcool.
- Dizer não.
- Definir limites claros entre trabalho e casa.
- Praticar atividades calmas (como ioga, meditação, leitura).
- Buscar apoio emocional de familiares e/ou amigos.
- Conversar com colegas experientes.
- Esclarecer seu próprio entendimento do significado da vida.
- Fazer pausas ao longo do dia.
- Limitar a visualização *online* de eventos traumáticos.
- Ir à terapia.

Estratégias de autocuidado profissional

Além do autocuidado pessoal, a equipe que trabalha com jovens suicidas também precisa desenvolver estratégias de autocuidado profissional, que "incluem equilibrar as demandas de suas vidas pessoais e profissionais, além de encontrar um equilíbrio *em* sua vida profissional" (T. A. Erbacher et al., 2015, p. 200). Uma estratégia que pode ser usada para criar um limite *entre* casa e trabalho é "visualizar-se colocando todas as suas preocupações, receios e desafios em uma jarra, fechá-la e colocá-la em uma prateleira em seu escritório antes de ir para casa. A jarra estará lá pela manhã, mas fica em pausa durante a noite" (T. A. Erbacher et al., 2015, p. 202). Quanto ao equilíbrio *na* vida profissional, as estratégias possíveis incluem trabalhar menos horas, ter maior controle sobre a carga de trabalho profissional, agendar intervalos durante o dia e trabalhar com vários tipos de alunos, com diferentes graus de problemas (T. A. Erbacher et al., 2015).

Uma variedade de estratégias de autocuidado para interventores de crise, que combinam autocuidado pessoal e profissional nos níveis (1) físico, (2) psicológico, e (3) social, interpessoal e familiar, incluem o seguinte (Brock et al., 2016, p. 359):

Estratégias de autocuidado físico
- Dormir adequadamente ou dormir mais para compensar o aumento das demandas.
- Evitar trabalhar por períodos prolongados, principalmente sem contato com colegas, e fazer pausas.
- Comer alimentos saudáveis e manter-se hidratado.
- Limitar o uso excessivo de álcool e tabaco.
- Exercitar-se regularmente.
- Usar regularmente técnicas de gerenciamento de estresse, como meditação, visualização, relaxamento e respiração diafragmática.

Estratégias de autocuidado psicológico

- Limitar seu horário de trabalho com atendimentos intensivos.
- Automonitorar-se e conscientizar-se dos sinais de estresse traumático secundário.
- Procurar um profissional com conhecimento sobre trauma se os sinais de estresse traumático secundário durarem mais de 2 a 3 semanas.
- Buscar ajuda para lidar com sua própria história de trauma.

Estratégias de autocuidado social, interpessoal e familiar

- Planejar a segurança da família e do lar, incluindo o cuidado com crianças e animais de estimação.
- Identificar duas a cinco pessoas como rede de apoio (incluindo algumas no trabalho), com quem você pode contar para ajudá-lo.
- Envolver-se em ações sociais que promovam a cura e ajudem as "vítimas" a se tornarem "sobreviventes".
- Praticar sua fé religiosa e espiritualidade.
- Explorar sua paixão pela expressão criativa, como escrever, pintar e ensinar.
- Estar aberto a encontrar alegria em suas experiências de vida.

Estratégias de autocuidado organizacional

No nível organizacional, os administradores e supervisores podem fazer várias coisas para ajudar a diminuir o risco de *burnout*, fadiga por compaixão e trauma secundário entre os funcionários escolares que trabalham de perto com jovens suicidas. Algumas dessas estratégias incluem (1) garantir cargas de trabalho gerenciáveis e equilibradas, (2) oferecer oportunidades de consulta adequadas para casos difíceis, (3) responder favoravelmente a pedidos de descanso e (4) fornecer tempo e oportunidades para treinamento adicional em intervenção em crises e outras formas de desenvolvimento profissional. Por fim, desenvolver a capacidade das escolas para responder com eficácia às crises, treinando mais pessoas para fazê-lo, pode ser uma estratégia útil. Conforme observado por Erbacher e colegas (2015, p. 203), "treinar mais indivíduos para responder a uma crise suicida nas escolas ajudará a distribuir a resposta entre um maior volume de pessoas, em vez de recair sempre em apenas alguns funcionários que, então, têm maior probabilidade de trauma secundário".

Comentários finais

Todos os funcionários e alunos da escola podem e devem contribuir, de alguma forma, com os esforços de prevenção do suicídio juvenil. Para a maioria dos membros da comunidade escolar, seu principal papel e responsabilidade será o de guardião. Outros funcionários, como profissionais de saúde mental e outros membros do ECPS, terão funções e responsabilidades mais importantes. Aqueles que trabalham frequentemente com jovens suicidas correm o risco de desenvolver *burnout* e outros problemas e, portanto, devem tomar medidas para gerenciar o estresse e se envolver em autocuidado eficaz. No entanto, independentemente de sua posição na escola, cada pessoa é uma parte fundamental da equipe, cujo objetivo coletivo é prevenir o suicídio juvenil. Os capítulos restantes deste livro fornecem informações sobre como tornar esse objetivo realidade.

Capítulo 4

Abordagens de saúde pública para a prevenção do suicídio juvenil

Nenhum distúrbio de massa que afete a humanidade é jamais controlado ou eliminado apenas com tentativas de tratar o indivíduo.
George W. Albee

Um grande número de pessoas em baixo risco pode originar mais casos de doença do que um pequeno número em alto risco.
Geoffrey Rose (Teorema de Rose)

Precisamos pensar de forma mais ampla e olhar para a prevenção do suicídio como uma questão de saúde pública. Quando vemos o suicídio por essas lentes, enxergamos claramente que muitos sistemas estão envolvidos na criação de mudanças – escolas, locais de trabalho, sistemas de saúde, justiça, comunidades religiosas e muito mais. Todos têm um papel a desempenhar na prevenção do suicídio.
Sally Spencer-Thomas

A crença de que o suicídio pode ser prevenido e que tanto os indivíduos quanto as organizações (como as escolas) têm um papel a desempenhar nesse processo é um fenômeno relativamente recente, que só se consolidou no século XX. O primeiro esforço organizado de prevenção do suicídio nos Estados Unidos foi ideia de Harry Marsh Warren, um ministro batista que criou a Associação Salve-Uma-Vida[37], em 1906, em resposta ao suicídio de uma jovem. De acordo com Warren, a Salve-Uma-Vida ofereceu aconselhamento e outros serviços na

---

37. No original, Save-A-Life League [N.T.].

Capítulo 4

cidade de Nova York para aproximadamente 100 pessoas por semana e durou 34 anos, até a morte do fundador, em 1940 (D. N. Miller & Gould, 2013). Embora outros esforços organizados para ajudar indivíduos suicidas tenham sido feitos após a dissolução da Associação Salve-Uma-Vida, a maioria desapareceu rapidamente. Obter o apoio necessário para tais organizações mostrou-se difícil, em grande parte porque o suicídio foi estigmatizado durante séculos e os indivíduos suicidas eram vistos primordialmente com desdém, e não com compaixão (Joiner, 2005, 2010). Inclusive, antes da década de 1950, o suicídio não era tratado e era raramente discutido nos Estados Unidos, mesmo em círculos psicológicos e psiquiátricos (Colt, 2006; Spencer-Thomas & Jahn, 2012).

Com o tempo, Warren e a Salve-Uma-Vida abriram caminho para outros esforços organizados de prevenção do suicídio, como o Samaritans, fundado por Chad Varah, em 1953 (Kerr, 2013). Embora o grupo tenha se originado na Grã-Bretanha, os samaritanos posteriormente se expandiram para outros países, incluindo os Estados Unidos, e existem até hoje. No entanto, apenas em 1958, quando Edwin S. Shneidman, Norman L. Farberow e Robert E. Litman estabeleceram o Centro de Prevenção do Suicídio de Los Angeles, o suicídio e sua prevenção começaram a receber atenção nos Estados Unidos (Spencer-Thomas & Jahn, 2012). E foi somente no fim do século XX que o tema começou a ser considerado e compreendido como um problema de saúde pública que afeta a sociedade, e não simplesmente como um problema de saúde mental que afeta indivíduos.

O suicídio como um problema de saúde pública

O ex-ministro da Saúde dos Estados Unidos, dr. David Satcher (1998, p. 325), que escreve sobre o assunto há mais de 20 anos, observou que "os problemas de saúde pública relacionados ao suicídio e às lesões causadas pelo comportamento suicida não foram tratados adequadamente neste país". Desde aquela época, houve um aumento nacional das tentativas de abordar o problema do suicídio, incluindo o juvenil. Muitas dessas iniciativas foram promovidas pelo dr. Satcher, durante seu mandato. Por exemplo, o *Chamado* à ação para prevenção do suicídio (Ministério da Saúde dos Estados Unidos, 1999), o primeiro relatório sobre suicídio do Ministério da Saúde em seus 200 anos de existência (Jamison, 1999), enfatizou que o suicídio é um problema nacional de saúde pública. O relatório pedia uma maior conscientização pública sobre o suicídio e seus fatores de risco, uma melhoria nos serviços clínicos e populacionais e um maior investimento na ciência da prevenção do suicídio.

Nesse mesmo ano, o dr. Satcher produziu o documento *Chamado à ação do ministro da Saúde para prevenção do suicídio* (Ministério da Saúde dos Estados

Unidos, 1999), que apresentou uma visão geral do importante papel dos serviços de saúde mental e abuso de substâncias na prevenção do suicídio. No fim de 2000, Satcher convocou uma conferência chamada *Saúde mental infantil: Desenvolvendo um plano de ação nacional,* na qual enfatizou a necessidade de melhorar a identificação precoce de transtornos mentais em crianças e adolescentes, bem como remover barreiras e melhorar o acesso aos serviços.

Esses e outros esforços levaram à publicação da *Estratégia nacional para prevenção do suicídio: Metas e objetivos de ação* (Serviço de Saúde Pública dos Estados Unidos, 2001)[38]. Descrita pela ex-ministra da Saúde dra. Regina Benjamin como "um marco que ajudou a lançar um esforço organizado para prevenir o suicídio em todo o país" (Ministério da Saúde dos Estados Unidos & Aliança Nacional para Ação pela Prevenção do Suicídio, 2012, p. 3), a *Estratégia nacional para prevenção do suicídio* foi notável por demonstrar visivelmente o compromisso nacional de promover uma abordagem de saúde pública para a prevenção do suicídio. Foi também a primeira tentativa do país de prevenir o suicídio envolvendo simultaneamente os setores público e privado. Em 2012, sob a liderança da dra. Benjamin e da Aliança Nacional para Ação pela Prevenção do Suicídio, foi publicada uma versão atualizada da *Estratégia nacional para a prevenção do suicídio* (o relatório está disponível gratuitamente em *hhs.gov/surgeongeneral/reports-and-publications/suicide-prevention/index.html*).

Alguns dos avanços mais significativos na prevenção do suicídio em nível nacional e internacional ocorreram no século XXI, sendo que muitos se deram apenas na última década (Reidenberg & Berman, 2017). Alguns exemplos são a publicação de importantes documentos nacionais (por exemplo, *Estratégia nacional para a prevenção do suicídio: Metas e objetivos de ação,* de 2012) e internacionais (por exemplo, *Prevenindo o suicídio: Uma urgência global*), bem como o estabelecimento e o financiamento de organizações de destaque, incluindo o Centro de Recursos de Prevenção do Suicídio, a Aliança Nacional para Ação pela Prevenção do Suicídio e a Linha Nacional de Prevenção do Suicídio[39]. Além disso, organizações nacionais antigas e sólidas continuaram a prosperar, incluindo a AAS (*www.suicidology.org*) e a Fundação Americana para Prevenção do Suicídio (Faps: *www.afsp.org*).

A maior ênfase nas abordagens de saúde pública para a prevenção do suicídio focou em crianças e adolescentes. Talvez o exemplo mais significativo tenha sido o primeiro projeto de lei para a prevenção do suicídio juvenil do país, a Lei Garrett Lee Smith (GLS), que foi sancionada em 2004. Seu objetivo era "apoiar

---

38. No original, U.S. Public Health Service [N.T.].

39. No original, National Suicide Prevention Lifeline [N.T.].

Capítulo 4

o planejamento, a implementação e a avaliação de atividades organizadas, envolvendo intervenções precoces e estratégias de prevenção do suicídio juvenil em todo o estado, além de arrecadar fundos para centros de saúde mental e comportamental e para outros fins" (Lei Garrett Lee Smith, 2004, p. 1696).

Ao aprovar essa lei histórica, o Congresso dos Estados Unidos considerou que "o suicídio juvenil é uma tragédia de saúde pública, ligada a problemas de saúde mental subjacentes, cuja intervenção precoce e atividades de prevenção do suicídio juvenil são prioridades nacionais" (Lei Garrett Lee Smith, 2004, p. 1696).

> Ao aprovar a Lei Garrett Lee Smith, o Congresso americano considerou que "o suicídio juvenil é uma tragédia de saúde pública, ligada a problemas de saúde mental subjacentes, cuja intervenção precoce e atividades de prevenção são prioridades nacionais".

O financiamento oriundo da Lei GLS levou à criação de várias iniciativas de prevenção do suicídio juvenil em todo o país. A pesquisa que avaliou as consequências da lei descobriu que os condados que implementaram atividades de treinamento tiveram taxas de suicídio significativamente mais baixas entre jovens de 10 a 24 anos em comparação com condados semelhantes que não implementaram (Walrath et al., 2015). Também foram registradas reduções nas tentativas de suicídio entre jovens de 16 a 23 anos em áreas onde os programas GLS foram implementados (Godoy Garraza et al., 2015).

Coletivamente, essas e outras ações federais, estaduais e locais levaram à crescente percepção de que o suicídio é um problema significativo de saúde pública, que requer soluções para ser evitado com mais eficácia. O restante deste

> Entender e conceituar o suicídio como um problema de saúde pública levou muitos indivíduos e grupos a concluir que um modelo de saúde pública também seria uma abordagem eficaz para preveni-lo.

capítulo discute várias abordagens de saúde pública que tiveram sucesso na redução do suicídio e apresenta a proposta de aplicar uma abordagem de saúde pública para a prevenção do suicídio juvenil nas escolas. Os capítulos subsequentes descrevem em detalhes mais específicos como essa abordagem pode ser implementada em vários níveis dentro das escolas e entre os estudantes. Antes de iniciar esse processo, no entanto, é necessário primeiro discutir brevemente a saúde pública em geral.

Saúde pública: um breve resumo

A saúde pública promove e protege a saúde de populações e comunidades inteiras (em vez de focar exclusivamente nos indivíduos) e envolve a prevenção de problemas (em vez de tratá-los apenas depois que aparecem). A saúde pública também pode ser vista como um mecanismo de promoção da justiça social (Hess et al., 2012). Por exemplo, Beauchamp (1976, p. 8) observou que "a saúde pública deve ser uma forma de fazer justiça, de afirmar o valor e a prioridade de toda a vida humana".

A questão da saúde pública ganhou notoriedade pela primeira vez no século XIX, quando médicos e funcionários do governo começaram a considerar diversas variáveis sociais e ambientais como potencialmente causadoras, contribuintes ou exacerbadoras de problemas de saúde existentes (Doll & Cummings, 2008b). Os primeiros programas de saúde pública começaram como políticas simples para limpar as comunidades, com esforços posteriores focados na intervenção médica como a conhecemos hoje, com vacinas e melhorias ambientais (Strein et al., 2003; Woodside & McClam, 1998). A partir da década de 1970, o estado de saúde das populações dos Estados Unidos, e não apenas de indivíduos, tornou-se uma prioridade nacional e levou a mudanças significativas nas políticas locais e federais (Strein et al., 2003). Desde então, muitas iniciativas de saúde pública foram implementadas com sucesso, incluindo aquelas destinadas a diminuir o tabagismo e o consumo de álcool, aumentar a prática de exercício físico, diminuir o número de mortes nas estradas e aumentar o comportamento sexual "seguro", para prevenir gravidez indesejada e doenças sexualmente transmissíveis. Mais recentemente, o distanciamento físico e o uso de máscaras durante a pandemia de Covid-19 foram intervenções de saúde pública que ajudaram a salvar inúmeras vidas.

As abordagens de saúde pública também têm sido cada vez mais aplicadas a uma ampla gama de problemas de saúde em crianças e adolescentes, incluindo questões de saúde mental, sinalizando uma mudança importante nas prioridades federais. Algumas das premissas que unem esses programas são que "(a) a saúde mental é um componente integral, central e significativo do sistema público de saúde; (b) reduzir o estigma e aumentar a identificação precoce de problemas de saúde mental são objetivos essenciais para um sistema de saúde pública sólido; e (c) fortalecer o vínculo entre pesquisa e prática proporcionará maiores benefícios para o público" (Hoagwood & Johnson, 2003, p. 3).

Nos últimos anos, surgiram várias iniciativas de saúde pública destinadas à prevenção do suicídio (Anestis, 2018; D. N. Miller, 2016). Um resumo do que sabemos atualmente sobre abordagens comunitárias para a prevenção do suicídio é apresentado na seção a seguir. Embora não sejam especificamente focadas nas escolas, essas informações são de grande valor para as instituições, porque (1) as abordagens comunitárias para o suicídio juvenil podem ser eficazes, (2) têm implicações importantes para as parcerias entre escola e comunidade na prevenção do suicídio, (3) a escola pode e deve defender essas abordagens em suas comunidades e (4) as escolas podem trabalhar com os pais para torná-los conscientes dos programas comunitários de prevenção do suicídio.

Capítulo 4

Abordagens comunitárias de saúde pública para a prevenção do suicídio

As primeiras abordagens para a prevenção do suicídio eram frequentemente baseadas na esperança de que os indivíduos que exibiam pensamentos suicidas ou outros comportamentos admitissem suas lutas para os demais e procurassem ajuda. No entanto, muitas pessoas suicidas não procuram ajuda para seus problemas, relutam em admitir ou discutir seu comportamento suicida e sofrem em silêncio (Anestis, 2018). Por exemplo, uma revisão da literatura constatou que 68% das pessoas que morreram por suicídio não foram atendidas em um centro de saúde mental ao longo dos 12 meses que antecederam suas mortes (Luoma et al., 2002). Mesmo nas situações em que os indivíduos *procuraram* um profissional de saúde mental ou médico antes de sua morte por suicídio, podem não ter revelado seus pensamentos ou comportamentos suicidas. Em ambos os casos, a lição é clara: se quisermos prevenir o suicídio (bem como os problemas de saúde mental subjacentes) de forma mais eficaz e eficiente, os tratamentos tradicionais (como consultas com um profissional de saúde ou saúde mental) por si sós não serão eficazes.

> A prevenção do suicídio é mais bem realizada quando abordagens individuais mais tradicionais são combinadas com abordagens de saúde pública que tentam prevenir o suicídio em um nível mais amplo.

Defender esse ponto de vista não significa que o tratamento individual ou em grupo de indivíduos suicidas seja desnecessário ou ineficaz. Existem abordagens terapêuticas eficazes (discutidas no capítulo 7) e profissionais de saúde mental qualificados são fundamentais para conduzir avaliações de risco de suicídio e fornecer intervenções psicoterapêuticas eficazes para indivíduos potencial ou iminentemente suicidas. Além disso, dado que os indivíduos são mais propensos a consultar regularmente seu médico de cuidados primários (clínico geral), em vez de um profissional de saúde mental, há uma necessidade clara de oferecer a eles o treinamento apropriado para rastrear e avaliar rotineiramente o possível risco de suicídio (Yamokoski & Lamoureux, 2013). No entanto, é mais provável que a prevenção do suicídio seja eficaz quando abordagens individuais (isto é, micro) são combinadas com abordagens de saúde pública (isto é, macro) (Anestis, 2018; Joiner et al., 2009; D. N. Miller, 2016).

Várias abordagens comunitárias, baseadas em um modelo de saúde pública, foram propostas, incluindo (1) meios seguros, (2) o uso de linhas diretas de crise, (3) Internet e mídia social e (4) campanhas de educação pública para fornecer informações sobre suicídio. Elas são discutidas a seguir. Um programa desenvolvido pela Força Aérea dos Estados Unidos, que demonstrou notável sucesso em sua abordagem de saúde pública para a prevenção do suicídio, também é discutido. Cada uma dessas abordagens tem implicações importantes para a prevenção do suicídio nas escolas.

Medidas de segurança

O termo "medidas de segurança" se refere a "esforços sistemáticos para garantir o uso e armazenamento seguros de ferramentas que podem ser usadas em uma tentativa de suicídio, inclusive reduzindo o acesso (normalmente temporário) a esses métodos" (Anestis, 2018, p. 68–69). É preferível dizer *medidas de segurança* do que *medidas restritivas*, pois o último é considerado menos palatável e aceitável para alguns indivíduos, principalmente proprietários de armas (I. H. Stanley et al., 2016). A lógica por trás das medidas de segurança é que (1) haveria potencialmente a diminuição do desejo de tentar o suicídio, permitindo mais tempo e oportunidade de intervenção (Berman et al., 2006), e (2) impediria que um indivíduo vulnerável morresse por suicídio, mesmo que tivesse o desejo de fazê-lo (Anestis, 2018).

Restringir o acesso aos meios de cometer suicídio reduz as taxas de mortalidade por suicídio e é recomendado como política pública de prevenção universal do suicídio pela OMS. Alguns exemplos desses meios são: armas de fogo, agrotóxicos, pesticidas, medicamentos, objetos perfurantes e grandes alturas. Os profissionais responsáveis e os familiares de pessoas em risco devem "dificultar o acesso aos meios, para que não estejam disponíveis no momento de crise" (CR-PDF, 2020, p. 25).

Um contra-argumento antigo e frequente a essa posição, no entanto, é que limitar o acesso a um meio letal de suicídio só o impediria temporariamente, pois o indivíduo simplesmente encontrará outro caminho (Stengel, 1967). De acordo com essa posição, comumente chamada de *substituição de método*, restringir o acesso a meios letais em uma área (como armas de fogo) simplesmente resultaria no aumento de outro método de suicídio (por exemplo, envenenamento por monóxido de carbono), e a taxa geral de suicídio permaneceria inalterada.

Embora muitas pessoas acreditem que a substituição do método ocorre com frequência, isso *não* costuma acontecer (Daigle, 2005). De fato, restringir o acesso a meios letais tem sido associado a reduções no número de suicídios e é uma forma importante (embora subutilizada) de prevenção (Lester, 2013). Por exemplo, durante as décadas de 1950 e 1960, o método mais comum de morte por suicídio no Reino Unido era o envenenamento por monóxido de carbono, geralmente de fornos a gás localizados dentro das residências. Nesse período, 10% a 20% do gás doméstico no Reino Unido era altamente tóxico, consistindo

Capítulo 4

em monóxido de carbono (Anestis, 2018). Em 1958, o Reino Unido introduziu gradualmente o gás natural desintoxicado em grande parte nas residências e, no início dos anos de 1970, a maior quantidade de gás natural usado no Reino Unido não era tóxica (Anestis, 2018).

Antes dessa modificação, 40% de todas as mortes por suicídio ocorreram por asfixia, devido ao envenenamento por monóxido de carbono. Após a modificação, o envenenamento por monóxido de carbono foi responsável por menos de 10% dos suicídios. A taxa de suicídio por esse método entre os homens diminuiu 80,3%, enquanto, por outros métodos, permaneceu estável. Para as mulheres, a taxa de suicídio por envenenamento por monóxido de carbono diminuiu 87,2%, com apenas um aumento mínimo nas taxas de suicídio por outros métodos. Mais impressionante foi a significativa diminuição da taxa geral de suicídio no Reino Unido, sem aumento apreciável no uso de métodos alternativos (Shaffer et al., 1988). Além disso, verificou-se a redução geral da taxa de suicídio, apesar do aumento do desemprego, uma variável importante (Joiner et al., 2009; Kreitman & Platt, 1984). Resumindo essas descobertas, Anestis (2018, p. 74) afirmou que "ao remover um método de suicídio altamente letal e frequentemente usado, através de uma abordagem de prevenção em nível populacional, o Reino Unido conseguiu salvar milhares de vidas".

Talvez o exemplo mais convincente de que não há a substituição do método de suicídio seja o local com maior incidência anual de casos nos Estados Unidos e possivelmente no mundo: a Ponte Golden Gate em San Francisco, Califórnia (Blaustein & Fleming, 2009). Houve mais de 1.700 suicídios confirmados na ponte desde sua inauguração, em 1937 (o número exato é desconhecido, embora seja provavelmente mais de 2.000), quantidade que crescia anualmente. Apesar do número de suicídios e da sugestão de construção de barreiras para evitar o suicídio já na década de 1950, foi somente em 2008 que a Golden Gate e o Conselho Diretivo de Transportes do Distrito aprovaram a construção de uma barreira, e apenas em 2014 que o financiamento foi aprovado. Outros atrasos ocorreram e a instalação inicial da barreira, na forma de rede em ambos os lados da ponte, bem como abaixo dela, só aconteceu em 2018. Quando este livro foi escrito, o Projeto do Sistema de Contenção do Suicídio Físico da Ponte Golden Gate[40] estava previsto para ser concluído em 2021. Porém, esse sistema foi instalado somente em janeiro de 2024. Segundo uma reportagem do *The San Francisco Standard*, até agosto de 2024 já se verificava uma queda em 80% no número de suicídios na Golden Gate (Kane, 2024).

---

40. No original, Golden Gate Bridge Physical Suicide Deterrent System Project [N.T.].

Nas últimas décadas, muitas pessoas se opuseram à construção de uma barreira na Ponte Golden Gate, geralmente citando custos, estética e a crença comum de que isso não impediria suicídios (Colt, 2006; Friend, 2003; D. N. Miller, 2013b). Como contra-argumento, os pesquisadores fizeram uma pergunta hipotética a uma amostragem nacional de 2.770 entrevistados, sobre o efeito que uma barreira poderia ter tido sobre o destino de mais de 1.000 pessoas que já haviam morrido por suicídio na Ponte Golden Gate até aquela época. Trinta e quatro por cento dos entrevistados indicaram acreditar que todas as pessoas teriam encontrado outro método caso houvesse uma barreira para evitar o suicídio na ponte. Outros 40% acreditavam que essa seria a atitude da maioria das pessoas (M. Miller et al., 2006).

Nem esses entrevistados nem aqueles contrários à construção de uma barreira na Ponte Golden Gate provavelmente estão cientes de um estudo publicado há mais de 40 anos. Richard Seiden (1978) examinou os registros de 515 indivíduos que foram impedidos de tentar o suicídio na Ponte Golden Gate, de 1937 a 1971. A teoria da substituição do método predizia que a maioria desses indivíduos teria morrido por suicídio em um outro dia, após terem sido impedidos de pular da ponte. No entanto, Seiden descobriu que *94% desses indivíduos não morreram por suicídio*. Muitos estudos subsequentes examinando os efeitos das barreiras em pontes no comportamento suicida encontraram resultados semelhantes (por exemplo, Beautrais, 2007; Bennewith et al., 2007; O'Carroll & Silverman, 1994; Reisch & Michel, 2005), indicando que barreiras físicas em pontes podem salvar vidas. Muitos locais que também são notórios por atraírem indivíduos potencialmente suicidas (por exemplo, o Empire State Building em Nova York, a Sydney Harbour Bridge na Austrália, o Monte Mihara no Japão) construíram barreiras e, em cada um desses locais, o suicídio foi reduzido a níveis próximos de zero (Friend, 2003). Pesquisas mais recentes também descobriram que erguer barreiras estruturais para prevenir o suicídio em locais construídos (como pontes, viadutos) ou naturalmente elevados (por exemplo, penhascos) pode reduzir efetivamente os suicídios (Pirkis et al., 2013).

Essas descobertas não significam, no entanto, que a substituição do método nunca ocorre. Alguns indivíduos usarão um método de suicídio diferente se o escolhido inicialmente não estiver disponível ou se forem impedidos de usá-lo (Caron et al., 2008; Reisch et al., 2007). Por exemplo, De Leo, Dwyer, Firman e Nellinger (2003) encontraram uma correlação entre a diminuição no suicídio por armas de fogo e o aumento no suicídio por enforcamento. Da mesma forma, outro estudo descobriu que o número de suicídios por enforcamento aumentou à medida que os suicídios por armas de fogo diminuíram após a aprovação da lei de controle de armas (Rich et al., 1990). Em geral, porém, tais casos fogem do padrão. Entre os indivíduos que fazem múltiplas tentativas de suicídio, a abordagem mais comum é manter o mesmo método das tentativas anteriores (Anestis, 2018).

Capítulo 4

Em suma, medidas de segurança é um método altamente eficaz de prevenção do suicídio, embora subutilizado. Conforme observado por Anestis (2018, p. 77), "quando você dificulta o uso dos métodos de suicídio mais letais e comuns, menos pessoas morrem". Considerando que até 90% dos que fazem uma tentativa de suicídio nunca mais fazem outra (Anestis, 2018), é altamente provável que impedir que um indivíduo morra por uma tentativa de suicídio seja realmente uma forma de salvar vidas.

Ao considerar as medidas de segurança em relação a crianças e adolescentes, a questão dos medicamentos é um exemplo marcante. Como a overdose por ingestão de drogas é um método amplamente usado de tentativa de suicídio entre adolescentes do sexo feminino, foi sugerido que restringir o acesso (a medicamentos sem receita, medicamentos prescritos, ou a uma combinação de um ou ambos com outras substâncias, como o álcool) pode ser uma estratégia útil de prevenção do suicídio. Por exemplo, as restrições na Dinamarca ao acesso a barbitúricos e ao gás doméstico com teor de monóxido de carbono foram associadas a um declínio tanto no número geral de suicídios (uma diminuição de 55%) quanto no número de suicídios por autoenvenenamento (Nordentoft et al., 2007). Além disso, após a aprovação de uma lei nacional no Reino Unido para diminuir o número de analgésicos que poderiam ser comprados, houve uma redução nos suicídios entre pessoas que usavam analgésicos e nas overdoses de drogas, sem aumentos significativos no suicídio por outros métodos (Hawton, 2002).

> Há evidências claras e convincentes de que a presença de armas na casa de um jovem, principalmente revólveres carregados e destravados, está associada a um risco significativamente maior de suicídio.

Embora as medidas de segurança que envolvem limitar as doses prescritas de medicamentos potencialmente letais possam certamente ser benéficas (Berman et al., 2006), a morte por suicídio por overdose intencional de drogas é muito menos comum do que outros métodos, como sufocamento e (principalmente) armas de fogo. De fato, as armas de fogo são, de longe, o método mais usado por indivíduos que morrem por suicídio. Consequentemente, é particularmente importante que a escola entenda as medidas de segurança no contexto de armas.

Medidas de segurança e armas

Nos Estados Unidos, ferimentos autoinfligidos por arma de fogo representam menos de 5% das tentativas, mas aproximadamente 50% das mortes por suicídio (Anestis, 2018). Em 2018, por exemplo, 24.432 pessoas morreram por suicídio por arma de fogo nos Estados Unidos, representando 50,5% dos suicídios naquele ano. O número de mortes por suicídio por arma de fogo foi quase o dobro se comparado ao segundo método mais usado naquele ano, sufocamento/enforcamento (Drapeau & McIntosh, 2020). Embora a violência armada seja reconhecida como um problema nacional significativo há vários anos, ela é normalmente discutida no contexto do assassinato de terceiros, muitas vezes em tiroteios em massa em escolas ou outras áreas. As pessoas não sabem que muito mais cidadãos americanos morrem anualmente por ferimentos autoinfligidos por arma de fogo (suicídio) do que baleadas (homicídio). A maioria das vítimas de mortes por armas de fogo nos Estados Unidos são pessoas que morreram por suicídio.

Entre os americanos, a posse de armas é algo habitual. Possuir uma arma de fogo é mais comum nos Estados Unidos do que em qualquer outro país por uma ampla margem. Por exemplo, há o dobro de armas per capita do que na Finlândia, o país com a segunda maior taxa de posse de armas, e quase três vezes mais armas do que no Iêmen, país classificado em terceiro lugar. Embora os Estados Unidos representem menos de 5% da população mundial, são responsáveis por 35 a 50% de todas as armas do mundo (Anestis, 2018). As armas são "onipresentes em nosso país, em nossas próprias casas e nas imagens e histórias que permeiam nossa mídia e literatura popular" (Anestis, 2018, p. 42).

De acordo com várias pesquisas nacionais, os proprietários de armas justificam a posse como forma de autodefesa/proteção, o que, provavelmente, é o motivo pelo qual as armas curtas (em vez dos rifles) são a forma mais comum de arma de fogo nos lares americanos. Pesquisas, no entanto, constataram que uma arma em casa tem muito mais probabilidade de resultar na morte acidental (mais comum) ou intencional (menos comum) de um membro da família do que de um intruso. Além disso, o uso de armas para autodefesa é raro e não é mais eficaz para evitar lesões do que outras medidas de proteção (Hemenway & Solnick, 2015). As armas em casa são mais usadas para intimidar os membros da família do que para impedir o crime (Azrael & Hemenway, 2000) e poucos criminosos são baleados por cidadãos cumpridores da lei (May & Hemenway, 2002). Por fim, os adolescentes são muito mais propensos a serem ameaçados por uma arma do que a usá-la em legítima defesa (Hemenway & Miller, 2004).

> O risco que as armas de fogo representam é proporcional ao acesso e à quantidade disponível. Se uma arma for usada em uma tentativa de suicídio, o desfecho será fatal em 85 a 95% das vezes.

A posse de armas nos Estados Unidos é muito mal distribuída, variando entre os estados, embora mesmo os estados com taxas de posse de armas "baixas", em relação a outros, ainda tenham muitas armas (Anestis, 2018). Os cinco estados com a maior taxa de posse de armas no momento em que este livro foi escrito são (1) Alasca, (2) Arkansas, (3) Idaho, (4) Virgínia Ocidental e (5) Wyoming.

Os cinco estados com a menor taxa de posse de armas são (1) Delaware, (2) Rhode Island, (3) Nova York, (4) Nova Jersey e (5) New Hampshire (Kalesan et al., 2016). Os estados com as taxas mais altas (que são todos os estados do sul e do oeste) geralmente têm uma taxa muito maior de suicídio do que aqueles com as taxas mais baixas de posse de armas (que, exceto pelo Delaware, são todos estados do Nordeste).

A relação entre posse de armas domésticas e suicídio também se estende a crianças e adolescentes. Knopov, Sherman, Raifman, Larson e Siegel (2019) investigaram a relação entre a posse de armas domésticas e as taxas de suicídio de jovens (de 10 a 19 anos) em nível estadual, durante um período de 10 anos (2005 a 2015), enquanto controlavam a prevalência de tentativas de suicídio de jovens e outros fatores de risco. Eles descobriram que a posse de armas domésticas estava diretamente associada à taxa geral de suicídio juvenil. Para cada aumento de 10 pontos percentuais na posse de armas domésticas, a taxa de suicídio juvenil aumentou 26,9%. Os pesquisadores concluíram que a posse de armas domésticas era o melhor indicador da taxa de suicídio juvenil em um estado.

A pesquisa demonstrou que os estados com leis que regulam o uso de armas de fogo (ou seja, períodos de espera obrigatórios para comprar, verificações universais de antecedentes, bloqueios de armas e restrições ao porte aberto) têm taxas de suicídio mais baixas do que estados com menos regulamentação (Anestis & Anestis, 2015). Análises adicionais indicaram que leis que regulam a posse de armas antes da compra (ou seja, períodos de espera, verificações de antecedentes) foram mais eficazes do que leis aplicadas após a compra (ou seja, bloqueios de armas, restrições de porte aberto) na redução do suicídio (Anestis, Anestis et al., 2017).

Esses e outros estudos (Anestis et al., 2015; Knopov et al., 2019) sugerem que a legislação estadual que limita o acesso e a exposição a armas de fogo pode ser uma estratégia de saúde pública viável e valiosa para reduzir o suicídio. Embora os defensores da Segunda Emenda da Constituição dos Estados Unidos (isto é, o direito do povo de manter e portar armas) frequentemente critiquem essa lei, a Suprema Corte decidiu que os direitos garantidos pela Segunda Emenda não são ilimitados e podem ser razoavelmente regulados, assim como qualquer outro direito (por exemplo, a Primeira Emenda garante o direito à liberdade de expressão, mas não dá às pessoas o direito de gritar falsamente "fogo" em um cinema lotado). Dados de pesquisas nacionais indicam que a maioria dos americanos apoia essa visão.

Embora o acesso a armas seja uma questão emocionalmente pesada para muitas pessoas nos Estados Unidos, a aprovação generalizada de leis mais restritivas não deve acontecer no momento, devido ao clima político atual. Apesar dos custos humanos e econômicos significativos da violência armada nos Estados Unidos (Associação Americana de Psicologia, 2013) e das descobertas de que as leis sobre armas estão associadas a taxas mais baixas de suicídio, tanto nacional (Anestis, 2018) quanto internacionalmente (Santaella-Tenorio et al., 2016), o lobby bem-sucedido da Associação Nacional de Rifles da América dificulta uma discussão abrangente e uma avaliação da violência armada e seus efeitos no Congresso (desde 1996), impedindo que o Centro de Controle e Prevenção de Doenças financie pesquisas sobre violência armada (Anestis, 2018). Em março de 2018, um novo projeto de lei indicava que o Centro de Controle e Prevenção de Doenças poderia realizar pesquisas sobre violência armada, mas nenhum financiamento federal foi alocado para isso. A Associação Nacional de Rifles da América também se opôs oficialmente aos esforços legislativos para verificações obrigatórias de antecedentes universais e períodos de espera antes da compra de armas de fogo, embora a maioria de seus membros (assim como a maioria dos americanos) apoie essas medidas.

As armas não representam apenas uma divisão política, mas também cultural. Para muitos americanos que vivem em áreas rurais ou cidades pequenas, principalmente nos estados do sul e do oeste, a caça é uma tradição popular antiga, e as armas são frequentemente transmitidas de uma geração para a outra como herança de família (Bageant, 2007). Historicamente, as tentativas legais de impor restrições à posse de armas nessas áreas não foram bem recebidas, e parece improvável que essa situação mude no futuro imediato, embora as taxas de suicídio sejam mais altas nas áreas rurais do que nas urbanas (Anestis, 2018).

Aqueles que lutam pela prevenção do suicídio devem estar atentos a essas diferenças culturais e políticas ao discutir medidas de segurança com proprietários de armas, uma vez que aliená-los reduz a probabilidade de colaboração e intervenção efetivas. Na verdade, eles podem desempenhar um papel vital na promoção das medidas de segurança como uma estratégia viável de prevenção do suicídio. Por exemplo, os adultos que possuem armas podem garantir que estejam cuidadosamente trancadas e armazenadas em segurança, para que seus filhos não tenham acesso rápido e fácil a elas. Além disso, os donos de lojas de armas estão cada vez mais envolvidos nos esforços de prevenção do suicídio em suas comunidades. O Gun Shop Project, que começou em New Hampshire, cria e distribui materiais para ajudar varejistas de armas de fogo e proprietários de campos de tiro a prevenir o suicídio entre seus clientes (Vrinotis et al., 2015). O material inclui informações sobre prevenção de suicídio e orientações sobre como evitar a venda de armas a alguém que possa estar em risco de suicídio. O Gun Shop Project é uma parceria entre a Means Matter Campaign (um grupo afiliado à Escola de Saúde Pública da Universidade de Harvard, que promove atividades

Capítulo 4

para reduzir o acesso a meios letais entre pessoas em risco de suicídio) e a New Hampshire Firearms Safety Coalition (um grupo de indivíduos e organizações dedicados a prevenir suicídios por armas de fogo no estado). Além do trabalho em New Hampshire, o Gun Shop Project se espalhou para outros dez estados, e há parcerias semelhantes em mais dez.

Considerando que os adolescentes correm maior risco de suicídio do que os pré-adolescentes, e que a maioria dos adolescentes que se suicidam usa armas de fogo, a medida de segurança tem especial relevância. Em poucas palavras, há evidências claras e convincentes de que a presença de armas na casa de um jovem – particularmente revólveres carregados e destravados – está associada a um risco significativamente maior de suicídio (Simon, 2007). Esse risco é ainda maior se as armas forem guardadas em casa de forma insegura (Brent, 2001). Um jovem com acesso a uma arma carregada tem 32 vezes mais chances de morrer por suicídio do que um jovem sem acesso (Brent et al., 1993). O risco que as armas de fogo representam é proporcional ao acesso e à quantidade disponível, e se uma arma for usada para tentar suicídio, o desfecho será fatal entre 85 e 95% das vezes (Anestis, 2018).

Iniciativas de políticas públicas que restringem o acesso a armas (especialmente revólveres) estão associadas a uma redução do suicídio por armas de fogo, bem como do suicídio em geral, especialmente entre os jovens (Leenaars, 2009). Garland e Zigler (1993) recomendaram verificações obrigatórias de antecedentes e períodos de espera antes da compra de armas como estratégias fundamentais para prevenir o suicídio de adolescentes. A *Declaração de consenso sobre suicídio juvenil por armas de fogo*, desenvolvida pela Força-Tarefa contra o Suicídio Juvenil por Armas de Fogo[41] (1998), enfatizou a importância da segurança em relação às armas, tornando-as inutilizáveis e inacessíveis aos jovens, além do treinamento e da educação na prevenção do suicídio juvenil. Resumindo, uma das estratégias mais poderosas de prevenção do suicídio juvenil – talvez *a mais* poderosa – é remover as armas do ambiente doméstico e/ou garantir que jovens vulneráveis não tenham acesso a elas.

> Iniciativas de políticas públicas que restringem o acesso a armas (principalmente revólveres) estão associadas à redução do suicídio por armas de fogo, bem como do suicídio em geral, especialmente entre os jovens. Uma das estratégias mais poderosas de prevenção do suicídio juvenil – talvez *a mais* poderosa – é remover as armas do ambiente doméstico e/ou garantir que jovens vulneráveis não tenham acesso a elas.

---

41. No original, Youth Suicide by Firearms Task Force [N.T.].

Linhas diretas de crise

As "linhas diretas" de crise, por telefone ou texto, oferecem ajuda imediata para resolver crises de natureza suicida ou potencialmente suicida por meio de intervenção ativa. Devido ao fácil acesso, as linhas diretas de crise estão em uma posição única para intervir com indivíduos em diferentes momentos de uma crise suicida, inclusive minutos ou horas antes de uma possível tentativa de suicídio (Joiner et al., 2007). Para crianças e adolescentes, "o anonimato, o conforto e a familiaridade com o telefone, além da equipe normalmente não profissional que presta esses serviços, teoricamente transformam esse meio em uma porta de entrada no sistema de ajuda, mais aceitável do que o contato direto e presencial com um profissional" (Berman et al., 2006, p. 310).

A principal linha direta de crise nos Estados Unidos é a *Linha Direta Nacional para Prevenção do Suicídio*[42] (1-800-273-TALK). Normalmente chamada de Lifeline[43], a linha direta foi lançada em 2005 e oferece apoio emocional gratuito e confidencial a pessoas em crise suicida ou sofrimento emocional, 24 horas por dia, 7 dias por semana, 365 dias por ano. A Lifeline consiste em uma rede nacional de mais de 170 centros de crise locais, que combinam cuidados e recursos personalizados com padrões e melhores práticas nacionais. Em 2020, a Comissão Federal de Comunicações (CFC)[44] adotou o 988 como o número de telefone nacional de três dígitos para todos os americanos em crise se conectarem com consultores de saúde mental e prevenção do suicídio, exigindo que os provedores de serviços telefônicos direcionassem todas as chamadas do 988 para o Lifeline até julho de 2022. Espera-se que o número 988 seja um código curto e fácil de lembrar, levando ajuda a mais americanos em crise suicida e passando a ser conhecido como o "911", prestando um serviço equivalente com acesso rápido à prevenção do suicídio e a serviços de saúde mental. Para indivíduos que desejam entrar em contato com o Lifeline, mas não querem falar por telefone, um serviço de bate-papo na *web* (conhecido como Lifeline Chat) está disponível para conectá-los com suporte *online*. Quem procura o bate-papo Lifeline pode acessá-lo por meio do *site* da Lifeline em *suicidepreventionlifeline.org*.

Vários estudos documentaram que os usuários do Lifeline, incluindo aqueles em risco iminente de suicídio, consideraram o serviço útil (Draper et al., 2015; Gould et al., 2012, 2013, 2016; Gould, Lake, Galfalvy et al., 2018). Um grande número de pessoas está claramente acessando o Lifeline para obter ajuda. Por exemplo, entre 2014 e 2017, o número de chamadas para o Lifeline dobrou e, em 2018, o Lifeline respondeu a mais de 2,2 milhões de chamadas e mais de 100 mil chats *online*.

---

42. No original, National Suicide Prevention Lifeline [N.T.].

43. Na tradução literal, Linha de Vida [N.T.].

44. No original, Federal Communications Commission (FCC) [N.T.].

Capítulo 4

Outra linha direta de crise, *Trans Lifeline* (Estados Unidos: 877-565-8860; Canadá: 877-330-6366; *www.translifeline.org*), foi fundada em 2014, logo após o Dia da Memória Trans, que aconteceu naquele ano em resposta ao grande número de suicídios na comunidade transgênero. O Trans Lifeline é o único serviço no país com funcionários transgênero, para atender especificamente esse público. Devido ao relacionamento particularmente vulnerável que as pessoas trans têm com a polícia, é o único serviço no país com uma política contra resgate ativo não consensual. Em 2018, o Trans Lifeline recebeu mais de 20 mil ligações.

As linhas diretas de crise têm muitas vantagens para os jovens. Por exemplo, estão disponíveis em momentos em que outros serviços de prevenção ou intervenção no suicídio talvez não estejam, podem ser úteis para fornecer informações sobre possíveis recursos de tratamento, oferecem um ambiente seguro e sem julgamento, no qual os jovens podem articular sentimentos complexos, e permitem que o chamador inicie e termine o contato livremente (Gould et al., 2006). As crises suicidas podem ser resolvidas após ligações para linhas diretas e, se não forem, podem ser encaminhadas para intervenções mais intensivas. Além disso, dada a onipresença de telefones celulares entre crianças e adolescentes, o acesso a linhas diretas de crise nunca foi tão fácil.

Quão eficazes são as linhas diretas de crise? Evidências indicam que as linhas diretas podem ser benéficas para pessoas suicidas (Gould et al., 2007) e não suicidas (Kalafat et al., 2007), e que os jovens usuários geralmente consideram a ajuda recebida positiva. Além disso, o aconselhamento telefônico resultou em reduções significativas no comportamento suicida e em melhorias consideráveis no estado mental do chamador durante a ligação (R. King et al., 2003).

Infelizmente, apesar do alto nível de conscientização sobre as linhas diretas entre os jovens, bem como da alta satisfação daqueles que as usam, poucos adolescentes parecem acessar as linhas diretas (Gould et al., 2006). Os adolescentes também acessam linhas diretas de emergência com menos frequência e as percebem de forma mais negativa do que outras fontes de ajuda (Vieland et al., 1991). Gould e colegas (2006) realizaram um estudo com 519 alunos do Ensino Médio e descobriram que apenas alguns deles (2,1%) relataram usar linhas diretas de crise. As razões mais comuns para não usarem estão relacionadas a sentimentos de autoconfiança e vergonha, respectivamente. Por exemplo, as dez justificativas mais frequentes para o não uso de linhas diretas entre essa amostragem foram (1) "Achei que o problema não era sério o suficiente" (35,3%); (2) "Queria resolver o problema sozinho" (33,1%); (3) "Achei que algum familiar ou amigo iria me aju-

> Evidências indicam que as linhas diretas podem ser benéficas para pessoas suicidas e não suicidas, e que os jovens usuários geralmente consideram a ajuda recebida positiva.

dar" (24,6%); (4) "Achei que provavelmente não ia adiantar" (24,0%); (5) "Achei que o problema ia melhorar sozinho" (22,8%); (6) "O problema era muito pessoal para contar a alguém" (15,1%); (7) "Não sabia para onde ligar" (13,1%); (8) "Eu estava preocupado com o que minha família poderia pensar ou dizer" (10,9%); (9) "Não teria confiado nos conselhos ou na ajuda que me dariam" (9,7%); e (10) "Tinha vergonha de ligar" (7,1%).

Talvez o mais desconcertante seja saber que as objeções ao uso de linhas diretas eram geralmente mais fortes entre os alunos que mais precisavam delas. Em primeiro lugar, as adolescentes do sexo feminino têm maior probabilidade de acessar linhas diretas do que adolescentes do sexo masculino (Mishara & Daigle, 2001). Conforme observado no capítulo 1, embora as adolescentes do sexo feminino sejam mais propensas a tentar o suicídio, os homens são muito mais propensos a morrer por suicídio. Essa descoberta pode refletir a relutância generalizada entre os homens em pedir ajuda para seus problemas (Gould et al., 2006).

Em segundo lugar, os alunos que relataram mau funcionamento ou sentimentos de desesperança se opuseram às linhas diretas mais do que aqueles que não apresentaram essas condições. Por exemplo, os jovens que relataram mau funcionamento eram mais propensos do que os demais a apresentar questões relacionadas à autossuficiência como justificativa para não usar serviços de linha direta. Essa descoberta é consistente com pesquisas anteriores que descobriram que jovens deprimidos e exibindo comportamentos suicidas são mais propensos do que seus colegas mentalmente mais saudáveis a acreditar que as pessoas devem ser capazes de lidar com seus próprios problemas sem ajuda externa (Gould et al., 2004). Alunos com comprometimento funcional também relataram ter mais vergonha de usar as linhas diretas. Os adolescentes que apresentaram sentimentos de desesperança indicaram que o não uso de linhas diretas estava mais relacionado a questões como nunca ter ouvido falar delas, não saber para onde ligar e ter problemas para acessar um telefone particular. Essas percepções também podem refletir as cognições negativas e a perda de motivação que, muitas vezes, acompanham a desesperança (Gould et al., 2006).

Objeções ao uso de linhas diretas também foram consistentemente mais fortes entre os adolescentes que consultaram um profissional de saúde mental, mesmo considerando a presença de comprometimento funcional e desesperança. Dos poucos adolescentes do estudo de Gould et al. (2006) que relataram usar linhas diretas, a maioria usou outros serviços também. Gould e colegas (2006) sugeriram que essas descobertas podem indicar que as necessidades dos adolescentes já estão sendo atendidas através desse método e que, uma vez que ingressam no sistema de saúde mental, eles podem avaliar o uso de linhas diretas como indesejado ou desnecessário.

A baixa taxa de uso da linha direta por adolescentes, particularmente por estudantes que podem estar em maior risco de comportamento suicida, é um problema sério que desafia soluções simples. Também não está claro como as linhas diretas de emergência devem ser usadas ou comercializadas para jovens. Conforme observado por Gould e colegas (2006, p. 611), "a questão permanece se o uso da linha direta deve ser promovido como uma fonte independente de alívio de curto prazo, uma entrada para acessar outros recursos de ajuda de longo prazo e/ou como um complemento para o uso de outros serviços". Também foram levantadas preocupações sobre a qualidade das avaliações de risco de suicídio conduzidas nas linhas diretas e, consequentemente, houve repetidas tentativas de estabelecer padrões entre as pessoas que utilizam esse serviço, como na Linha Direta Nacional para Prevenção do Suicídio (Joiner et al., 2007).

Também pode haver a necessidade de contato adicional entre jovens suicidas e socorristas que podem fornecer os serviços necessários por meio de linhas diretas (Berman et al., 2006). Como a maioria dos jovens que morrem por suicídio são do sexo masculino, parece essencial direcionar esse grupo para uma maior utilização das linhas diretas de crise (Shaffer et al., 1988). Se esse serviço deve ser mais facilmente acessado pelos jovens, particularmente aqueles com maior risco de comportamento suicida, é preciso oferecê-lo de modo que responda às necessidades e seja compatível com o estilo de vida do público-alvo (Gould et al., 2006).

Uma questão final sobre as linhas diretas de crise é digna de nota. Especificamente, um aluno que está passando por uma crise suicida e deseja acessar o serviço da linha direta pode não ter acesso rápido e fácil ao número de telefone para o qual ligar. Em muitos casos, esses alunos podem simplesmente ligar para o 911, pois já é um número muito familiar para a maioria das pessoas. Os respondentes às chamadas do 911 são qualificados para lidar com crises suicidas? A resposta a isso não é clara. De acordo com John Draper, diretor do projeto da Linha Direta Nacional para Prevenção do Suicídio, existem várias organizações de treinamento de atendentes do 911 nos Estados Unidos, e todas têm módulos de treinamento para operadores que respondem a chamadas suicidas. O nível de habilidades que esses oficiais possuem parece variar consideravelmente e é baseado na quantidade e qualidade do treinamento que recebem.

Tentativas estão sendo feitas para melhorar a colaboração entre *call centers* do 911, centros locais de crise e organizações nacionais dedicadas à prevenção do suicídio (por exemplo, a Linha Direta Nacional para Prevenção do Suicídio e a Departamento de Serviços para Abuso de Substâncias e Saúde Mental [DSASSM][45]). Espera-se que esse nível aprimorado de colaboração resulte em

---

45. No original, Substance Abuse and Mental Health Services Administration (Samhsa) [N.T.].

operadores do 911 capazes de responder com mais eficiência a chamadas suicidas. Além disso, a CFC aprovou o uso do número de três dígitos 988 como um número nacional de prevenção do suicídio. Existem planos para que as chamadas para o 988 sejam automaticamente direcionadas para a Linha Direta Nacional para Prevenção do Suicídio, para fornecer assistência imediata aos chamadores individuais.

No Brasil, existe a linha direta do Centro de Valorização da Vida (CVV) voltada para a prevenção do suicídio, que oferece apoio emocional às pessoas que ligam para o número 188. De acordo com relatório elaborado pela própria instituição, o atendimento do CVV é realizado por voluntários que passam por treinamentos para estarem aptos a oferecer uma escuta qualificada, empática e respeitosa. Esse atendimento tem caráter de acolhimento e não substitui psicoterapia, tratamento de saúde ou uma ajuda especializada, mas pode orientar a pessoa que entra em contato a obter esses suportes profissionais. Apenas no primeiro trimestre de 2024, o CVV recebeu 786 mil ligações via telefone 188 (CVV, 2024).

Outra linha de atendimento no Brasil é a do Núcleo de Saúde Mental (Nusam) do Serviço de Atendimento Móvel de Urgência (Samu), pelo telefone 192. Criado em 2016, o Nusam possui equipe multidisciplinar composta por psicólogos, psiquiatras, enfermeiros, assistentes sociais e condutores-socorristas e atende a demandas relacionadas a transtornos mentais, como casos de tentativa e ideação suicida. Diferentemente do CVV, que oferece apoio emocional remotamente, o Nusam do Samu vai até o local onde a solicitação foi feita e avalia a necessidade de encaminhar a pessoa em situação vulnerável a uma viatura. Lá, a equipe aborda a família ou as outras pessoas envolvidas na situação, avalia o contexto, realiza acolhimento e atendimento à pessoa em crise e, assim, decide a conduta adequada. No caso de tentativa de suicídio, por ser considerada uma emergência médica, a pessoa é conduzida até unidades de pronto-atendimento (UPA) ou prontos-socorros de hospitais públicos (Agência Brasília, 2019).

Uma publicação de setembro de 2024 da Agência Brasil traz dados de um levantamento da Abramede, Associação Brasileira de Medicina de Emergência. De acordo com a pesquisa, mais de 30 pessoas são internadas por dia no Brasil por tentativa de suicídio. Isso reforça a importância de capacitar profissionais para atender e acolher adequadamente esses pacientes em situação de vulnerabilidade emocional, desde o primeiro contato (Agência Brasil, 2024).

Não foram encontrados dados em nível nacional sobre idade, sexo e gênero das pessoas que buscam atendimento do CVV e do Samu, tampouco sobre os sentimentos e percepções das pessoas em relação a buscar esse tipo de ajuda.

Capítulo 4

A Internet, mídias sociais e outras formas de comunicação eletrônica

Um caminho possível para aumentar o acesso aos serviços de crise pelos jovens é a Internet. Assim como os telefones celulares e outros dispositivos eletrônicos de comunicação (tais quais Snapchat, Instagram, X – antigo Twiter –, Facebook), a Internet é amplamente usada por jovens de todas as idades. Descobriu-se que os adolescentes são tão propensos a acessar a Internet para obter ajuda quanto a consultar um orientador educacional ou outro profissional de saúde mental (Gould et al., 2002), indicando que a Internet e outros dispositivos eletrônicos de comunicação podem potencialmente desempenhar um papel poderoso nos esforços de prevenção do suicídio juvenil. Os jovens, que cresceram com a Internet e as mídias sociais, muitas vezes acham que o uso de mensagens de texto é mais adequado para seus estilos de vida e, portanto, podem ser mais propensos a usar esse modo de comunicação para buscar ajuda. Consequentemente, avanços recentes na tecnologia levaram algumas organizações a desenvolver intervenções de crise via X, Facebook, mensagens de texto e outros serviços *online* e de mídia social (Kerr, 2013).

Um exemplo de como mensagens de texto podem ser usadas para ajudar jovens potencialmente suicidas é a *Crisis Text Line*, linha direta de crise por mensagem de texto. Como outros serviços de intervenção em crises, oferece suporte gratuito 24 horas por dia, 7 dias por semana, 365 dias por ano para pessoas em crise, incluindo as relacionadas a comportamento suicida. De acordo com o *site* da Crisis Text Line (*www.crisistexthotline.org*), o suporte é fornecido por conselheiros de crise treinados, que processaram mais de 80 milhões de mensagens. Os indivíduos podem entrar em contato com a Crisis Text Line nos Estados Unidos e no Canadá enviando a palavra HOME para 741741. Como enviar mensagens de texto é parte da rotina da maioria das crianças e adolescentes americanos, os serviços de mensagens de texto de intervenção em crises podem desempenhar um papel potencialmente importante nos esforços de prevenção do suicídio juvenil.

Apesar de seu grande potencial para a prevenção do suicídio como uma abordagem baseada na comunidade, a Internet também apresenta problemas significativos. Por não ser regulamentada quanto ao conteúdo, muitas informações sobre suicídio são imprecisas e até prejudiciais (por exemplo, *sites* "pró-suicídio"). Mandrusiak e colegas (2006) descobriram que, embora muitos *sites* apresentem listas de possíveis sinais de alerta para o suicídio, há uma concordância relativamente fraca entre eles. No entanto, devido à popularidade da Internet entre os jovens, principalmente em comparação com as linhas diretas de emergência, é necessário explorar maneiras de usá-la para apoiar os esforços de prevenção do suicídio juvenil. As intervenções na Internet e nas mídias sociais têm claramente o potencial de atingir e afetar um número sem precedentes de jovens e provavelmente receberão ainda mais atenção no futuro (D. N. Miller & Mazza, 2017).

Educação pública sobre suicídio

Como mencionado anteriormente, muitas pessoas que morrem por suicídio nos Estados Unidos a cada ano nunca chegam a ser atendidas em um ambiente de saúde mental. No entanto, a maioria das vítimas de suicídio contatou outras pessoas antes e até a data da morte. As pessoas com quem entraram em contato poderiam ter sido importantes "guardiões" da comunidade na prevenção da ocorrência de um suicídio se estivessem cientes de alguns fatos básicos sobre o suicídio, incluindo sinais de alerta e como ajudar a pessoa a obter a ajuda necessária (Joiner et al., 2009). Para ajudar de forma efetiva, no entanto, é essencial a ampla divulgação de informações precisas e úteis sobre o suicídio, indicando também o que as pessoas podem fazer a respeito.

A educação pública sobre problemas de saúde pública, na forma de campanhas de mídia de massa, tem sido mais eficaz em algumas áreas (por exemplo, o uso de contraceptivos) do que em outras (como o uso de capacetes na bicicleta) (Joiner et al., 2009). A educação pública sobre o suicídio e as campanhas voltadas para a população em geral são avanços relativamente recentes, e há poucos dados disponíveis avaliando sua eficácia. Alguns estudos começaram a examinar essa questão e demonstraram resultados positivos. Por exemplo, a taxa de suicídio em áreas rurais no Japão foi reduzida em 50% após a implementação de uma intervenção comunitária enfatizando a conscientização pública sobre o problema do suicídio, apresentando iniciativas de promoção da saúde, programas destinados a encorajar um senso de propósito entre os idosos (idosos de meia-idade e idosos foram o foco principal dos esforços de intervenção) e incentivando a criação de uma rede comunitária (Motohashi et al., 2007).

Um aspecto importante da educação pública sobre suicídio é melhorar o *letramento em saúde mental* (Goldney & Fisher, 2008; Rodger et al., 2018; Whitley et al., 2018). Esse termo se refere ao conhecimento e crenças que os indivíduos têm sobre problemas de saúde mental e como podem ajudar a reconhecer, gerenciar e prevenir esses problemas (Jorm et al., 1997). Nas escolas, é fundamental promover um amplo entendimento sobre saúde mental com foco nos alunos, administradores e professores (Rodger et al., 2018; Whitley et al., 2018). Por ser também um determinante no comportamento de busca de ajuda, presume-se que a compreensão sobre saúde mental seja um componente importante dos programas comunitários de prevenção do suicídio (Joiner et al., 2009). Goldney e Fisher (2008) examinaram os efeitos do fornecimento de informações sobre saúde mental para três grupos: (1) indivíduos diagnosticados com depressão profunda e que apresentavam ideação suicida, (2) indivíduos diagnosticados com depressão profunda, mas que não apresentavam ideação suicida e (3) indivíduos que não eram nem deprimidos nem exibiam ideação suicida. Os resultados indicaram que a intervenção produziu uma

Capítulo 4

melhora significativa na compreensão sobre saúde mental de todos os três grupos, embora tenha havido menos mudança entre aqueles que mais precisavam (ou seja, indivíduos com depressão profunda e ideação suicida). Houve também menos mudanças na procura de tratamento adequado neste grupo.

As descobertas desse estudo são consistentes com outras pesquisas que demonstram que os indivíduos suicidas geralmente carecem de habilidades eficazes de resolução de problemas e tomada de decisão, indicando que há limites para o alcance dos programas comunitários de educação para reduzir o suicídio. Resultados semelhantes foram encontrados ao examinar os efeitos dos programas curriculares escolares que fornecem informações aos alunos. Essa conclusão não é surpreendente, dado o que sabemos sobre o suicídio e os modelos de saúde pública. Isto é, sabemos que as intervenções universais (discutidas no capítulo 5) podem ser úteis, mas que sozinhas, muitas vezes, não são adequadas para atender às necessidades de indivíduos com risco de comportamento suicida (discutido nos capítulos 6 e 7).

O modelo de prevenção do suicídio da Força Aérea americana

Em resposta a um aumento alarmante nas taxas de suicídio entre os membros da Força Aérea dos Estados Unidos, em meados da década de 1990, os comandantes se engajaram em esforços proativos para caracterizar a prevenção do suicídio como uma responsabilidade de toda a comunidade, e não como um problema individual, como era visto anteriormente. Os principais componentes do programa de prevenção do suicídio incluíam (1) compromisso contínuo dos líderes da Força Aérea, (2) comunicação consistente e frequente sobre o tema da prevenção do suicídio com os membros da Força Aérea, (3) desestigmatização da procura de ajuda para problemas de saúde mental, (4) melhor colaboração entre as agências de prevenção dentro da comunidade da Força Aérea e (5) identificação e treinamento de guardiões "cotidianos".

Uma redução significativa e sustentada nas taxas de suicídio entre os membros da Força Aérea foi observada após a disseminação desse programa de prevenção de suicídio em toda a comunidade (Knox et al., 2004). Knox e colegas (2004, p. 42) observaram que "o programa de prevenção da Força Aérea serve potencialmente como a primeira demonstração da relevância do Teorema de Rose para a prevenção do suicídio: melhorar a saúde mental geral da comunidade pode reduzir os eventos de suicídio de forma mais eficaz do que esforços extensivos para identificar o indivíduo eminentemente suicida". O programa de prevenção do suicídio da Força Aérea apresenta um modelo útil de como uma abordagem de saúde pública pode ser efetivamente aplicada para prevenir o suicídio. Além disso, cada um dos componentes essenciais do programa da Força Aérea pode ser aplicado nas escolas.

Saúde mental como um componente da saúde pública

Nas últimas décadas, tem havido muitas iniciativas nacionais (como as mencionadas no início deste capítulo) para expandir o modelo de saúde pública, levando-o a focar não apenas na prevenção, mas também na promoção da saúde, especialmente da saúde mental e particularmente entre crianças e adolescentes (Furlong et al., 2014; D. N. Miller et al., 2008; Power, 2003; Suldo, 2016). A saúde mental é cada vez mais vista como um aspecto importante da saúde pública. Por exemplo, em contraste com a antiga dicotomia entre saúde mental e doença, o pensamento atual considera saúde mental, problemas de saúde mental e doença ou transtornos mentais como pontos ao longo de um *continuum* (Nastasi et al., 2004; Suldo, 2016).

Definir o termo *saúde mental* é mais complicado do que apenas dizer que se trata da ausência de problemas ou distúrbios de saúde mental. Por exemplo, os pesquisadores identificaram um subgrupo de crianças em idade escolar que relatam baixo sofrimento psicológico, mas também baixo bem-estar subjetivo – descoberta que sugere que a ausência de sintomas psicopatológicos não é necessariamente um indicador de saúde mental ideal (Greenspoon & Saklofske, 2001; Suldo & Shaffer, 2008). O modelo de duplo fator de saúde mental (Suldo et al., 2016) postula que o nível de psicopatologia (baixo ou alto) deve ser considerado em combinação com o nível de bem-estar subjetivo (baixo ou alto). Estudos descobriram que a maioria dos jovens com sintomas mínimos de psicopatologia também tem níveis médios a altos de bem-estar subjetivo ("saúde mental completa"). Por outro lado, muitas crianças e adolescentes com psicopatologia elevada experimentam níveis diminuídos de bem-estar subjetivo ("problemáticos"). No entanto, existem também grupos de alunos que apresentam psicopatologia elevada e níveis elevados de bem-estar subjetivo ("sintomáticos, mas felizes"), e grupos de alunos que apresentam psicopatologia mínima e baixo bem-estar subjetivo ("vulneráveis").

Em contraste com o "modelo médico" tradicional, que se concentra amplamente em distúrbios que residem dentro de um indivíduo e se preocupa principalmente com questões relacionadas ao diagnóstico e tratamento, os modelos de saúde pública se concentram mais amplamente na "saúde mental da população em geral, promoção da saúde mental e prevenção de doenças, além do fortalecimento de vínculos pessoa-ambiente, acesso a serviços e avaliação de serviços" (Nastasi et al., 2004, p. 4–5). Consequentemente, uma perspectiva de saúde pública aplicada a questões de saúde mental (que normalmente estão subjacentes ao comportamento suicida dos alunos) implica (1) uma oferta abrangente de serviços, caracterizada por um *continuum* desde a prevenção até o tratamento; (2) um

Capítulo 4

modelo ecológico que considera fatores ambientais culturais, sociais e físicos; (3) prestação de serviços de fácil acesso à população em geral, como por meio das escolas; (4) uma abordagem prática baseada em evidências que inclui coleta de dados e avaliação contínua; e (5) métodos de vigilância das necessidades de saúde mental (Nastasi et al., 2004).

Aplicando a abordagem de saúde pública às escolas

Uma abordagem de saúde pública para prevenção e intervenção nas escolas está, cada vez mais, sendo vista como uma prática educacional importante e recomendada (Doll & Cummings, 2008b, 2008a; Forman & Oliveira, 2018; Strein et al., 2003). O impacto das iniciativas federais lançadas para abordar o suicídio, bem como as questões de saúde mental em geral, talvez tenham sido mais fortes nas escolas, dadas as repetidas constatações de que a saúde mental é fundamental para o sucesso acadêmico (Hoagwood & Johnson, 2003) e que os dois estão recíproca e integralmente relacionados (Adelman & Taylor, 2006; Doll & Cummings, 2008b). Além disso, a *qualidade* das experiências escolares tem implicações importantes para o desenvolvimento positivo dos alunos durante a juventude (Furlong et al., 2014). Por exemplo, estudos longitudinais descobriram que os alunos que relatam experiências escolares mais positivas também apresentam níveis mais elevados de saúde mental e física quando jovens adultos (A. J. Reynolds & Ou, 2010; Wickrama & Vazsonyi, 2011).

> Uma abordagem de saúde pública para prevenção e intervenção nas escolas está, cada vez mais, sendo vista como uma prática educacional importante e recomendada.

Aspectos específicos da abordagem de saúde pública que têm relevância para as escolas incluem (1) aplicação de evidências baseadas em pesquisas científicas para a prestação de serviços educacionais e psicológicos; (2) aumento e fortalecimento do comportamento positivo, além de foco na redução de comportamentos problemáticos; (3) ênfase nos esforços de colaboração escola-comunidade e melhor vínculo com os serviços nesses sistemas; e (4) uso de estratégias de pesquisa apropriadas para melhorar a base de conhecimento e avaliar de forma mais eficaz os serviços nas escolas (Strein et al., 2003). Os modelos de saúde pública também podem ser úteis para *melhorar a capacitação* nas escolas por meio da identificação, seleção e implementação de programas de prevenção apropriados e estratégias de intervenção para atender às diversas necessidades dos alunos (Merrell & Buchanan, 2006). A capacitação se refere ao processo pelo qual as organizações e os indivíduos obtêm, retêm e melhoram as habilidades, conhecimentos e recursos de que precisam para realizar seus trabalhos com competência e maior qualidade. Para aumentar a qualidade de forma eficaz, é fundamental treinar o maior número possível de pessoas.

Um modelo de saúde pública tem três características centrais, interdependentes e integralmente relacionadas. Em primeiro lugar, concentra-se principalmente nas populações e, depois, nos indivíduos, e considera todo o espectro de intervenções necessárias para abordar os diversos níveis de risco em uma determinada população. Em segundo lugar, concentra-se principalmente na prevenção de problemas, em vez de tratá-los, embora ambas as ações sejam importantes. Terceiro, além de focar na redução de problemas, também enfatiza a promoção de competências, boa saúde (que pode incluir saúde mental, física ou ambas) e bem-estar (Doll & Cummings,

> A saúde mental é fundamental para o sucesso acadêmico, e os dois estão recíproca e integralmente relacionados.

2008a; Domitrovich et al., 2010). Uma característica adicional da maioria das abordagens de saúde pública é que os programas e intervenções de prevenção empregados devem ser baseados em evidências, o que significa que as intervenções foram submetidas a uma avaliação rigorosa por meio de pesquisas científicas para determinar sua eficácia. Essas características de uma abordagem de saúde pública são agora descritas com mais detalhes, principalmente no que se refere às escolas.

Abordagens populacionais de saúde mental

Uma marca registrada da abordagem de saúde pública é sua ênfase em serviços para a população. Doll e Cummings (2008a, p. 3) fornecem a seguinte descrição dos serviços de saúde mental populacional nas escolas:

> Os serviços de saúde mental para a população se referem a serviços que foram cuidadosamente projetados para atender às necessidades de saúde mental de todos os alunos matriculados em uma escola. Sua premissa é que o bem-estar psicológico é uma pré-condição para o sucesso dos estudantes na escola e que, como os professores são responsáveis por ensinar todas as crianças a ler, os provedores de saúde mental escolar são responsáveis por garantir que todos os alunos tenham a competência psicológica necessária para aprender.

Os serviços de saúde mental baseados na população têm, de preferência, pelo menos quatro objetivos: (1) promover o bem-estar psicológico e a competência de desenvolvimento de todos os alunos; (2) oferecer ambientes de apoio que possam motivar e encorajar os alunos, permitindo-lhes superar pequenos desafios e fatores de risco; (3) fornecer apoios protetores aos alunos com maior risco de problemas; e (4) remediar problemas emocionais, comportamentais e sociais para que os alunos possam desenvolver competência (Doll & Cummings, 2008a).

Capítulo 4

Prevenção

Do ponto de vista da saúde pública, prevenir problemas antes que eles comecem é um método mais eficaz e eficiente do que tentar tratá-los depois que já ocorreram. Satcher (1998) fornece um excelente exemplo de uma abordagem de saúde pública para a prevenção ao descrever um grande surto de cólera que ocorreu na Inglaterra em 1854. Muitas pessoas estavam morrendo por causa da epidemia, e médicos e outros profissionais de saúde em toda a Inglaterra estavam sobrecarregados com o número de pacientes que precisavam ser atendidos e tratados. Um médico, depois de conversar com centenas de pacientes sobre o que comeram nos últimos dias e a fonte da água que beberam, descobriu que todos eles tinham uma coisa em comum: tiravam água da mesma bomba. Ao sair do hospital para ir em busca da bomba (irritando muitos funcionários do hospital no processo), ele descobriu que uma linha de esgoto estava contaminando a água. Prontamente, removeu a alça da bomba d'água, evitando, assim, que qualquer outra pessoa bebesse dela. Logo depois, a epidemia de cólera terminou. Nenhum indivíduo foi efetivamente "tratado" durante o surto; em vez disso, quaisquer outros problemas foram simplesmente impedidos de ocorrer.

Embora esse exemplo envolva uma questão médica, as abordagens de saúde pública podem incluir um conjunto muito mais amplo de problemas. Por exemplo, uma ampla variedade de programas de prevenção está se tornando cada vez mais popular nas escolas. Muitos deles demonstraram eficácia na redução ou prevenção de uma variedade de problemas acadêmicos, sociais, emocionais e comportamentais (Durlak, 2009). Os programas mais eficazes abordam tanto os fatores de risco quanto os de proteção para crianças e adolescentes. Eles tentam compensar os fatores que colocam os jovens em risco de desenvolver problemas, mas também procuram promover os pontos fortes e as competências individuais dos estudantes, focando em seus fatores de proteção (Doll & Cummings, 2008b; Durlak, 2009). Programas eficazes de prevenção e promoção de competências (1) são orientados pela teoria; (2) são baseados em evidências; (3) enfatizam a mudança, bem como a promoção de competências pessoais e sociais; (4) usam estratégias eficazes para mudar comportamentos e competências; (5) reconhecem a importância de múltiplas influências ambientais; (6) promovem conexões com adultos e colegas pró-sociais; (7) permitem abordagens flexíveis em sintonia com as necessidades, preferências e valores da população e ambiente; (8) são implementados de forma adequada e eficaz; e (9) são avaliados e modificados conforme necessário com base nos dados (Bond & Carmola Hauf, 2004; Durlak, 2009; Nation et al., 2003).

Os fatores que colocam os jovens em risco de uma série de problemas de saúde mental geralmente incluem problemas de comportamento precoce, fracasso acadêmico precoce, rejeição de colegas, associação com colegas desviantes, desorganização do entorno onde vive e privação econômica. Os fatores de proteção incluem competências pessoais e sociais (por exemplo, autocontrole, habilidades de resolução de conflitos, habilidades de recusa de drogas, habilidades de resolução de problemas), bem como a conexão com a escola. Escolas que são caracterizadas por um *campus* seguro e organizado, funcionários atenciosos e solidários, altas expectativas acadêmicas, um currículo desafiador no qual os alunos são ensinados em níveis de instrução apropriados, envolvimento dos pais na vida escolar de seus filhos e fortes parcerias escola-família contribuem para o desenvolvimento positivo de crianças e adolescentes (Durlak, 2009; Kern et al., 2016).

Promoção da saúde

A promoção da saúde é caracterizada por uma ênfase no bem-estar e no incentivo a resultados positivos de saúde em vez da prevenção de distúrbios ou doenças (Stormont et al., 2010; Suldo, 2016). A promoção da saúde pode incluir saúde física (por exemplo, nutrição, dieta e exercício), mental (como desenvolvimento de níveis mais altos de esperança e otimismo) ou uma combinação das duas (D. N. Miller et al., 2008). Um aspecto importante da promoção da saúde mental nas escolas é o desenvolvimento emergente da psicologia positiva, o estudo científico das forças e virtudes humanas (Seligman & Csikszentmihalyi, 2000; Snyder & Lopez, 2007). A psicologia positiva enfatiza que o bem-estar é mais do que simplesmente o tratamento e a remoção de doenças ou distúrbios e defende a mudança de uma preocupação em abordar os déficits para a promoção da saúde mental, bem-estar e felicidade (D. N. Miller et al., 2014; Suldo, 2016). Os livros de Furlong et al. (2014) e Suldo (2016) são excelentes recursos para saber mais sobre a promoção da saúde mental dos estudantes por meio da aplicação da psicologia positiva nas escolas.

Práticas baseadas em evidências

Recentemente, houve uma forte ênfase na importância das práticas baseadas em evidências nas escolas (Grapin & Kranzler, 2018; Stoiber & DeSmet, 2010), o que se refere essencialmente a programas de intervenção e prevenção que demonstraram resultados eficazes sustentados por pesquisas. Infelizmente, conforme mencionado no capítulo 1, muitas escolas foram historicamente e, em muitos casos, continuam a ser, instituições nas quais intervenções e programas de prevenção são frequentemente adotados, apesar de pouca ou nenhuma evidência de sua eficácia ou tentativas de avaliá-los. Muitos profissionais nas escolas não sabem ao certo quais intervenções são eficazes para resolver problemas específicos, muito menos como implementá-las ou avaliá-las efetivamente. Existe uma lacuna infeliz entre o que sabemos que deve ser feito e o que fazemos nas escolas, particularmente no que diz respeito às questões de saúde mental dos estudantes (Jensen, 2002a).

Capítulo 4

A escola deve estar ciente das práticas baseadas em evidências em seus respectivos campos. Por exemplo, profissionais escolares de saúde mental (como psicólogos escolares, orientadores educacionais e assistentes sociais escolares) devem estar cientes dos programas e intervenções de prevenção que têm uma base de evidências para prevenir ou tratar efetivamente uma variedade de distúrbios e problemas psicológicos e de saúde mental, incluindo aqueles que, muitas vezes, estão subjacentes ao comportamento suicida. Possuir o conhecimento do que cientificamente demonstrou ser mais eficaz na resolução de problemas, porém, é condição necessária, mas não suficiente, para que ocorram mudanças reais nas escolas. Esse conhecimento é apenas um primeiro passo e precisa estar vinculado a uma mudança comportamental real e eficaz por meio da implementação de programas escolares. Como observou Witmer (1996, p. 249), geralmente considerado o fundador da psicologia escolar e clínica, "o teste final do que se chama ciência é sua aplicabilidade".

Sistema de apoio em múltiplos níveis em escolas

Uma abordagem de saúde pública para prevenção e intervenção aplicada às escolas talvez possa ser mais bem ilustrada pelo que é cada vez mais descrito como sistemas de apoio em múltiplos níveis, ou Samn (McIntosh & Goodman, 2016). Definido de forma ampla, Samn se refere a "estruturas abrangentes de prestação de serviços, que fornecem um *continuum* de serviços de prevenção e intervenção para atender às necessidades de todos os estudantes" (Forman & Oliveira, 2018, p. 116). Este modelo de três níveis (Shinn & Walker, 2010; Walker et al., 1996) tem sido, muitas vezes, representado visualmente pelo uso de um triângulo, com três níveis sobrepostos que "representam coletivamente um *continuum* de intervenções que aumentam em intensidade (isto é, esforço, individualização e especialização) com base na capacidade de resposta correspondente" dos estudantes (Sugai, 2007, p. 114).

Um modelo de saúde pública potencialmente eficaz costuma ser representado visualmente pelo uso de um triângulo, com três níveis sobrepostos que representam coletivamente um *continuum* de intervenções que aumentam em intensidade (isto é, esforço, individualização e especialização) com base na capacidade de resposta correspondente dos estudantes.

O primeiro nível, representado como a base do triângulo, é chamado de nível *universal*, porque todos os alunos de uma população (por exemplo, todos os alunos de uma escola, de uma série ou de uma sala de aula) recebem um conjunto universal de intervenções, destinadas a prevenir problemas emocionais, comportamentais e/ou acadêmicos. O segundo nível do triângulo, do meio, caracterizado como o nível *selecionado*, consiste em intervenções mais intensivas para estudantes que podem estar em risco de desenvolver problemas ou que não respondem adequadamente às estratégias universais. O terceiro e último nível do triângulo, o superior, conhecido como nível *terciário*, é caracterizado por intervenções altamente individualizadas e especializadas para os alunos que apresentam problemas claros e que não responderam adequadamente aos níveis universal e selecionado de prevenção e intervenção (McIntosh & Goodman, 2016; Shinn & Walker, 2010).

Um mal-entendido frequente relacionado ao modelo Samn é que cada nível representa "um sistema separado, para que os estudantes recebam apoio de nível 1, 2 ou 3. Na verdade, em vez disso, cada nível de apoio é *sobreposto* ao anterior, para que os alunos recebam apoio adicional, sem substituir ou suplantar o nível que o precede" (McIntosh & Goodman, 2016, p. 15). Mais especificamente, isso significa que todos os alunos de uma população receberão serviços de nível 1, um subconjunto desses alunos receberá serviços de nível 1 e 2 e um subconjunto destes receberá serviços de nível 1, 2 e 3.

A lógica de prevenção original que levou ao modelo Samn que acabamos de descrever foi desenvolvida no final da década de 1950 como uma resposta sistemática à prevenção de doenças crônicas. Mais tarde, durante as décadas de 1980 e 1990, foi refinada e aplicada a outras disciplinas, incluindo a saúde mental (Sugai, 2007). Mais recentemente, a lógica de prevenção de um *continuum* de intervenções para atender às necessidades individuais dos estudantes se concentrou na prevenção de problemas acadêmicos e comportamentais nas escolas, exemplificado como resposta à intervenção (RAI)[46] e intervenções e apoios comportamentais positivos (IACP)[47]. Para que o Samn seja mais eficaz, a intensidade da intervenção deve ser compatível com a intensidade do problema, e a eficácia das intervenções individualizadas de nível terciário depende diretamente da eficácia das estratégias de nível universal (McIntosh & Goodman, 2016; Sugai, 2007).

Os defensores dessa linha demonstraram como ela pode ser útil na abordagem de uma variedade de problemas enfrentados pelas escolas, incluindo a prevenção e o tratamento de problemas acadêmicos (Martinez & Nellis, 2008), comportamento disruptivo e antissocial (Sugai & Horner, 2009), tiroteios em escolas (D. N. Miller & Sawka-Miller, 2015), problemas sociais e emocionais (Merrell et al., 2008), abuso de substâncias (Burrow-Sanchez & Hawken, 2007), depressão (Mazza & Reynolds, 2008) e automutilação não suicida (D. N. Miller & Brock, 2010). A abordagem do Samn para a prevenção do suicídio escolar (Mazza & Reynolds, 2008; D. N. Miller et al., 2009; D. N. Miller & Mazza, 2018) também foi objeto de interesse renovado nos últimos anos e será enfatizada nos capítulos restantes deste livro.

---

46. No original, *response to intervention* (RTI) [N.T.].

47. No original, *positive behavioral interventions and supports* (PBIS) [N.T.].

Capítulo 4

Saúde mental, saúde pública, políticas públicas e as escolas

Algumas pessoas se opõem ao uso de recursos escolares para as necessidades de saúde mental dos estudantes por vários motivos. Por exemplo, alguns questionaram a capacidade da escola de identificar de forma precisa e adequada crianças e adolescentes com problemas de saúde mental, enquanto outros levantaram preocupações sobre os recursos limitados disponíveis na maioria das escolas para lidar com esses quadros (C. M. Nelson et al., 2009). No entanto, deixar de identificar os alunos que precisam de avaliação e tratamento de saúde mental cria um problema, no qual as necessidades daqueles com questões de saúde mental podem ser facilmente desvalorizadas, com implicações potencialmente significativas e negativas para os estudantes que não recebem serviços de apoio (Jensen, 2002b).

A incapacidade de entender os problemas de saúde mental das crianças e sua difusão pode levar os formuladores de políticas a defender ainda menos serviços de saúde mental para crianças e adolescentes. Por exemplo, em um documento altamente influente abordando a reforma educacional, Horn e Tynan (2001) recomendaram que os alunos identificados como tendo problemas emocionais ou comportamentais deveriam ser atendidos através do sistema de justiça juvenil em vez das escolas públicas, apesar das constatações de que tal sistema é frequentemente punitivo e não voltado para o fornecimento de serviços úteis e eficazes de saúde mental. Conforme observado por Nelson e colegas (2009, p. 477), "os perigos associados à aceitação de uma posição política tão malconcebida são imensos, tanto para os jovens e famílias que precisam de apoio quanto para a sociedade como um todo". Além disso, nossa incapacidade de aceitar a necessidade de serviços de saúde mental em nossas escolas tem implicações que vão além dos próprios alunos (Knitzer et al., 1991). Por exemplo, os sistemas criados por meio de um esforço coordenado de saúde mental nas escolas também devem fornecer mais apoio aos professores e outros profissionais escolares que atendem alunos (C. M. Nelson et al., 2009).

> Conceituar o que é oferecido para alunos nas escolas em termos de prevenção e intervenção universal, selecionada e terciária está trazendo a pesquisa e a prática para um alinhamento mais próximo com um modelo de saúde pública abrangente e potencialmente mais eficaz.

Do ponto de vista da saúde pública, a prestação de serviços de saúde mental nas escolas faz sentido porque crianças e adolescentes passam grande parte do tempo em ambiente escolar. Sempre haverá críticos que sugerem que os serviços de educação geral e especial para crianças e adolescentes nas escolas são diferentes dos serviços de saúde mental. No entanto, conceituar o que é oferecido para alunos nas escolas em termos de prevenção e intervenção universal, selecionada e terciária está trazendo "a pesquisa e a prática para um alinhamento mais próximo com um modelo de saúde pública abrangente e potencialmente mais eficaz" (C. M. Nelson et al., 2009, p. 478).

Comentários finais

Cada vez mais, o suicídio é visto como um problema significativo de saúde pública. Iniciativas do governo federal a partir da década de 1990 levaram a um maior foco no suicídio e sua prevenção, tanto nas comunidades quanto nas escolas. Várias abordagens de saúde pública baseadas na comunidade para a prevenção do suicídio foram sugeridas, como medidas de segurança, serviços de linha direta de crise, Internet e outras formas de mídia social e comunicação eletrônica, educação pública e a resposta da Força Aérea dos Estados Unidos ao suicídio entre seus membros. Cada uma dessas abordagens demonstrou potencial e algum nível de sucesso. Abordagens de saúde pública para os problemas de crianças e adolescentes nas escolas também têm sido um tópico de crescente interesse, particularmente o modelo do Samn.

Os quatro primeiros capítulos deste livro apresentaram um contexto para o problema do suicídio juvenil e uma justificativa para o envolvimento das escolas nos esforços de prevenção. Também discutiram os papéis e responsabilidades da equipe escolar na prevenção do suicídio juvenil e por que uma abordagem de saúde pública a esse problema é uma resposta razoável e sensata. Os capítulos restantes focam nas estratégias específicas e práticas de prevenção, avaliação e intervenção que as escolas podem implementar para prevenir com mais eficácia o comportamento suicida juvenil. Esse processo começa com o capítulo 5, que examina os programas de prevenção universal para todos os alunos.

Capítulo 5

Programas escolares de prevenção do suicídio para todos os alunos (nível 1)

Os programas de prevenção do suicídio escolar tentam, em geral, atingir o maior número de adolescentes, esperando detectar o menor número de estudantes em risco e, então, identificá-los e encaminhá-los para intervenção (avaliação e possível tratamento) antes que se tornem gravemente suicidas.
Alan L. Berman

A promoção da saúde mental para todos os americanos exigirá conhecimento científico, mas, ainda mais importante, uma determinação social de que faremos o investimento necessário. O investimento não exige orçamentos maciços; ao contrário, requer a disposição de cada um de nós de educar a nós mesmos e aos outros sobre saúde mental e doença mental e, assim, confrontar as atitudes, o medo e os mal-entendidos que permanecem como barreiras diante de nós.
David Satcher

Um grama de prevenção vale um quilo de cura.
Benjamin Franklin

Uma abordagem escolar abrangente para a prevenção do suicídio é mais bem oferecida dentro de um modelo de saúde pública usando uma estrutura de Samn, que, geralmente, consiste em três níveis distintos, mas sobrepostos, fornecendo de forma eficaz e eficiente um *continuum* de serviços projetados para atender às necessidades de todos os alunos (Forman & Oliveira, 2018). Isso inclui o nível 1 (ou seja, todos os alunos de uma população, como todos os alunos de uma série

Capítulo 5

ou escola), nível 2 (isto é, alunos em risco de desenvolver problemas) e nível 3 (alunos apresentando problemas atualmente). Os programas universais (nível 1) de prevenção do suicídio são o assunto deste capítulo. As informações para vincular a avaliação à intervenção nos níveis 2 ou 3, bem como intervenções para alunos nível 2 e 3, são discutidas nos capítulos 6 e 7, respectivamente.

Programas escolares universais de prevenção do suicídio (nível 1) alcançam todos os alunos em uma população, independentemente de seu nível de risco. Quando aplicados a questões de saúde mental, como comportamento suicida, os programas universais são frequentemente considerados abordagens "amplas", pois tentam reduzir os fatores de risco e promover fatores de proteção, desviar uma possível trajetória em direção a um potencial comportamento suicida e focar principalmente na prevenção e promoção da saúde mental em vez do tratamento ou gestão do comportamento suicida (Wyman, 2014). Uma hipótese essencial por trás dos programas universais de prevenção do suicídio nas escolas é que as condições que contribuem para o risco de suicídio na juventude, muitas vezes, não são reconhecidas e tratadas, e que educar os alunos e guardiões resultará em uma melhor identificação dos jovens em risco e em um aumento na procura de ajuda e encaminhamento para tratamento (Hendin et al., 2005). Os programas universais de prevenção do suicídio parecem ser a abordagem mais amplamente utilizada nas escolas (D. N. Miller et al., 2009; D. N. Miller, 2012a; Robinson et al., 2013) e devem ser considerados um aspecto crítico e essencial dos esforços abrangentes de prevenção do suicídio nas escolas.

As abordagens universais são projetadas para atingir o maior número possível de alunos e funcionários, tentando identificar e detectar a quantidade muito menor daqueles que podem estar em risco de suicídio (Berman, 2009). O objetivo principal dos programas universais de prevenção do suicídio é fornecer informações úteis, relevantes e práticas tanto para os alunos quanto para os funcionários da escola sobre o suicídio e sobre como a escola está tentando prevenir e responder a esse problema. Profissionais escolares de saúde mental (por exemplo, psicólogos escolares, orientadores educacionais, assistentes sociais escolares) são normalmente os mais adequados para conduzir essas sessões informativas.

> As abordagens universais tentam atingir o maior número possível de alunos e funcionários, tentando identificar e detectar a quantidade muito menor daqueles que podem estar em risco de suicídio.

Conforme discutido no capítulo 2, historicamente, muitos programas universais de prevenção do suicídio tinham curta duração, e era comum promoverem um modelo de "estresse" de prevenção do suicídio (ou seja, sugerindo aos alunos que o comportamento suicida podia ser resultado de níveis extremos de estresse). Com isso, não era possível avaliar os efeitos dos programas em formas mais graves de comportamento suicida, como tentativas de suicídio. Por outro lado, pesquisas sugerem que esses programas devem ter maior duração, focar na saúde mental de forma abrangente e avaliar a eficácia do programa em um espectro mais amplo de comportamentos suicidas (por exemplo, comunicações suicidas, tentativas de suicídio) em vez de simplesmente focar no conhecimento e na mudança de atitude (D. N. Miller et al., 2009).

Este capítulo contém informações que devem ser compartilhadas com toda a comunidade escolar em um esforço coletivo para prevenir o suicídio juvenil. Os profissionais de saúde mental devem apresentar essas informações a todas as partes interessadas em suas escolas, especialmente às equipes do Ensino Fundamental 2 e Médio, incluindo educadores (por exemplo, professores, auxiliares), equipe administrativa (como diretores, vice-diretores) e pessoal de apoio (isto é, motoristas de ônibus, secretárias, funcionários do refeitório, inspetores) anualmente. Essas informações também devem ser transmitidas anualmente a todos os alunos do Ensino Fundamental 2 e Médio. Os

> Os programas universais de prevenção do suicídio devem apresentar aos alunos e funcionários da escola informações sobre o suicídio em geral, com foco especial no suicídio juvenil e sua prevenção.

profissionais de saúde mental das escolas devem deixar claro que estarão disponíveis para quaisquer perguntas ou consultas de acompanhamento após a apresentação das informações.

Está menos claro se essa informação deve ou não ser comunicada aos alunos do Ensino Fundamental 1. Conforme observado no capítulo 1, o suicídio é muito menos comum entre essa faixa etária. Embora seja aconselhável realizar sessões de informação sobre os fatores de risco e sinais de alerta de possível comportamento suicida para a equipe do Fundamental 1, apresentar ou não essa mesma informação aos alunos é uma iniciativa questionável, especialmente considerando a taxa muito mais baixa de suicídio entre crianças, em comparação com adolescentes. Além disso, a pesquisa sobre programas escolares de prevenção do suicídio até agora se concentrou quase exclusivamente nas escolas de Ensino Fundamental 2 e Médio, e não nas escolas de Ensino Fundamental 1. Independentemente disso, as escolas dos anos iniciais do Ensino Fundamental podem contribuir para os esforços de prevenção do suicídio de várias maneiras, especialmente por meio da implementação de programas ASE. Embora muitos desses programas não estejam voltados diretamente ao comportamento suicida, muitos são pensados de forma a prevenir o desenvolvimento de distúrbios emocionais e comportamentais que, normalmente, estão por trás do comportamento suicida (D. N. Miller, 2019).

Capítulo 5

A informação pode ser comunicada aos alunos de várias maneiras. As apresentações *não* devem ser conduzidas de forma que as informações sejam disseminadas em um grande auditório escolar, para um grande grupo de alunos ou para todos os alunos da escola ao mesmo tempo e no mesmo local. Em vez disso, devem ser apresentadas em diferentes salas de aula, talvez como parte de uma unidade em uma aula de saúde. Esse formato tem múltiplas vantagens. Primeiro, permite que os profissionais de saúde mental encontrem e cumprimentem os alunos em um ambiente menor e mais confortável. Causar uma "boa impressão" nos alunos é importante, portanto os profissionais de saúde mental devem parecer relaxados, experientes, amigáveis e acessíveis. Fazer isso pode ajudar a construir um relacionamento com os alunos e diminuir um pouco da possível confusão e/ou ansiedade em relação ao papel dos profissionais de saúde mental nas escolas, bem como sobre o tema do suicídio e sua prevenção.

Reunir-se com os alunos nas salas de aula também lhes dá tempo e oportunidade para fazer perguntas sobre as informações apresentadas em um ambiente mais propício, se comparado a um grande salão ou auditório. Além disso, responder cuidadosa e honestamente a quaisquer perguntas que os alunos possam ter sobre o suicídio transmite a mensagem clara de que os funcionários da escola se preocupam com eles, consideram o suicídio um problema sério que a escola deve abordar, estão dispostos e são capazes de discutir abertamente o suicídio e estão dispostos a ser proativos em fazer algo a respeito.

Informações sobre suicídio juvenil para todos os alunos e funcionários

Os programas universais de prevenção do suicídio devem munir alunos e funcionários com informações sobre o suicídio em geral, com foco especial no suicídio juvenil e sua prevenção. Como os jovens potencialmente suicidas são mais propensos a confiar em seus colegas do que nos adultos quando se trata dos seus pensamentos ou ações suicidas, é particularmente importante que todos os alunos recebam informações sobre suicídio e saibam como obter ajuda. Na verdade, quando os estudantes recebem informações adequadas em um programa universal, é mais provável que entrem em contato com um adulto na escola, demonstrando preocupação com o comportamento suicida de um colega, do que procurem um profissional para falar sobre o seu próprio problema.

Apresentar essas informações aos funcionários da escola também é fundamental, uma vez que eles mantêm contato frequente com os alunos. Embora muitas das informações apresentadas aos alunos e funcionários sejam idênticas, existem algumas variações. Por exemplo, a equipe deve ser instruída a ficar atenta aos materiais

146

produzidos pelos alunos, como trabalhos artísticos ou escritos. Desenhos ou pinturas que apresentem claramente possíveis preocupações suicidas (por exemplo, um aluno que desenha uma pessoa pendurada em uma árvore ou com uma arma apontada à própria cabeça) devem ser imediatamente levados ao conhecimento de um profissional de saúde mental da escola, assim como quaisquer escritos de alunos que sugiram possíveis pensamentos ou preocupações suicidas. Os funcionários da escola deveriam ser obrigados a entrar em contato com os profissionais de saúde mental da instituição a qualquer *suspeita* da possibilidade de comunicações relacionadas ao suicídio por parte dos alunos. Em caso de dúvida, os funcionários devem ser cautelosos e encaminhar o caso para um profissional de saúde mental da escola.

Os funcionários da escola também devem estar cientes de que trabalhos artísticos e escritos dos alunos podem revelar bastante sobre seu estado emocional, além de funcionar como um possível veículo para alcançar maior conexão com os funcionários da escola, por meio da autoexpressão. Portanto, professores que propõem tarefas como trabalhos artísticos ou escritos devem revisá-los cuidadosamente quanto a possíveis sinais de pensamentos ou comportamentos suicidas. Conheço uma mãe que ficou chocada ao descobrir que seu filho escreveu que estava pensando em se machucar. Embora sua declaração tenha sido escrita em resposta a uma tarefa de classe, foi uma clara tentativa do aluno de comunicar seus problemas emocionais à professora. Infelizmente, a única ação tomada em resposta foi uma anotação com um visto, indicando que o aluno havia concluído a tarefa. Embora talvez não tenha sido intencional, a mensagem principal que a professora comunicou ao aluno sobre seu sofrimento emocional foi de indiferença.

> Como os jovens potencialmente suicidas são mais propensos a confiar em seus colegas do que nos adultos quando se trata dos seus pensamentos ou ações suicidas, é particularmente importante que todos os alunos recebam informações sobre suicídio e saibam como obter ajuda.

Temas que podem e devem ser apresentados a todos os alunos e funcionários incluem (1) informações demográficas pertinentes sobre o suicídio, (2) os mitos comuns e a desinformação sobre o suicídio, (3) fatores de risco que podem aumentar a probabilidade de comportamento suicida, (4) fatores de proteção que podem reduzi-la e (5) possíveis sinais de alerta do comportamento suicida. Ensinar respostas apropriadas aos estudantes para que possam responder a colegas possivelmente deprimidos ou suicidas (ou seja, o que devem dizer e fazer) também é uma prática universal útil e recomendada, assim como fornecer informações aos alunos e funcionários sobre os recursos da escola e da comunidade para obter ajuda (Kalafat, 2003; Mazza & Reynolds, 2008; D. N. Miller, 2012a; D. N. Miller & Mazza, 2018).

Capítulo 5

No nível universal, o foco não deve ser fornecer uma cobertura exaustiva dessas questões, e sim destacar informações particularmente relevantes para a prevenção do suicídio juvenil. Por exemplo, embora seja recomendado que os programas universais de prevenção transmitam informações sobre os muitos mitos que cercam o suicídio, alguns são mais pertinentes do que outros e devem receber atenção especial na comunicação a alunos e funcionários da escola. Por exemplo, um mito sobre o suicídio (discutido no capítulo 1) é que a maioria dos jovens que morre por suicídio deixa bilhetes (quando, na verdade, a maioria não o faz). Embora seja possível discutir e dissipar esse mito com alunos e funcionários, isso provavelmente não levará a resultados significativos (ou seja, uma redução no número de tentativas de suicídio de alunos).

> Temas que podem e devem ser apresentados aos alunos e funcionários incluem informações demográficas pertinentes sobre o suicídio, os mitos comuns e a desinformação sobre o suicídio, os vários fatores de risco que podem aumentar a probabilidade de suicídio, fatores de proteção que podem reduzi-la e possíveis sinais de alerta do comportamento suicida.

Existem outros mitos, no entanto, que são particularmente nocivos, porque, caso recebam credibilidade e sejam postos em prática, muitas vezes minam ativamente os esforços de prevenção do suicídio nas escolas (por exemplo, falar sobre suicídio levará a um aumento de sua ocorrência; se alguém é suicida, há pouco ou nada que se possa fazer para evitá-lo). Ao discutir mitos e equívocos sobre o suicídio juvenil com funcionários e alunos da escola, esses últimos devem ser enfatizados.

> É altamente recomendável que um profissional de saúde mental da escola forneça informações anualmente sobre o comportamento suicida juvenil a todos os funcionários, incluindo educadores, equipe administrativa e de apoio.

Informações demográficas

Informações demográficas sobre comportamento suicida em geral, bem como comportamento suicida juvenil, foram fornecidas no capítulo 1. Embora essas informações sejam úteis para os profissionais escolares de saúde mental, nem todas são diretamente relevantes para alunos e outros funcionários da instituição. Os profissionais de saúde mental devem fazer uso das informações demográficas fornecidas no capítulo 1 ao desenvolver sua apresentação, além de revisá-las periodicamente, à medida que novas descobertas relacionadas a variáveis demográficas são apresentadas. Dentre as informações demográficas relevantes e úteis para alunos e funcionários da escola, o que deve ser apresentado a eles inclui:

- A abrangência do problema do suicídio no mundo e nos Estados Unidos.
- A abrangência do problema do suicídio juvenil no mundo e nos Estados Unidos.
- A noção de que o comportamento suicida é mais amplo do que apenas o suicídio (por exemplo, ideação suicida, comunicações, ameaças e planos suicidas, tentativas de suicídio), explicando as implicações dessas diferenças.
- A relação da idade, sexo, raça e etnia, geografia, orientação sexual e identidade de gênero e *status* socioeconômico com o comportamento suicida juvenil.

Mitos e realidades

Vários mitos comuns sobre o suicídio juvenil foram discutidos no capítulo 1 e estão resumidos no anexo 5.1, no fim deste capítulo. São mitos e equívocos comuns (e as realidades que os refutam) que podem e devem ser comunicados tanto aos alunos quanto aos funcionários da escola. As informações do capítulo 1 podem ser úteis para dissipar alguns dos mitos mais proeminentes sobre o suicídio juvenil, especialmente aqueles que podem impedir e minar a prevenção eficaz (por exemplo, falar sobre o suicídio pode inadvertidamente incentivá-lo; os alunos que falam sobre pensamentos suicidas estão apenas procurando atenção; se alguém é suicida, há pouco ou nada que se possa fazer a respeito). Educadores que desejem informações adicionais sobre os muitos mitos e equívocos que cercam o suicídio são encorajados a ler *Myths about suicide*[48], de Joiner (2010).

Variáveis que podem ajudar a explicar ou prever o comportamento suicida juvenil

As variáveis que ajudam a explicar ou prever o comportamento suicida juvenil podem ser alocadas em duas grandes categorias: (1) fatores de risco que podem predispor um indivíduo ao comportamento suicida e (2) sinais de alerta que podem indicar a possibilidade mais imediata de uma crise suicida (Van Orden, Witte, Selby et al., 2008). Embora fatores de risco e sinais de alerta sejam conceitos frequentemente relacionados, existem distinções importantes entre eles. Talvez a principal distinção seja que os fatores de risco geralmente sugerem uma relação temporal mais distante com o comportamento suicida, enquanto os sinais de alerta indicam maior proximidade (Van Orden, Witte, Selby et al., 2008). Além disso, os fatores de risco são tipicamente de longa data, muitas vezes imu-

---

48. Na tradução livre, *Mitos sobre o suicídio* [N.T.].

táveis e foram derivados empiricamente (ou seja, identificados por meio de pesquisas). Em contraste, os sinais de alerta são mais dinâmicos e geralmente derivam da prática clínica e da experiência, e não das pesquisas existentes (Joiner et al., 2009; Rudd et al., 2006).

> As variáveis que ajudam a explicar ou prever o comportamento suicida juvenil podem ser alocadas em duas grandes categorias: fatores de risco que podem predispor um indivíduo ao comportamento suicida e sinais de alerta que podem indicar a possibilidade mais imediata de uma crise suicida.

Fatores de risco

Embora diversos fatores de risco para o suicídio tenham sido identificados, os dois mais proeminentes são (1) a presença de pelo menos um transtorno de saúde mental e (2) uma história de comportamento suicida anterior, especialmente tentativas de suicídio. Ao apresentar informações sobre suicídio juvenil a estudantes e funcionários da escola, é essencial que esses dois fatores de risco sejam claramente identificados como os mais significativos. Nesta seção, eles serão discutidos com mais detalhes, seguidos por uma breve revisão de outros possíveis fatores de risco para o comportamento suicida juvenil.

Presença de transtornos de saúde mental

Um dos principais e mais prevalentes fatores de risco para o suicídio juvenil é a presença de um ou mais transtornos de saúde mental. Descobertas em "autópsias psicológicas" (ou seja, uma coleta sistemática de dados por meio de entrevistas estruturadas com familiares e/ou amigos do indivíduo que morreu por suicídio) estimam que aproximadamente 90% dos jovens que morrem por suicídio experimentaram pelo menos um transtorno mental no momento de suas mortes, e muitos tinham mais de um (C. A. King et al., 2013). Essa é uma informação importante que os alunos e funcionários da escola devem

> Embora diversos fatores de risco para o suicídio tenham sido identificados, os dois mais proeminentes são (1) a presença de pelo menos um transtorno de saúde mental e (2) uma história de comportamento suicida anterior, especialmente tentativas de suicídio.

saber, e deve ficar claro para ambos que a recíproca dessa afirmação *não* é verdadeira (ou seja, não é verdade que 90% de todas as pessoas que têm transtornos mentais morrem por suicídio).

Os transtornos mentais mais comuns exibidos por jovens que morrem por suicídio são transtornos do humor, como transtorno depressivo maior, transtorno depressivo persistente (distimia) ou transtorno bipolar, além de transtornos relacionados a substâncias, como abuso de álcool e/ou drogas, e transtornos de comportamento disruptivo (Fleischmann et al., 2005). Embora a grande maioria dos jovens clinicamente deprimidos não seja suicida e nem todos os jovens suicidas sejam clinicamente deprimidos (W. M. Reynolds & Mazza, 1994), aproximadamente 50-60% dos adolescentes que morrem por suicídio parecem ter experimentado algum tipo de transtorno depressivo no momento de suas mortes (Fleischmann et al., 2005; C. A. King et al., 2013; Shaffer et al., 1996). Ambos os transtornos depressivos unipolares (transtorno depressivo maior e distimia) e o bipolar aumentam a probabilidade de comportamento suicida na juventude (C. A. King et al., 2013).

Outras questões de saúde mental que têm sido associadas ao suicídio juvenil incluem transtorno de estresse pós-traumático, síndrome do pânico, esquizofrenia, transtorno de personalidade limítrofe e transtorno de adaptação (Brent et al., 1993; C. A. King et al., 2013; Mazza, 2000; Mazza & Reynolds, 2001; M. Moskos et al., 2005; Shaffer et al., 1996). Os distúrbios alimentares de anorexia nervosa e bulimia também são conhecidos por conferir risco de suicídio. No entanto, embora tanto a anorexia quanto a bulimia aumentem o risco de ideação e tentativas de suicídio, apenas a anorexia está associada a um risco aumentado de morte por suicídio (Joiner et al., 2009).

> Os transtornos mentais mais comuns exibidos por jovens que morrem por suicídio são, em ordem, transtornos de humor, transtornos relacionados a substâncias e transtornos de comportamento disruptivo.

A presença de desesperança também está altamente associada ao suicídio juvenil (Thompson et al., 2005) e pode ser um fator de risco ou um sinal de alerta. Você deve lembrar-se da teoria cognitiva do suicídio de Beck, que enfatizou o papel da desesperança na discussão de algumas das teorias proeminentes do suicídio no capítulo 1. A desesperança é uma variável-chave e tem implicações tanto para a avaliação quanto para o tratamento, com ou sem a presença de transtornos mentais. Conforme observado por Joiner e colegas (2009, p. 192), "independentemente do diagnóstico clínico ou contexto de vida, o suicídio é um ato caracterizado por desesperança geral".

Automutilação não suicida (D. N. Miller & Brock, 2010), abuso sexual e/ou físico (Joiner et al., 2006) e vitimização entre pares (Brunstein Klomek et al., 2008) também são variáveis associadas ao suicídio juvenil. De fato, a maioria dos jovens que morrem por suicídio tem transtornos psiquiátricos *comórbidos* e/ou problemas de saúde mental (T. R. Miller & Taylor, 2005), ou seja, apresentam a ocorrência simultânea de dois ou mais distúrbios ou problemas, o que muitas vezes torna sua avaliação e tratamento bastante desafiadores. A constatação consistente da presença substancial de formas comórbidas de psicopatologia entre os indivíduos que morrem por suicídio indica fortemente que o suicídio não ocorre isoladamente, mas é o subproduto de outros problemas de saúde mental (C. A. King et al., 2013; Mazza, 2006).

Capítulo 5

Comportamento suicida anterior

Além da psicopatologia, outro fator de risco relevante para o suicídio é o comportamento suicida anterior, especialmente tentativas anteriores de suicídio. Essa relação foi encontrada em amostragens de jovens e adultos (Joiner et al., 2005). Por exemplo, verificou-se que a presença de uma tentativa anterior de suicídio eleva significativamente o risco de futuras tentativas na adolescência (Borowski et al., 2001). Um princípio geral que se aplica a todos os comportamentos, incluindo o comportamento suicida, é que a melhor forma de prever o comportamento futuro é avaliando o comportamento passado. Portanto, a melhor forma de prever uma futura tentativa de suicídio é avaliando o histórico de uma ou mais tentativas anteriores de suicídio.

> A forma de prever uma futura tentativa de suicídio é avaliando o histórico de uma ou mais tentativas anteriores de suicídio.

Outros fatores de risco

Crianças e adolescentes que exibem formas mais brandas de comportamento suicida (por exemplo, ideação suicida), mas que não recebem o tratamento adequado também correm maior risco de suicídio. Jovens de minorias raciais e étnicas nos Estados Unidos também podem ser afetados por vários fatores de risco que os jovens brancos podem não enfrentar, incluindo possível discriminação racial e estresse devido à aculturação (Gutierrez & Osman, 2008). Conforme mencionado no capítulo 1, os jovens de minorias sexuais (isto é, LGBT) correm maior risco de comportamento suicida do que os jovens heterossexuais. A exposição ao suicídio por meio da morte de um colega também pode ser considerada um fator de risco acelerador, particularmente entre aqueles já predispostos ao risco (Berman et al., 2006).

Alguns fatores de risco adicionais para o suicídio de jovens (Brock et al., 2006; C. A. King et al., 2013; R. Lieberman et al., 2008) incluem os seguintes:

- Déficits biológicos no funcionamento da serotonina.
- Isolamento social.
- Acesso limitado a centros de saúde mental.
- Fracas habilidades de resolução de problemas e enfrentamento.
- Baixa autoestima.
- Pais ou ambiente familiar disfuncional.
- Psicopatologia parental.
- Acesso a armas letais, principalmente armas de fogo.
- Engajamento repetido ou exposição à violência.

Finalmente, dois fatores adicionais que podem colocar os indivíduos em maior risco de suicídio incluem dor crônica e distúrbios do sono. Por exemplo, um estudo que examinou adultos que morreram por suicídio de 2003 a 2014 descobriu que uma grande porcentagem deles (8,8%, com esse número subindo para mais de 10% em 2014) lutava com problemas de dor crônica antes de suas mortes (Petrosky et al., 2018). Um risco aumentado de suicídio também foi associado a distúrbios do sono (Bernet & Joiner, 2007; Drapeau & Nadorff, 2017). Por exemplo, descobriu-se que a frequência de pesadelos diferencia pessoas que fazem múltiplas tentativas de suicídio daquelas que só fazem uma, mesmo controlando distúrbios psiquiátricos e outros problemas de sono (Speed et al., 2018) Embora faltem pesquisas nessas duas áreas com crianças e adolescentes, é recomendado avaliar sua presença como possíveis fatores de risco para o suicídio.

Possíveis sinais de alerta do comportamento suicida

Ao contrário dos fatores de risco, os sinais de alerta para o suicídio são indicadores mais dinâmicos e proximais, que sugerem o aumento da probabilidade de uma crise suicida (Van Orden, Witte, Selby et al., 2008). Embora seja importante que alunos e funcionários da escola entendam os possíveis fatores de risco para o suicídio, é ainda mais importante que conheçam os sinais de alerta, pois normalmente serão mais diretamente observáveis e estão mais fortemente associados a um risco imediato de suicídio. Infelizmente, uma busca por possíveis sinais de alerta de suicídio juvenil na Internet gera uma lista baseada mais em relatos anedóticos e/ou especulações do que em evidências científicas. Consequentemente, os funcionários da escola devem garantir que os possíveis sinais de alerta de suicídio apresentados aos alunos e à equipe sejam derivados de descobertas baseadas em pesquisas.

> Embora seja importante que alunos e funcionários da escola entendam os possíveis fatores de risco para o suicídio, é ainda mais importante que conheçam os sinais de alerta.

A seguinte lista de vários sinais de alerta baseados em evidências para possível comportamento suicida em jovens foi desenvolvida em 2015 por um grupo de especialistas nacionais e internacionais, que analisaram a literatura profissional (para mais informações, cf. *www.youthsuicidewarningsigns.org*). Embora a presença de qualquer sinal de alerta seja significativa, a presença de mais de um pode elevar o risco de uma criança ou adolescente se envolver em comportamento suicida no futuro:

- Falar ou fazer planos de suicídio.
- Expressar desesperança quanto ao futuro.

Capítulo 5

• Apresentar dor ou sofrimento emocional grave e/ou insuportável.

• Mostrar sinais comportamentais preocupantes ou mudanças marcantes no comportamento, principalmente na presença dos sinais de alerta anteriormente mencionados. Essas mudanças incluem:

  ◦ Fuga ou mudança nas relações ou situações sociais.
  ◦ Alterações no sono (aumento ou diminuição).
  ◦ Raiva ou hostilidade fora do contexto ou da personalidade.
  ◦ Agitação ou irritabilidade aumentada recente.

Outro grupo de especialistas convocado pela AAS revisou a literatura de pesquisa e chegou a um consenso sobre um conjunto de possíveis sinais de alerta para suicídio em todas as faixas etárias, incluindo os jovens, mas não limitado a eles (Rudd et al., 2006). Esses sinais de alerta, que se sobrepõem substancialmente aos listados anteriormente, incluem:

• Desesperança.

• Ira, raiva, busca por vingança.

• Imprudência ou envolvimento em atividades arriscadas, aparentemente sem pensar.

• Sensação de aprisionamento, como se não houvesse saída.

• Aumento do uso de álcool ou drogas.

• Afastamento da família, amigos ou sociedade.

• Experiência de ansiedade e/ou agitação.

• Mudanças dramáticas de humor.

• Não identificação de razão para viver ou de sentido e propósito de vida (Rudd et al., 2006).

A AAS também desenvolveu um mnemônico útil – IS PATH WARM[49] – para lembrar os sinais de alerta do suicídio: I = ideação suicida; S = abuso de substâncias; P = falta de propósito; A = ansiedade e agitação (incluindo incapacidade de dormir); T = preso (como se sentir preso); H = sem esperança; W = fuga; A = raiva; R = imprudência; M = flutuações de humor.

Algumas advertências sobre os sinais de alerta devem ser mencionadas. Primeiro, a maioria dos sinais de alerta de suicídio foi estudada no contexto de adultos, e não em crianças e adolescentes, e mais pesquisas são necessárias para determinar se os sinais de risco agudo de suicídio diferem entre crianças, adolescentes

---

49. Em português, a tradução livre da sigla é "o caminho é quente". O original em inglês de cada uma das letras do acrônimo é: *I = suicidal ideation; S = substance abuse; P = purposelessness; A = anxiety and agitation (including being unable to sleep); T = trapped (as in feeling trapped); H = hopeless; W = withdrawal; A = anger; R = recklessness; M = mood fluctuations* [N.T.].

e adultos (Van Orden, Witte, Selby et al., 2008). Em segundo lugar, embora a doação de bens tenha sido frequentemente descrita como um sinal de alerta para o suicídio, atualmente não há evidências empíricas para apoiar essa afirmação e, portanto, não está incluída na lista. Em terceiro lugar, e talvez o mais importante, muitas crianças e adolescentes podem exibir alguns ou mesmo vários desses sinais de alerta e não se envolver em comportamento suicida. Além disso, não está claro quantos desses sinais, ou que combinação deles, são os melhores indicadores de suicídio. Da mesma forma, nem todos os jovens que morrem por suicídio necessariamente exibem todos ou mesmo alguns desses sinais de alerta. Conforme observado por Joiner (2010, p. 31), "a grande maioria daqueles que têm o risco não apresenta o resultado (suicídio), e muitos daqueles que têm o resultado não possuem o fator de risco". No entanto, os jovens que apresentam sinais de alerta devem ser considerados em risco de suicídio e avaliados individualmente por um profissional de saúde mental escolar.

Disparadores: crises e eventos de vida estressantes

O risco de comportamento suicida aumenta quando crises situacionais agudas ou eventos de vida estressantes (por exemplo, algum tipo de perda de natureza interpessoal) ocorrem em conjunto com outros fatores de risco mais crônicos, como depressão, abuso de substâncias e/ou acesso a métodos letais (Gould & Kramer, 2001). Foram identificados vários tipos diferentes de crises e eventos estressantes que podem precipitar o comportamento suicida na juventude. Embora não sejam *causas* diretas do comportamento suicida, podem ter o potencial de "desencadeá-lo", principalmente em alunos potencialmente vulneráveis. Nenhuma situação ou evento estressante é altamente preditivo de comportamento suicida, embora o risco de suicídio possa aumentar à medida que o número e a intensidade emocional de eventos estressantes se multiplicam na vida de jovens já predispostos a tendências suicidas (D. N. Miller, 2013a). O anexo 5.2 (no fim deste capítulo) lista várias possíveis crises situacionais e eventos estressantes da vida que podem precipitar ou desencadear o comportamento suicida.

Fatores de proteção

A constatação de que muitos jovens que apresentam fatores de risco relevantes para o suicídio não se envolvem em comportamento suicida sugere a presença de diversos elementos de proteção ou de resiliência (Beautrais, 2007). Os fatores de proteção se referem às variáveis que foram ligadas empiricamente (como mediadores ou moderadores) a uma diminuição do risco de comportamento suicida (Gutierrez & Osman, 2008). Embora o trabalho nessa área esteja progredindo,

Capítulo 5

menos pesquisas foram dedicadas a examinar os fatores de proteção em comparação com os fatores de risco de suicídio. Consequentemente, pouco se sabe sobre quais fatores de proteção podem mitigar os fatores de risco para o comportamento suicida. Alguns fatores de proteção que foram identificados provisoriamente, no entanto, incluem:

- Resolução de problemas sociais e habilidades de enfrentamento.
- Boa autoestima.
- Apoio social, tanto de colegas quanto de pais.

Além disso, embora não sejam específicos do suicídio, foram identificados outros fatores de proteção que, quando presentes, muitas vezes podem mitigar os fatores de risco para a saúde mental e outros problemas (Doll & Cummings, 2008a). Eles incluem:

- Amizades entre colegas.
- Alto nível de eficácia.
- Alto nível de envolvimento em atividades produtivas (por exemplo, escola).
- Relacionamentos calorosos e orientação de adultos.
- Escolas atentas.

Ensinando alunos a como e onde encontrar ajuda

Qualquer programa universal para prevenção do suicídio deve incluir informações apresentadas a todos os alunos que expliquem o que devem fazer se forem suicidas ou se suspeitarem que seus amigos ou colegas possam ser suicidas. Os alunos devem conhecer vários caminhos para buscar ajuda, dando-lhes diferentes opções, para que se sintam mais à vontade para compartilhar suas preocupações (por exemplo, informar um professor de confiança). Buscar ajuda para si mesmo ou para um colega potencialmente suicida ou em crise suicida é um passo crítico na prevenção, e as atitudes e comportamentos de busca de ajuda tem uma correlação inversa com o comportamento suicida. Ou seja, à medida que aumenta a procura por ajuda, diminui o comportamento suicida (Klimes-Dougan et al., 2013).

> Frequentemente, os jovens com maior risco de comportamento suicida são os menos propensos a procurar ajuda de outras pessoas.

Infelizmente, uma grande barreira a esse processo é a constatação consistente de que os jovens com maior risco de comportamento suicida são, com frequência, os menos propensos a procurar ajuda (Berman et al., 2006) Em outras palavras, pensamentos e outros comportamentos suicidas podem atuar como uma barreira para a obtenção de ajuda para alguns indivíduos, um fenômeno que tem sido descrito como *negação de ajuda* (Rudd et al., 1995). Uma literatura crescente apoia a ocorrência de negação de ajuda em amostras não clínicas de alunos do Ensino Médio e universitários. Por exemplo, Carlton e Deane (2000) descobriram que a presença de ideação suicida foi negativamente associada à procura de ajuda em uma amostragem de estudantes do Ensino Médio da Nova Zelândia. Essa descoberta foi posteriormente replicada entre estudantes universitários australianos (Deane et al., 2001) e americanos (Fur et al., 2001). No último estudo (envolvendo 1.455 alunos), os autores descobriram que apenas 20% dos participantes que relataram ter experimentado ideação suicida procuraram aconselhamento ou ajuda. Curtis (2010) descobriu que estudantes universitários seriam menos propensos a procurar ajuda para seu comportamento suicida devido a percepções de estigmatização e necessidade de autossuficiência.

Quando os alunos, *de fato*, procuram ajuda, geralmente buscam colegas, e não adultos (Klimes-Dougan et al., 2013). No entanto, confiar em um colega não necessariamente fornecerá aos jovens o apoio necessário durante uma crise suicida e pode sobrecarregar aquele em quem a confiança foi depositada (Singer et al., 2019). Por exemplo, pesquisas sugerem que jovens deprimidos e suicidas têm maior probabilidade de estar conectados a outros jovens deprimidos e suicidas, limitando essencialmente o número de pares que poderiam oferecer apoio e obter assistência adulta (Fulginiti et al., 2016). Dito isso, Fontes de Força (Wyman et al., 2010), um programa de prevenção de suicídio de nível 1 descrito mais adiante neste capítulo, demonstrou que colegas treinados e que demonstrem liderança podem alertar com eficácia os adultos sobre jovens potencialmente suicidas.

Muitos desses jovens de alto risco – geralmente adolescentes do sexo masculino – exibem atitudes caracterizadas por crenças centrais, que apoiam o uso de estratégias de enfrentamento desajustadas em resposta à depressão e ao comportamento suicida (Gould et al., 2004). Por exemplo, muitos desses adolescentes têm uma forte crença cognitiva de que as pessoas devem ser capazes de "lidar" com seus próprios problemas sem ajuda externa. Infelizmente, é provável que os colegas desses jovens não sejam particularmente prestativos para encaminhá-los a um adulto responsável, porque geralmente têm seus próprios problemas de saúde mental. Gould e colegas (2004) sugerem que as abordagens cognitivo-comportamentais podem ser úteis para avaliar as estratégias de enfrentamento dos alunos e identificar como percebem a ideia de obter ajuda para seus problemas. A escola também pode frequentemente comunicar e reforçar a noção (como fez o programa da Força Aérea descrito no capítulo 4) de que obter ajuda não é um sinal de fraqueza, e sim um indicador de força – um desejo sincero de admitir que tem problemas. Na verdade, usar o programa bem-sucedido da Força Aérea como exemplo pode ser particularmente benéfico para os homens, o grupo com maior probabilidade de se engajar na negação de ajuda.

Uma variedade de fatores pode afetar os comportamentos de busca de ajuda de crianças e adolescentes em relação ao suicídio ou outros problemas (Srebnik et al., 1996). Por exemplo, Cigularov, Chen, Thurber e Stallones (2008) examinaram as barreiras que 854 alunos do Ensino Médio no Colorado identificaram para obter ajuda para si mesmos, bem como para os outros. As barreiras mais relevantes identificadas pelos alunos foram (1) incapacidade de discutir problemas com adultos, (2) a crença de que cada um deveria lidar com seus problemas sozinho, (3) medo de hospitalização e (4) falta de proximidade com os adultos da escola. As principais barreiras para ajudar os amigos a obterem ajuda incluíam (1) preocupações sobre fazer julgamentos errados sobre seus amigos, (2) a percepção de falta de acessibilidade dos adultos da escola, (3) o medo da hospitalização de um amigo e (4) subestimar os problemas de seus amigos.

Esses resultados, assim como os obtidos em outros estudos que indicam a clara relutância de estudantes vulneráveis em buscar ajuda para seus problemas (por exemplo, Carlton & Deane, 2000; Curtis, 2010; Zwaaswij et al., 2003), têm implicações importantes para os esforços universais de prevenção do suicídio nas escolas. Por exemplo, a pesquisa sugere que os funcionários da escola precisam formar laços mais fortes com os alunos em geral, para que possam ser percebidos como pessoas acessíveis e prestativas para lidar com as preocupações dos jovens, seja quanto a seu próprio comportamento suicida ou ao de seus colegas. A necessidade de os funcionários da escola mostrarem seu apoio aos alunos é particularmente importante para os estudantes do sexo masculino, uma vez que correm um risco muito maior de morrer por suicídio do que as mulheres. Além disso, os alunos devem ser ensinados que os problemas de saúde mental que, muitas vezes, estão por trás do comportamento suicida, como a depressão, são muito comuns em crianças e (especialmente) em adolescentes, e que buscar ajuda para eles é como buscar ajuda para um problema físico. De fato, destacar as vulnerabilidades biológicas à depressão e ao comportamento suicida pode ser aconselhável para alguns jovens, especialmente do sexo masculino, que podem relutar em se identificar como portadores de problemas de saúde mental (em vez de físicos).

> Os funcionários da escola precisam formar laços mais fortes com os alunos em geral para que possam ser percebidos como pessoas acessíveis e prestativas para lidar com as preocupações dos jovens, seja quanto a seu próprio comportamento suicida ou ao de seus colegas.

Limitações dos programas curriculares

Embora apresentar informações a todos os alunos sobre a prevenção do suicídio seja uma prática recomendada, a escola deve reconhecer as limitações inerentes a essa abordagem. Por exemplo, conforme observado anteriormente, há indícios de que os alunos com maior probabilidade de serem suicidas podem se beneficiar menos desses programas do que seus colegas não suicidas. Além disso, aqueles com risco de problemas de saúde mental, incluindo os potencialmente suicidas, parecem menos propensos a frequentar programas de educação para a prevenção do suicídio. Por fim, jovens que correm o risco de abandonar a escola ou de serem expulsos, que estão em centros de detenção juvenil ou jovens fugitivos, sem-teto e matriculados em escolas alternativas têm um risco maior de suicídio do que jovens em escolas regulares (Berman, 2009; T. A. Erbacher et al., 2015). Como resultado, muitos alunos que mais precisam de programas escolares de prevenção do suicídio podem ser os menos propensos a recebê-los. A escola deve estar ciente desse problema e ser proativa em "estender a mão" a esses jovens para garantir que recebam todo o espectro de serviços de prevenção do suicídio que a instituição pode oferecer.

É extremamente importante que *todos* os alunos sejam expostos a esforços de prevenção do suicídio, não porque todos (ou mesmo a maioria) correm um alto risco de comportamento suicida, mas porque os programas universais podem ser um importante "primeiro passo" no modelo Samn de prevenção do suicídio descrito neste livro. Mais especificamente, fornecer aos alunos e funcionários da escola informações sobre suicídio e sobre como e onde obter apoio pode ajudar a identificar os estudantes (sejam eles encaminhamentos por funcionários, colegas ou por iniciativa própria) que precisam de serviços de nível 2 ou nível 3. A mesma informação sobre a prevenção do suicídio juvenil também deve ser compartilhada idealmente com pais e cuidadores para que eles também possam se tornar mais conscientes e informados sobre a prevenção do suicídio e servir como potenciais guardiões na comunidade em geral.

Outros programas de nível 1 de prevenção do suicídio em escolas

Além das estratégias universais descritas anteriormente neste capítulo, as escolas que desejam adotar uma abordagem proativa para prevenir o suicídio e outras formas de comportamento suicida são fortemente encorajadas a implementar programas ASE. Apoiar-se em uma abordagem de prestação de serviços nas escolas, concentrada apenas nos alunos em risco de problemas de saúde mental (nível 2) ou que os exibem atualmente (nível 3), "faz pouco ou nada para conter o fluxo de jovens que podem ter problemas futuros de saúde mental. Além disso, adotar esse tipo de abordagem é reacionário em vez de preventivo e implica que os alunos devem apresentar problemas de saúde mental claros e graves (ou seja, aqueles que estão tendo um impacto significativo em seu comportamento na escola) antes de poderem receber serviços de saúde mental" (D. N. Miller & Mazza, 2018, p. 266).

Capítulo 5

As seções a seguir discutem vários programas ASE universais (nível 1) que abordam diretamente o comportamento suicida juvenil ou os problemas de saúde mental associados à redução e/ou prevenção do comportamento suicida juvenil. A escola pode querer explorar esses programas e considerar adotá-los. Eles incluem (1) o Jogo do Bom Comportamento[50], (2) Fontes de Força[51], (3) SOS Sinais de Suicídio[52], (4) o currículo Lifelines, (5) o Programa da Consciência Juvenil sobre Saúde Mental[53] e (6) o currículo Habilidades TCD nas Escolas. Quatro desses programas (Jogo do Bom Comportamento, Fontes de Força, SOS Sinais de Suicídio e Lifelines) estão listados como "programas com evidência de eficácia" pelo Centro de Recursos de Prevenção ao Suicídio. Verificou-se que o Programa da Consciência Juvenil sobre Saúde Mental reduziu ideação e tentativas de suicídio entre adolescentes em escolas em um estudo de controle randomizado em larga escala (Wasserman et al., 2015). O programa final, Habilidades TCD nas Escolas, é um programa de nível 1 mais recente, que promete reduzir a desregulação emocional e o comportamento suicida entre os alunos.

Jogo do Bom Comportamento

O Jogo do Bom Comportamento (JBC) é uma intervenção universal de gerenciamento comportamental para aplicação em sala de aula com alunos do Ensino Fundamental 1. O JBC usa um formato de jogo que divide a turma em equipes e apresenta recompensas para o comportamento apropriado. Não foi concebido como um programa de prevenção do suicídio, e sim como uma intervenção em sala de aula para reduzir o comportamento agressivo e conflituoso, que são fatores de risco para uma variedade de outros possíveis problemas, incluindo o comportamento suicida. Um estudo descobriu que os participantes do JBC na escola primária (primeira e segunda séries), ao atingir idades entre 19 e 21 anos, eram significativamente menos propensos a ter ideação suicida ou a realizar tentativa de suicídio em comparação com aqueles em salas de controle (Wilcox et al., 2008).

Fontes de Força

Fontes de Força (LoMurray, 2005) utiliza colegas líderes para ajudar a fortalecer os fatores de proteção entre os estudantes e identificar aqueles que podem estar em risco de suicídio. É uma tentativa de reduzir o comportamento suicida em adolescentes, aumentando a busca de ajuda entre os jovens, por intermédio de cole-

---

50. No original, Good Behavior Game [N.T.].

51. No original, Sources of Strength [N.T].

52. No original, SOS Signs of Suicide [N.T.].

53. No original, Youth Aware of Mental Health Program (YAM) [N.T.].

gas, em conjunto com os profissionais adultos da escola. Por meio de suas relações sociais, os líderes estudantis se comunicam com a equipe escolar sobre os alunos que podem estar em risco de suicídio. Os profissionais (por exemplo, psicólogos escolares, orientadores educacionais, assistentes sociais escolares) prestam serviços a esses alunos ou servem como um canal para vinculá-los aos serviços comunitários.

O programa Fontes de Força inclui oito componentes, todos relacionados à promoção de fatores de proteção entre adolescentes: (1) saúde mental, (2) apoio familiar, (3) amizades positivas, (4) mentores, (5) atividades saudáveis, (6) generosidade, (7) espiritualidade e (8) acesso médico. O objetivo do programa é fortalecer esses oito fatores de proteção para que os jovens possam invocá-los quando estiverem enfrentando problemas suicidas e/ou desregulação emocional.

Os dados provenientes dos resultados do programa têm se mostrado promissores. O resultado de um estudo de controle randomizado descobriu que o Fontes de Força aumentou a conexão dos líderes estudantis com adultos, o seu envolvimento na escola e o encaminhamento feito por eles de amigos suicidas para adultos (especialmente em escolas maiores). Além disso, aumentou a percepção positiva dos jovens suicidas do apoio dos adultos e a aceitação de ajuda (Wyman et al., 2010). Para obter mais informações sobre o Fontes de Força, consulte o *site* do programa (*www.sourcesofstrength.org*).

SOS Sinais de Suicídio

SOS Sinais de Suicídio é um programa de prevenção para Ensino Fundamental 2 e Ensino Médio e tem um currículo universal projetado para ensinar os alunos sobre depressão e prevenção do suicídio. Os objetivos do SOS são diminuir o comportamento suicida adolescente entre alunos do Ensino Fundamental e médio, aumentando seu conhecimento sobre depressão e suicídio, encorajar o comportamento de busca de ajuda para si mesmos e seus colegas, reduzir o estigma associado a pessoas suicidas e com problemas de saúde mental, envolver pais ou cuidadores e funcionários da escola como parceiros, por meio da educação de guardiões, e incentivar parcerias baseadas na comunidade que apoiem a saúde mental do adolescente.

O currículo do SOS se concentra em aumentar a conscientização sobre a relação entre depressão e suicídio, identificando os sinais de depressão para que os alunos possam reconhecê-los em si mesmos ou nos outros, reconhecendo os fatores de risco e sinais de alerta de depressão e ideação suicida e fazendo com que os alunos concluam uma avaliação de triagem para depressão e comportamento suicida. Os alunos são ensinados a buscar ajuda para depressão e/ou comportamento suicida usando a técnica RCC (Reconhecer, Cuidar, Contar), um modelo

Capítulo 5

de treinamento de guardião. Após a conclusão do programa, os alunos recebem um cartão de contato, indicando que eles ou um colega podem se beneficiar ao falar com um adulto de confiança sobre sua situação.

Os dados dos resultados do SOS são promissores. Por exemplo, Aseltine, James, Schilling e Glanovsky (2007) descobriram que os alunos que concluíram o programa tinham menos probabilidade de ter pensamentos suicidas em comparação com colegas que não participaram. Alunos do Ensino Fundamental 2 que participaram do SOS exibiram menos comportamento suicida do que colegas que não participaram (Schilling et al., 2014). Alunos do Ensino Médio que participaram do programa SOS foram significativamente menos propensos a relatar tentativas de suicídio em comparação com colegas do grupo de controle durante um período de 3 meses (Schilling et al., 2016). Para obter mais informações sobre o SOS, acesse o *site www.mindwise.org.*

Currículo Lifelines

O currículo Lifelines (Underwood & Kalafat, 2009) é projetado para alunos do Ensino Fundamental 2 e médio. Seu principal objetivo é desenvolver e promover uma comunidade escolar atenciosa e competente, na qual a busca por ajuda seja incentivada e vista como um exemplo a ser seguido. O currículo enfatiza que o comportamento suicida não deve ser mantido em segredo e ajuda os funcionários da escola e os alunos a reconhecerem possíveis sinais de alerta de suicídio entre os jovens.

O currículo Lifelines é apenas um componente, parte de uma abordagem mais abrangente, dentro do programa Lifelines. O currículo, muitas vezes ensinado por professores da área da saúde ou profissionais de saúde mental escolar, foi desenvolvido para alunos da 8ª série ao 1º ano e abrange a transição do Ensino Fundamental 2 para o Ensino Médio. Consiste em quatro aulas de 45 minutos ou duas aulas de 90 minutos que usam um modelo de desenvolvimento social que emprega dramatizações do aluno e estratégias de ensino interativas.

Os dados provenientes dos resultados do currículo Lifelines são encorajadores no que diz respeito a ganho de conhecimento e mudança de atitude sobre suicídio e intervenção suicida. Por exemplo, Kalafat, Madden, Haley e O'Halloran (2007) descobriram que os alunos que receberam o currículo Lifelines tinham mais conhecimento sobre suicídio, melhoraram sua atitude em relação às intervenções suicidas e à busca de ajuda de adultos e apresentaram uma menor disposição de manter os pensamentos suicidas de um amigo em segredo em comparação com colegas que não tiveram acesso ao currículo. Para obter mais informações sobre o programa Lifelines, acesse o *site www.violencepreventionworks.org.*

Programa da Consciência Juvenil sobre Saúde Mental

O Programa da Consciência Juvenil sobre Saúde Mental é um programa de prevenção universal, que apresenta um manual e foi desenvolvido na Europa. Seu objetivo é "aumentar a conscientização sobre saúde mental e fatores de risco e proteção associados ao suicídio, incluindo conhecimento sobre depressão e ansiedade, além de aprimorar as habilidades necessárias para lidar com eventos adversos da vida, estresse e comportamentos suicidas" (Wasserman et al., 2015, p. 1538). O programa inclui 3 horas de sessões de dramatização, com workshops interativos combinados com um livreto de 32 páginas que os alunos podem levar para casa, seis pôsteres educacionais que são expostos nas salas de aula e duas apresentações interativas de 1 hora sobre saúde mental, sendo uma fornecida no início do programa e outra no final. No total, são necessárias 5 horas de aula em um período de 4 semanas (Wasserman et al., 2015).

Em um estudo de controle randomizado que envolveu vários países europeus (Wasserman et al., 2015), o Programa da Consciência Juvenil sobre Saúde Mental foi significativamente mais eficaz na prevenção de tentativas de suicídio, planejamento de suicídio e ideação suicida em estudantes que participaram do programa em comparação com os que não participaram. O efeito do programa nas tentativas de suicídio dos alunos foi particularmente notável, pois houve uma redução relatada de 50% em comparação com os alunos do grupo de controle.

Treinamento de Habilidades TCD para Resolver Problemas Emocionais em Adolescentes

O Treinamento de Habilidades TCD para Resolver Problemas Emocionais em Adolescentes[54], desenvolvido por Mazza e colegas (2016), é um currículo ASE baseado nas habilidades fornecidas na TCD (Linehan, 1993, 2015). A TCD é um tratamento psicossocial com suporte empírico para adultos e adolescentes com problemas caracterizados por desregulação emocional significativa e generalizada, incluindo comportamento suicida (Linehan, 1993, 2015; A. L. Miller et al., 2007). O currículo TCD e o Treinamento foram desenvolvidos para alunos de 12 a 19 anos e normalmente são programas ministrados por professores que demonstram uma consciência sobre questões de saúde mental (por exemplo, professores da área da saúde). Embora tenha sido criado como um programa de nível 1, o Treinamento também pode ser implementado nos níveis 2 e 3, com estratégias adicionais para ajudar a fornecer serviços a alunos com necessidades mais específicas.

---

54. No original, DBT Skills Training for Emotional Problem Solving for Adolescents (DBT STEPS-A) [N.T.].

O Treinamento incorpora os quatro módulos principais da TCD: (1) atenção plena, (2) tolerância ao sofrimento, (3) regulação emocional e (4) eficácia interpessoal. O currículo é composto por 30 aulas estruturadas, com 50 minutos cada uma. As aulas são projetadas para serem ministradas uma vez por semana durante o ano letivo ou duas vezes por semana durante um semestre. Cada lição é roteirizada e apresenta um resumo, os pontos principais, os materiais necessários, a preparação necessária, uma visão geral e um cronograma da lição, além de um plano de aula detalhado. Embora sua base esteja fundamentada em habilidades usadas na TCD, o Treinamento não é um programa de prevenção de suicídio *per se*, mas sim um programa de regulação emocional e de estratégias de enfrentamento, dois dos principais elementos frequentemente relacionados ao comportamento suicida adolescente (Rathus & Miller, 2015).

Os dados iniciais dos resultados do Treinamento são encorajadores, com vários distritos escolares relatando resultados positivos. Os estudos formais avaliando a eficácia da implementação do programa estão em estágio inicial, uma vez que o currículo foi disponibilizado apenas recentemente. Apresentado de forma altamente estruturada, útil e prática, o currículo é uma excelente escolha para apoiar a aprendizagem social e emocional nas escolas e ajudar os adolescentes a lidar com situações emocionais difíceis, com o estresse e a tomar melhores decisões. A escola interessada em implementar o Treinamento deve consultar o texto publicado por Mazza e colegas (2016), que contém todo o currículo.

Maximizando a eficácia do programa de prevenção de suicídio de nível 1: a importância do clima, da satisfação e da conexão escolares

Para que os programas escolares de prevenção de suicídio de nível 1 sejam eficazes ao máximo, devem ocorrer em ambientes escolares positivos. O desenvolvimento positivo e saudável de crianças e adolescentes depende, em parte, da percepção positiva, calorosa e acolhedora da interação entre indivíduos em seus principais contextos de socialização (por exemplo, escolas). As escolas podem promover a saúde mental e o bem-estar das crianças criando ambientes enriquecedores não apenas educacionalmente, mas também social, emocional e comportamentalmente (Baker & Maupin, 2009).

Três variáveis diferentes, mas intimamente relacionadas, em relação a ambientes positivos são o *clima escolar*, a *satisfação escolar* e a *conexão escolar*. Embora não haja uma definição universal de *clima escolar*, Cohen, McCabe, Mitcheli e Pickeral (2009, p. 182) o descrevem como "a qualidade e o caráter da vida escolar". O clima escolar pode ser positivo ou negativo. Zullig e Matthews-Ewald

(2014, p. 313) observam que "uma definição ampla de clima escolar positivo abrange as normas, valores, relacionamentos e estruturas organizacionais que facilitam a aprendizagem e o desenvolvimento adequados dos jovens". Um clima escolar positivo é aquele que parece amigável e inclusivo e oferece apoio aos alunos (McGiboney, 2016). Além disso, em um clima escolar positivo, os alunos se sentem respeitados, seguros e protegidos, há uma forte ênfase colocada no envolvimento do aluno e as relações entre estudantes e funcionários são altamente positivas e se reforçam mutuamente.

Um clima escolar positivo está altamente associado à satisfação dos alunos com a escola. A *satisfação escolar* se refere à avaliação cognitiva subjetiva dos alunos sobre a qualidade de sua vida escolar (Baker & Maupin, 2009) e "talvez seja mais bem compreendida no contexto mais amplo de indicadores de bem-estar" (Suldo et al., 2014, p. 366). A satisfação escolar tem sido consistentemente associada a relacionamentos interpessoais calorosos e que oferecem apoio emocional entre professores e alunos, atitudes de confiança mútua, relacionamentos positivos com colegas e percepções dos alunos de que a escola oferecerá ajuda, se necessário. Ambientes de sala de aula que são percebidos pelos alunos como favoráveis, positivos e livres de assédio e violência estão fortemente associados a altos níveis de satisfação escolar (Baker & Maupin, 2009). As escolas descritas por Baker, Dilly, Aupperlee e Patil (1997, p. 586) como "comunidades de cuidado", caracterizadas por "ambientes psicologicamente saudáveis" (Baker et al., 2003, p. 206), criam condições ideais para a aprendizagem em seu sentido mais amplo (isto é, nas áreas acadêmica, social, emocional e comportamental).

> Para maximizar a eficácia dos programas universais de prevenção do suicídio, a escola deve abordar questões relacionadas ao clima, satisfação e conexão escolares.

Intimamente relacionada à satisfação escolar, mas não idêntica a ela, está a *conexão escolar*. Esse conceito pode ser definido como "a medida em que os alunos se sentem pessoalmente aceitos, respeitados, incluídos e apoiados por outros no ambiente escolar" (Goodenow, 1993, p. 80). Denominado de muitas outras formas também, incluindo envolvimento escolar, vínculo escolar e apego escolar, há evidências crescentes de que a conexão escolar é um fator de proteção essencial, que promove resultados educacionais, emocionais, comportamentais e sociais positivos nos alunos (Griffiths et al., 2009). Também está sendo cada vez mais reconhecida como um componente importante da promoção da saúde mental do estudante. Por exemplo, em uma grande amostragem de mais de 2 mil alunos, a conexão escolar foi considerada um fator protetor significativo contra o desenvolvimento de depressão e outros problemas de saúde mental (Shochet et al., 2006). Além disso, como a falta de pertencimento pode contribuir de forma significativa para o desenvolvimento de comportamento suicida (Joiner, 2005, 2009), aumentar a conexão dos alunos pode ser uma estratégia útil de prevenção e intervenção para aqueles potencialmente suicidas. Em apoio a essa possibilidade, Marraccini e Brier (2017) descobriram que uma maior conexão com a escola estava associada a uma diminuição do comportamento suicida entre adolescentes, incluindo jovens de minorias sexuais.

Em suma, as escolas caracterizadas por um clima positivo têm maior probabilidade de ter alunos altamente satisfeitos com suas experiências educacionais e que se sentem fortemente conectados à escola e aos seus funcionários. Eles têm menos probabilidade de apresentar problemas de saúde mental, e aqueles que apresentam têm mais probabilidade de procurar ajuda e de ter professores e outros funcionários da escola que sejam mais receptivos e propensos a oferecer a ajuda de que precisam. A criação de um clima escolar positivo e de ambientes de sala de aula psicologicamente saudáveis deve, portanto, ser vista como uma estratégia universal, que pode servir como uma importante variável, capaz de amenizar o desenvolvimento e a manutenção de problemas de saúde mental dos alunos, incluindo comportamento suicida. Para informações adicionais sobre a criação de ambientes escolares psicologicamente saudáveis, o leitor pode consultar os excelentes textos de Furlong et al. (2014), Leschied et al. (2018), McGiboney (2016) e Suldo (2016).

Elogios e outras estratégias para melhorar o clima escolar

Uma maneira simples e prática de as escolas melhorarem seu clima é os funcionários aumentarem a quantidade de interações positivas que têm com os alunos. A pesquisa sugere que há, inicialmente, uma alta proporção de interações positivas *versus* negativas entre professores e alunos durante os anos iniciais do Ensino Fundamental, mas que, à medida que as crianças crescem, essa proporção diminui significativamente, a ponto de os alunos geralmente experimentarem uma grande quantidade de interações negativas com professores e outros funcionários da escola, principalmente no Ensino Fundamental 2 e Médio (Maag, 2001). Não é surpresa que, geralmente, haja uma diminuição correspondente no nível de satisfação e conexão escolar à medida que as crianças crescem. Para neutralizar esse efeito, os professores e outros funcionários da escola podem programar sistematicamente interações mais positivas com os alunos, aumentando a quantidade de elogios verbais eventuais e apropriados e interações pró-sociais. Os estudantes que recebem muitos elogios eventuais do professor, em oposição a punições e repreensões, têm níveis mais altos de desempenho acadêmico e envolvimento escolar e níveis mais baixos de comportamento disruptivo (Flora, 2000; Sawka-Miller & Miller, 2007).

Por exemplo, trabalhei como psicólogo escolar em uma escola alternativa para alunos com distúrbios emocionais e comportamentais graves (Centennial School da Lehigh University), onde todos os professores foram ensinados e treinados (através de instrução direta e *feedback* de desempenho) para implementar e manter uma alta proporção (4:1) de declarações positivas *versus* negativas ou neutras dirigidas aos alunos. Jovens com distúrbios emocionais e comportamentais muitas vezes se encontram em uma espiral contínua de interações negativas com os funcionários da escola (Jenson et al., 2004), e essa estratégia de intervenção universal foi implementada para que o ambiente escolar ofereça mais incentivo para os alunos e aumente as interações pró-sociais entre alunos e funcionários. Para que esse procedimento seja eficaz, os professores precisam automonitorar seu comportamento, buscar ativamente exemplos de comportamentos apropriados exibidos pelos alunos e, quando observá-los, reforçá-los com elogios verbais de forma imediata, genuína, apropriada e entusiástica (por exemplo, "John, eu realmente gosto de como você está mantendo os olhos no papel e concluindo sua tarefa. Continue com o bom trabalho!"). Como resultado dessa intervenção, a instituição conseguiu alcançar um clima escolar mais positivo e melhores relações entre alunos e funcionários (D. N. Miller et al., 2005).

Outras intervenções usadas com sucesso na Centennial School para aumentar as experiências positivas dos jovens incluíram colocar os estudantes em seu nível de ensino apropriado (através do uso de avaliação baseada no currículo), incorporar "dias divertidos" ao longo do ano para promover uma maior conexão entre alunos e professores (por exemplo, "Dia do Chapéu Maluco", quando todos foram incentivados a usar um "chapéu maluco" na escola) e a criação de um Comitê de Clima Escolar, composto por funcionários encarregados de desenvolver, de forma criativa, uma variedade de atividades e eventos de incentivo (por exemplo, um carnaval escolar) para melhorar o clima positivo da escola e promover relacionamentos positivos e maior conexão entre alunos e funcionários (D. N. Miller et al., 2005).

Várias intervenções também foram implementadas para fortalecer as relações entre pais e funcionários da escola. Talvez a mais interessante tenha sido garantir que cada professor ligasse regularmente para os pais dos alunos quando seu filho ou filha exibisse comportamentos dignos de comemoração (por exemplo, quando, após uma longa batalha com a ortografia, um aluno tirava A em um teste). Na maioria das escolas, os pais recebem telefonemas de funcionários da escola, geralmente com o objetivo de fornecer informações negativas sobre seus filhos (por exemplo, brigou com outro aluno, foi obrigado a ficar depois da escola). É muito menos comum as escolas ligarem para os pais com boas notícias do que com más notícias. Embora chamar os pais para informá-los sobre o comportamento inade-

Capítulo 5

quado ou problemático de seus filhos seja compreensível e muitas vezes necessário, quando essa comunicação é a principal ou única interação entre pais e escola, muitas vezes cria uma dinâmica negativa e uma relação antagônica entre eles.

O elemento comum nessas intervenções é que cada uma foi criada com a intenção de aumentar a conexão entre alunos e funcionários da escola. Coletivamente, essas e outras intervenções universais podem reduzir o "mar de negatividade" (Jenson et al., 2004, p. 67) e práticas excessivamente punitivas frequentemente observadas nas escolas (Maag, 2001). Embora nenhuma dessas intervenções se refira especificamente ao comportamento suicida juvenil, cada uma delas pode potencialmente contribuir para um clima escolar mais positivo e para promover comportamentos que podem fazer com que os alunos se sintam mais conectados aos adultos na escola e à escola em geral. A maior conexão dos jovens pode levar a vários resultados positivos, incluindo o risco potencialmente diminuído de comportamento suicida.

Comentários finais

As estratégias de nível 1 são projetadas para serem usadas com populações estudantis inteiras, incluindo todos os alunos em uma sala de aula, escola ou distrito escolar. Considerando a prevenção do suicídio na escola, as estratégias universais geralmente incluem informações apresentadas aos alunos e funcionários sobre fatores de risco, sinais de alerta, recursos escolares e comunitários e formas de obter ajuda. Muitos programas também incorporam componentes interativos, incluindo dramatização e desenvolvimento de habilidades, para preparar melhor os jovens para responder a adversidades, como problemas de saúde mental, eventos estressantes e adversos da vida e comportamento suicida. Além disso, para que os programas universais de prevenção do suicídio sejam eficazes ao máximo, questões relacionadas ao clima, satisfação e conexão escolares devem ser abordadas adequadamente. Embora os programas universais sejam um componente essencial dos esforços de prevenção do suicídio nas escolas, um desafio que a instituição enfrenta é fornecer serviços eficazes aos alunos que correm um risco elevado de desenvolver comportamento suicida ou que estão ativamente engajados nele. Consequentemente, intervenções mais intensivas serão necessárias para alunos em risco (nível 2) e alto risco (nível 3). Esses tópicos são o assunto dos capítulos 6 e 7.

Anexo 5.1[55]
Suicídio de jovens: exemplos de mitos e realidades

1. Mito: Falar ou perguntar sobre suicídio aumentará a probabilidade de que isso aconteça.

Realidade: Apesar dos temores contrários, não há evidências para essa crença. Na verdade, a pesquisa sugere que os jovens que discutem abertamente o tema do suicídio com adultos de confiança geralmente têm resultados mais benéficos, assim como seus colegas que podem estar em risco. Além disso, tentar conversar diretamente com jovens que podem se envolver em comportamento suicida é um componente essencial para a avaliação efetiva do risco de suicídio.

2. Mito: Pais ou cuidadores estão cientes do comportamento suicida de seus filhos.

Realidade: Jovens (especialmente adolescentes) geralmente não comunicam seus pensamentos ou ações suicidas a seus pais ou cuidadores. Em vez disso, é muito mais provável que falem sobre isso com amigos.

3. Mito: A maioria dos jovens que tenta o suicídio recebe algum tipo de tratamento.

Realidade: Estudos indicam que a maioria dos estudantes que tentam o suicídio não recebe tratamento para isso ou para outras formas de comportamento suicida. Além disso, dado que muitas crianças em idade escolar não têm idade suficiente para dirigir, o transporte para tratamento médico exigiria informar um pai, cuidador ou irmão mais velho sobre seu comportamento suicida, uma atitude que a maioria dos jovens não parece estar adotando.

4. Mito: A maioria dos jovens que se suicidam deixa bilhetes de despedida.

Realidade: Pesquisas indicam que a maioria das pessoas que morrem por suicídio (incluindo crianças, adolescentes e adultos) não deixa bilhetes. Acredita-se que uma das principais razões pelas quais os jovens normalmente não escrevem bilhetes de despedida é porque não querem revelar o que estão pensando ou sentindo para seus pais ou cuidadores.

---

55. De *Comportamento suicida em crianças e adolescentes: Prevenção, avaliação e intervenção na escola*, 2ª edição, de David N. Miller. Copyright © 2021 The Guilford Press.

5. Mito: Pessoas suicidas são impulsivas.

Realidade: Um equívoco comum é que os indivíduos suicidas são impulsivos, porque, muitas vezes, parecem fazer tentativas ou morrer por suicídio de forma repentina, sem muita premeditação ou planejamento. Na verdade, o que acontece é o oposto. Na maioria dos casos, os indivíduos que tentam ou morrem por suicídio pensaram muito sobre isso e fizeram planos cuidadosos e específicos para realizá-lo.

6. Mito: Crianças pequenas não são suicidas.

Realidade: Embora o suicídio de crianças pequenas seja raro, elas podem e se envolvem em várias formas de comportamento suicida, incluindo tentativas de suicídio e, em alguns casos, morte por suicídio.

7. Mito: As taxas de suicídio aumentam em dezembro.

Realidade: Um mito comum é que as taxas de suicídio aumentam em dezembro, principalmente em torno dos feriados comemorados durante esse mês (Natal, Hanukkah, Kwanzaa e véspera de Ano-Novo). No entanto, normalmente há menos suicídios em dezembro do que em qualquer outro mês, uma descoberta consistente com pesquisas que indicam que as taxas de suicídio tendem a diminuir um pouco antes e durante feriados importantes.

8. Mito: O suicídio é causado principalmente pelo estresse e, dependendo do nível, qualquer um pode ser suicida.

Realidade: Embora um evento de vida estressante possa ser um "gatilho" para uma crise suicida, o estresse por si só é insuficiente para levar a esse fim. As causas do suicídio são complexas e não existe uma razão simples ou única para que as pessoas morram por suicídio.

9. Mito: Pessoas com tendências suicidas são "loucas", "insanas" ou "fora de si".

Realidade: Nenhum desses termos é adequado ou útil. Os indivíduos suicidas não são nenhuma dessas coisas, mas geralmente sofrem de muita dor emocional e doença mental e, mais frequentemente (mas nem sempre), depressão.

10. Mito: As pessoas que falam em se matar não o farão porque querem apenas chamar a atenção.

Realidade: As pessoas que falam em se matar às vezes fazem tentativas de suicídio. Não estão simplesmente tentando chamar a atenção, e sim comunicando sua dor e sofrimento.

11. Mito: Se alguém é suicida, pouco ou nada pode ser feito para evitá-lo.

Realidade: Há duas razões importantes pelas quais essa percepção é incorreta. Primeiro, a maioria das pessoas que tenta o suicídio o faz apenas uma vez. Consequentemente, se um suicídio puder ser evitado, há uma excelente chance de que o indivíduo não morra por suicídio, nem mesmo tente novamente no futuro. Em segundo lugar, há pesquisas que indicam que as estratégias de prevenção podem e salvam vidas.

Anexo 5.2[56]
Crises e eventos estressantes na vida que podem precipitar ou desencadear comportamento suicida

- Término de relacionamento amoroso.
- *Bullying* ou vitimização.
- Morte de um ente querido ou pessoa importante.
- Gravidez indesejada.
- Perda relacional, social, profissional ou financeira.
- Lesão grave que pode alterar o curso de vida do indivíduo.
- Experiência pessoal envolvendo desapontamento ou rejeição significativa.
- Ter problemas com figuras de autoridade, como funcionários da escola ou a polícia.
- Conflito com familiares e disfunção familiar.
- Divórcio dos pais ou cuidadores.
- Expectativa de demanda excessivamente alta.
- Aumento das responsabilidades de cuidado do jovem em casa.
- Aumento da violência na comunidade na área em que o jovem mora.
- Doença grave ou crônica.
- Surgimento repentino de problemas de saúde física ou mental.
- Fracasso escolar ou outros problemas na escola.

---

56. De *Comportamento suicida em crianças e adolescentes: Prevenção, avaliação e intervenção na escola*, 2ª edição, de David N. Miller. Copyright © 2021 The Guilford Press.

Capítulo 6

Identificando estudantes de nível 2 ou 3 e vinculando avaliação e intervenção

Nenhum problema enfrentado pelos profissionais de saúde é mais urgente do que o comportamento suicida. E, no entanto, eles estão surpreendentemente mal preparados para lidar com esse problema humano tão profundo.
David H. Barlow

As respostas que você obtém dependem das perguntas que você faz.
Thomas Kuhn

A única boa avaliação é aquela que resulta em uma intervenção eficaz.
Frank M. Gresham

O capítulo anterior descreveu alguns componentes possíveis e recomendados de um programa universal de prevenção ao suicídio. Embora os programas universais devam ser considerados essenciais e necessários em uma abordagem abrangente à prevenção do suicídio nas escolas, eles podem não ser suficientes por si sós. Também são necessários procedimentos para identificar os alunos que podem estar em risco de comportamento suicida, bem como aqueles que estão em alto risco. Como fazer essas distinções, incluindo os procedimentos específicos envolvidos, é o tema deste capítulo.

A avaliação e a identificação são etapas importantes para determinar quais alunos necessitarão de um nível mais intensivo de intervenção para além do que é fornecido a todos os estudantes, conforme descrito no capítulo 5. Determinar se os jovens são considerados em risco ou em alto risco de comportamento suicida também é importante para definir o nível de intervenção necessário para atender às suas necessidades únicas, ou seja, se devem receber intervenções selecionadas (para alunos em risco) ou mais individualizadas, de nível terciário (para alunos em alto risco).

Três modelos de identificação e avaliação serão revisados: (1) triagem; (2) abordagens de avaliação selecionadas para identificar alunos potencialmente em risco, com base em informações demográficas e outros fatores de risco conhecidos, ou por meio de encaminhamentos de alunos ou funcionários da escola; e (3) avaliações individuais de risco de suicídio. Procedimentos sobre como distinguir entre alunos que podem estar pensando em suicídio e aqueles que se envolvem em autolesão não suicida também serão abordados. Muitos profissionais escolares relatam aumentos significativos de autolesão não suicida entre alunos, e é fundamental que a equipe escolar, especialmente os profissionais de saúde mental, compreenda as semelhanças e diferenças entre esses dois problemas diferentes, mas relacionados. Dada a crescente atenção à relação entre o *bullying* e o suicídio, esse tópico também é abordado. Por fim, é feita uma breve revisão sobre a questão da avaliação do suicídio e homicídio de alunos, especialmente a relação entre o comportamento suicida e atiradores escolares.

Triagem

Historicamente, tanto os profissionais da área da educação quanto da saúde mental têm sido reativos, em vez de proativos, ao uso de práticas de prevenção, identificação precoce e remediação para auxiliar crianças e adolescentes com problemas acadêmicos, comportamentais e/ou emocionais (Albers et al., 2007). As salas de aula escolares são tipicamente organizadas para promover a aquisição de conhecimento acadêmico e habilidades entre os "alunos típicos", em vez de servir e apoiar os alunos com necessidades especiais, incluindo aqueles com questões de saúde mental (Kratochwill et al., 2004). Embora a triagem universal para a prevenção, identificação precoce e tratamento de problemas médicos tenha uma longa história no campo da saúde pública, os educadores e as escolas só recentemente começaram a descobrir os muitos benefícios desse enfoque.

A *triagem* é um processo de identificação de jovens que podem estar em risco de vários problemas emocionais, comportamentais ou acadêmicos. Dentro de um modelo de saúde pública, programas de triagem são frequentemente usados para separar os alunos em risco de problemas daqueles que não estão, para que abordagens adicionais e mais individualizadas de avaliação possam ser realizadas. Com base nos resultados dessa avaliação, intervenções podem, então, ser oferecidas àqueles que precisam delas, considerando seu nível adequado de necessidade.

Unindo avaliação de risco de suicídio à intervenção

Tradicionalmente, a maior parte dos métodos e procedimentos de avaliação nas escolas foi projetada para fazer comparações normativas, o que significa que são usados para avaliar os alunos em várias áreas a fim de determinar como eles se comparam a outros jovens de uma série ou idade similar. Essas medidas de avaliação são frequentemente usadas para tomar decisões diagnósticas ou de classificação, como determinar a elegibilidade de uma criança para a educação especial. No entanto, nos últimos anos, a insatisfação com esses procedimentos tem crescido, em grande parte porque eles frequentemente não são muito úteis no desenvolvimento ou monitora-

> O objetivo principal dos programas de triagem para suicídio de estudantes é identificar alunos que necessitam de avaliação ou intervenção adicionais.

mento de intervenções. Consequentemente, tem havido um forte interesse em métodos e procedimentos de avaliação, como a mensuração curricular[57], que avalia problemas acadêmicos, e a avaliação funcional do comportamento[58], que considera e mede problemas de comportamento disruptivo.

O propósito desses métodos de avaliação não é fazer comparações normativas ou classificar os alunos, e sim identificar áreas ou habilidades que são alvos de intervenção necessária, como parte de um serviço baseado em dados e na solução de problemas. Em outras palavras, esses procedimentos associam avaliação e intervenção. No contexto da prevenção do suicídio em jovens, o objetivo principal dos programas de triagem para suicídio é identificar estudantes que necessitam de avaliação adicional e vinculá-la a um nível e tipo apropriados de intervenção.

Uma visão geral de programas de triagem para suicídio

Muitos defensores da triagem para suicídio argumentam que buscar a possível presença de comportamento suicida em jovens é um componente importante, se não crítico, de programas escolares abrangentes de prevenção do suicídio (por exemplo, Gutierrez et al., 2004; Kalafat, 2003; Mazza, 1997; D. N. Miller & Du-Paul, 1996). Sua utilização tem sido amplamente defendida, porque programas de prevenção universais podem não levar à identificação de estudantes com maior risco de comportamento suicida, o que muitas vezes acontece. Embora a triagem seja um processo universal (nível 1), pois sua intenção é avaliar toda a população de estudantes (por exemplo, estudantes em um distrito, escola ou série inteira), também pode ser considerada um procedimento de nível 2 (D. N. Miller et al., 2009), já que seu propósito principal é identificar e intervir com estudantes

---

57. No original, *curriculum-based measurement* (CBM) [N.T.].

58. No original, *functional behavioral assessment* (FBA) [N.T.].

considerados em risco de suicídio. Independentemente disso, a triagem e avaliação para possível comportamento suicida é uma questão multifacetada, que abrange todos os três níveis. Por exemplo, a triagem pode ser conceituada como um procedimento de nível 1 ou 2. Já as avaliações de risco de suicídio na forma de entrevistas individuais com estudantes geralmente são conduzidas no nível 3 (D. N. Miller & Mazza, 2018).

> **Muitos defensores da triagem para suicídio argumentam que buscar a possível presença de comportamento suicida em jovens é um componente importante, se não crítico, de programas escolares abrangentes de prevenção do suicídio.**

Infelizmente, uma descoberta comum é que crianças e adolescentes que têm pensamentos suicidas ou tentaram suicídio não costumam se identificar com a equipe escolar. No entanto, quando são diretamente questionados sobre comportamento suicida pelos profissionais da instituição, com frequência apresentam seus relatos, especialmente se forem questionados por adultos que consideram cuidadosos e confiáveis. Por exemplo, em uma revisão de programas de triagem para suicídio, Robinson e colegas (2013) descobriram que era possível identificar com sucesso estudantes em risco de suicídio que não eram propensos a buscar ajuda por conta própria, já que vários estudos relatavam que entre 4 e 45% (!) dos jovens precisavam de apoio adicional. Portanto, a triagem de estudantes em diferentes níveis de um Samn, incluindo questionamentos sobre comportamentos suicidas passados e atuais, deve ser considerada um elemento importante de um programa escolar abrangente de prevenção do suicídio.

Há várias opções disponíveis para os funcionários escolares interessados em usar procedimentos de triagem para identificar jovens potencialmente suicidas. Um dos mais influentes foi desenvolvido por William M. Reynolds (1991), que concebeu um procedimento de triagem em duas fases, que foi amplamente copiado (Shaffer & Craft, 1999). A primeira fase geralmente envolve a adoção universal de uma medida breve de autorrelato, que identifica jovens que atingem um ponto de corte predeterminado com base em um conjunto de critérios de risco de suicídio. Na segunda fase, todos os estudantes que pontuam acima do ponto de corte predeterminado no instrumento de autorrelato são, então, entrevistados individualmente por um profissional de saúde mental para uma avaliação mais abrangente do risco de suicídio. Os alunos identificados como estando em risco de suicídio com base em suas entrevistas individuais são categorizados levando em consideração o nível de risco (por exemplo, baixo, moderado ou alto) e recebem intervenções para atender às suas necessidades.

> **Programas de triagem úteis que foram usados em escolas incluem o Questionário de Ideação Suicida e o SOS Sinais de Suicídio.**

No modelo de Reynolds (1991), todos os estudantes de uma população recebem o Questionário de Ideação Suicida (SIQ; W. M. Reynolds, 1988), uma medida breve de autorrelato que avalia o nível de ideação suicida entre estudantes do Ensino Médio (também está disponível uma versão para o Ensino Fundamental 2, conhecida como SIQ-JR). O SIQ é uma alternativa confiável e válida como ferramenta de triagem (Gutierrez & Osman, 2009), que tem sido usado com sucesso para identificar estudantes que, de outra forma, não seriam alvo de intervenção (W. M. Reynolds, 1991) e é a medida de autorrelato mais frequentemente utilizada por psicólogos escolares nos Estados Unidos para avaliar o risco de suicídio (Benson et al., 2019). Os estudantes que pontuam em níveis clinicamente significativos no SIQ são, então, entrevistados individualmente por um profissional escolar de saúde mental para uma avaliação mais precisa do risco de suicídio.

> Pesquisas realizadas sobre programas de triagem mostram que é possível identificar com precisão estudantes em risco de suicídio e jovens que, de outra forma, não se saberia que estão em risco de comportamento suicida.

Variações desse procedimento de triagem podem ser observadas em outros programas, como o SOS Sinais de Suicídio, mencionado no capítulo anterior, que inclui uma triagem breve para depressão e outros fatores de risco associados ao comportamento suicida, bem como um manual e um vídeo de treinamento para a equipe escolar. Os objetivos do programa são ensinar os adolescentes a reconhecer os sinais de angústia em si mesmos e em seus colegas e a responder, de forma eficaz, por meio do acrônimo RCC (Reconhecer, Cuidar e Contar). O componente de triagem do programa SOS Sinais de Suicídio não segue o modelo de duas etapas de Reynolds (1991), no qual os relatórios dos estudantes são pontuados e avaliados por um profissional de saúde mental. Em vez disso, é um processo autoadministrado e autoavaliado pelos estudantes, que são incentivados a buscar seu próprio tratamento se suas pontuações indicarem que estão em uma faixa mais elevada (C. A. King et al., 2013).

Outra medida de triagem que pode ser potencialmente usada nas escolas é a Escala de Ideação Suicida de Beck[59] (Beck & Steer, 1991), uma escala de autorrelato com 21 itens. Os 19 primeiros avaliam a gravidade dos desejos, atitudes e planos suicidas do indivíduo, enquanto os dois itens restantes consideram a quantidade de tentativas de suicídio anteriores e o nível de intenção suicida associado à tentativa mais recente (Beck & Steer, 1991). A Escala de Ideação Suicida de Beck avalia os planos e a preparação para uma tentativa de suicídio (C. A. King et al., 2013). Embora a escala tenha sido principalmente utilizada com adultos,

---

59. No original, Beck Scale for Suicide Ideation [N.T.].

Capítulo 6

pode ser e já foi aplicada em adolescentes. Dados de confiabilidade e validade estão disponíveis, e a escala demonstrou ter fortes propriedades psicométricas (C. A. King et al., 2013).

A Escala de Avaliação da Gravidade do Suicídio de Columbia[60] (EAGS-C) inclui um formulário de triagem com seis perguntas (cf. *cssrs.columbia.edu* para obter mais informações). Pesquisas demonstraram que a EAGS-C tem proprie-dades psicométricas adequadas, incluindo validade convergente e preditiva (C. A. King et al., 2013). Cada uma das seis perguntas está listada a seguir:

1. "Você já desejou estar morto ou poder dormir e não acordar mais?"

2. "Você já teve pensamentos reais de se matar?" Se SIM, responda às pergun-tas 3, 4, 5 e 6. Se NÃO, vá direto para a pergunta 6.

3. "Você tem pensado em como faria isso?" *Exemplo*: "Pensei em tomar uma overdose, mas nunca fiz um plano específico sobre quando, onde ou como realmente faria isso... e nunca conseguiria, de fato, fazer isso".

4. "Você teve esses pensamentos e também a intenção de agir de acordo com eles?" Em oposição a "Tenho os pensamentos, mas definitivamente não farei nada a respeito deles".

5. "Você começou a elaborar ou já elaborou os detalhes de como se matar? Pretende executar esse plano?"

6. "Você já fez algo, começou a fazer algo ou se preparou para fazer algo para acabar com sua vida?" *Exemplos*: juntou comprimidos, arranjou uma arma, deu objetos de valor, escreveu um testamento ou um bilhete de des-pedida; pegou comprimidos, mas não os engoliu, segurou uma arma, mas mudou de ideia ou ela foi tirada de sua mão, foi para o telhado, mas não pulou; ou realmente tomou comprimidos, tentou se matar com uma arma de fogo, tentou se enforcar e assim por diante.

Por fim, Erbacher e colegas (2015, p. 95) desenvolveram o seguinte protocolo breve de cinco perguntas para uso em escolas, que poderia ser potencialmente usado como dispositivo de triagem, embora até o momento não pareça ter sido avaliado empiricamente:

1. "Você já desejou estar morto?"

2. "Já sentiu que você, seus amigos ou sua família estariam melhor se esti-vesse morto?"

3. "Já teve pensamentos sobre se matar?"

4. "Pretende se matar?"

5. "Já tentou se matar?"

---

60. No original, Columbia Suicide Severity Rating Scale (C-SSRS) [N.T.].

Independentemente da medida de triagem utilizada, a escola deve garantir que três características estejam sempre presentes. Em primeiro lugar, deve ser breve e fácil de implementar com um grande número de estudantes, podendo ser pontuada e/ou avaliada rapidamente. Em segundo lugar, a medida de triagem deve ser baseada em evidências. Ou seja, deve demonstrar um grau aceitável de confiabilidade e validade. Em terceiro lugar, antes de implementar um protocolo de triagem de suicídio, deve haver uma política claramente desenvolvida de comunicação, documentação e acompanhamento. Isso significa que a forma como os resultados serão comunicados, e para quem, devem ser questões abordadas antes da triagem, e o mesmo se aplica à forma como serão documentados e quais procedimentos de acompanhamento serão colocados em prática após o processo de triagem (C. A. King et al., 2013). Assim como em outros programas escolares de prevenção do suicídio, antecipação e planejamento cuidadoso são essenciais.

Vantagens de programas escolares de triagem para suicídio

Os programas estudantis de triagem para suicídio têm muitas vantagens. Em primeiro lugar, quando perguntados diretamente se têm pensamentos suicidas ou se fizeram tentativas de suicídio anteriores, muitas crianças e adolescentes se revelarão de maneira honesta, caso confiem na pessoa que os questiona (D. N. Miller & DuPaul, 1996). Em segundo lugar, a triagem é o único procedimento escolar de prevenção do suicídio que avalia diretamente os estudantes, que estão na melhor posição para saber sobre seu comportamento suicida. Em terceiro lugar, bons programas de triagem estão prontamente disponíveis e podem ser aplicados rapidamente. Em quarto lugar, seu uso também pode levar à identificação de jovens que provavelmente não chamariam a atenção da equipe escolar, que utiliza programas alternativos de prevenção do suicídio. Finalmente, um programa de triagem envia a mensagem clara de que a escola se preocupa com seus alunos, não tem medo de abordar abertamente o tópico do suicídio e está comprometida em identificar, de forma proativa, os estudantes que podem estar pensando em suicídio. Somadas, essas vantagens são significativas e fornecem uma forte justificativa para o uso de programas de triagem para suicídio em escolas.

Para ilustrar o poder da triagem, considere o seguinte incidente (verídico). Um indivíduo em treinamento para se tornar psicólogo escolar foi contatado por um professor que estava preocupado com um estudante. As preocupações do professor envolviam o fato de o aluno bater repetidamente com o lápis na mesa durante certos momentos do dia, um comportamento que era levemente perturbador e desagradável para o professor e provavelmente também para outros estudantes. As repetidas tentativas do professor para que o aluno parasse de bater o lápis, por meio de repreensões verbais, foram malsucedidas, e o professor pos-

Capítulo 6

teriormente entrou em contato com o estagiário de psicologia escolar em busca de ajuda. O estagiário utilizou uma escala de avaliação ampla (por exemplo, Sistema de Avaliação de Comportamento para Crianças[61]), que incluía relatórios de professores, de pais e relatos do próprio aluno sobre um amplo grupo de problemas emocionais e comportamentais apresentados por crianças e adolescentes. Embora o estudante tenha sido encaminhado apenas por causa do ato de bater com o lápis, o estagiário queria realizar uma triagem para determinar se havia outros problemas que ele poderia estar enfrentando.

Os resultados dos relatórios de professores e pais indicaram que, segundo o seu ponto de vista, o estudante não apresentava problemas emocionais ou comportamentais significativos. No entanto, o autorrelato do estudante indicou níveis clinicamente significativos de depressão. Portanto, o estagiário de psicologia escolar administrou uma medida específica para adolescentes com depressão (por exemplo, Escala de Depressão para Adolescentes de Reynolds). Nesse autorrelato, o estudante indicou que havia tido pensamentos suicidas. Uma entrevista subsequente foi realizada para uma avaliação abrangente do risco de suicídio, com resultados que mostravam o estudante em alto risco de suicídio. Se a triagem inicial com a avaliação ampla não tivesse ocorrido, é inteiramente possível, se não provável, que o comportamento suicida do estudante não tivesse sido identificado. Um simples encaminhamento por causa do ato de bater com o lápis na mesa resultou na avaliação do comportamento suicida de um estudante – obviamente um problema muito mais significativo do que se pensava inicialmente.

Desafios da implementação de programas escolares de triagem para suicídio

Apesar de suas muitas vantagens, existem vários desafios associados aos programas de triagem que a escola precisa considerar cuidadosamente antes de implementá-los. Por exemplo, alguns administradores escolares, professores e/ou pais podem se opor a uma triagem em larga escala, argumentando que isso pode inadvertidamente aumentar a ideação suicida e o sofrimento emocional entre os estudantes que participam do processo (Peña & Caine, 2006). Esse medo é comum, mas não tem base na realidade. Gould e colegas (2005) descobriram que um grupo de estudantes que passou por uma triagem para suicídio não experimentou um aumento na ideação suicida ou no sofrimento emocional. Essa descoberta permaneceu consistente mesmo entre jovens em alto risco, que tinham um histórico de depressão ou uma tentativa de suicídio anterior. Na verdade, análises adicionais indicaram que os jovens em alto risco do grupo que

---

61. No original, Behavior Assessment System for Children [N.T.].

participou da triagem relataram um *menor sofrimento* do que aqueles do grupo de controle, que não passaram pela triagem. No entanto, devido à ampla crença nesse mito, pode ser um desafio convencer os administradores escolares e os pais a realizar triagens para o suicídio.

Talvez relacionado a essa questão esteja o nível de aceitação dos procedimentos de triagem entre os envolvidos. Eu e meus colegas conduzimos uma série de estudos sobre a aceitação de vários programas escolares de prevenção do suicídio, incluindo triagens autorrelatadas por estudantes, programas informativos ou baseados no currículo e treinamento da equipe. Nossa pesquisa descobriu, com consistência, que a triagem de estudantes era menos aceitável do que outras abordagens entre diretores de instituições de Ensino Médio (D. N. Miller et al., 1999), psicólogos escolares (Eckert et al., 2003), superintendentes escolares (Scherff et al., 2005) e estudantes (Eckert et al., 2006). Dito isso, a maioria desses grupos provavelmente teve muito pouca experiência ou exposição à triagem. Escolas que realizam regularmente triagens de estudantes podem descobrir que elas se tornam mais aceitáveis ao longo do tempo, especialmente se os alunos reconhecerem que a triagem para suicídio é vista pela escola como uma atividade importante e valorizada, e que a instituição demonstra preocupação genuína com a saúde mental e o bem-estar dos estudantes.

Outros desafios das triagens incluem seu custo, tanto financeiro (para a compra dos kits SOS Sinais de Suicídio e dos formulários autorrelatados, como o SIQ) quanto em termos do tempo e esforço exigidos dos estudantes e da equipe escolar. O uso de procedimentos de triagem pode ser um processo particularmente intensivo no que diz respeito à dedicação de tempo e mão de obra para os profissionais de saúde mental escolar, que precisam ajudar na realização e coordenação de avaliações, possivelmente pontuar protocolos (embora muitos programas de triagem, como o SIQ, possam ser pontuados rapidamente por máquina) e conduzir e acompanhar avaliações de risco de suicídio dos estudantes identificados. Além disso, como as triagens normalmente têm uma alta taxa de falsos positivos (ou seja, identificar erroneamente um estudante como estando em risco de suicídio, quando não está), os profissionais de saúde mental escolar podem ter que conduzir dezenas de entrevistas individuais (ou mais) após cada triagem. Embora a superidentificação de estudantes em risco de suicídio seja claramente preferível à subidentificação, isso cria certos desafios logísticos para a escola.

Outra questão é determinar quando e com que frequência as triagens devem ser conduzidas, já que isso pode afetar quais estudantes são identificados como estando em risco. Por exemplo, se uma triagem para suicídio em toda a escola fosse conduzida em setembro, alguns estudantes que não estavam suicidas naquele momento, mas ficariam mais para frente, seriam ignorados.

Um desafio final para aqueles que desejam implementar programas de triagem é a necessidade de as escolas estarem preparadas para responder efetivamente aos estudantes identificados como potencialmente suicidas (Gutierrez & Osman, 2009). Em particular, "triagens em larga escala só são práticas se houver recurso para oferecer serviços de acompanhamento adequados para cada um dos estudantes identificados como de alto risco alguns dias após a apresentação do resultado" (Gutierrez & Osman, 2008, p. 135). As escolas não devem conduzir triagens em larga escala se não tiverem os recursos escolares e/ou comunitários para oferecer os serviços necessários aos estudantes identificados.

Questões éticas e legais na triagem de estudantes

Jacob (2009) levanta várias questões éticas envolvidas no uso de procedimentos de triagem para o suicídio em escolas. Por exemplo, embora ela concorde com Gutierrez e Osman (2009) ao afirmar que as escolas devem ter os recursos necessários disponíveis para realizar triagens em larga escala, ela vê esse problema não apenas como uma questão logística, mas também como uma questão ética. Especificamente, ela afirma que "é antiético fazer triagens para comportamentos suicidas e depois deixar de oferecer avaliação e intervenção individualizada como forma de acompanhamento" (Jacob, 2009, p. 241).

Jacob (2009) também cita várias outras questões éticas relacionadas aos procedimentos de triagem. Ela indica, por exemplo, que os pais devem ser notificados e autorizar o uso dessas medidas. A equipe escolar também tem a obrigação ética de garantir que os estudantes sejam adequadamente informados sobre o propósito da triagem e sobre quem terá acesso aos resultados. Também sugere que, como a triagem pode não resultar em benefício direto para um estudante individual, os alunos direcionados para a triagem devem ter a opção de escolher se desejam participar.

Jacob (2009) também expressa preocupação com a questão ética envolvida na identificação incorreta de um estudante como estando em risco de suicídio com base em uma medida de triagem. Especificamente, ela recomenda que a equipe escolar conduza uma "análise de risco-benefício das triagens em larga escala" e que "devem levar em consideração a possibilidade de que tais triagens resultem em prejuízos para os estudantes que são falsos positivos (ou seja, identificados incorretamente como estando em risco de comportamento suicida), incluindo o estigma e o constrangimento de serem submetidos a uma avaliação e acompanhamento desnecessários de saúde mental e... a preocupação que isso despertará em seus pais" (Jacob, 2009, p. 241).

Respeitosamente, discordo deste último comentário e gostaria de apontar que identificar de forma incorreta estudantes que, na verdade, não estão suicidas é preferível a não identificar aqueles que estão. Medidas de triagem frequentemente identificarão estudantes como potencialmente suicidas quando não o são, mas a alternativa não é deixar de realizar triagens e, portanto, deixar de identificar jovens em risco de suicídio. King e colegas (2013, p. 43) abordam essa questão afirmando que "pode ser ética e legalmente preferível 'lançar uma rede ampla' e valorizar falsos positivos em vez da possibilidade de perder um adolescente que está realmente em risco de autolesão".

Jacob (2009, p. 241) também indica que a equipe escolar tem a responsabilidade ética de "minimizar a possível estigmatização dos estudantes se forem realizadas triagens em larga escala", garantindo que os nomes dos jovens identificados como potencialmente suicidas apenas com base nos resultados da triagem "não sejam divulgados à equipe pedagógica. Além disso, se os profissionais de saúde mental da escola ficarem preocupados com um estudante após uma avaliação individualizada de risco de suicídio, isso deve ser compartilhado apenas *com quem precisa saber*".

Também há a questão da responsabilidade legal nas triagens de estudantes. Conforme mencionado no capítulo 2, a escolar pode ser responsabilizada se não evitar um suicídio previsível. No entanto, até o momento, os tribunais não exigiram que a instituição escolar tome medidas proativas para identificar jovens suicidas (como realizar triagens), nem nenhum distrito escolar foi responsabilizado por realizar triagens de estudantes. Essas medidas provavelmente resultariam na identificação e intervenção com mais jovens, e os profissionais escolares de saúde mental, bem como outros preocupados com a necessidade de melhor identificar jovens suicidas que, de outra forma, poderiam passar despercebidos, provavelmente receberiam positivamente essa evolução. No entanto, alguns administradores escolares podem não ficar tão entusiasmados, já que teriam um aumento possivelmente indesejado no número de estudantes identificados, o que pode ser considerado uma questão de responsabilidade em potencial.

> Embora existam muitas vantagens nas triagens em larga escala de estudantes em busca de comportamento suicida, também há muitos desafios associados à sua implementação, incluindo questões éticas e legais.

Resumo da triagem

Dadas as muitas dificuldades associadas ao uso de programas de triagem para o suicídio em larga escala, talvez não seja surpreendente que seu uso não seja mais difundido, apesar das vantagens claras que têm sobre outros programas de prevenção. As triagens de estudantes permitem a avaliação direta de grandes grupos,

Capítulo 6

resultando na identificação eficaz e eficiente de jovens potencialmente suicidas. Embora a escola seja encorajada a estar disponível e ser capaz de fornecer triagens em larga escala, é importante estar ciente dos desafios envolvidos antes de implementá-los. No entanto, com o nível apropriado de comprometimento e acompanhamento, muitas escolas (e distritos escolares) podem superar esses desafios.

Outros procedimentos para identificar jovens potencialmente em risco

Identificação baseada em informações demográficas e fatores de risco

Embora não seja tão abrangente quanto uma triagem universal, um procedimento mais simples e menos desafiador para identificar estudantes potencialmente em risco é basear-se em informações demográficas e fatores de risco conhecidos. Por exemplo, estudantes que atendam a um ou mais dos seguintes critérios podem ser considerados para avaliação e/ou intervenção adicionais:

- Estudantes com depressão clínica, problemas de abuso de substâncias e/ou problemas de comportamento agressivo.
- Estudantes que tenham tentado o suicídio anteriormente.
- Estudantes que se envolvem em automutilação não suicida.
- Estudantes nativos americanos.
- Estudantes lésbicas, gays, bissexuais ou transgêneros.
- Estudantes com acesso a armas de fogo.
- Estudantes que se envolvem em comportamentos perigosos ou imprudentes.
- Estudantes que recentemente tiveram um membro da família ou amigo que morreu por suicídio.
- Estudantes com histórico familiar de suicídio e/ou depressão.
- Estudantes que expressaram o desejo de morrer por suicídio.

A equipe escolar, particularmente os profissionais escolares de saúde mental, deve estar ciente de que estudantes que se enquadram em uma ou mais dessas categorias podem estar em risco elevado de comportamento suicida. É especialmente importante que os profissionais de saúde mental nas escolas monitorem cuidadosa e continuamente aqueles que tentaram o suicídio anteriormente, pois esses jovens estão em um risco especialmente alto de comportamento suicida futuro, incluindo novas tentativas de suicídio.

Estar ciente desses fatores de risco não significa necessariamente que os profissionais de saúde mental devem conduzir uma avaliação individual de risco de suicídio para cada estudante em suas escolas que se enquadra em uma ou mais dessas categorias. No entanto, jovens que apresentam muitas dessas variáveis demográficas e/ou fatores de risco, especialmente se também apresentam os possíveis sinais de alerta para o suicídio discutidos no capítulo 5, devem ser cuidadosamente monitorados. Avaliações individualizadas de risco de suicídio devem ser realizadas se houver qualquer motivo para suspeitar que um estudante possa estar pensando em suicídio.

Identificação por meio da indicação de alunos ou de funcionários da escola

Um procedimento final para identificar jovens potencialmente suicidas, que parece ser comumente usado nas escolas, é a indicação feita por estudantes ou funcionários a profissionais escolares de saúde mental. Para que esse procedimento seja eficaz, todos os estudantes e funcionários da escola precisam receber informações precisas sobre os possíveis sinais de alerta para o suicídio, bem como sobre os procedimentos de como e para quem casos suspeitos de comportamento suicida devem ser relatados.

Realizando avaliações individuais de risco de suicídio em estudantes

Se as escolas optarem por realizar triagens em larga escala, os estudantes identificados como potencialmente suicidas precisarão seguir para avaliações individualizadas de risco de suicídio. Da mesma forma, escolas que utilizam procedimentos de identificação selecionados, seja com base em informações demográficas e fatores de risco ou em indicações de estudantes ou funcionários, também precisarão realizar avaliações de risco para acompanhar esses jovens. É claro que muitas escolas podem optar por não fazer a triagem e outras podem decidir não implementar o procedimento menos desafiador de identificação de jovens em risco com base em informações demográficas e fatores de risco. Na verdade, embora ambas as medidas ofereçam benefícios significativos, a maioria dos distritos escolares nos Estados Unidos parece atualmente não implementar nenhuma delas.

Independentemente de esses procedimentos serem implementados, é provável que todas as escolas, especialmente as instituições de Ensino Fundamental 2 e Médio, tenham se deparado em algum momento com a necessidade de profissionais de saúde escolar conduzirem avaliações individuais de risco de suicídio, o que foi, é e continuará sendo uma habilidade importante e necessária para todos os profissionais de saúde mental que trabalham nas escolas. Infelizmente, como indicado no capítulo 2, muitos profissionais escolares de saúde mental não consideram ter recebido treinamento adequado nesta área (por exemplo, D. N. Miller & Jome, 2008). Embora nenhum livro possa substituir a experiência prática, as informações fornecidas na seção a seguir têm como objetivo ajudá-los a conduzir efetivamente avaliações de risco de suicídio.

Capítulo 6

Os objetivos das avaliações escolares de risco de suicídio

Avaliações de risco de suicídio nas escolas têm dois objetivos principais. *O primeiro é determinar se um aluno está potencialmente em risco de suicídio e, em caso afirmativo, em que medida.* Uma maneira útil de determinar isso é classificar os estudantes em um de vários grupos, dependendo de seu grau de risco. Quantas categorias de risco devem ser consideradas e como os profissionais da escola podem determinar em qual delas colocar os alunos? Não existem respostas claras e absolutas para essas perguntas e, em certa medida, o julgamento clínico está envolvido. Dito isso, a equipe escolar precisará de critérios para embasar suas decisões sobre o risco de suicídio dos alunos, e as orientações sobre como fazê-lo são discutidas a seguir.

> Um dos principais objetivos das avaliações de risco de suicídio nas escolas é determinar se um aluno está potencialmente em risco de suicídio e, em caso afirmativo, em que medida.

Rudd (2006) identifica cinco possíveis níveis de risco, partindo do "risco mínimo" até o "risco extremo". Aqui está uma lista de cada nível de risco que ele sugere usar, juntamente com uma breve descrição dos indicadores comportamentais para cada categoria:

1. *Nível de risco mínimo*: Não há identificação de ideação suicida.
2. *Nível de risco leve*: Há ideação suicida de frequência, intensidade, duração e especificidade limitadas.
3. *Nível de risco moderado*: Ideação suicida frequente com intensidade e duração limitadas; alguma especificidade em termos de plano; nenhuma tentativa associada.
4. *Nível de risco grave*: Ideação suicida frequente, intensa e duradoura; planos específicos; nenhuma tentativa subjetiva, mas alguns marcadores objetivos (por exemplo, escolha de métodos letais).
5. *Nível de risco extremo*: Ideação suicida frequente, intensa e duradoura; planos específicos; tentativa subjetiva e objetiva claras.

Os três primeiros níveis de risco no sistema de categorização de Rudd são geralmente considerados na faixa inferior de risco de suicídio, porque, embora a ideação suicida possa estar presente, formas mais graves de comportamento suicida geralmente não estão. Rudd (2006) sugere que várias coisas ocorrem à medida que o nível de risco de um indivíduo passa de moderado para grave e extremo. Primeiro, surge uma tentativa real de suicídio. Em seguida, o número e a intensidade dos sintomas aumentarão, junto com uma deterioração dos fatores de proteção.

Erbacher e colegas (2015) modificaram os níveis de risco de Rudd (2006) para os três níveis mais amplamente utilizados em configurações de saúde mental escolar e comunitária: baixo, moderado e alto. As características dos jovens que são avaliados em cada nível de risco são descritas a seguir, juntamente com as

186

medidas apropriadas a serem tomadas pelos profissionais da escola em resposta (T. A. Erbacher et al., 2015).

Baixo risco

As características dos jovens avaliados como em baixo risco de suicídio incluem:

- Relatos de ideação suicida passageira e transitória que não interferem em suas atividades diárias.
- Nenhum desejo expresso de morrer (ou seja, tentativa).
- Nenhum plano específico expresso de suicídio.
- Poucos fatores de risco.
- Presença de fatores de proteção.

Medidas a serem tomadas pela escola:

- Notificar os pais ou responsáveis.
- Criar um plano de segurança com o aluno e os pais ou responsáveis (a menos que eles representem um gatilho para o risco de suicídio, caso em que o plano pode ser feito apenas com o aluno).
- Identificar apoios para o aluno na escola (professor, treinador ou profissional de saúde mental).
- Coordenar com os pais para conectar o aluno aos serviços de saúde mental da comunidade.

Risco moderado

As características dos jovens avaliados como em risco moderado de suicídio incluem:

- Relatos de ideação suicida frequente com intensidade e duração limitadas.
- Relatos de alguns planos específicos para se matar, mas nenhuma tentativa.
- Bom autocontrole.
- Alguns fatores de risco.
- Capacidade de identificar os motivos para viver e outros fatores de proteção.

Medidas a serem tomadas pela escola:

- Aumentar a frequência e a duração das visitas a um profissional escolar de saúde mental ou a outro membro da equipe identificado como aceitável, não julgador e com quem o aluno relata se sentir seguro e à vontade.
- Reavaliar o risco de suicídio em cada encontro e observar se o aluno está fazendo a transição para baixo ou alto risco.

Capítulo 6

- Manter contato telefônico regular com os pais ou responsáveis e com o profissional de saúde mental da comunidade e fornecer atualizações sobre o progresso do aluno na escola e quaisquer mudanças observadas em casa ou na comunidade.

Alto risco

As características dos jovens avaliados como em alto risco de suicídio incluem:

- Relatos de ideação suicida frequente, intensa e duradoura.
- Planos específicos, incluindo a escolha de meios letais e a disponibilidade e acesso a eles.
- Múltiplos fatores de risco.
- Poucos ou nenhum fator de proteção.

Medidas a serem tomadas pela escola:

- Após a avaliação de risco, entrar em contato imediatamente com os pais ou responsáveis.
- Combinar com os pais ou responsáveis e outras partes, conforme necessário (por exemplo, outros profissionais, autoridades policiais), para levar o aluno a um hospital ou a um centro de saúde mental comunitário responsável por avaliar jovens para internação.
- Discutir o processo de internação com a família, para que entendam o que acontecerá se o aluno for hospitalizado, e como será reintegrado à escola após a possível hospitalização.

Erbacher e colegas (2015, p. 100) também oferecem conselhos úteis aos profissionais escolares de saúde mental que podem estar compreensivelmente aflitos ao tomar decisões tão cruciais sobre os níveis de risco de suicídio. Especificamente, eles consideram que

> é importante lembrar que você pode chegar a três conclusões distintas após uma avaliação de risco de suicídio: (a) o aluno não está suicida (nenhum ou baixo risco); (b) o aluno está em algum lugar intermediário (risco moderado); (c) o aluno está em risco iminente de suicídio. Sua resposta a estudantes que estejam em uma das extremidades (nenhum risco ou risco iminente) é clara. Nenhum/baixo risco de suicídio: ligue para os pais, administrador, documente a avaliação de suicídio e envie o aluno de volta para a sala de aula. Risco iminente: consulte um administrador, ligue para os pais, documente, coordene e encaminhe para internação.

A situação mais desafiadora ocorre quando os alunos são considerados de risco moderado de suicídio.

Sem risco

Embora a discussão anterior tenha se concentrado nos níveis de risco de suicídio, desde baixo até alto, existem muitos casos em que os alunos podem não se encaixar em nenhuma dessas categorias, porque serão considerados *sem risco* de suicídio. Isso é um ponto importante, pois a grande maioria dos jovens não relata nenhuma forma de comportamento suicida. Como observado por Erbacher et al. (2015, p. 97), "a maioria dos jovens com quem você entra em contato nunca pensou, planejou ou tentou suicídio". O método usado para determinar se um aluno está sem risco de suicídio é o mesmo usado para qualquer outro nível de risco: conduzir uma avaliação de risco de suicídio. Um aluno pode ser considerado sem risco de suicídio se a avaliação revelar o seguinte (T. A. Erbacher et al., 2015):

- O aluno não relata ideação suicida, tentativa ou plano.
- Não há evidências que contradigam as declarações do aluno (por exemplo, indicações de que está deturpando um risco de suicídio).
- Não há informações de terceiros (por exemplo, relatos de adultos ou documentos, como um bilhete de despedida) que apresentem evidências contrárias.

Independentemente do nível, as avaliações de risco de suicídio não devem ser vistas como estáticas. A ideação e outras formas de comportamento suicida frequentemente flutuam ao longo do tempo, e um aluno determinado como "sem risco" para suicídio pode se tornar de alto risco no futuro, dependendo de diversas variáveis intervencionistas. "Risco de suicídio", portanto, não deve ser percebido como um estado estável ou duradouro. Ele pode e frequentemente muda ao longo do tempo.

Além de determinar se um aluno é suicida e a extensão do comportamento suicida que pode estar presente, um segundo objetivo das avaliações de risco na escola é *vincular os resultados a intervenções que atendam melhor às necessidades do aluno*. A avaliação está diretamente ligada à intervenção, pois o nível de risco de suicídio ajudará a determinar a intervenção e o apoio necessários. Por exemplo, se a avaliação de risco indicar que o aluno deve ser considerado em alto risco de suicídio, a intervenção geralmente envolverá manter o aluno em segurança até que possa ser levado para outro local (seja para a casa ou para o hospital, por exemplo) para avaliação adicional ou intervenção necessária.

> Um segundo objetivo das avaliações de risco de suicídio na escola é vincular os resultados às intervenções que melhor atendam às necessidades individuais do aluno.

Independentemente do nível de risco em que o aluno é colocado, no entanto, cada vez que uma avaliação de risco de suicídio é realizada, os pais ou responsáveis devem ser imediatamente notificados e informados dos resultados. Além disso, mesmo que seja determinado que um aluno está em baixo risco de suicídio, ele não deve ser deixado sozinho em momento algum. Se possível, a equipe escolar também deve recomendar aos pais que venham à escola para buscá-lo.

Capítulo 6

Princípios básicos de avaliação de risco de suicídio em jovens

King e colegas (2013) identificam quatro princípios básicos na avaliação do risco de suicídio em jovens: (1) o risco pode ser compreendido; (2) o risco não é estático e, portanto, a avaliação deve ser contínua; (3) o risco nem sempre é óbvio; e (4) múltiplos informantes ajudam a alcançar uma avaliação abrangente. Cada um desses princípios é descrito mais detalhadamente a seguir, pois são conceitos importantes a serem compreendidos para realizar avaliações eficazes de risco de suicídio em escolas.

O risco pode ser compreendido

Há numerosos fatores de risco para o comportamento suicida, como discutido no capítulo anterior. Alguns deles incluem, mas não se limitam à presença de depressão clínica e outras formas de psicopatologia, comportamento suicida anterior (especialmente tentativas de suicídio anteriores) e problemas de abuso de substâncias. Esses fatores de risco foram amplamente estabelecidos através de múltiplos estudos, e é responsabilidade do profissional escolar de saúde mental conhecê-los, bem como entender como se relacionam com o aluno avaliado. Também é importante entender que o risco geralmente é multifacetado. Portanto, uma avaliação abrangente envolve múltiplos fatores de risco potenciais e uma compreensão de como eles podem interagir no aluno para o qual a avaliação está sendo realizada (C. A. King et al., 2013).

O risco não é estático e, portanto, a avaliação deve ser contínua

Os fatores de risco para o comportamento suicida podem ser *agudos* ou *crônicos*, e entender essa distinção é fundamental para a avaliação contínua. Por exemplo, um aluno com um transtorno psiquiátrico, como um transtorno depressivo ou bipolar, pode estar em risco agudo logo após uma crise ou evento de vida negativo (por exemplo, uma separação romântica ou uma ação disciplinar), o que aumenta a probabilidade de comportamento suicida (C. A. King et al., 2013). O risco agudo é limitado no tempo, mas essa definição é um tanto flexível, pois pode durar minutos, horas ou dias (Bryan & Rudd, 2006). Além disso, o risco agudo pode, e frequentemente ocorre, em indivíduos com um ou mais fatores de risco crônicos (C. A. King et al., 2013). Ao contrário dos fatores agudos, os crônicos colocam os indivíduos em um risco elevado para comportamento suicida por um período prolongado. Por exemplo, um aluno com um longo histórico de depressão grave e abuso de substâncias pode estar em risco crônico de suicídio.

Os fatores de risco também podem ser estáticos ou não modificáveis, ou seja, não podem ser alterados (um jovem com histórico de abuso sexual, por exemplo). Fatores de risco estáticos podem nos ajudar a entender por que alguns alunos podem ter um risco crônico ou elevado de suicídio ao longo da vida. Outros fatores de risco são modificáveis, ou seja, podem mudar ao longo do tempo. Por exemplo, um aluno que está clinicamente deprimido no momento pode não estar no futuro. Além disso, os fatores de risco podem ser próximos (isto é, intimamente ligados no tempo ao comportamento suicida) ou distantes (algo que ocorreu no passado, mas continua a exercer influência sobre o possível comportamento suicida). Fatores de risco próximos podem funcionar como gatilhos (por exemplo, um aluno que tenta suicídio logo após o rompimento com a namorada) (C. A. King et al., 2013).

Compreender as distinções entre os fatores de risco tem importantes implicações na avaliação de risco de suicídio. É importante não considerar as avaliações conduzidas com alguns alunos como eventos "únicos". Alunos identificados como potencialmente em risco de suicídio devido aos fatores crônicos podem necessitar de uma avaliação contínua dos fatores agudos que, juntamente com os crônicos, podem colocá-los em um risco elevado de suicídio. Por exemplo, um aluno adolescente com histórico de depressão e tentativas de suicídio anteriores (ou seja, fatores de risco crônicos) pode estar em risco agudo quando sob a influência de álcool ou após o término de um relacionamento (C. A. King et al., 2013). Como observado por King e colegas (2013, p. 70), "antes de podermos definir o risco, devemos entender os fatores crônicos subjacentes do adolescente e reunir o máximo de informação possível para orientar nosso julgamento sobre o seu nível de risco agudo".

O risco nem sempre é óbvio

Talvez o aspecto mais desafiador da avaliação do risco de suicídio seja que algumas crianças e adolescentes não compartilharão informações sobre seus pensamentos, intenções, planos ou histórico suicida com outros adultos, incluindo pais e profissionais de saúde mental. King e colegas (2013, p. 70) sugerem que essa relutância "pode ser motivada por muitas razões possíveis: talvez porque temam reações emocionais fortes ou negativas de outras pessoas, ou porque não consigam encontrar as palavras ou a coragem para compartilhar seus pensamentos, ou porque já passaram por atendimento de emergência ou hospitalar e não desejam repetir isso, ou ainda porque não desejam que alguém interfira ou interrompa seu plano de morrer por suicídio". Independentemente do motivo, quando os alunos estão relutantes em divulgar comportamentos suicidas, os profissionais escolares de saúde mental são especialmente encorajados a usar várias abordagens de avaliação com múltiplos informantes.

Capítulo 6

Múltiplos informantes ajudam a alcançar uma avaliação abrangente

Embora sempre faça sentido usar múltiplos informantes (como alunos, pais e professores) ao conduzir avaliações de risco de suicídio, é especialmente crítico fazê-lo em situações em que o jovem, por qualquer motivo, não revela informações importantes sobre seu comportamento suicida. Além disso, os pais podem fornecer informações importantes que os próprios jovens podem não conhecer (por exemplo, informações detalhadas sobre serviços de saúde mental anteriores, histórico familiar de comportamento suicida ou problemas de saúde mental). Mesmo quando o aluno é capaz e está disposto a fornecer informações sobre seu comportamento suicida, outros adultos frequentemente podem fornecer valiosos dados suplementares (C. A. King et al., 2013).

Ao avaliar várias fontes de informação, pode haver discrepância nos relatos. Em geral, como observado anteriormente, pesquisas sugerem que os pais podem ter conhecimento e informações limitadas sobre a ideação suicida de seus filhos ou mesmo tentativas de suicídio anteriores (Klaus et al., 2009). Como acontece na avaliação de diversos problemas emocionais e comportamentais em crianças e adolescentes (Whitcomb, 2017), os pais podem ser mais confiáveis ao relatar comportamentos prontamente observáveis (como problemas de conduta) do que fenômenos menos observáveis e internalizados (por exemplo, angústia emocional, desesperança), o que significa que eles são mais cientes das tentativas de suicídio de seus filhos do que de seus pensamentos suicidas (Klaus et al., 2009).

Entrevistando crianças e adolescentes

Em geral, o componente mais útil e importante de uma avaliação eficaz de risco de suicídio é o encontro e a entrevista individual com o estudante identificado. Foram desenvolvidas várias entrevistas estruturadas e semiestruturadas que se concentram especificamente no comportamento suicida de crianças e adolescentes (Goldston, 2003). Infelizmente, muitas dessas entrevistas são caras, difíceis de obter, variam amplamente em seu grau de confiabilidade e validade e carecem da flexibilidade que, geralmente, é necessária para conduzir uma entrevista completa com o estudante. Portanto, não é recomendado usar um conjunto "padronizado" de perguntas, de maneira uniforme, com cada estudante avaliado para possível comportamento suicida.

Embora seja fundamental que todos os profissionais escolares de saúde mental tenham uma lista geral de perguntas para orientar a entrevista e levar à aquisição das informações necessárias, a condução de avaliações eficazes do risco de suicídio é um processo fluido e dinâmico, e não rígido e inflexível, no qual todas as perguntas devem ser feitas da mesma forma a todos os estudantes, seguindo uma ordem fixa. Em vez disso, as perguntas variarão, dependendo das respostas do estudante e de seu nível de desenvolvimento, bem como das questões específicas sendo avaliadas. Em outras palavras, entrevistas de avaliação de risco de suicídio com crianças e adolescentes devem abranger áreas pertinentes de interesse, mas a maneira como o processo se desenrola dependerá, até certo ponto, do estudante e de suas circunstâncias únicas. A flexibilidade é necessária, uma vez que cada caso é diferente, embora as principais questões a serem avaliadas permaneçam em grande parte as mesmas.

> O componente mais importante de uma avaliação de risco de suicídio é a entrevista individual com o estudante identificado.

Faça uma autorreflexão antes de conduzir entrevistas com estudantes

Antes de conduzir uma entrevista individual com o estudante, o profissional escolar de saúde mental deve estar ciente de possíveis preconceitos pessoais que possam influenciar negativamente a avaliação (Freedenthal, 2018), fazendo uma reflexão pessoal adequada sobre suas próprias crenças e possíveis desconfortos relacionados ao suicídio de crianças e adolescentes (Barrio, 2007). Freedenthal (2018) recomenda que os profissionais reflitam sobre suas experiências anteriores com o suicídio (ou a falta delas) e (1) confrontem e lidem de forma eficaz com qualquer ansiedade que possam ter sobre o suicídio e sua avaliação, (2) estejam atentos a possíveis sentimentos de negatividade em relação ao indivíduo potencialmente suicida, (3) rejeitem o papel de "salvador" e (4) mantenham a esperança.

Da mesma forma, Barrett (1985) identificou três questões importantes que os indivíduos que realizam avaliações de risco de suicídio devem considerar para avaliar e responder com eficácia a jovens potencialmente suicidas. Eles (1) não devem permitir que suas atitudes em relação à morte, em geral, e ao suicídio, em particular, interfiram em sua capacidade de lidar razoavelmente com o tópico, (2) devem ter cuidado para não demonstrar ansiedade ou irritação com os entrevistados e (3) devem lidar com sentimentos de insegurança ou falta de confiança e buscar treinamento e apoio adicionais, conforme necessário.

Estabeleça um relacionamento e faça com que o aluno se sinta o mais confortável possível

Ao se encontrar com o estudante para conduzir uma avaliação de risco de suicídio, é importante que já haja um relacionamento positivo e preestabelecido entre o profissional da escola e o jovem. Se não houver tal histórico, o avaliador deve se comportar de maneira a fazer o estudante se sentir o mais confortável possível, com o objetivo de estabelecer um relacionamento e ganhar a sua

Capítulo 6

confiança. Também pode ser benéfico dar ao jovem a oportunidade de convidar um membro da equipe escolar de sua preferência para participar da avaliação de risco de suicídio, pois isso passa a mensagem clara de como é importante que o estudante se sinta confortável e apoiado. Embora seja mais fácil dizer do que fazer, os profissionais escolares de saúde mental também devem se esforçar para conduzir a entrevista de maneira calma e confiante. Mesmo que não se sintam dessa forma, é importante que pareçam assim, pois ajudará a deixar o estudante mais confortável. É provável que eles se sintam cada vez mais calmos e confiantes à medida que adquirirem mais habilidades e experiência na avaliação de jovens potencialmente suicidas.

Supere medos comuns

Um dos maiores obstáculos para os profissionais escolares de saúde mental questionarem uma criança ou adolescente sobre seus pensamentos suicidas é o medo. Freedenthal (2018) citou quatro medos comuns ao entrevistar alguém sobre seus pensamentos suicidas: (1) o medo de colocar a ideia de suicídio na cabeça da pessoa, (2) o medo de piorar a ideação suicida, (3) o medo de irritar a pessoa e (4) o medo de a pessoa responder afirmativamente quando perguntada sobre o desejo de se matar. Todos esses quatro problemas serão abordados a seguir.

O primeiro é o medo de piorar a ideação suicida ao perguntar sobre ela. Como mencionado anteriormente, no entanto, estudos envolvendo tanto adolescentes quanto adultos descobriram que fazer perguntas sobre suicídio não aumenta o risco de que as pessoas se matem (Harris & Goh, 2017). Além disso, como observou Freedenthal (2018, p. 25), "o medo de dar a alguém a ideia do suicídio presume que as pessoas não poderiam pensar nisso por conta própria". Se um estudante já apresenta ideação suicida, fazer perguntas sobre seus pensamentos suicidas não colocará a ideia em sua cabeça, pois ela já está lá. Se, ao ouvir essa pergunta, o jovem não apresenta pensamentos suicidas, apenas falar sobre o assunto não aumentará a probabilidade de que a ideação suicida se desenvolva.

Embora fazer perguntas sobre pensamentos suicidas não coloque a ideia na cabeça de um estudante, um segundo medo comum é se a pergunta pode piorar os pensamentos existentes. Vários estudos descobriram que fazer perguntas sobre ideação suicida não teve um efeito positivo ou negativo (Freedenthal, 2018). Para uma pequena proporção de indivíduos, os pensamentos suicidas aumentaram brevemente, embora tenham diminuído em outros (Dazzi et al., 2014). No entanto, mesmo que a ideação suicida piore como resultado de uma avaliação, isso não deve ser usado como justificativa para interromper a avaliação do risco de suicídio. Um possível aumento na ideação suicida é um pequeno preço a pagar por conduzir um processo que pode ajudar a salvar a vida de um estudante. Freedenthal (2018, p. 25) sugere uma analogia interessante: "A medicina está repleta de testes de diagnóstico, desde exames de sangue até colonoscopias, que causam dor física. A possível consequência negativa é justificada pelas informações que esses testes fornecem".

Um terceiro medo comum ao perguntar às pessoas sobre seus pensamentos suicidas é o receio de possivelmente ofendê-las ou irritá-las. Um aspecto interessante desse medo é que, aparentemente, o que está por trás é o estigma associado às pessoas suicidas. Como observou Freedenthal (2018, p. 25), "há tanto estigma envolvendo o suicídio que simplesmente perguntar a alguém se está pensando em suicídio soa, para alguns, como um insulto. Profissionais não devem perpetuar esse estigma. Pessoas que pensam em suicídio não estão fazendo algo moralmente errado". É altamente improvável que um estudante fique zangado ou ofendido se for questionado sobre o suicídio, mas, mesmo que fique, "está tudo bem. A raiva é uma emoção a ser explorada, não uma toxina a ser evitada. Assim como o desconforto de exames médicos, é um pequeno preço a pagar para obter informações importantes, como a ideação suicida" (Freedenthal, 2018, p. 25).

Um quarto medo ao perguntar às pessoas se estão tendo pensamentos suicidas é que respondam "sim". A possibilidade de alguém tirar a própria vida é profundamente perturbadora, e, quando um estudante responde que está pensando em suicídio, o medo é uma reação comum por parte do avaliador. Há o medo de que a forma como a avaliação é conduzida possa ter consequências de vida ou morte, especialmente entre profissionais que podem não confiar em sua competência (Freedenthal, 2018). Um medo semelhante é que uma resposta "sim" apresentará desafios logísticos, como conduzir uma avaliação mais longa e minuciosa do que foi talvez originalmente previsto ou ter que tomar as providências necessárias para a hospitalização. De qualquer forma, "esses medos devem ser superados, ou pelo menos tolerados. É muito melhor saber quando alguém está contemplando o suicídio do que não saber, mesmo que o conhecimento seja assustador" (Freedenthal, 2018, p. 26).

Informe ao estudante os objetivos e parâmetros da entrevista

Quando a entrevista começa, o estudante deve ser informado sobre por que a avaliação está sendo conduzida e quais serão os parâmetros. Em geral, deve ser claramente comunicado ao estudante que muitas pessoas se importam com ele e desejam que esteja seguro. O entrevistador deve comunicar claramente o que será feito com as informações obtidas, bem como os possíveis limites de confidencialidade. Erbacher e colegas (2015, p. 104) fornecem um exemplo útil:

Sei que seu professor estava realmente preocupado com você por causa da redação que escreveu. Meu trabalho é ouvir de você o que está acontecendo e descobrir o que posso fazer para ajudar. Seu trabalho é ser honesto comigo. Vou fazer perguntas muito específicas ao longo do caminho. Provavelmente, vou anotar algumas coisas, porque o que você diz é importante e quero me lembrar disso... A maioria das coisas que você me disser ficará entre nós. Mas há três coisas que eu tenho que contar para outro adulto, e todas têm a ver com a sua segurança: que fará algo para se machucar, que está pensando em machucar alguém, ou que alguém está planejando fazer ou fez mal a você. Tudo o que me disser que não estiver relacionado à segurança ficará entre nós. No final de nossa conversa, falaremos sobre como contar para seu(s) pai(s). Se conseguirmos descobrir uma maneira de fazer isso, minha preferência seria que você contasse para seu(s) pai(s) sobre quaisquer pensamentos suicidas que possa ter. O que importa para mim é que você esteja seguro e feliz. Até o final, teremos um plano para descobrir como podemos trabalhar para alcançar ambas as coisas.

Mostre que você se importa e demonstre vontade de ajudar

Ao realizar uma avaliação de risco de suicídio, o profissional escolar de saúde mental deve demonstrar uma atitude cuidadosa e vontade de ajudar. Além de realmente se importar com o estudante e desejar ajudar, é crucial que o entrevistador se comporte de uma maneira que comunique claramente e sem ambiguidade o cuidado e o desejo de ajudar. Como isso pode ser mais bem realizado? O entrevistador deve apresentar um comportamento verbal e não verbal validador e respeitoso. Ouvir cuidadosamente o estudante e tentar entender a sua experiência, incluindo a dor e a desesperança, são aspectos importantes na criação de uma aliança terapêutica (C. A. King et al., 2013). Participar de escuta reflexiva, incluindo a validação frequente dos sentimentos do estudante, pode ajudar a estabelecer uma aliança terapêutica e, muitas vezes, será fundamental para obter informações úteis sobre o estudante durante a entrevista (C. A. King et al., 2013).

Se não confiarem no entrevistador, é improvável que os jovens revelem pensamentos ou qualquer comportamento suicida atual ou anterior em que tenham se envolvido. Entrevistadores que mostram que se importam, que expressam a vontade de ajudar e que validam as experiências dos estudantes têm mais chances de conquistar essa confiança. John Draper, diretor executivo da Linha Direta Nacional para Prevenção do Suicídio, resumiu dessa forma em uma mensagem na lista de discussão eletrônica da AAS: "Podemos falar sobre melhores formas de prever o risco [de suicídio], mas, no final, ainda depende de como envolvemos pessoas desesperadas de maneiras que as ajudem a se sentirem valorizadas e cuidadas".

Seja afirmativo e encorajador e reconheça a coragem

Ao conduzir uma entrevista com um estudante, Erbacher e colegas (2015, p. 104) recomendam que o entrevistador "use o maior número possível de frases encorajadoras e afirmativas sem parecer falso" e que "as palavras escolhidas são, muitas vezes, menos importantes do que o tom com o qual é falado". Por exemplo, se um estudante estiver discutindo seus pensamentos e sentimentos suicidas, mas tiver dificuldade em expressá-los adequadamente, o entrevistador pode dizer algo como "Eu sei que isso é difícil, mas você está indo muito bem. Não temos pressa, então, vá com calma". Revelar experiências pessoais profundamente enraizadas, dor e sofrimento é um ato de coragem tremenda. Os entrevistadores devem reconhecer e elogiar os estudantes por isso, afirmando algo como "Eu sei que falar sobre algumas dessas coisas é difícil para você, mas o que está me contando requer muita coragem. Nem todos são capazes de fazer isso".

Permita que os estudantes contem sua história

Um aspecto importante para criar uma aliança terapêutica é permitir que os estudantes contem a "história" de seu comportamento suicida. Ao conduzir avaliações de risco de suicídio, às vezes há uma tendência entre os entrevistadores de bombardear o entrevistado com perguntas. Devido à ansiedade que isso frequentemente provoca, os profissionais de saúde mental podem ficar tentados a controlar a avaliação, fazendo uma série de perguntas que, embora frequentemente necessárias, às vezes "melhor servem às necessidades do profissional para obter dados sobre o risco de suicídio do que às necessidades da pessoa suicida de se sentir ouvida, compreendida e menos sozinha em sua dor" (Freedenthal, 2018, p. 35). A entrevista não deve se tornar um interrogatório.

Várias perguntas precisam ser feitas para conduzir uma avaliação completa de risco de suicídio, mas antes é importante dar aos estudantes a oportunidade de *contar sua história*, usando uma abordagem narrativa desenvolvida por Michel e Valach (2011, p. 71–72). Eles oferecem exemplos de perguntas que convidam pessoas potencialmente suicidas a compartilhar sua história:

- "Poderia me contar como chegou ao ponto de querer dar um fim à sua vida?"
- "Eu gostaria que me contasse a história do que levou à sua crise suicida. Apenas deixe-me ouvir você."
- "Eu gostaria que me contasse com suas próprias palavras como você se machucou."

Embora o uso dessa técnica possa não ser útil com crianças mais jovens, tem um potencial muito informativo com adolescentes, especialmente jovens com boas habilidades verbais que estão dispostos a se autorrevelar. Permitir que os

Capítulo 6

estudantes contem sua história lhes confere certo nível de controle e transmite a mensagem de que o entrevistador deseja entendê-los a partir do ponto de vista do próprio jovem. Se o estudante tiver dificuldade em responder ou expressar confusão sobre por onde começar, o entrevistador deve fornecer uma resposta compassiva e encorajadora, como "Fique à vontade para começar de onde quiser. Não existe maneira certa ou errada de me contar sua história" (Freedenthal, 2018, p. 35).

Enquanto o estudante está falando, o entrevistador deve evitar interromper a narrativa, exceto talvez em situações em que precise de um esclarecimento ou de mais detalhes (embora, mesmo assim, muitas vezes seja melhor esperar até que o estudante termine de falar, já que interrupções frequentes por parte do entrevistador não transmitem respeito). O entrevistador pode ajudar a preencher qualquer lacuna na narrativa fazendo algumas perguntas breves e abertas como "Você pode me contar mais sobre...?"; "Pode me ajudar a entender...?"; "O que aconteceu em seguida?" Permitir que os estudantes contem sua história, em suas próprias palavras, transmite curiosidade e respeito por parte do entrevistador. Também permite que o entrevistador alcance uma compreensão mais detalhada das experiências dos estudantes sobre o suicídio do ponto de vista deles, cria uma conexão mais forte entre o profissional de saúde mental e o estudante e lança as bases para o restante da entrevista (Freedenthal, 2018).

Reconheça os obstáculos para a transparência

Uma preocupação comum entre os entrevistadores que conduzem avaliações de risco de suicídio é que o estudante pode não responder honestamente às perguntas devido a medos relacionados à autorrevelação. Ele pode não querer admitir ou falar sobre a ideação suicida passada ou atual por várias razões. Por exemplo, alguns estudantes podem se sentir envergonhados, constrangidos ou humilhados se revelarem que são ou foram suicidas. Outros podem ver a discussão de seus pensamentos suicidas como um sinal de fraqueza. Alguns podem temer sofrer consequências negativas na escola em função do que revelaram (como sentir vergonha diante dos colegas se a notícia se espalhar), e outros em casa (por exemplo, eles podem acreditar que seus pais ficarão zangados ou talvez excessivamente protetores) (T. A. Erbacher et al., 2015). Os estudantes também podem temer que, se discutirem seu comportamento suicida, serão hospitalizados, e podem ter muitas ideias incorretas sobre o que envolve a hospitalização (por exemplo, que estão "loucos"; que serão retidos no hospital contra sua vontade indefinidamente).

Se a pessoa entrevistada afirma que não está pensando em suicídio, Freedenthal (2018, p. 40) recomenda que o entrevistador mantenha um "ceticismo saudável", mesmo que a pessoa seja enfática em sua negação. Ela sugere fazer perguntas de acompanhamento e explorar as razões pelas quais a pessoa pode estar retendo informações. Por exemplo, se o entrevistador pergunta: "Você tem pensamentos suicidas?" e o estudante nega, o entrevistador pode fazer uma pergunta de acompanhamento: "Você já desejou poder dormir e nunca mais acordar?" Shea (2009) recomenda fazer esta pergunta: "Você já teve pensamentos fugazes de suicídio, mesmo que por um momento ou dois?"

Outra maneira de abordar a relutância de um indivíduo em revelar pensamentos suicidas no presente é explorar sua disposição em revelar possíveis pensamentos suicidas no futuro. Freedenthal (2018, p. 40) apresenta dois exemplos: (1) "No futuro, se você estivesse pensando em se matar, se sentiria confortável me contando?"; (2) "Por que seria difícil para você me dizer que estava pensando em suicídio? O que você tem medo que possa acontecer?"

Resista à tentação de persuadir ou oferecer conselhos

Embora ouvir a história do estudante sobre seu comportamento suicida seja importante, também é difícil, desconfortável e desafiador ouvir alguém – especialmente uma criança ou adolescente – falando sobre a possibilidade de tirar a própria vida. Como observado por Freedenthal (2018, p. 49), ao ouvir um indivíduo discutir o suicídio, um profissional de saúde mental "compreensivelmente pode sentir vontade de dar conselhos, tranquilizar, convencer a pessoa de que seu pensamento suicida está errado ou, de outra forma, [tentar] tirar a pessoa do suicídio". O profissional escolar de saúde mental deve evitar fazer qualquer uma dessas coisas. Embora bem-intencionadas, tais declarações frequentemente resultarão no estudante se sentindo não ouvido e alienado e podem intensificar ainda mais os sentimentos de desesperança (Freedenthal, 2018).

Em vez de tentar persuadir ou oferecer conselhos, o entrevistador deve se concentrar em *demonstrar empatia*, com o objetivo de ajudar o estudante "a se sentir ouvido, compreendido e menos sozinho" (Freedenthal, 2018, p. 49). Isso pode parecer fácil, mas, muitas vezes, é difícil de colocar em prática. Em muitos casos, quando estamos "ouvindo" alguém, estamos pelo menos parcialmente focados em pensar sobre o que diremos em resposta (o que significa que não estamos realmente ouvindo). Ouvir com empatia envolve tentar ver as coisas do ponto de vista da outra pessoa como se você fosse essa pessoa, sempre reconhecendo que não é. Fazer isso ajuda não apenas a entender mais claramente o nível de sofrimento que o indivíduo está experimentando, mas também por que o estudante pode ver o suicídio como uma opção razoável e até desejável (Freedenthal, 2018). Resumindo, "ouvir a pessoa suicida com empatia requer não tentar tirar a pessoa do suicídio, não tentar tranquilizá-la de forma superficial, dizendo que as coisas vão melhorar (como alguém pode saber de fato?), não alertar a pessoa sobre os efeitos do suicídio nos outros e não se apressar prematuramente em ajudar a resolver os problemas ou corrigir a situação" (Freedenthal, 2018, p. 49–50).

Capítulo 6

Conheça as questões de desenvolvimento, especialmente ao entrevistar crianças

Embora as questões de desenvolvimento devam ser levadas em conta ao entrevistar tanto crianças quanto adolescentes, elas são especialmente importantes ao lidar com pré-adolescentes, principalmente em escolas de Ensino Fundamental 1 (M. Haas, 2018; McConaughy, 2013). O suicídio em crianças é raro, mas, como discutido no capítulo 1, pode ocorrer, e a ideação suicida, mesmo entre crianças pequenas, não é incomum (Westefeld et al., 2010). Além disso, um estudo constatou que os profissionais escolares de saúde mental conduziram aproximadamente o mesmo número de avaliações de suicídio com alunos em escolas de Fundamental 1 (do jardim de infância ao 5º ano: 31,2%) quanto de Fundamental 2 (6º a 8º anos: 31,2%) e Ensino Médio (9º ano a 3ª série: 36,4%)[62] (Ribeiro et al., 2013). A idade modal (isto é, mais frequente) da primeira tentativa de suicídio é aos 13 anos (Kilmes-Dougan et al., 1999), e Mazza, Catalano, Abbott e Haggerty (2011) constataram que quase 40% de sua amostragem de adolescentes mais velhos que tentaram o suicídio o fizeram pela primeira vez durante o Ensino Fundamental 1 ou 2. Meninos e meninas jovens parecem ter taxas semelhantes (e muito baixas) de tentativas de suicídio e mortes por suicídio até aproximadamente os 10 anos de idade, momento a partir do qual (e em conformidade com grupos etários mais velhos) começa o chamado paradoxo de gênero do suicídio (Canetto & Sakinofsky, 1998), no qual as mulheres têm taxas mais altas de tentativas de suicídio, mas os homens têm taxas mais altas de mortes por suicídio.

Uma questão crítica de desenvolvimento ao avaliar o suicídio em crianças é o nível de compreensão do conceito e da permanência da morte. Por exemplo, Mishara (1999) constatou que quase 30% das crianças de 1º e 2º anos de sua amostragem não compreendiam que a morte é permanente. Experiências anteriores de morte vivenciadas pelas crianças, como a perda de membros da família ou de animais de estimação, podem afetar a compreensão e o significado da morte (Pfeffer, 1986). As limitações de desenvolvimento de crianças pequenas, incluindo a visão cognitivamente imatura da morte e o padrão de pensamento concreto, podem tornar a avaliação desafiadora. Crianças com menos de 12 anos também podem ter dificuldade em articular ou verbalizar sua intenção de suicídio (Pfeffer, 2003), razão pela qual a entrevista de outros adultos que fazem parte do ambiente das crianças mais jovens (por exemplo, pais e professores) é especialmente importante. Além disso, crianças com menos de 8 anos (e crianças ou adolescentes mais velhos com deficiências cognitivas) muitas vezes têm grande dificuldade em refletir e relatar sua experiência subjetiva. Portanto, o entrevistador enfrenta desafios relacionados tanto à idade quanto ao nível cognitivo da

---

62. Nos Estados Unidos, o Ensino Médio possui 4 anos de duração [N.T.].

criança ao conduzir avaliações de risco de suicídio. Ambas as variáveis devem ser consideradas ao entrevistar crianças.

Barrio (2007) forneceu várias recomendações adequada a cada estágio de desenvolvimento para entrevistar crianças (ou seja, pré-adolescentes) sobre possíveis comportamentos suicidas, incluindo (1) estabelecer comunicação e uma boa relação com a criança, (2) tranquilizar a criança, conforme necessário, sobre os propósitos da avaliação, (3) avaliar regularmente a compreensão da criança das questões discutidas e (4) prosseguir em um ritmo mais lento em comparação com entrevistas com alunos mais velhos. Pfeffer (1986) recomenda que as perguntas relevantes devam ser feitas mais de uma vez e de diferentes maneiras, para garantir que a criança compreenda adequadamente o que está sendo perguntado. Se as crianças tiverem dificuldade em responder às perguntas verbalmente, o profissional de saúde mental pode pedir que desenhem figuras como um complemento ou até mesmo em vez das respostas verbais (Barrio, 2007; Ridge Anderson et al., 2016).

Faça perguntas específicas e diretas

Os entrevistadores devem ser muito específicos e diretos em sua linguagem e abordagem ao conduzir avaliações de risco de suicídio (D. N. Miller, 2013a; Rudd, 2006). O entrevistador deve evitar o uso de termos e frases eufemísticos, ambíguos e/ou vagos que podem ter significados diferentes para pessoas diferentes. Em vez disso, deve usar palavras e frases claras e inequívocas ao avaliar a presença de comportamento suicida, como "matar-se", "tirar a própria vida" e "suicídio".

Não há um consenso para definir se os entrevistadores devem começar com perguntas sobre preocupações mais amplas (por exemplo, perguntar sobre os problemas que a pessoa está enfrentando ou seu nível de desesperança) antes de abordar mais diretamente o suicídio, ou se os entrevistadores devem começar diretamente com perguntas sobre suicídio e depois abordar preocupações mais amplas (Freedenthal, 2018). Joiner e colegas (2009) recomendam abordar primeiro a questão do suicídio e, em seguida, fazer perguntas sobre o desejo de morrer de maneira mais geral. Freedenthal (2018, p. 28) apresenta estes exemplos:

- "Você tem pensamentos sobre se matar?"
- "Você às vezes deseja estar morto?"
- "Você às vezes deseja poder dormir e nunca mais acordar?"

Em contraste, Bryan e Rudd (2006, p. 188) recomendam começar a entrevista com perguntas sobre preocupações mais gerais, antes de passar a fazer perguntas mais diretas sobre suicídio, devido à crença de que isso pode reduzir a ansiedade na pessoa entrevistada e melhorar a comunicação:

Capítulo 6

- "Como as coisas têm ido para você ultimamente? Pode me contar sobre algo em particular que tem sido estressante para você?"
- "Você tem se sentido ansioso, nervoso ou em pânico ultimamente?"
- "Não é incomum, quando se está deprimido, sentir que as coisas não vão melhorar; você já se sentiu assim?"
- "Pessoas que se sentem deprimidas e sem esperança às vezes pensam em morte e em morrer; você tem pensamentos sobre morte e morrer?"
- "Já pensou em se matar?"

Com frequência, acho útil enquadrar perguntas sobre suicídio em um contexto mais amplo, deixando o aluno saber que o comportamento suicida entre seus pares é mais comum do que ele pensa, antes de fazer perguntas mais diretamente sobre seu próprio comportamento suicida. Por exemplo: "Muitas pessoas da sua idade pensam em se matar. Você já pensou dessa forma? Já pensou em tirar sua própria vida?"

Independentemente da abordagem do entrevistador, o ponto importante é não evitar abordar a questão do suicídio de forma direta por causa de medos comuns, mas infundados, como o de que fazer isso "colocará ideias na cabeça dos alunos". Como mencionado anteriormente, não há evidências para esse medo, e os alunos frequentemente respondem positivamente a um adulto cuidadoso, que está genuinamente interessado neles e em seus problemas e disposto a falar aberta e francamente sobre o suicídio. Os alunos não se sentirão à vontade para falar sobre suicídio se o entrevistador parecer desconfortável ao abordar o assunto.

O profissional escolar de saúde mental deve avaliar o aluno em várias áreas, incluindo:

- Como ele se sente atualmente;
- Níveis passados e atuais de depressão;
- Níveis passados e atuais de desesperança;
- Níveis passados e atuais de ideação suicida;
- Autopercepção de ser um fardo;
- Autopercepção de pertencimento;
- Histórico de abuso de drogas;
- Nível de insônia ou hipersonia;
- Problemas ou estressores atuais em casa;
- Problemas ou estressores atuais na escola;
- Histórico de tentativas de suicídio anteriores;
- Método(s) usados em tentativas de suicídio anteriores;
- Presença ou ausência de um plano de suicídio;

- Especificidade e letalidade do método em um plano de suicídio;
- Acesso a meios letais;
- Possibilidade de resgate;
- Sistema de apoio atual;
- Razões para viver.

O anexo 6.1, que foi modificado a partir de Erbacher et al. (2015) e D.N. Miller (2021), traz exemplos de perguntas para avaliar o risco de suicídio em estudantes durante uma entrevista, e está no fim deste capítulo.

Diferenciar palavras de comportamento

Rudd (2006) destaca a importância, em uma avaliação de risco de suicídio, de distinguir entre o que um indivíduo *diz* e *faz*, ou seja, as diferenças e semelhanças entre as palavras e o comportamento. O que um indivíduo diz em uma avaliação de risco de suicídio pode ser descrito como *intenção subjetiva* ou *expressa*. O que ele faz (ou seja, comportamento concreto observado durante a entrevista) é conhecido como *intenção objetiva* ou *observada* (Rudd, 2006). O comportamento observado durante uma entrevista de avaliação de risco deve ser descrito de maneira simples e direta. Aqui estão alguns exemplos oferecidos por Rudd (2006):

- O aluno se preparou para o suicídio (por exemplo, escreveu cartas para os pais e/ou amigos e/ou pessoas significativas)?
- O aluno tomou medidas para evitar ser descoberto e/ou resgatado?
- A tentativa de suicídio ocorreu em uma área isolada, afastada ou protegida?
- A tentativa de suicídio foi feita em um horário específico para o jovem evitar ser descoberto (por exemplo, quando sabia que ninguém estaria em casa por horas ou dias)?
- O resgate e a intervenção só foram possíveis por acaso?

Indicadores de intenção objetiva incluem comportamentos que demonstram (1) um desejo de morrer; (2) preparação para a morte (por exemplo, cartas para entes queridos); e (3) esforços para evitar a descoberta ou o resgate (Rudd, 2006).

De acordo com Rudd (2006), geralmente haverá um alto grau de consistência entre o que uma pessoa suicida diz e faz. No entanto, pode haver casos em que uma criança ou adolescente dirá uma coisa, mas fará outra. Por exemplo, um indivíduo pode negar que tem ideação suicida, mas exibir comportamento que sugira o contrário (como ter feito várias tentativas de suicídio ou ser conhecido por ter feito planos detalhados de suicídio de alta letalidade com pouca possibilidade de resgate). Uma das tarefas mais importantes no processo de avaliação de risco é esclarecer e resolver tais discrepâncias, desafiando o jovem suave, mas firmemente, quando elas estiverem presentes (Rudd, 2006). Rudd (2006, p. 10) traz um exemplo de uma resposta envolvendo a avaliação hipotética de risco de suicídio de uma estudante do Ensino Médio:

> Você me disse que realmente não quer morrer, mas todo o seu comportamento nas últimas semanas sugere o contrário. Você tem bebido muito, escreveu uma carta para o seu [namorado] dizendo que queria morrer e, algumas semanas atrás, tomou uma overdose quando sabia que ninguém estaria em casa e esperou 3 dias para me contar sobre isso. Preciso que me ajude a encontrar sentido nessa contradição. Parece quase que você está me dizendo uma coisa e fazendo outra. Francamente, estou mais inclinado a considerar seu comportamento como a variável mais importante aqui, especialmente porque estou muito preocupado com sua segurança e bem-estar.

Priorize sinais de alerta sobre fatores de risco

É importante avaliar possíveis fatores de risco, pois compreendê-los pode auxiliar o entrevistador a investigar mais profundamente o comportamento suicida passado e atual. No entanto, a maioria dos estudantes (e das pessoas em geral), mesmo aqueles que apresentam fatores de risco significativos para o suicídio (como tentativas de suicídio anteriores ou histórico de internações), não morre por suicídio (Freedenthal, 2018). Além disso, há evidências crescentes de que a utilidade dos fatores de risco pode ser mais limitada do que se pensava anteriormente (Tucker et al., 2015). Por exemplo, não há uma correlação direta entre a quantidade de fatores de risco de um indivíduo e seu grau de risco de morrer por suicídio (Tucker et al., 2015).

Conforme discutido no capítulo 1, também há evidências convergentes de que muitas das variáveis anteriormente consideradas fatores de risco para o suicídio podem ser mais precisamente vistas como fatores de risco para a ideação suicida em vez de formas mais graves de comportamento suicida (como tentativas de suicídio), e que o desenvolvimento e a progressão da ideação para tentativas de suicídio potencialmente letais são processos separados e distintos (Klonsky et al., 2017; Klonsky & May, 2015). Variáveis que dão origem ao desejo de suicídio podem não levar a ações comportamentais mais evidentes, a menos que um indivíduo também tenha a capacidade de morrer por suicídio (Anestis, Law et al., 2017).

Em contraste com os fatores de risco, que são tipicamente mais estáticos e de longa duração, os sinais de alerta são mais dinâmicos e indicam uma escalada aguda do risco de suicídio agora ou no futuro muito próximo. Portanto, os sinais de alerta são muito mais relevantes na avaliação do risco atual de suicídio do que os fatores de risco e, portanto, devem receber prioridade entre os profissionais que conduzem avaliações de risco de suicídio (Freedenthal, 2018). Assim como nos fatores de risco, no entanto, não há um "número mágico" de sinais de alerta que um indivíduo deve exibir para ser considerado em alto risco de suicídio. Nenhum sinal de alerta isolado é particularmente significativo, mas, quanto mais sinais de alerta estiverem presentes, mais o profissional escolar de saúde mental deve se preocupar. Dito isso, "um indivíduo pode ter uma abundância de sinais de alerta, mas não ter o mais importante de todos: a intenção suicida. Os sinais de alerta chamam a atenção para a necessidade de avaliar cuidadosamente se uma pessoa pode estar prestes a encerrar a própria vida" (Freedenthal, 2018, p. 70).

Avalie a capacidade adquirida para o suicídio

O capítulo 1 discutiu os modelos mais recentes de "ideação para ação" do comportamento suicida, que distinguem entre o desejo de suicídio e a capacidade para o ato. Há evidências crescentes de que a capacidade adquirida para o suicídio é uma variável crucial a ser considerada ao avaliar o risco de suicídio, porque pode aumentar a probabilidade de um indivíduo fazer a transição da ideação para formas mais graves de comportamento suicida. Avaliar os estudantes em relação à possível desinibição em relação à morte, persistência diante da dor e do sofrimento, conhecimento sobre e acesso a meios letais e experiência com autolesões são todas áreas que envolvem a capacidade para o suicídio (Klonsky et al., 2017).

Um indicativo razoável de capacidade adquirida é o envolvimento do indivíduo em múltiplas tentativas de suicídio (Joiner et al., 2009). Vários estudos descobriram que aqueles que tentaram suicídio várias vezes exibem psicopatologia mais grave e um maior risco de comportamento suicida em comparação com indivíduos que fizeram uma única tentativa ou indivíduos com ideação suicida que não fizeram tentativas. Aqueles que não fizeram várias tentativas de suicídio ainda podem ser considerados como tendo desenvolvido a capacidade adquirida se três ou mais dos seguintes cinco sintomas estiverem presentes (Joiner et al., 2009): (1) uma única tentativa de suicídio; (2) tentativas de suicídio interrompidas; (3) uso de drogas autoinjetáveis; (4) autolesão não suicida; e (5) exposição frequente à violência física ou participação nela.

Avalie o acesso a armas de fogo

Como discutido no capítulo 5, a mera presença de uma arma de fogo na casa do indivíduo aumenta o risco de suicídio, pois é o método mais comum usado por pessoas que morrem por suicídio. Embora a maioria das crianças entre 5 e 11 anos que morrem por suicídio o façam por enforcamento ou sufocamento (Bridge et al., 2015), a maioria dos adolescentes que morrem por suicídio faz uso de armas de fogo. Uma vez que a taxa de suicídio é muito maior entre adolescentes do que entre crianças mais jovens, a avaliação de estudantes em relação ao comportamento suicida deve sempre incluir perguntas sobre o acesso a armas de fogo. Freedenthal (2018, p. 72) recomenda que todas as avaliações de risco de suicídio contenham a pergunta "Quantas armas de fogo (armas) você possui?" Se o estudante negar possuir armas de fogo, perguntas de acompanhamento incluem "Você tem planos de adquirir uma arma de fogo?" e "Você tem acesso a uma arma de fogo, mesmo que não seja sua?"

Assim como com outras questões relacionadas ao suicídio, a pergunta sobre o acesso a armas de fogo deve ser feita diretamente. O entrevistador nunca deve presumir que o estudante não possui ou não tem acesso a uma arma de fogo ou que revelaria essa informação sem ser questionado (Freedenthal, 2018). Embora pareça ser óbvio perguntar sobre o acesso a armas de fogo, um estudo descobriu que apenas 6% dos pacientes psiquiátricos foram questionados por profissionais de saúde mental se possuíam uma arma (Carney et al., 2002). Como observou Freedenthal (2018, p. 72): "A pergunta a uma pessoa suicida sobre posse e acesso a uma arma de fogo é muito importante para ser deixada sem resposta".

Avalie o uso da Internet e de redes sociais

Estudantes de todas as idades usam a Internet e alguma forma de rede social. Ambos são aspectos onipresentes da vida moderna, que não devem mudar no futuro. Embora existam excelentes *sites* na Internet que promovem a prevenção do suicídio, existem também vários "pró-suicídio", que defendem ativamente a morte por suicídio, fornecendo informações sobre os "melhores" métodos, oferecendo estratégias para evitar o resgate e argumentando que o suicídio é uma ação justificada que não deve ser impedida (Freedenthal, 2018). Esses *sites* "pró-suicídio" normalizam, encorajam e, em alguns casos, glorificam o suicídio. Freedenthal (2018) recomenda que as pessoas avaliadas quanto ao risco de suicídio sejam questionadas se buscaram informações sobre o suicídio *online* e, se o fizeram, que tipo de informações obtiveram.

Avalie fatores de proteção

Enquanto os fatores de risco aumentam o risco de suicídio, os fatores de proteção podem diminui-lo potencialmente. Embora a ausência de fatores de risco seja, em si, um fator protetor, é recomendado especificamente avaliar os fatores de proteção dos estudantes contra o suicídio (Freedenthal, 2018). Como mencionado anteriormente, no entanto, não se sabe tanto sobre os fatores de proteção em comparação com os fatores de risco. Exemplos de alguns possíveis fatores de proteção incluem (1) esperança e otimismo em relação ao futuro, (2) habilidades adequadas de enfrentamento e regulação emocional, (3) autoestima positiva e (4) um senso de competência e eficácia (Freedenthal, 2018). Duas áreas interpessoais que podem funcionar como fatores de proteção para os estudantes incluem a conexão e o suporte social. Perguntar ao estudante sobre suas percepções nessas áreas, considerando família e amigos (na escola e fora dela), pode fornecer informações potencialmente vitais. Isso também muda a avaliação, que não se concentra apenas em deficiências, e sim (pelo menos momentaneamente) em forças pessoais e recursos (Freedenthal, 2018).

Deve-se ter cautela ao avaliar os fatores de proteção, pois o entrevistador não deve superestimar seu valor na prevenção do comportamento suicida. Embora seja útil considerar a presença e o tipo de fatores de proteção, eles podem não inibir o comportamento suicida se um indivíduo tiver outros fatores de risco graves (Berman & Silverman, 2014). No entanto, em situações em que o risco de suicídio não é considerado alto, "a presença de fatores de proteção pode ajudar a pessoa a seguir seu plano de segurança, reunir apoio social e outros recursos e resistir a agir de acordo com os pensamentos suicidas" (Freedenthal, 2018, p. 84).

Documente a entrevista

A documentação cuidadosa de uma entrevista de avaliação de risco de suicídio deve ser realizada sempre. A documentação clara e extensiva oferece múltiplos benefícios tanto para o estudante quanto para o profissional escolar de saúde mental e pode levar a uma tomada de decisão melhor, com mais responsabilidade. Por exemplo, a documentação ajuda o estudante, obrigando o entrevistador a "analisar decisões clínicas, detectar omissões e identificar áreas para melhoria" (Freedenthal, 2018, p. 102). Também ajuda o entrevistador e o distrito escolar, pois fornece um registro imediato da avaliação, o que pode ser útil se alguém posteriormente apresentar uma reclamação ou processo (Freedenthal, 2018). O entrevistador é incentivado a documentar o que o estudante diz em resposta a todas as perguntas. Sempre que possível, citar diretamente a pessoa entrevistada é preferível e recomendado (Rudd, 2006).

Entrevistando professores e outros funcionários da escola

Embora as entrevistas com estudantes geralmente forneçam informações mais úteis ao conduzir avaliações de risco de suicídio, professores e outros funcionários da escola também devem ser entrevistados sempre que possível. Muitas vezes, informações valiosas estão disponíveis a partir de múltiplos informantes que interagem com o estudante em diferentes contextos. Então, entrevistar adultos que participam do ambiente do jovem pode ser útil para o planejamento do tratamento e outros fins. Alguns exemplos de perguntas possíveis para professores e outros funcionários da escola são fornecidos no fim deste capítulo, no anexo 6.2.

Capítulo 6

Entrevistando pais ou cuidadores

Como discutido anteriormente, a pesquisa sugere que, muitas vezes, pais ou cuidadores não estão cientes do grau em que seu filho pode estar exibindo comportamento suicida, especialmente quando o comportamento é geralmente não observável e oculto (por exemplo, ideação suicida), em vez de observável e aberto (como tentativas de suicídio). No entanto, entrevistar pais ou cuidadores pode fornecer informações valiosas e criticamente importantes (por exemplo, histórico familiar de suicídio ou de depressão) que podem não ser obtidas de outras maneiras. Além disso, um dos fatores críticos que contribui para o risco de suicídio dos estudantes é seu relacionamento com seus pais ou cuidadores. Os jovens podem ter um risco aumentado de suicídio se sua situação familiar for caracterizada por um alto grau de conflito, se seus pais ou cuidadores fornecerem níveis inadequados de apoio social e/ou se forem altamente críticos (Borowski et al., 2001). Tanto os estudantes quanto os pais ou responsáveis podem ser questionados sobre essas questões, e entrevistar todos os lados pode ser benéfico pelas diferentes perspectivas que podem ser obtidas.

As entrevistas com os pais devem incluir uma avaliação da capacidade dos pais de desempenhar *funções essenciais*, bem como *funções parentais*. As funções essenciais dizem respeito à saúde básica e segurança do filho, como o fornecimento de alimentos e abrigo adequado e a manutenção de um ambiente familiar seguro e não abusivo. Funções parentais se referem a comportamentos mais interpessoais que caracterizam uma parentalidade eficaz, como fornecer um modelo positivo, estabelecer e manter um ambiente de apoio, estabelecer limites apropriados e se comunicar de forma eficaz (T. A. Erbacher et al., 2015; Rudd et al., 2001). Além disso, as entrevistas com os pais são frequentemente decisivas para determinar se existe um histórico familiar de depressão, abuso de substâncias, suicídio ou outros problemas de saúde mental. Exemplos de possíveis perguntas para pais/cuidadores estão listadas no anexo 6.2, no fim deste capítulo.

Procedimentos de avaliação a serem evitados

Embora o uso de técnicas projetivas tenha diminuído significativamente nas últimas décadas e muitos profissionais escolares de saúde mental (como psicólogos) as usem raramente ou quase nunca (Benson et al., 2019; Hojnoski et al., 2006), alguns terapeutas podem optar por usá-las (por exemplo, Rorschach, desenhos de figuras, testes de apercepção) para avaliar jovens potencialmente suicidas. Técnicas projetivas podem ser atraentes para profissionais que acreditam que o comportamento, incluindo o comportamento suicida, é significativamente influenciado por processos mentais inconscientes, e que essas técnicas permitirão que tais processos sejam avaliados de maneira confiável e válida. Outros profissionais talvez acreditem que essas técnicas podem ser potencialmente úteis para estudantes que relutam em autodivulgar comportamento suicida.

Infelizmente, as técnicas projetivas não demonstraram confiabilidade ou validade adequadas para identificar crianças e adolescentes suicidas (D. N. Miller, 2013a). Além disso, mesmo que um procedimento de avaliação tenha um alto grau de confiabilidade e validade na identificação de jovens suicidas (e a pesquisa sugere que as técnicas projetivas não têm), esses não devem ser os únicos fatores para determinar se o procedimento deve ser usado. Por exemplo, que informações o método de avaliação fornece além daquelas que já são conhecidas? Ou que informações o método de avaliação pode fornecer que não podem ser obtidas de outra maneira mais fácil? Esse pequeno adicional de informações é considerado como validade incremental, e as técnicas projetivas geralmente carecem disso (D. N. Miller & Nickerson, 2006). As técnicas projetivas também foram criticadas por sua falta de utilidade para vincular a avaliação à intervenção (Merrell et al., 2012). Consequentemente, por essas e outras razões, não se recomenda o uso de técnicas projetivas para realizar avaliações de risco de suicídio (D. N. Miller, 2013a) ou, por sinal, de qualquer problema social, emocional ou comportamental apresentado por crianças e adolescentes (Merrell et al., 2012).

Tópicos especiais na avaliação de risco de suicídio

Ao conduzir avaliações de risco de suicídio nas escolas, é conveniente considerá-las em conjunto com outras áreas que também podem ser importantes, dependendo da situação. Em particular, o profissional escolar de saúde mental envolvido em avaliações de risco de suicídio de estudantes deve considerar a relação entre suicídio e automutilação não suicida, *bullying* e homicídio. Cada uma dessas áreas é discutida a seguir.

Suicídio e automutilação não suicida

A automutilação não suicida (AMNS) se refere a "danos corporais intencionais, de baixa letalidade, autoinfligidos, de natureza socialmente inaceitável, realizados para reduzir e/ou comunicar o sofrimento psicológico" (B. W. Walsh, 2012, p. 4). Embora a automutilação tenha sido uma característica diagnóstica de transtornos psiquiátricos, como o transtorno de personalidade borderline, ainda não é considerada um transtorno de saúde mental separado, mesmo já tendo sido incluída como uma "condição para estudo posterior", na quinta edição do *Manual diagnóstico e estatístico de transtornos mentais* (Associação Americana de

Psiquiatria, 2013)[63]. Embora existam várias definições de AMNS, todas concordam que ela pode ser diferenciada do comportamento suicida (por exemplo, uma tentativa de suicídio), em que há uma intenção deliberada e consciente de acabar com a própria vida (Hamza & Heath, 2018).

Dito isso, a relação entre suicídio e AMNS é complexa e cheia de matizes (C. M. Jacobson & Gould, 2007; Klonsky & Muehlenkamp, 2007). Por exemplo, o suicídio é considerado uma condição psiquiátrica bastante associada à AMNS tanto em pacientes internados quanto não internados. Já quando associada à depressão, a prevalência é maior em pacientes internados (Lofthouse et al., 2009). Uma parte significativa (50% em não internados e 70% em internados) dos praticantes de AMNS relata ter tentado suicídio pelo menos uma vez (Muehlenkamp & Gutierrez, 2007; Nock et al., 2006). No entanto, embora os estudantes que se automutilam estejam em maior risco de suicídio (Laye-Gindhu & Schonert-Reichl, 2005; Lloyd-Richardson et al., 2007), muitos não são suicidas, e as funções da AMNS e do suicídio são frequentemente bastante diferentes (D. N. Miller, 2013c). A AMNS é, de muitas maneiras, contraintencional ao suicídio. O indivíduo suicida geralmente deseja encerrar todos os sentimentos, enquanto o indivíduo que pratica a AMNS geralmente deseja se sentir melhor (D'Onofrio, 2007). Consequentemente, a maioria dos estudantes que se automutilam parece fazê-lo como uma forma mórbida, mas eficaz, de enfrentamento e autoajuda (D. N. Miller & Brock, 2010).

No entanto, há evidências crescentes de que se envolver em automutilação não suicida claramente coloca os indivíduos em risco de vários comportamentos suicidas, incluindo ideação e tentativas de suicídio (C. M. Jacobson & Gould, 2007; Klonsky et al., 2013; Whitlock et al., 2013). Embora a maioria dos estudantes que praticam AMNS não faça uma tentativa de suicídio, eles têm duas a quatro vezes mais chances de experimentar ideação ou fazer uma tentativa de suicídio em comparação com estudantes que não se automutilam (Hamza & Willoughby, 2016; Klonsky et al., 2013). Além disso, a pesquisa indica que indivíduos que praticam a automutilação são mais propensos a tentar suicídio se relatam repulsa pela vida, têm maior apatia e autocrítica, menos conexões com membros da família e exibem menos medo em relação ao suicídio (Muehlenkamp & Gutierrez, 2004, 2007). Adolescentes que praticam AMNS também podem estar em maior risco de tentativa de suicídio se relatam sintomas depressivos comórbidos e uso de álcool (Jenkins et al., 2014).

Joiner (2005, 2009) sugeriu que praticar AMNS pode servir essencialmente como "treinamento" para outros comportamentos potencialmente letais, como

---

63. No original, American Psychiatric Association [N.T.].

o suicídio, dessensibilizando os indivíduos à dor e habituando-os à violência autoinfligida. Indivíduos que praticam AMNS podem tornar-se isolados, sem esperança e desesperados, o que pode levá-los a ficarem potencialmente suicidas (Gratz, 2003). Algumas evidências também sugerem que os adolescentes que praticam tanto AMNS quanto tentativas de suicídio estão mais comprometidos do que aqueles que fazem um ou outro, e podem exigir tratamento mais intensivo (C. M. Jacobson & Gould, 2007). A prática frequente da AMNS pode eventualmente levar ao suicídio, se a automutilação deixar de funcionar como uma técnica eficaz de gerenciamento emocional (B. W. Walsh, 2012).

Embora a automutilação e o comportamento suicida se sobreponham consideravelmente, esses dois comportamentos problemáticos devem ser compreendidos e tratados de maneira diferente. As diretrizes de Walsh (2012) sobre as áreas a serem avaliadas para determinar se um comportamento autodestrutivo é suicida ou automutilador são fornecidas a seguir.

Intenção

Avaliar a intenção do indivíduo é um ponto fundamental para começar a diferenciar o comportamento suicida da AMNS (B. W. Walsh, 2012). Essencialmente, ao considerar a intenção, o profissional de saúde mental da escola precisa avaliar o que o indivíduo pretende alcançar ao se envolver no comportamento autodestrutivo. Em outras palavras, qual é o objetivo do comportamento? Por exemplo, se durante uma entrevista, uma adolescente é questionada sobre por que ela se corta e responde: "Eu me corto para me sentir melhor" e nega qualquer intenção suicida, isso sugeriria que a estudante se envolve em AMNS, mas não está atualmente suicida. Em contraste, uma afirmação como "Ninguém se importa comigo e nunca vai se importar – a vida simplesmente não vale mais a pena viver" sugere claramente um certo grau de potencial suicida. Infelizmente, profissionais de saúde mental muitas vezes acham difícil obter uma expressão clara da intenção das pessoas que estão avaliando. Jovens que se envolvem em comportamento autodestrutivo costumam estar emocionalmente sobrecarregados e muito confusos quanto a suas ações (B. W. Walsh, 2012). Como resultado, frequentemente fornecem respostas ambíguas (por exemplo, "Parecia a coisa certa a fazer naquele momento") ou não muito úteis (por exemplo, "Não sei") à pergunta sobre intenção.

Avaliar a intenção pode ser uma questão relativamente simples, mas costuma ser complexa e requer uma combinação de compaixão e persistência investigativa (B. W. Walsh, 2012). Tanto os indivíduos suicidas quanto os que praticam AMNS geralmente estão experimentando uma quantidade significativa de sofrimento psicológico e emocional. O indivíduo suicida fará o que for preciso para que esse sofrimento desapareça para sempre. Em contraste, "a intenção da pessoa que pratica a AMNS não é *encerrar* a consciência, mas *modificá-la*" (B. W. Walsh, 2012, p. 8). Ou seja, os jovens que praticam AMNS fazem isso não para morrer, e sim para aliviar as emoções dolorosas. Na maioria dos casos, eles parecem machucar-se para aliviar a presença de *muita* emoção, como raiva, vergonha, tristeza, frustração, desprezo, ansiedade, tensão ou pânico. Outros, que parecem ser uma minoria, se machucam para aliviar *muito pouca* emoção ou estados de dissociação (B. W. Walsh, 2012).

Nível de dano físico e letalidade potencial

O método de autolesão escolhido frequentemente comunica muito sobre a intenção do comportamento. A forma mais comum de autolesão entre jovens é o corte da pele. No entanto, entre os jovens que morrem por suicídio, apenas uma porcentagem muito pequena (menos de 1%) morre como resultado de se cortar. Portanto, ao avaliar se um aluno tem a intenção de suicídio ou de AMNS, o método usado para se envolver em comportamento autodestrutivo geralmente trará informações críticas. Os psicólogos escolares devem entender que o tipo de corte mais provável de resultar em morte é na artéria carótida ou nas veias jugulares no pescoço. Não é o corte dos braços ou pernas, as localizações corporais mais comuns para aqueles que praticam AMNS (B. W. Walsh, 2012).

Frequência do comportamento

Em geral, a AMNS em jovens ocorre em uma taxa muito mais alta do que as tentativas de suicídio. A maioria dos jovens que tenta suicídio o faz com pouca frequência, enquanto a prática da AMNS é bem mais regular. O método usado por aqueles que tentam o suicídio com mais frequência é a ingestão de comprimidos (um método de baixa letalidade), e eles também costumam divulgar suas tentativas de suicídio a outras pessoas, o que geralmente resulta em medidas preventivas.

Múltiplos métodos

Mais pesquisas são necessárias nessa área, mas existem algumas indicações de que, em comparação com jovens que tentam suicídio, jovens que praticam AMNS são mais propensos a usar vários métodos (B. W. Walsh, 2012). Os motivos para essa escolha não são claros, embora possam estar relacionados a questões de preferência e circunstâncias. Por exemplo, muitos jovens que praticam AMNS relatam que preferem usar vários métodos. No entanto, os adolescentes que estão em configurações mais restritas, como hospital ou reabilitação, podem ter maior dificuldade em acessar dispositivos (por exemplo, lâminas) para se cortar ou se queimar e, consequentemente, podem ter que usar outros métodos de automutilação (como bater em si mesmos) para alcançar os efeitos desejados (B. W. Walsh, 2012).

Nível de sofrimento psicológico

Alguns jovens podem ver o suicídio como a única forma de escapar de um nível de sofrimento psicológico e emocional que percebem como insuportável. Em contraste, embora a dor emocional de um indivíduo envolvido em AMNS seja intensa e muitas vezes extremamente desconfortável, geralmente não atinge o nível de uma crise suicida (B. W. Walsh, 2012).

Constrição cognitiva

Shneidman (1985, 1996) frequentemente apontava que pessoas suicidas podem exibir constrição cognitiva ou "visão de túnel", na qual se envolvem em um tipo de pensamento dicotômico de "ou isto ou aquilo". Por exemplo, um jovem suicida pode pensar consigo mesmo: "se minha namorada me deixar, não suportarei viver". O indivíduo suicida frequentemente adota um estilo de pensamento "tudo ou nada", e essas distorções cognitivas podem ter consequências potencialmente fatais. Em contraste, as pessoas que se envolvem em AMNS são mais caracterizadas pelo pensamento desorganizado do que restritivo (B. W. Walsh, 2012). Ao contrário de muitos suicidas, aqueles que se automutilam não veem suas escolhas como limitadas – elas simplesmente fazem más escolhas (por exemplo, se cortar para reduzir o estresse emocional, em vez de lidar com o problema de maneira mais apropriada, construtiva e socialmente aceitável).

Desesperança e impotência

Tanto a desesperança (Beck et al., 1979) quanto a impotência (Seligman, 1992) estão associadas ao comportamento suicida. Em contraste, pessoas que se envolvem em AMNS não costumam exibir essas formas de distorção cognitiva (B. W. Walsh, 2012). Ao contrário dos jovens suicidas, que frequentemente consideram não ter controle sobre seu sofrimento psicológico, as pessoas que se envolvem em autolesão frequentemente encontram nela um senso de controle necessário e acham reconfortante que o corte, queimadura ou outra forma de autolesão esteja rapidamente disponível, quando necessário (B. W. Walsh, 2012).

Consequências psicológicas do incidente de autolesão

Para o indivíduo que se envolve em AMNS, as consequências da autolesão frequentemente são experimentadas como bastante positivas, porque o comportamento alivia o sofrimento emocional. Além disso, a autolesão não apenas é eficaz na redução das emoções angustiantes, mas o faz de imediato. Em contraste,

Capítulo 6

a maioria das pessoas que sobrevive a uma tentativa de suicídio frequentemente relata não se sentir melhor depois, e muitas podem se sentir piores (B. W. Walsh, 2012). Quando um aluno envolvido em AMNS relata que isso não é mais eficaz para atingir os resultados desejados, como redução da tensão, o profissional escolar de saúde mental deve monitorar a situação com cuidado, pois a probabilidade de comportamento suicida pode aumentar.

Outras distinções entre suicídio e automutilação não suicida (AMNS)

Além das diferenças discutidas anteriormente entre suicídio e AMNS, existem outras três distinções importantes. Primeiro, em termos de prevalência, embora, nos Estados Unidos, as taxas de morte por suicídio sejam bem estabelecidas através de estudos epidemiológicos nacionais e contínuos, isso não existe para a AMNS, e, consequentemente, sua prevalência é desconhecida. No entanto, mesmo as estimativas baixas de AMNS, baseadas em amostras da comunidade, sugerem que o número de pessoas que se automutilam anualmente é muito maior do que de morte por suicídio (B. W. Walsh, 2012). Segundo, embora as medidas de segurança possam impedir o suicídio de forma eficaz, isso não acontece com a autolesão. Remover o acesso a todos os meios de autolesão é quase impraticável, se não impossível, e fazê-lo pode provocar indivíduos que se autolesionam (B. W. Walsh, 2012). Terceiro, Walsh (2012) vê que o "problema central" de muitas pessoas que praticam AMNS envolve uma imagem distorcida do corpo, o que não é tipicamente o caso de indivíduos suicidas.

A AMNS é uma questão de grande preocupação, e os profissionais escolares de saúde mental são incentivados a aprimorar seus conhecimentos e habilidades de avaliação e tratamento de jovens nessa área. Para uma visão abrangente das questões de avaliação e tratamento na AMNS em geral, o leitor é encaminhado a Nock (2014) e Walsh (2012). Uma leitura ampla e excelente de questões na avaliação e tratamento de jovens envolvidos na AMNS pode ser encontrada em Nixon e Heath (2009). Já aqueles interessados especificamente em programas escolares de avaliação e tratamento para jovens que se envolvem em AMNS são incentivados a consultar Hamza e Heath (2018), Lieberman, Toste e Heath (2009) e D.N. Miller e Brock (2010), cada um dos quais discute a avaliação e o tratamento de AMNS dentro do contexto escolar. Um excelente guia para pais que desejam entender e ajudar seus adolescentes que se automutilam é de autoria de Hollander (2017).

Suicídio e bullying

Nos últimos anos, houve muitos relatos perturbadores na mídia sobre suicídios de jovens que foram de alguma forma relacionados ao *bullying*, seja ele físico, verbal ou *cyberbullying* via redes sociais. Muitas das reportagens abordavam o suicídio de jovens pertencentes a minorias sexuais (ou seja, LGBTQ), que têm um risco muito maior de serem vítimas de *bullying* e de morrer por suicídio do que seus colegas heterossexuais. Além disso, a mídia muitas vezes associou o *bullying* a mortes por suicídio de jovens de todas as idades, desde estudantes de Fundamental 1 até o Ensino Médio e além.

O *bullying* nas escolas é lamentavelmente comum e é a forma mais frequente de violência escolar (Swearer et al., 2017). De acordo com o CCD, 1 em cada 5 estudantes do Ensino Médio relatou ter sofrido *bullying* na escola e 15% relataram ter sofrido *cyberbullying* em 2017 (CCD, 2018). Às vezes, o termo *bullying* é mal compreendido e é interpretado como qualquer comportamento agressivo de um indivíduo em relação a outro, mas esse não é o caso. Em geral, o *bullying* pode ser definido como qualquer comportamento agressivo intencional de um colega ou grupo, que envolve um desequilíbrio de poder observado ou percebido e é repetido várias vezes (Bradshaw & Waasdorp, 2019). Em outras palavras, os estudantes são vítimas de *bullying* "quando são altamente propensos a serem alvos repetidos de ações negativas intencionais por um ou mais estudantes, que são percebidos pela vítima como mais fortes verbal, física, social ou psicologicamente" (Swearer et al., 2017, p. 155). Comportamentos de *bullying* incluem ataques físicos ou verbais, disseminação de boatos e/ou exclusão intencional de outros. Isso pode ocorrer pessoalmente ou por meio da tecnologia (por exemplo, redes sociais) na forma de *cyberbullying* (Bradshaw & Waasdorp, 2019).

O *bullying* afeta vários indivíduos, incluindo as vítimas, os agressores e as testemunhas (Swearer et al., 2009). Alguns jovens podem ser tanto agressores quanto vítimas (ou seja, praticam *bullying* contra algumas pessoas, enquanto sofrem de outras). Jovens envolvidos em *bullying*, de qualquer uma das maneiras descritas, frequentemente experimentam problemas de saúde mental graves e duradouros. Tanto as vítimas quanto os perpetradores de *bullying* têm um risco aumentado de desenvolver depressão, ansiedade, envolvimento em violência interpessoal ou sexual, abuso de substâncias, funcionamento social limitado e desempenho e frequência escolar ruins. Mesmo jovens que testemunharam, mas não participaram do *bullying* (isto é, espectadores), relatam mais sentimentos de impotência e menos sensação de conexão e apoio com adultos em seu ambiente do que jovens que não testemunharam *bullying* (CCD, 2018).

Pesquisas indicam que tanto as vítimas quanto os agressores têm um risco maior de comportamento suicida do que os demais, e ele é especialmente alto entre aqueles que são tanto agressores quanto vítimas de *bullying* (Holt et al., 2015). De fato, jovens que relatam *qualquer* envolvimento em comportamentos de *bullying* (ou seja, vítima, agressor, agressor-vítima ou espectador) têm mais probabilidade de exibir comportamentos suicidas do que jovens não envolvidos.

Capítulo 6

O *bullying* pode ser um estressor significativo na vida de um estudante, levando ao desenvolvimento de desesperança ou impotência, o que pode aumentar o risco de comportamento suicida.

O *bullying* e o suicídio de jovens compartilham um conjunto comum de fatores de risco e de proteção, incluindo problemas com regulação emocional, apoio social e conexão (Duong & Bradshaw, 2015). Dada a frequente sobreposição entre eles e a atenção que recebeu da mídia, às vezes há uma tendência de superestimar a relação entre *bullying* e suicídio. Isso se reflete, por exemplo, no termo infeliz *bullycídio*, que sugere que o suicídio está diretamente ligado ou é causado pelo *bullying*. Embora o envolvimento em qualquer forma de *bullying* esteja associado a um maior risco de comportamento suicida, a maioria dos jovens envolvidos em *bullying*, seja como vítima ou agressor, *não* se envolve em comportamento suicida. Além disso, a maioria das pesquisas até o momento sobre a relação entre *bullying* e suicídio não foi conduzida de maneira que possa levar a inferências causais precisas (Duong & Bradshaw, 2015).

A maneira como a mídia retrata o *bullying* e o suicídio pode contribuir para mal-entendidos sobre sua relação. Um exemplo é a popular série da Netflix *13 reasons why*, baseada em um romance para jovens adultos escrito por Jay Asher (2007). A primeira temporada da série, lançada em 31 de maio de 2017, conta a história de Hannah Baker, uma estudante do Ensino Médio que morreu por suicídio. Pouco antes de seu suicídio, Hannah gravou fitas cassete nas quais descrevia emocionalmente 13 motivos pelos quais decidiu tirar a própria vida. As fitas foram enviadas para várias pessoas que a conheciam, e a série sugere que cada pessoa que recebeu as fitas está relacionada ao motivo pelo qual ela se matou.

Embora a série tenha se tornado imediatamente popular entre os adolescentes, também foi altamente controversa devido à sua representação irreal e sensacionalista do suicídio. Entre outras preocupações, a série sugeriu fortemente que o *bullying* foi a causa principal do suicídio de Hannah. Várias organizações profissionais, como a AAS, a Fundação Americana para Prevenção do Suicídio, a Associação Americana de Orientadores Educacionais, a Fundação JED, a Associação Nacional de Psicólogos Escolares, Vozes para Educação sobre Suicídio e o Centro de Recursos de Prevenção do Suicídio (CRPS)[64], mostraram-se contrários a muitos aspectos da série e, consequentemente, desenvolveram guias de discussão e outros materiais para pais, educadores e estudantes. Esses materiais são gratuitos e continuam disponíveis *online*. O CRPS oferece um *site* valioso, com muitas informações (*www.sprc.org/13-reasons-why*).

O *bullying* deve ser visto como uma variável importante, entre muitas que podem contribuir para uma probabilidade aumentada de comportamento suicida.

---

64. No original, Suicide Prevention Resource Center (SPRC) [N.T.].

Além disso, outros problemas podem mediar os efeitos do *bullying* no comportamento suicida. Por exemplo, o envolvimento em *bullying* e comportamento suicida pode ser explicado pela presença de problemas de saúde mental (Copeland et al., 2013; Klomek et al., 2013). Litwiller e Brausch (2013) descobriram que ser vítima de *bullying* físico ou *cyberbullying* aumentou a probabilidade de comportamento suicida, mas essa associação foi mediada pelo abuso de substâncias e comportamento violento.

O *cyberbullying*, uma forma mais recente de *bullying*, está tornando-se uma preocupação crescente nas escolas. Embora seja menos comum (Bauman, 2015), é mais difícil de evitar, é muitas vezes anônimo e mais propenso a ocorrer em conjunto com outras formas de *bullying*. Além disso, as vítimas de *cyberbullying* relatam mais sintomas depressivos, autolesões, ideação suicida e tentativas de suicídio do que as vítimas de *bullying* tradicional (Schneider et al., 2012). O risco de angústia psicológica é maior entre os estudantes vítimas de *cyberbullying* e *bullying* tradicional, tornando-os quatro vezes mais propensos a experimentar sintomas depressivos e cinco vezes mais propensos a tentar suicídio (Schneider et al., 2012). As meninas parecem ser particularmente suscetíveis ao *cyberbullying* (Schneider et al., 2012), assim como jovens de minorias sexuais (LGBTQ) (R. Lieberman et al., 2014; Schneider et al., 2012).

O *cyberbullying* representa um desafio significativo para as escolas, especialmente quando os incidentes ocorrem ou têm origem fora do ambiente escolar (Bauman, 2015). Como observado por Bauman (2015, p. 88),

> algumas leis estaduais restringem as escolas a agir apenas quando há o uso de computadores escolares. Outros estados especificam que, quando a ação prejudica o processo educacional, as escolas podem intervir. Essa incerteza cria um dilema para as escolas e pode resultar na negligência de incidentes graves de *cyberbullying* entre os alunos. É necessário um pronunciamento claro sobre a responsabilidade das escolas ao lidar com o *cyberbullying*.

Pesquisas sobre programas de prevenção de *bullying* em ambiente escolar são amplamente implementadas, mas (assim como programas de prevenção de suicídio) não são adequadamente avaliadas. Embora a pesquisa indique que abordagens de "tolerância zero" para o *bullying* são ineficazes, outras alternativas podem ser promissoras. A escola deve comunicar claramente aos alunos que o *bullying*, em qualquer uma de suas formas, é inaceitável e representa uma forma de assédio que nenhum aluno deve suportar. Os jovens também devem ser incentivados a relatar atos de *bullying* ("Se você vir algo, conte"). Recomendações para o desenvolvimento de políticas e procedimentos eficazes contra o *bullying* nas escolas incluem (1) avaliar a prevalência do *bullying*, (2) desenvolver uma política *antibullying* em toda a escola, (3) fornecer treinamento para toda a equipe escolar, (4) implementar pro-

Capítulo 6

gramas de prevenção baseados em evidências, (5) obter forte apoio da liderança e (6) usar práticas disciplinares eficazes (Nickerson et al., 2013).

Bradshaw (2015) oferece sugestões baseadas em pesquisa sobre como as escolas podem prevenir o *bullying* de forma mais eficaz, muitas das quais se sobrepõem consideravelmente às melhores práticas na prevenção do suicídio em ambiente escolar. As escolas devem considerar a implementação de cada um dos seguintes pontos:

- *Samn (Sistema de Apoio em Múltiplos Níveis)*, que inclui programas ou atividades universais para todos os jovens na comunidade ou na escola, intervenções específicas para grupos em risco de envolvimento em *bullying* e intervenções preventivas adaptadas para estudantes já envolvidos em *bullying*.
- *Programas multicomponentes*, que abordam os diversos aspectos do *bullying* e os ambientes que o apoiam. Exemplos incluem a análise das regras da escola e o uso de técnicas de gerenciamento de comportamento e aprendizagem social e emocional na sala de aula e em toda a escola para detectar e aplicar consequências ao *bullying*.
- *Atividades de prevenção em toda a escola*, que envolvem a melhoria do clima escolar, o fortalecimento da supervisão dos alunos e a implementação de políticas *antibullying* em toda a escola.
- *Envolvimento de famílias e comunidades*, que ajudam os responsáveis a aprenderem a falar sobre o *bullying* e se envolver em esforços escolares de prevenção.
- *Desenvolvimento de abordagens escolares amplas e de longo prazo*, que fortaleçam as habilidades socioemocionais, de comunicação e resolução de problemas dos jovens.
- *Foco na fidelidade ao programa*, formando uma equipe de implementação para garantir que os programas sejam executados exatamente como foram planejados.

A equipe escolar deve estar ciente de que os alunos envolvidos em *bullying* estão potencialmente em risco de comportamento suicida e podem beneficiar-se de uma triagem de suicídio ou, se necessário, de uma avaliação de risco de suicídio conduzida por um profissional escolar de saúde mental. O *bullying* representa uma das muitas variáveis possíveis que podem contribuir para o desenvolvimento do comportamento suicida e, portanto, é um ponto importante a ser avaliado.

Para obter informações adicionais sobre a compreensão, prevenção e resposta ao *bullying* nas escolas, o leitor é encaminhado para trabalhos de Bradshaw (2015), Bradshaw e Waasdorp (2019), Nickerson et al. (2013) e Swearer e colegas (Hymel & Swearer, 2015; Swearer et al., 2009, 2017; Swearer & Hymel, 2015). Para informações adicionais sobre a relação entre suicídio e *bullying*, as referências são Goldblum, Espelage, Chu e Bongar (2015), e um excelente documento publicado pelo CCD intitulado *A relação entre o* bullying *e o suicídio: O que sabemos e o que isso significa para as escolas*[65], disponível no *site* do CCD (*www.cdc.gov*).

Suicídio e homicídio: tiroteios em escolas

Os profissionais escolares de saúde mental também devem prestar atenção à relação entre suicídio e homicídio, especialmente no que se refere aos acontecimentos horríveis e trágicos dos tiroteios nas escolas e aos efeitos devastadores que causam nos estudantes, nas escolas e nas comunidades. Embora isso seja um fenômeno global, é muito mais comum nos Estados Unidos do que em outros países (D. N. Miller & Sawka-Miller, 2015). Além disso, embora os tiroteios em escolas nos Estados Unidos tenham proliferado nos últimos anos, não é algo novo. O primeiro tiroteio em escolas ocorreu em 1764 (12 anos antes da Declaração da Independência e 24 anos antes de a Constituição estabelecer os Estados Unidos como nação), e vários continuaram acontecendo em todas as décadas, desde 1850 (D. N. Miller & Sawka-Miller, 2015). Contudo, o aumento dos incidentes nos últimos anos, bem como o elevado número de mortes, gerou grande preocupação pública e fomentou a impressão generalizada de que as escolas não são seguras (Borum et al., 2010).

No entanto, ao considerar esta questão, deve primeiro ficar claro que os tiroteios em escolas são, apesar da sua ocorrência crescente, acontecimentos extremamente raros. Na verdade, os estudantes estão geralmente *mais seguros* nas escolas do que em qualquer outro lugar, e as probabilidades de um estudante ser ferido ou morto devido a um tiroteio na escola são literalmente milhões para um. Entretanto, os numerosos tiroteios com múltiplas vítimas ocorridos no final da década de 1990, especialmente na Columbine High School, no Colorado, em 1999, mudaram drasticamente a opinião pública sobre a segurança das escolas americanas (Van Dyke & Schroeder, 2006). As tragédias dos tiroteios em escolas, que se repetiram continuamente nos últimos anos, como os incidentes na Sandy Hook Elementary School, em Newtown, Connecticut, e na Marjory Stoneman Douglas High School, em Parkland, Flórida, exacerbaram ainda mais os receios e ansiedades do público em relação às escolas e à segurança.

Os esforços de prevenção do suicídio e da violência têm ocorrido de forma relativamente isolada um do outro (Lubell & Vetter, 2006), embora numerosos eventos trágicos tenham destacado a relação ocasional entre o comportamento suicida e o violento, particularmente no contexto de tiroteios em escolas (Nickerson & Slater,

---

65. No original, *The relationship between bullying and suicide: What we know and what it means for schools* [N.T.].

Capítulo 6

2009). Por exemplo, o estudo do Serviço Secreto dos Estados Unidos e do Ministério da Educação dos Estados Unidos sobre tiroteios em escolas descobriu que 78% dos atiradores exibiam ideação suicida num grau significativo (Vossekuil et al., 2002). Infelizmente, eles não só apresentam uma elevada taxa de ideação suicida, mas também um alto índice de morte por suicídio. Por exemplo, uma análise dos 25 tiroteios em escolas mais fatais do mundo, no momento em que este livro foi escrito, revelou que mais de metade deles (13) incluíam o suicídio do(s) agressor(es). A equipe escolar pode não saber ao certo que muitos desses incidentes, especialmente os mais letais, envolvem o suicídio do(s) agressor(es), além do assassinato de outras pessoas na instituição (D. N. Miller & Miller, 2020).

No momento da redação deste livro, os seis massacres escolares mais mortíferos da história dos Estados Unidos são (1) o massacre de 1927 em Bath Township, Michigan, que resultou em 45 mortes (como consequência de um bombardeio, e não de tiroteio); (2) o tiroteio de 2007 na Virginia Tech University, resultando em 33 mortes; (3) o tiroteio de 2012 na Sandy Hook Elementary School, em Newtown, Connecticut, resultando em 28 mortes; (4) o tiroteio de 1966 na Universidade do Texas, em Austin, resultando em 18 mortes; (5) o tiroteio de 2018 na Marjory Stoneman Douglas High School, em Parkland, Flórida, resultando em 17 mortes; e (6) o tiroteio de 1999 na Columbine High School, que resultou em 15 mortes. Dos sete perpetradores envolvidos nesses incidentes, cinco deles morreram por suicídio e um (Charles Whitman, o atirador adulto da Universidade do Texas, em Austin) foi morto por tiros da polícia no que parece ter sido um caso de "suicídio por policial" (ou seja, um indivíduo se comporta deliberadamente de uma maneira destinada a provocar uma resposta letal por parte da autoridade). Resultados semelhantes foram encontrados em outros países. Por exemplo, na lista de tiroteios em escolas em nível mundial, ocorridos entre 1925 e 2011, Bockler, Seeter, Sitzer e Heitmeyer (2013) descobriram que os perpetradores de tiroteios em escolas também se mataram em mais de um quarto (26,6%) dos incidentes.

Há evidências crescentes de que atos de violência autoinfligidos e interpessoais frequentemente se sobrepõem (Joiner, 2014; D. N. Miller, 2012b). A ligação entre os dois é clara, embora a violência dirigida aos outros ou a si mesmo seja altamente atípica. Os seres humanos (assim como outros organismos vivos) parecem ter uma barreira natural e presumivelmente biológica contra a morte dentro da espécie, que se aplica tanto ao suicídio como à morte de terceiros (D. Grossman, 1995; Joiner, 2014). Para superar essa barreira natural, a exposição repetida à violência, até eventualmente se acostumar a ela, parece ser uma variável crítica tanto em casos de homicídio como de suicídio (Joiner, 2005, 2014). Na verdade, Joiner (2014) apresentou evidências convincentes de que é o suicídio – e não o homicídio – a motivação inicial e primária entre os indivíduos que se envolvem em situações como essas. Uma conclusão semelhante foi feita por investigadores que estudam homens-bomba no Médio Oriente (Lankford, 2013; Lankford & Hakim, 2011).

Talvez o caso mais conhecido de homicídio-suicídio nas escolas tenha ocorrido na Columbine High School, em 20 de abril de 1999. Naquele dia, os alunos do último ano do Ensino Médio Eric Harris e Dylan Klebold atiraram e mataram 12 alunos e 1 professor, feriram outros 21 alunos (mais 3 estudantes ficaram feridos ao tentar escapar do tiroteio) e depois se mataram. Mais tarde, descobriu-se que Eric e Dylan tinham pensamentos suicidas desde muito antes do massacre. A ideação parece ter sido especialmente forte para Dylan, que (com base em seus diários, descobertos após o tiroteio) já pensava ativamente em se matar 2 anos antes do incidente. Ele escreveu que esperava morrer por suicídio meses antes da tragédia em Columbine (Joiner, 2014). A mãe e o pai de Dylan nada sabiam sobre sua ideação suicida e só tomaram conhecimento após sua morte. Ele nunca expressou isso a nenhum deles (Klebold, 2016).

Joiner (2014) propôs que os perpetradores de homicídio-suicídio invariavelmente "pervertem" uma das quatro virtudes interpessoais – justiça, misericórdia, dever e/ou glória heroica. Joiner (2014) sugere que, na maioria dos casos, dominam uma perversão da justiça (quando o perpetrador acredita que a justiça seria feita matando pelo menos uma outra pessoa, além de si mesmo) e da misericórdia (pois ele acredita que seria misericordioso matar outra pessoa além de si mesmo, como um marido suicida que pensa que seria "misericordioso" matar também a sua esposa porque assim ela vai "ficar melhor"). No entanto, ele sugere que, nos casos de atiradores em escolas, parece que o homicídio-suicídio normalmente envolve perversões da justiça e/ou da glória heroica.

O desejo de glória parece ter motivado Eric e Dylan nos tiroteios na Columbine (Joiner, 2014). Conforme observado por Andrew Solomon (2016, p. xv), "Eric Harris queria matar e Dylan Klebold queria morrer, e ambos pensaram que sua experiência continha sementes do divino; ambos escreveram sobre como o massacre os transformaria em deuses". Lankford (2013) sugere que os atiradores violentos compartilham três características: (1) problemas de saúde mental que resultaram no desejo de morrer, (2) um profundo sentimento de serem vitimizados e (3) o desejo de ganhar fama e glória através da matança. Há evidências que sugerem que cada uma dessas características estava presente, pelo menos em algum grau, em Eric Harris e Dylan Klebold.

Embora tenham sido feitas tentativas de estabelecer "perfil" dos atiradores escolares para fins de identificação e previsão, o FBI alertou contra isso (Cornell & Williams, 2006; O'Toole, 2000). Por outro lado, o FBI recomendou que as escolas

Capítulo 6

adotem uma *abordagem de avaliação de ameaças*, que é consistente com as recomendações feitas tanto pelo Serviço Secreto como pelo Ministério da Educação (Fein et al., 2002, p. 200; Instituto Nacional de Justiça, 2002)[66]. Algumas características comuns dos atiradores em escolas foram identificadas, incluindo (1) ser do sexo masculino, (2) ter um histórico de maus-tratos e intimidação entre colegas, (3) demonstrar preocupação com jogos e fantasias violentas e (4) exibir sintomas de depressão e suicídio (Fein et al., 2002; Instituto Nacional de Justiça, 2002).

Contudo, uma lista dessas características não é particularmente útil, pois não oferece especificidade adequada para utilização prática – muitos estudantes seriam erroneamente identificados como potencialmente violentos (Sewell & Mendelsohn, 2000). Por exemplo, a observação de que vários atiradores escolares usavam sobretudos pretos para ir à escola para esconder suas armas de fogo levou alguns administradores escolares a verem com suspeita *qualquer* aluno que usasse esse tipo de vestimenta (particularmente na cor preta) e até mesmo a proibir o seu uso na escola. Membros do Centro Nacional para a Análise de Crimes Violentos[67] do FBI até começaram a usar o termo *problema do sobretudo preto* para se referir a todos esses esforços bem-intencionados, mas equivocados, de traçar perfis de estudantes potencialmente perigosos (Cornell & Williams, 2006). Tal como acontece com a previsão precisa de quais alunos têm maior probabilidade de se envolver em comportamento suicida (Pokorny, 1992), estimar quais se envolverão em violência escolar com base em fatores de risco específicos tem limitações inerentes (Mulvey & Cauffman, 2001), principalmente porque tanto o suicídio quanto o homicídio são comportamentos de baixa taxa base.

Dito isso, embora não possamos prever com segurança quais estudantes se tornarão atiradores em escolas, assim como não podemos prever quais tentarão ou morrerão por suicídio, podemos determinar períodos de risco elevado para ambos. Por exemplo, a descoberta mais promissora do estudo do FBI sobre tiroteios em escolas foi que os estudantes atiradores quase sempre fizeram ameaças ou comunicaram as suas intenções de prejudicar alguém antes do ato (Cornell & Williams, 2006). O FBI também identificou numerosos casos em que tiroteios em escolas foram evitados porque as autoridades investigaram a declaração ameaçadora de um estudante e descobriram que ele estava envolvido em planos para cumprir a ameaça. Essas observações sugerem que as escolas devem concentrar os seus esforços na identificação e investigação de ameaças aos estudantes e não na presença de fatores de

> Ao realizar avaliações de risco de suicídio, também é importante considerar a possível presença de automutilação e/ou realizar uma avaliação de ameaça ao aluno, quando apropriado.

Justice [N.T.].

67. No original, National Center for the Analysis of Violent Crime [N.T.].

risco específicos (Cornell & Williams, 2006), e essa abordagem tem demonstrado, ao longo do tempo, ser altamente bem-sucedida.

É fundamental que qualquer discussão sobre suicídio e homicídio juvenil seja vista na perspectiva apropriada. A esmagadora maioria dos jovens que se envolvem em comportamentos suicidas não se envolvem em comportamentos homicidas, nem na escola nem fora dela. Isso também é verdade para os adultos. Por exemplo, os homicídios-suicídios representam cerca de 2% de todos os suicídios anuais nos Estados Unidos (Joiner, 2014). Na verdade, a maioria das pessoas que têm problemas de saúde mental (que estão na base do suicídio) têm muito mais probabilidade de serem *vítimas* de crimes do que autores. Além disso, muitos dos autores de tiroteios em escolas não são, no momento do incidente, alunos da instituição (muitos eram adultos). Dito isso, ainda parece haver uma relação entre comportamento suicida e homicídio-suicídio. Por exemplo, a demografia e as características dos indivíduos que morrem por suicídio são muito mais parecidas com a demografia e as características daqueles que se envolvem em homicídio-suicídio do que daqueles que se envolvem em homicídio (Joiner, 2014). Consequentemente, quando os jovens são suspeitos de praticar ou ser capaz de praticar violência contra outras pessoas, bem como de comportamento suicida, pode ser prudente realizar tanto uma avaliação da ameaça como uma avaliação do risco de suicídio.

Para obter mais informações sobre como conduzir uma avaliação abrangente de ameaças aos estudantes nas escolas, o leitor deve consultar Cornell e Nekvasil (2012), Cornell e Williams (2006), Delizonna, Alan e Steiner (2006), Van Dyke e Schroeder (2006), e o resumo do relatório sobre tiroteios em escolas feito pelo Serviço Secreto dos Estados Unidos (Instituto Nacional de Justiça, 2002). Para mais informações sobre tiroteios em escolas e como evitá-los, consulte Borum et al. (2010) e D.N. Miller e Sawka-Miller (2015). Sobre homicídio-suicídio nas escolas, consulte D.N. Miller e Miller (2020). O livro de Sue Klebold sobre seu filho Dylan, *O acerto de contas de uma mãe: A vida após a tragédia de Columbine* (2016), é um relato poderoso e comovente da tragédia e do sofrimento do homicídio-suicídio. Como ela escreve: "Se é difícil pensar e falar sobre suicídio, homicídio-suicídio, então, é impensável" (Klebold, 2016, p. 249).

Aprimorando habilidades profissionais na avaliação de risco de suicídio

Muitos recursos excelentes que aprimoram as habilidades clínicas e de tomada de decisão dos profissionais de saúde mental que realizam avaliações de risco de suicídio estão disponíveis, e os leitores interessados são encorajados a revisá-los. Três guias excelentes incluem a Avaliação Cronológica de Eventos Suicidas (Shea, 2002); o Esquema de Decisão de Avaliação de Risco de Suicídio (Joiner, 2009; Joiner et al., 1999); e a Avaliação e Gerenciamento Colaborativo do Comportamento Suicida[68] (AGCCS; Jobes, 2016). Embora esses modelos de avaliação de risco de suicídio não tenham sido desenvolvidos especificamente para jovens, podem ser aplicados e usados eficazmente com esse grupo. Por exemplo, Ridge-Anderson e colegas (2016) fornecem informações valiosas sobre como a abordagem AGCCS pode ser implementada em crianças pequenas. Além disso, Barrio (2007) apresenta diretrizes apropriadas para a avaliação de comportamentos suicidas em crianças, e King e colegas (2013) trazem um excelente guia para a triagem de suicídio e avaliação de risco em adolescentes. Um recurso valioso, tanto por sua praticidade na avaliação de risco de suicídio quanto por ajudar pessoas suicidas em geral, é de Freedenthal (2018).

Comentários finais

Conduzir avaliações de risco de suicídio de estudantes é uma das tarefas mais críticas, embora gere ansiedade, para profissionais de saúde mental que atuam nas escolas. O objetivo principal é determinar o nível de risco de suicídio de um aluno e, com base nessa avaliação, oferecer intervenções para atender melhor às suas necessidades. Neste capítulo, foram apontadas e revisadas várias abordagens para reconhecer estudantes em risco de comportamento suicida, incluindo medidas de triagem em larga escala, identificação com base em fatores de risco específicos e condução de avaliações individuais de risco de suicídio para jovens encaminhados. Dependendo dos resultados da avaliação, alguns alunos podem receber serviços de nível 2, enquanto outros podem receber serviços de nível 3. Fornecer intervenções eficazes nesses dois níveis de suporte é o tema do capítulo 7.

---

68. No original, Collaborative Assessment and Management of Suicidality (CAMS) [N.T.].

Anexo 6.1[69]
Amostra de entrevista com perguntas para avaliar o risco de suicídio

- "Como você está se sentindo atualmente?"
- "Muitas crianças se sentem deprimidas às vezes. Você se sente deprimido? Poderia me contar sobre isso?"
- "Você já se sentiu deprimido no passado? Poderia me contar sobre isso?"
- "Você se sente otimista ou pessimista em relação ao futuro? Poderia me contar sobre isso?"
- "Você já se sentiu sem esperança no passado? Poderia me contar sobre isso?"
- "Você já desejou estar morto?"
- "Você já sentiu que você, seus amigos ou sua família estariam melhores se estivesse morto?"
- "Você já se sentiu como um fardo para outras pessoas? Você se sente assim agora?"
- "Poderia me contar sobre seus relacionamentos com a família e amigos? Existem pessoas de quem você se sente próximo e que o apoiam?"
- "Existem problemas ou fontes de estresse em casa no momento? Quais?"
- "Existem problemas ou fontes de estresse na escola no momento? Quais?"
- "Como está o seu sono? Você se sente cansado na maior parte do tempo?"
- "Muitas crianças da sua idade têm pensamentos sobre se matar. Você já pensou dessa forma?"

(Se sim)
  - "Conte a história do que o levou a pensar em se matar. Só quero ouvir e saber sobre isso em suas próprias palavras."
  - "Com que frequência você pensa em se matar?"
  - "Você já fez planos para se matar? Poderia me contar sobre isso?"
  - "Você já tentou se matar antes? Poderia me contar sobre isso?"
  - "Quantas vezes você tentou se matar?"
  - "Como você tentou se matar?"
  - "Você está tomando alguma medicação no momento? Qual?"
  - "Você possui ou tem acesso a armas de fogo na sua casa?"
  - "Você procurou *sites* na Internet sobre suicídio? Quais?"
  - "Você falou com outras pessoas sobre sentir vontade de se matar? Com quem?"
  - "O que precisaria acontecer para que você não se matasse? O que o impediria?"
  - "Quais são as razões para você querer viver?"

---

69. De *Comportamento suicida em crianças e adolescentes: Prevenção, avaliação e intervenção na escola*, 2ª edição, de David N. Miller. Copyright © 2021 The Guilford Press.

Anexo 6.2[70]
Exemplos de perguntas para professores e pais ou responsáveis

Perguntas para professores:

- "Você notou alguma mudança significativa no desempenho escolar do aluno ultimamente? E no comportamento? Que tipo de mudança?"
- "Você notou algum tipo de mudança emocional ou social no aluno?"
- "O aluno teve algum problema na escola, especialmente recentemente? Que tipo de problema?"
- "O aluno parece deprimido? O que ele disse ou fez que o levaria a acreditar que ele está deprimido?"
- "Você sabe se o aluno tem algum problema de abuso de substâncias?"
- "Você sabe se o aluno tem problemas com autolesões?"
- "O aluno comunicou pensamentos suicidas verbalmente, seja através de comportamentos ou símbolos (por exemplo, em um ensaio, história ou obra de arte)? O aluno exibiu comportamentos ou fez declarações associadas à autolesão ou à morte?"

Perguntas para pais ou responsáveis:

- "Houve alguma mudança significativa em sua família ou na vida de seu filho recentemente?"
- "Se houve mudança, como seu filho reagiu a ela?"
- "Há histórico de comportamento suicida em sua família? Depressão? Abuso de substâncias? Outros problemas de saúde mental?"
- "Seu filho sofreu alguma perda recentemente? Que tipo de perda?"
- "Você observou alguma mudança no comportamento de seu filho recentemente?"
- "Seu filho está deprimido? Tem problemas de abuso de substâncias? Exibe problemas de comportamento? Quais?"
- "Seu filho sente otimismo ou pessimismo em relação ao futuro? Ele é mais propenso a ter esperança ou desesperança em relação ao futuro?"
- "Como são os hábitos de sono de seu filho? Ele dorme demais? Dorme pouco?"
- "Seu filho já comunicou a você ou a outra pessoa o desejo de morrer? Já tentou se suicidar? Se sim, qual método ele usou para tentar o suicídio?"
- "Você tem armas de fogo em sua casa ou apartamento? Se sim, elas ficam guardadas com segurança em um armário trancado? Seu filho tem acesso a esse armário e às chaves para destrancá-lo?"

---

70. De *Comportamento suicida em crianças e adolescentes: Prevenção, avaliação e intervenção na escola*, 2ª edição, de David N. Miller. Copyright © 2021 The Guilford Press.

Capítulo 7

Intervenções de nível 2 e nível 3 para estudantes em risco e alto risco

Os mais afortunados entre nós frequentemente encontram calamidades que podem nos afetar muito, e fortalecer nossas mentes contra os ataques dessas desventuras deve ser um dos principais estudos e esforços de nossas vidas.
Thomas Jefferson

A necessidade de pertencer e contribuir de alguma forma para a sociedade parece ser uma parte essencial do que significa ser humano.
Thomas Joiner

Não se trata de "se", e sim de "quando" a escola será obrigada a responder a uma crise.
Stephen E. Brock

Com base nos resultados de uma avaliação de risco de suicídio, os alunos podem receber intervenções selecionadas (nível 2) ou terciárias (nível 3). Programas de intervenção selecionada para o suicídio se concentram na subpopulação de alunos potencialmente em risco de comportamento suicida devido a dificuldades emocionais, problemas de saúde mental ou outros fatores de risco (D. N. Miller & Mazza, 2018). Esse grupo pode incluir estudantes que não apresentam comportamento suicida significativo, mas que têm problemas de saúde mental (por exemplo, depressão, autolesões) combinados com outros fatores de risco (como jovens nativos americanos, estudantes com problemas de abuso de substâncias, com acesso a armas de fogo e/ou com familiares que têm histórico de suicídio ou de problemas de saúde mental).

Programas de prevenção e intervenção terciária têm como foco jovens que exibem comportamento suicida, como estudantes que manifestaram (por meio

Capítulo 7

de comunicação escrita ou falada) o desejo ou vontade de morrer, que expressaram explicitamente o desejo de se matar e que fizeram uma ou mais tentativas de suicídio recentemente. O objetivo dos programas terciários é reduzir a crise ou o conflito atual, bem como o risco de mais comportamentos suicidas – principalmente aqueles que ocorrem de forma crescente. Em ambientes escolares, essas intervenções acontecem frequentemente em situações de crise, quando o objetivo principal é ajudar o aluno a restabelecer comportamentos imediatos de enfrentamento (Brock, 2002).

Este capítulo traz informações sobre possíveis intervenções selecionadas (nível 2), para alunos identificados como estando em baixo a moderado risco de suicídio, bem como intervenções terciárias (nível 3), para alunos que foram identificados como estando em alto risco de suicídio e, portanto, requerem intervenções mais imediatas. Começamos com uma discussão sobre intervenções que devem ser entregues a alunos em baixo ou moderado risco, dependendo dos resultados de suas avaliações de risco de suicídio. Dois programas escolares curriculares de prevenção do suicídio que podem ser usados no nível 2 de intervenção são discutidos a seguir, seguidos por várias outras intervenções para estudantes considerados em risco de comportamento suicida. O capítulo conclui com uma revisão de procedimentos escolares recomendados para jovens considerados em alto risco de suicídio e uma discussão sobre a eficácia de intervenções específicas, como o aumento do contato, terapia comportamental dialética, hospitalização e tratamentos psicofarmacológicos.

Intervenções para estudantes em baixo risco

Crianças e adolescentes que apresentam baixo risco de suicídio normalmente incluem aqueles que relatam ideação suicida passageira, sem intenção suicida e sem plano de suicídio (T. A. Erbacher et al., 2015). Eles não são considerados uma séria ameaça para si mesmos, podem permanecer na escola e participar de atividades e continuar recebendo serviços de saúde mental na escola ou na comunidade (T. A. Erbacher et al., 2015).

Alunos considerados de baixo risco de suicídio não devem ser confundidos com alunos sem risco. Embora a maioria dos jovens que pensam em suicídio não cheguem a tentá-lo, a presença de ideação suicida é um fator de risco para o desenvolvimento de formas mais graves de comportamento suicida, como as tentativas. Na verdade, para adolescentes que tentam suicídio, a pesquisa indicou que o tempo médio entre a primeira ideação de um adolescente e a primeira tentativa de suicídio é inferior a 1 ano (Nock et al., 2013). Portanto, a equipe escolar deve tomar medidas para garantir que o nível atual de risco de suicídio do aluno não aumente. Aumentar a conscientização dos pais e o monitoramento do estudante e de seu comportamento suicida, bem como fornecer serviços de saúde mental, pode reduzir a probabilidade de um jovem com ideação suicida tentar o suicídio (T. A. Erbacher et al., 2015).

Para alunos considerados em baixo risco de suicídio, um plano de segurança deve ser desenvolvido em conjunto com a equipe escolar, os pais ou responsáveis e o aluno. Os pais devem ser informados dos detalhes da avaliação que levou ao resultado de baixo risco. A escola deve continuar a monitorar o aluno, fazendo um acompanhamento frequente e reavaliações periódicas para determinar se houve qualquer mudança no nível de risco de suicídio. Também deve ser recomendado aos pais que agendem uma consulta com um profissional de saúde mental, caso o aluno ainda não esteja sendo acompanhado por um (T. A. Erbacher et al., 2015). O profissional deve ter experiência no trabalho com jovens suicidas e ser conhecedor e habilidoso em fornecer intervenções baseadas em evidências, como terapia cognitivo-comportamental (TCC) e/ou terapia comportamental dialética (TCD).

O que a equipe escolar *não* deve fazer é suspender o aluno até que um profissional externo de saúde mental determine que o jovem não está em risco de suicídio (T. A. Erbacher et al., 2015). Parece que alguns distritos escolares têm uma política de afastamento de alunos, e isso não é recomendado por várias razões, conforme resumido por Erbacher et al. (2015, p. 122):

> Para alguns alunos, a escola é o único lugar onde podem ter relacionamentos de apoio e conexão com colegas e adultos. A menos que o estudante esteja em alto risco ou os desencadeadores de suicídio estejam relacionados à escola, a suspensão pune o aluno por ser honesto sobre o risco de suicídio e coloca o ônus do monitoramento sobre os pais, que muito provavelmente não são profissionais treinados. A relação entre a escola e os pais deve ser colaborativa. As escolas têm profissionais de saúde mental treinados, e as famílias não. Finalmente, a menos que haja um acordo em vigor com uma agência ou provedor para realizar avaliações de suicídio, isso cria um fardo para os pais e possivelmente para o sistema de serviço social, que precisará obter uma avaliação de suicídio para um jovem que já foi identificado como seguro para permanecer na comunidade.

Intervenções para estudantes em risco moderado

Em geral, os alunos podem ser considerados em risco moderado de suicídio se "relatam ideação suicida frequente com intensidade e duração limitadas. Irão mencionar alguns planos específicos para se matar, mas sem intenção real. Jovens

Capítulo 7

em risco moderado demonstrarão algum autocontrole, alguns fatores de risco e serão capazes de identificar razões para viver e outros fatores de proteção" (T. A. Erbacher et al., 2015, p. 123). Os alunos que são avaliados como estando em risco moderado de suicídio frequentemente apresentam as decisões mais difíceis para a equipe escolar em relação à intervenção (T. A. Erbacher et al., 2015). Estudantes de baixo risco, por exemplo, geralmente retornarão à sala de aula, os pais serão notificados e haverá um monitoramento mais intensivo do aluno. Jovens de alto risco, muitas vezes, serão levados a um hospital para avaliação adicional. Alunos de risco moderado, no entanto, ficam em algum lugar no meio, e, portanto, apresentam um desafio significativo para a escola.

Se uma avaliação de risco de suicídio realizada por um profissional escolar de saúde mental indicar que o aluno está em risco moderado de suicídio, ele deve ser monitorado cuidadosamente e avaliado regularmente para determinar se o risco aumentou ou diminuiu. Os pais ou cuidadores devem ser contatados, e um plano de segurança deve ser desenvolvido, tanto para uso na escola quanto em casa. Se o jovem ainda não estiver recebendo tratamento, os pais devem ser aconselhados a iniciá-lo imediatamente, de preferência com um profissional com o conhecimento e as habilidades necessárias para conduzir intervenções baseadas em evidências. O aluno também deve ser encaminhado para uma avaliação psiquiátrica para determinar se o uso de medicamentos para a depressão pode ser uma opção viável e um curso de ação. O psicólogo escolar deve estar em contato frequente com o aluno, os pais ou cuidadores e quaisquer outros profissionais externos, e idealmente atuar como coordenador desses serviços.

Programas escolares de intervenção no suicídio para estudantes em risco

Algumas das estratégias de prevenção universal do suicídio (nível 1) foram discutidas no capítulo 5. Agora serão descritos dois programas de prevenção do suicídio que podem ser aplicados no nível 2: o Programa de Desenvolvimento de Habilidades de Vida para Indígenas Americanos/Programa de Desenvolvimento de Habilidades de Vida dos Zuni[71] e o Reconectando a Juventude[72]. Embora ambos os programas possam ser usados no nível 1, uma vez que cada um deles visa populações específicas em risco, são listados aqui como intervenções de nível 2.

---

71. No original, American Indian Life Skills Development/Zuni Life Skills Development Program [N.T.].

72. No original, Reconnecting Youth [N.T.].

Programa de Desenvolvimento de Habilidades de Vida para Indígenas Americanos

O Programa de Desenvolvimento de Habilidades de Vida para Indígenas Americanos (PDHVIA) (uma versão mais ampla do que era conhecido anteriormente como o Programa de Desenvolvimento de Habilidades de Vida dos Zuni) foi inicialmente desenvolvido para ajudar a reduzir o risco de suicídio entre os jovens nativos americanos – um grupo que proporcionalmente está em maior risco de suicídio do que outros grupos raciais. Desenvolvido para uso em escolas, o PDHVIA foi inicialmente desenvolvido para abordar os componentes culturais do povo zuni no Novo México, mas posteriormente se expandiu para permitir modificações culturais apropriadas para outros adolescentes nativos americanos (T. D. LaFromboise, 1996). O currículo atual destina-se a estudantes nativos americanos do Ensino Médio com idades entre 14 e 19 anos.

O currículo apresenta entre 13 e 56 planos de aula, que cobrem vários tópicos e são ministrados aos alunos três vezes por semana ao longo de um período de 30 semanas. As lições estruturadas são interativas e incorporam dramatizações, bem como experiências que são centrais na vida do adolescente nativo americano. O currículo enfatiza o treinamento de habilidades sociocognitivas e compreende sete temas principais, incluindo (1) desenvolver a autoestima, (2) identificar emoções e estresse, (3) aumentar a comunicação e habilidades de resolução de problemas, (4) reconhecer e eliminar comportamentos autodestrutivos, (5) fornecer informações sobre o suicídio, (6) oferecer treinamento de intervenção em suicídio e (7) estabelecer metas pessoais e comunitárias. O currículo é ministrado usando uma abordagem em equipe, na qual a escola trabalha com líderes comunitários e representantes locais para fornecer e traduzir materiais relacionados a atividades, crenças e valores dos nativos americanos. O coordenador do currículo no local, muitas vezes, é um profissional de saúde mental da escola, que pertence ao mesmo grupo étnico-social do público-alvo pretendido.

LaFromboise e Howard-Pitney (1995) descobriram que os adolescentes que receberam o currículo tinham menos sentimentos de desesperança do que os colegas do grupo de controle. Além disso, também demonstraram melhores habilidades para intervenção no suicídio do que seus colegas no grupo de controle. O Centro de Recursos de Prevenção do Suicídio (CRPS) designou o PDHVIA como um "programa com evidência de eficácia", com base na sua inclusão no Registro Nacional de Programas e Práticas Baseadas em Evidências do DSASS[73]. A equipe escolar que trabalha com jovens nativos americanos em risco de suicídio pode considerar este programa em seus esforços de prevenção do suicídio.

---

73. No original, SAMHSA's National Registry of Evidence-Based Programs and Practices [N.T.].

Capítulo 7

Reconectando a Juventude

Reconectando a Juventude: Uma Abordagem de Grupo para o Desenvolvimento de Habilidades de Vida é um programa que se concentra na redução do comportamento suicida de adolescentes e nos fatores de risco e de saúde mental relacionados ao suicídio juvenil. Desenvolvido para estudantes do Ensino Médio, o programa visa aqueles que estão em risco de evasão escolar, demonstraram habilidades acadêmicas deficientes e/ou foram identificados por educadores como tendo dificuldades com comportamento agressivo, abuso de substâncias, depressão e/ou comportamento suicida.

O currículo do Reconectando a Juventude (RJ) é composto por quatro módulos principais: (1) desenvolvimento da autoestima, (2) tomada de decisão, (3) controle pessoal e (4) comunicação interpessoal. As aulas têm duração de 55-60 minutos cada e possuem um roteiro, fornecendo aos professores exemplos que destacam a habilidade ensinada e sua aplicabilidade. O currículo RJ também inclui apoios adicionais, como informações para atividades de vínculo entre pares na escola, incentivo ao envolvimento dos pais e criação de um plano de resposta a crises que esteja alinhado com o programa de prevenção do suicídio da escola. O curso é ministrado por um líder de RJ, que recebeu treinamento para trabalhar com jovens em risco e alto risco.

Os resultados do currículo RJ têm sido positivos, com desdobramentos eficazes para os estudantes que o recebem. Em um estudo, os alunos que receberam o currículo RJ apresentaram redução da depressão, estresse percebido, raiva e faltas, além de aumentos em seu índice de aproveitamento em comparação com colegas que foram designados para um grupo de controle (Eggert et al., 1994). Outros estudos também encontraram efeitos positivos relacionados ao RJ (Eggert et al., 1995; Thompson et al., 2000), embora mais pesquisas sejam necessárias sobre o seu uso especificamente como programa de prevenção do suicídio. Para obter mais informações sobre este programa, consulte *www.reconnectingyouth.com*.

Outras intervenções escolares de nível 2 para estudantes em risco

A equipe escolar tem várias opções de serviços de prevenção e intervenção que podem ser oferecidos a estudantes em risco de suicídio. Em geral, esse tipo de intervenção será fornecido por profissionais escolares de saúde mental, talvez em conjunto com outros membros da equipe escolar. Além disso, em muitos casos, essas intervenções podem ser fornecidas em formato de grupo, ou pelo menos a vários alunos com fatores de risco identificados semelhantes. Por exemplo, a escola poderia oferecer intervenções no nível selecionado para alunos que apresentam depressão e/ou falta de esperança, problemas de conduta, abuso de substâncias e falta de conexão, uma vez que cada um desses problemas os coloca em risco aumentado de comportamento suicida.

Na próxima seção, as intervenções de nível 2 de cada uma dessas áreas são brevemente descritas. Devido às limitações de espaço, a visão geral de cada uma delas é necessariamente breve, mas os leitores interessados são encorajados a revisar as referências citadas em cada seção em busca de fontes adicionais de informação.

> Intervenções no nível selecionado para estudantes em risco incluem estratégias cognitivo-comportamentais para depressão e falta de esperança, bem como intervenções para problemas de conduta e de abuso de substâncias.

Intervenções para depressão, ansiedade e falta de esperança

Os estudantes que apresentam depressão e/ou ansiedade têm um risco elevado de desenvolver o desejo de suicídio. Tanto a depressão quanto a ansiedade são exemplos de problemas internalizantes. Em contraste com problemas externalizantes (como transtornos de conduta, transtorno de déficit de atenção e hiperatividade), que são comportamentos explícitos, incontrolados e frequentemente disruptivos, os problemas internalizantes são comportamentos encobertos, autorregulados, que envolvem um alto grau de aflição subjetiva para os indivíduos que os experimentam (D. N. Miller, 2010). Os problemas internalizantes são frequentemente subnotificados nas escolas, em grande parte porque costumam ser difíceis de observar, sendo, portanto, descritos por Reynolds (1992) como uma *doença secreta*.

A presença de depressão está especialmente associada ao potencial comportamento suicida. As intervenções baseadas em evidências para a depressão incluem uma variedade de estratégias cognitivo-comportamentais, como reestruturação cognitiva, contestação de pensamentos irracionais, reeducação de atribuição, treinamento de autocontrole e aumento do envolvimento em atividades agradáveis, com uma programação específica (Merrell, 2008). Um objetivo central da TCC é ensinar aos alunos que o sofrimento emocional que as pessoas experimentam frequentemente tem menos a ver com o que acontece com elas do que com a sua interpretação cognitiva. Auxiliar os estudantes a questionar ativamente algumas suposições subjacentes (e frequentemente imprecisas e irracionais) sobre si mesmos e, em seguida, reenquadrá-las cognitivamente em uma luz mais realista (e positiva) pode ser útil, especialmente para estudantes cuja depressão ou falta de esperança é agravada por distorções cognitivas que podem contribuir para o desenvolvimento da percebida falta de utilidade ou falta de pertencimento – ambos estados perceptuais que, em combinação, podem levar ao desejo de suicídio (Joiner, 2005).

Merrell (2008) elaborou um excelente guia para ajudar os estudantes a superar a depressão e a ansiedade. Ele apresenta, por exemplo, uma visão detalhada de estratégias cognitivas para o tratamento da depressão em crianças e adolescentes, incluindo um processo de quatro etapas: (1) desenvolver uma consciência da variabilidade emocional, (2) detectar pensamentos automáticos e identificar crenças, (3) avaliar pensamentos automáticos e crenças, e (4) mudar pensamentos automáticos e crenças negativas. Merrell (2008) também discute intervenções comportamentais para reduzir a depressão em crianças e adolescentes, como a programação de atividades, que envolve "planejar de maneira cuidadosa e sistemática a agenda diária do estudante" (Merrell, 2008, p. 146). Com base na premissa comportamental de que a depressão pode resultar de uma resposta insuficiente ao incentivo contingencial (ou seja, o incentivo que ocorre após tipos específicos de respostas), a programação de atividades "busca aumentar o tempo que os estudantes gastam em atividades intencionais e potencialmente estimulantes" (Merrell, 2008, p. 146). Crianças e adolescentes deprimidos frequentemente se isolam, ruminam sobre seus problemas de forma improdutiva e/ou reduzem ou param de se envolver em atividades que normalmente acham prazerosas (ou seja, estimulantes). A programação de atividades permite que quebrem esse ciclo, participando de atividades estimulantes, especialmente que envolvam outras pessoas (Merrell, 2008).

Stormont, Reinke, Herman e Lembke (2012) recomendam uma variedade de intervenções de nível 2 para problemas internalizantes como depressão e ansiedade, incluindo o uso de (1) relatórios diários (incluindo sintomas internalizantes); (2) psicoeducação; (3) automonitoramento; (4) ensino de habilidades de pensamento adaptativo; (5) desenvolvimento de habilidades sociais eficazes; e (6) intervenções de Aprendizagem Social e Emocional (ASE). Dado que a depressão e a ansiedade, muitas vezes, são condições comórbidas em crianças e adolescentes, Nangle e colegas (2016) recomendam o uso de 11 técnicas e estratégias cognitivo-comportamentais essenciais, incluindo (1) tarefas de exposição, (2) estratégias cognitivas, (3) treinamento em resolução de problemas, (4) modelagem, (5) treinamento em relaxamento, (6) psicoeducação, (7) aprendizagem de habilidades sociais, (8) elogios e recompensas, (9) programação de atividades, (10) automonitoramento e (11) estabelecimento de metas. Eles também explicam como os alunos podem praticar as habilidades que aprendem nas sessões de terapia (ou seja, lição de casa) e o que pode ser feito para manter os efeitos do tratamento e prevenir possíveis recaídas.

Crianças e adolescentes que sofrem de depressão estão em maior risco de suicídio se sua depressão for combinada com a falta de esperança. Uma coisa é se sentir terrível em relação às circunstâncias atuais, outra é acreditar que a situação nunca vai melhorar. Na verdade, a falta de esperança está mais fortemente cor-

Intervenções de nível 2 e nível 3 para estudantes em risco e alto risco

relacionada com o suicídio do que a depressão. Além disso, "o suicídio é um ato caracterizado por falta de esperança generalizada, com uma miríade de sintomas, problemas e fenômenos interpessoais que influenciam a duração e a gravidade do sofrimento emocional e a vulnerabilidade para episódios futuros ou repetidos" (Joiner et al., 2009, p. 192). É muito importante abordar a falta de esperança ao trabalhar com jovens potencialmente suicidas. Como observado por Joiner e colegas (2009, p. 192–193): "O fator mais crítico no trabalho com clientes suicidas é reduzir essa falta de esperança tão ampla e profunda. Simplificando, tratar a pessoa que está suicida se resume a buscar esperança".

Várias estratégias cognitivo-comportamentais podem ser usadas para aumentar e promover a esperança e o otimismo dos jovens. Por exemplo, o Programa de Resiliência de Penn[74] (PRP) é estruturado em 12 sessões e pode ser usado com grupos de estudantes (Gillham et al., 2008). Inclui instruções e prática orientada em tópicos como descatastrofização, estilo de exposição cognitiva, procrastinação e habilidades sociais, resolução de problemas e estratégias de relaxamento e enfrentamento. Uma abordagem cognitivo-comportamental também pode ser útil para promover a esperança em crianças e adolescentes, ensinando sistematicamente como (1) estabelecer claramente seus objetivos, (2) desenvolver estratégias específicas para atingir esses objetivos e (3) iniciar e sustentar a motivação para usar essas estratégias (Lopez et al., 2009).

As limitações de espaço impedem uma visão mais abrangente dessas várias técnicas e estratégias psicoterapêuticas, mas os profissionais escolares de saúde mental interessados em implementá-las são incentivados a consultar Merrell (2008), Nangle et al. (2016) e Stormont et al. (2012) para obter informações adicionais. Theodore (2017) também traz informações úteis sobre intervenções baseadas em evidências para depressão infantil e adolescente, transtornos de ansiedade e outros problemas internalizantes associados ao comportamento suicida.

Intervenções para problemas de conduta

Embora as duas intervenções mais populares para estudantes com comportamento antissocial e agressivo tenham sido tradicionalmente aconselhamento e procedimentos de punição (Maag, 2001; Stage & Quiroz, 1997), pesquisas sugerem que ambas as intervenções costumam ser ineficazes na melhoria do comportamento antissocial. Embora algumas formas de terapia cognitivo-comportamental (TCC) possam ser úteis com alguns estudantes que exibem problemas de comportamento disruptivo (Polsgrove & Smith, 2004), a intervenção escolar eficaz geralmente envolve a modificação de variáveis ambientais na sala de aula

---

74. No original, Penn Resilience Program (PRP) [N.T.].

Capítulo 7

e na instituição (Furlong et al., 2004). Além disso, a punição, especialmente na forma de suspensão ou expulsão, está associada ao *aumento* do comportamento disruptivo (Maag, 2001).

Problemas de conduta podem ser reduzidos com intervenções eficazes para gerenciar o comportamento, como (1) estratégias prévias eficientes para evitar problemas; (2) expectativas comportamentais em sala de aula claramente articuladas, ensinadas e ativamente reforçadas; (3) estratégias instrucionais eficazes ensinadas na faixa etária adequada para atender às necessidades de diversos alunos; (4) um ambiente de sala de aula positivo, caracterizado por altas taxas de elogios e reforços específicos para o comportamento apropriado e pró-social; (5) intervenções com foco em compreender a função do comportamento-problema, em vez de sua topografia; e (6) coleta e uso de dados para orientar decisões (Kern et al., 2016).

Um dos tratamentos comprovados e eficazes para estudantes que exibem problemas de conduta é o Treinamento de Gerenciamento de Pais[75] (TGP). O TGP promove interações mais positivas entre pais e filhos, para fortalecer o comportamento pró-social das crianças e prevenir o desenvolvimento ou escalada de comportamentos disruptivos e desviantes (Kazdin, 2005). O foco central do TGP é suavizar padrões de comunicação coercitiva entre pais e filhos, ensinando e treinando pais ou responsáveis em um conjunto específico de habilidades para lidar com a não conformidade das crianças, um dos ingredientes essenciais do comportamento antissocial. Os pais ou responsáveis são ensinados a substituir padrões de interação coercitivos e ineficazes (que frequentemente levam à má conduta infantil e a comportamentos agressivos) por métodos de educação positiva (Hyatt-Burkhart et al., 2017). Esses mesmos procedimentos podem e foram usados com sucesso nas escolas.

Para uma descrição mais completa de como apoiar efetivamente estudantes com problemas de comportamento disruptivo nas escolas, consulte Kern e colegas (2016). Para mais informações sobre o TGP, o leitor é encaminhado a Kazdin (2005). Para uma discussão de como o TGP pode ser aplicado em escolas urbanas de baixa renda, cf. Sawka-Miller e McCurdy (2009).

Intervenções para problemas de abuso de substâncias

Os transtornos por uso de substâncias (TUS), que incluem o uso indevido e abuso de substâncias como álcool, tabaco e drogas ilícitas, são um problema contínuo e comum entre as populações estudantis, especialmente adolescentes (Fonagy et al., 2015). Em geral, os jovens com TUS graves apresentam vulnerabi-

---

75. No original, Parent Management Training (PMG) [N.T.].

lidades em várias áreas, incluindo genética, psicopatologia e ecologias familiares e sociais (Fonagy et al., 2015). Existe um amplo consenso em vários estudos de que histórico familiar de TUS, problemas de conduta na infância, traços temperamentais ou de personalidade que refletem falta de controle comportamental e afiliações com amigos que usam drogas aumentam o risco de uso de substâncias e de TUS. Estudos recentes também sugeriram que experiências precoces de adversidade podem influenciar déficits posteriores na autorregulação, o que, por sua vez, pode aumentar o risco de abuso de substâncias (Chassin et al., 2014).

O abuso de substâncias entre crianças e jovens continua sendo um problema sério, e bilhões de dólares são gastos anualmente em programas escolares de prevenção (J. H. Brown, 2001). Historicamente, embora o programa Educação para Resistência ao Abuso de Drogas[76] (Erad) tenha sido a estratégia de prevenção de drogas mais amplamente implementada nos Estados Unidos (Burke, 2002), pesquisas demonstraram consistentemente que suas consequências no aprendizado e nas atitudes dos estudantes não se mantêm e não levam a um menor uso de drogas ou álcool (Weiss et al., 2005). Além disso, embora haja outros programas de prevenção de abuso de substâncias baseados em evidências, sua adoção e implementação foram frequentemente baixas (St. Pierre & Kaltreider, 2004).

Tratamentos escolares para problemas de abuso de substâncias podem ser eficazes (Das et al., 2016). No entanto, adolescentes que apresentam abuso de substâncias em níveis mais baixos são mais propensos a se beneficiar de intervenções do que aqueles em níveis mais altos, que têm maior probabilidade de recaída. Alunos que se envolvem em uso de substâncias em níveis mais baixos correm o risco de progredir para um uso mais frequente, prejudicial e dependente de drogas e álcool (Fonagy et al., 2015). Jovens com problemas de abuso de substâncias frequentemente têm problemas de saúde mental comórbidos, portanto essas questões precisam ser abordadas em qualquer programa de intervenção abrangente.

Pesquisas indicam que as intervenções mais eficazes para problemas de abuso de substâncias visam fatores tanto intrapessoais (como motivação, conhecimento, crenças) quanto extrapessoais (por exemplo, família, ecologia social, limites, riscos). Além disso, uma descoberta importante de vários estudos é que, quando o indivíduo com o problema de abuso de substâncias se engaja pouco, o resultado frequentemente é o fracasso do tratamento. Portanto, é importante que qualquer profissional da escola que tente tratar o abuso de substâncias em adolescentes seja treinado para envolver jovens difíceis de engajar (Fonagy et al., 2015).

Burrow-Sanchez e Hawken (2007) escreveram um excelente guia para ajudar os estudantes a superar o abuso de substâncias, com informações úteis sobre o

---

76. No original, Drug Abuse Resistance Education (D.A.R.E.) [N.T.].

desenvolvimento e manutenção do abuso de substâncias, triagem, programação de prevenção, intervenções individuais e intervenções em grupo nas escolas. Intervenções em grupo são frequentemente um procedimento desejável no nível 2, e Burrow-Sanchez e Hawken (2007) descrevem diversas intervenções desse tipo, que podem ser usadas nas escolas, incluindo grupos psicoeducacionais, de apoio, de autoajuda e de terapia. O guia também discute o desenvolvimento e implementação de intervenções individuais para aqueles que necessitam. Programas de tratamento eficazes devem incluir componentes que visam (1) a motivação e o envolvimento na realização de mudanças comportamentais; (2) o envolvimento da família para melhorar a supervisão, monitoramento e comunicação; (3) o desenvolvimento de habilidades para melhorar a resolução de problemas e escolhas de comportamento e prevenir recaídas; (4) transtornos de saúde mental concomitantes (por meio de tratamentos psicológicos ou medicamentosos); (5) o ambiente social (comportamentos pró-sociais, relacionamentos com os colegas e participação na escola); e (6) o planejamento abrangente do acompanhamento (Burrow-Sanchez & Hawken, 2007, p. 106).

Uma vez que problemas de abuso de substâncias e comportamento suicida frequentemente são comórbidos e compartilham vários fatores de risco e de proteção, as escolas podem considerar a combinação de programas de prevenção de abuso de substâncias e de suicídio (Forman & Kalafat, 1998). Programas de prevenção de abuso de substâncias podem encontrar menos resistência entre os administradores escolares do que os de prevenção do suicídio, especialmente dado o grande aumento, nos últimos anos, do uso de opioides entre os jovens e as crescentes taxas de mortalidade que eles têm causado. Para obter mais informações sobre programas de prevenção de abuso de substâncias nas escolas, consulte Burrow-Sanchez e Hawken (2007).

Intervenções para maior conexão

Estudantes que se sentem conectados à escola e a outras pessoas têm menos risco de desenvolver vários problemas de saúde mental, incluindo comportamento suicida. A conexão com a escola pode funcionar como um fator de proteção na redução do comportamento suicida (Marraccini & Brier, 2017). Por exemplo, pesquisas mostram que a conexão com a escola pode diminuir a probabilidade de pensamentos suicidas e tentativas de suicídio, especialmente entre adolescentes afro-americanos que vivem em bairros menos favorecidos (Tomek et al., 2018). Além disso, a conexão dos alunos com a escola é um fator significativo na melhora de seu comportamento e desempenho acadêmico, bem como na prevenção de faltas e evasão escolar (Kern et al., 2016). Em um dos maiores estudos sobre saúde dos estudantes, o Estudo Longitudinal Nacional sobre a Saúde dos Adolescentes[77], que avaliou mais de 36 mil estudantes do 7º ano do Ensino Fundamental à 3ª série do Ensino Médio, foi constatado que a conexão dos estudantes com a escola foi o fator mais influente na sua proteção contra o abuso de substâncias, envolvimento sexual precoce, faltas excessivas e exposição a lesões e violência (Resnick et al., 1997).

> Estudantes que não sentem conexão com a escola e com outras pessoas têm um risco aumentado para vários problemas de saúde mental, incluindo comportamento suicida, além de ter mais chance de abandonar a escola.

Os CCD identificaram quatro temas críticos para aprimorar a conexão dos estudantes: (1) apoio oferecido por adultos aos estudantes, (2) pertencimento dos estudantes a um grupo positivo de colegas, (3) compromisso dos estudantes com a educação e (4) um ambiente escolar positivo. Cada uma dessas áreas é descrita com mais detalhes a seguir, acompanhada por uma breve revisão de duas outras intervenções para promover a conexão com a escola: verificar e conectar, e atividades extracurriculares estruturadas.

Apoio oferecido por adultos aos estudantes

Os estudantes tendem a se sentir mais conectados à escola quando a equipe escolar é percebida como dedicada, acolhedora, interessada e disposta a dedicar seu tempo (CCD, 2009). As percepções dos estudantes sobre suas conexões emocionais com os professores estão diretamente relacionadas às suas percepções de conexão com a escola (Conner, 2011). De acordo com Kern e colegas (2016, p. 226), "essas descobertas enfatizam a importância de os educadores buscarem relações positivas com todos os estudantes com os quais têm contato. Coisas simples, como perguntar sobre o fim de semana, sorrir para eles e desejar-lhes o melhor, podem aumentar significativamente o engajamento dos estudantes e a conexão com a escola".

Pertencimento do estudante a um grupo positivo de colegas

Ter relações positivas com colegas pode contribuir para a conexão com a escola, especialmente quando os estudantes têm relacionamentos positivos com colegas que demonstram habilidades em competência social (CCD, 2009). Por exemplo, estudantes latinos que tinham conexões com colegas que consideravam a escola uma prioridade em suas vidas mostraram-se mais envolvidos e menos propensos à evasão (Ream & Rumberger, 2008). Estudantes que participam de atividades pró-sociais, como ser membro de clubes escolares e ajudar outros estudantes, também experimentam maior conexão (Kern et al., 2016).

---

77. No original, National Longitudinal Study of Adolescent Health [N.T.].

Compromisso dos estudantes com a educação

O relatório do CCD (2009, p. 22) afirma: "Os estudantes que estão pessoalmente investidos na escola e acreditam que uma boa educação é importante para alcançar seus objetivos de vida passam mais tempo fazendo lição de casa e participando de atividades escolares e têm maior sensação de conexão com a escola". A dedicação dos estudantes na escola e sua conexão com ela estão relacionadas às ações dos educadores, "como promover o respeito mútuo entre os estudantes nas salas de aula e adaptar estratégias para atender às necessidades individuais de cada um" (Kern et al., 2016, p. 227).

Ambiente escolar positivo

Existem várias características das escolas que promovem a conexão dos estudantes, incluindo elementos do clima escolar (como relacionamentos positivos entre os estudantes e a equipe escolar), aspectos do ambiente físico da escola (um espaço limpo e agradável), estratégias consistentes e positivas de gerenciamento de sala de aula, oportunidades para que os estudantes participem das decisões e normas sociais positivas compartilhadas (normas socialmente aceitas entre os estudantes e a escola, como fazer contato visual e cumprimentar os outros ao passar por eles no corredor) (CCD, 2009). Embora o capítulo 5 tenha descrito algumas intervenções universais possíveis para estudantes (como aumentar o uso de elogios), estudantes em situação de risco podem precisar de intervenções mais intensivas para promover relacionamentos positivos e conexão. O foco na criação de um clima escolar que os estudantes considerem acolhedor e atencioso é um componente comum de intervenções que diminuem a evasão e promovem a conexão escolar (Jimerson et al., 2008; Kern et al., 2016).

Verificar e conectar

Uma intervenção de nível 2 que tem sido usada com sucesso para promover conexões mais fortes e positivas entre estudantes e escolas é o programa *Verificar e Conectar* (A. R. Anderson et al., 2004; Sinclair et al., 1998). Os estudantes que participam da intervenção são designados a um mentor da escola, que monitora, faz verificações regulares e ajuda o estudante a resolver quaisquer problemas que possam surgir. Os mentores trabalham para criar um relacionamento caracterizado pela confiança mútua e comunicação aberta. Eles se comprometem a trabalhar com os estudantes por pelo menos 2 anos, o que enfatiza o compromisso do mentor com o desenvolvimento dos alunos. Os mentores também ajudam os estudantes a se concentrar em soluções e ensinam habilidades de resolução de conflitos. O programa também oferece serviços mais intensivos, se necessário, incluindo intervenções acadêmicas adicionais e maior participação dos estudantes em atividades extracurriculares. Para mais informações sobre o Verificar e Conectar, você pode visitar *www. checkandconnect.umn.edu.*

> Verificar e Conectar e as atividades extracurriculares estruturadas são dois exemplos de intervenções que podem ser úteis para aproximar os estudantes da escola e, potencialmente, reduzir outros problemas, incluindo comportamento suicida.

Atividades extracurriculares estruturadas

Outra intervenção, as *atividades extracurriculares estruturadas* (AEEs), também podem aumentar o pertencimento à escola e o engajamento dos estudantes. Quando eles não estão na escola, a maioria do tempo de lazer é gasto em atividades não estruturadas, com pouca ou nenhuma supervisão de adultos. Uma dependência excessiva de atividades não estruturadas e sedentárias pode levar a muitas consequências prejudiciais, incluindo um aumento do comportamento suicida (Mazza & Eggert, 2001). O tempo excessivo gasto em telas recreativas (assistir televisão, jogar videogames e uso excessivo de computadores ou smartphones) também está associado ao aumento do número de crianças com sobrepeso e sedentárias. Devido a esses problemas, tem havido um interesse crescente em desenvolver maneiras para que os jovens possam ser mais ativamente envolvidos e supervisionados por adultos durante as horas fora da escola.

Tipicamente, as AEEs são facilitadas por um ou mais adultos, têm padrões estabelecidos de desempenho ou esforço, requerem participação voluntária e contínua e promovem o desenvolvimento de habilidades e crescimento (D. N. Miller et al., 2008). As atividades exigem atenção sustentada e fornecem *feedback* claro e consistente sobre o nível de desempenho do estudante. Embora as AEEs estejam frequentemente associadas a esportes escolares, outras modalidades nas quais os estudantes podem se envolver incluem peças teatrais da escola, a banda escolar ou clubes escolares.

Pesquisas indicam que as AEEs podem produzir benefícios psicológicos e físicos positivos, além de serem úteis para estabelecer e fortalecer conexões significativas com outras pessoas (Baumeister & Leary, 1995). Para mais informações sobre atividades extracurriculares estruturadas, o leitor pode consultar artigos de Gilman, Meyers e Perez (2004) e D. N. Miller et al. (2008). Para mais informações sobre como melhorar o pertencimento dos estudantes à escola de forma geral, consulte Kern et al. (2016).

Capítulo 7

Intervenções para estudantes em alto risco

> Uma das coisas mais importantes que a equipe escolar pode fazer se um estudante parecer estar iminentemente suicida é não o deixar sozinho em nenhum momento e garantir que esteja seguro.

Os estudantes identificados por meio de uma avaliação abrangente de risco de suicídio como estando em alto risco requerem intervenções individualizadas imediatas de nível terciário. Em situações de crise como essa, o principal objetivo é manter o estudante seguro e mobilizar recursos o mais rápido possível para oferecer a ele os apoios necessários durante a crise.

Removendo o acesso a meios letais

Se um jovem é suspeito de estar suicida, a primeira coisa a fazer é determinar se possui algum dispositivo ou arma que possa ser usado para potencialmente causar dor física ou morte. Caso o estudante possua uma arma que possa ser usada para tais fins (por exemplo, arma de fogo, faca), deve ser solicitado a entregá-la. Felizmente, essa situação é atípica. Os estudantes provavelmente não terão em sua posse os meios para se matar enquanto estiverem na escola.

Mantendo o estudante em segurança

A coisa mais criticamente importante que a equipe escolar pode fazer se um estudante parecer estar em alto risco de suicídio é monitorá-lo e garantir que esteja seguro. O estudante nunca deve ser deixado sozinho, independentemente da situação (como um pedido para ir ao banheiro). Deve haver sempre pelo menos um educador supervisionando-o enquanto estiver na escola.

Quebrando a confidencialidade

Alguns estudantes suicidas, durante ou depois da avaliação de risco, podem solicitar que as informações que fornecerem sejam mantidas em sigilo e não compartilhadas com seus pais ou responsáveis. É muito importante comunicar claramente aos estudantes que você *não pode* guardar isso em segredo. No entanto, é importante fazê-lo de uma forma que enfatize que muitas pessoas se preocupam com ele, incluindo seus pais ou responsáveis, e querem que ele fique seguro – por exemplo: "Eu sei que você não quer que eu conte aos seus pais sobre o que está sentindo. Mas eles se importam com você, te amam e querem fazer de tudo para te ajudar. Eles não podem fazer isso a menos que saibam sobre os pensamentos que você tem de se matar. Todos nós nos importamos com você e queremos que fique seguro".

Usando planos de segurança em vez de contratos de não suicídio

Contratos de "não suicídio" ou de "segurança" são acordos verbais ou por escrito comumente negociados com indivíduos suicidas na esperança de que aceitem a intervenção e diminuam a probabilidade de comportamento suicida adicional (Brent, 1997). Historicamente, esse procedimento foi popular entre muitos profissionais de saúde mental, especialmente em ambientes ambulatoriais, onde frequentemente eram um elemento importante do tratamento (Berman et al., 2006). No entanto, agora existe uma crença crescente e generalizada de que tais procedimentos *não* devem ser usados (por exemplo, Freedenthal, 2018; Goin, 2003; Lewis, 2007), porque promovem a complacência e dão aos profissionais de saúde mental uma falsa sensação de segurança (Freedenthal, 2018). Por exemplo, Jobes (2003, p. 3) sugeriu que "os contratos de segurança não são contratuais nem garantem segurança genuína, porque tendem a enfatizar o que os pacientes não farão, em vez do que farão". Uma revisão da literatura sobre esse tópico não encontrou apoio empírico para o uso de contratos de não suicídio (Rudd et al., 2006).

Em vez de usar contratos de "não suicídio" ou de "segurança", recomenda-se que o profissional escolar de saúde mental trabalhe de forma colaborativa com o estudante para desenvolver um *plano de segurança*, que o estudante pode usar para lidar com pensamentos suicidas, quando ocorrerem (Freedenthal, 2018). Um plano de segurança pode ter várias formas. Por exemplo, pode incluir uma frase significativa e útil para o estudante ("Lembrar-me de que isso vai passar") ou algo tão simples quanto "uma lista de atividades para fazer e pessoas para ligar (com números de telefone) caso surjam pensamentos suicidas" (Freedenthal, 2018, p. 118). Juntamente com tornar seguro o ambiente ao redor da pessoa suicida (por exemplo, removendo o acesso a armas), Stanley e Brown (2012) desenvolveram o seguinte plano de segurança estruturado em cinco etapas, que pode ser usado como modelo:

- *Etapa 1*: Sinais de alerta (o indivíduo identifica sinais de alerta de que os pensamentos suicidas podem surgir ou piorar, como sentir-se ansioso ou dormir demais).
- *Etapa 2*: Estratégias de enfrentamento internas: Coisas que posso fazer para afastar meus problemas da mente sem entrar em contato com outra pessoa (por exemplo, ouvir música animada, passear com o cachorro).
- *Etapa 3*: Pessoas e ambientes sociais que fornecem distração (inclua nomes de pessoas ou lugares e números de telefone).
- *Etapa 4*: Pessoas a quem posso pedir ajuda (inclua nomes e números de telefone).
- *Etapa 5*: Profissionais ou instituições com as quais posso entrar em contato durante uma crise (inclua nomes e números de telefone).

Para acessar cópias gratuitas do Formulário de Planejamento de Segurança[78] e do Manual de Planejamento de Segurança[79], visite *www.suicidesafetyplan.com*. Todos os estudantes em alto risco (e seus pais ou responsáveis) também devem receber as informações de contato de prestadores de serviços de saúde da comunidade local, incluindo linhas de crise locais e a Linha Nacional de Prevenção do Suicídio – 1-800-273-TALK (8255). Para estudantes que preferem se comunicar *online*, o chat *online* da Lifeline está disponível em *suicidepreventionlifeline.org/chat*. Os jovens também podem acessar um canal de comunicação de crise via mensagem de texto, 24 horas por dia, 7 dias por semana, no número 741741. No Brasil, é fundamental divulgar o Centro de Valorização da Vida (CVV), que atende 24 horas por dia através do telefone 188 e também através de um chat no site cvv.org.br/chat e por e-mail, em apoioemocional@cvv.org.br.

A expectativa é que o estudante se comprometa a seguir um plano de segurança (a falta de disposição em se comprometer é outro indicador de quão alto é o risco de suicídio). Ao trabalhar de forma colaborativa com o estudante para desenvolver um plano, é importante perguntar diretamente qual é a probabilidade de ele seguir o plano e quais obstáculos podem impedi-lo. Freedenthal (2018, p. 120) recomenda fazer perguntas como estas:

- "Em uma escala de 0 a 10, sendo 0 nada provável e 10 totalmente provável, qual é a chance de que você siga esta etapa da próxima vez que tiver pensamentos suicidas?"
- "O que tornaria difícil seguir esta etapa do seu plano de segurança?"

Colaborando e se comunicando com pais ou responsáveis

Os pais ou responsáveis devem ser notificados e informados de todas as avaliações de risco de suicídio após sua realização, independentemente do nível de risco e especialmente nos casos em que se determina que o estudante está em alto risco. Profissionais escolares de saúde mental devem entrar em contato rotineiramente com os pais logo após as avaliações de risco de suicídio serem realizadas, explicando claramente os resultados, discutindo a remoção de qualquer meio letal (por exemplo, armas) na casa, firmando o compromisso de removê-los ou armazená-los de forma inacessível ao estudante e fazendo planos com a família para que seu filho seja liberado para casa ou levado a um hospital ou instituição de saúde mental comunitária. A comunicação eficaz com os pais ou cuidadores deve, por si só, ser considerada um procedimento de prevenção

---

78. No original, Safety Planning Form [N.T.].

79. No original, Safety Planning Manual [N.T.].

do suicídio, uma vez que eles são os principais responsáveis pelos serviços que seu filho recebe fora da escola.

Embora os pais ou cuidadores possam reagir de diferentes maneiras, Erbacher e colegas (2015) descrevem três reações comuns ao ouvirem que seu filho está em alto risco de suicídio: (1) choque, (2) negação e (3) frustração e/ou raiva. Em cada caso, o profissional escolar de saúde mental pode usar habilidades básicas de aconselhamento, ouvindo atentamente suas preocupações e demonstrando empatia. Dito isso, cada uma dessas três reações requer uma resposta um pouco diferente. Por exemplo, quando os pais ou responsáveis expressam choque ao serem informados de que seu filho está em alto risco de suicídio, provavelmente precisarão de tempo para processar essa notícia. Alguns podem ter ciência de que seu filho estava tendo problemas, mas desconheciam o comportamento suicida. Outros podem estar ouvindo sobre o sofrimento do filho pela primeira vez. Alguns podem reagir com culpa ou questionar suas habilidades como pais. T. Erbacher e colegas (2018, p. 128) recomendam o seguinte ao falar com pais ou responsáveis em choque:

- *Dê nome a seus sentimentos*: "Você parece chocado" ou "Isso parece ser uma completa surpresa".
- *Legitime sua confusão*: "Eu sei como isso pode ser confuso para um pai como você, que é claramente amoroso e atencioso".
- *Reduza a culpa*: "Eu sei que seu filho é a coisa mais importante para você, e é por isso que estamos falando sobre isso".

Outros pais ou responsáveis podem estar em negação em relação ao comportamento suicida do filho. Podem não negar que seu filho tem problemas, mas, em vez disso, negam que está em alto risco de suicídio. Ao trabalhar com eles, "o objetivo é tirá-los da negação do risco de suicídio, levando-os a reconhecê-lo" (T. Erbacher, 2018, p. 128). Esses mesmos autores recomendam o seguinte ao falar com pais ou cuidadores em negação:

- *Enfatize os pontos de concordância*: "Concordo totalmente que, às vezes, as crianças não dizem o que realmente pensam".
- *Elogie*: "Ela tem muita sorte de ter um pai como você, que está disposto a reconhecer que algo está errado".
- *Movimente-se para os lados*: "Mesmo que ela esteja tentando chamar a atenção, deve haver algo acontecendo com ela para que esteja pedindo ajuda com tanta intensidade".
- *Toque no coração*: "Outro dia, vi uma mãe que nunca teve a chance de se despedir de sua filha".

Alguns pais ou cuidadores podem discordar ativamente da avaliação da escola sobre seu filho e ficar frustrados ou zangados como resultado. Ao trabalhar com esse grupo, Erbacher e colegas (2015, p. 129) recomendam o seguinte:

- *Jogue com suas qualidades*: "Vejo o quanto isso é frustrante para você. Estou errado em pensar que o que você mais deseja é que isso pare?"
- *Compreenda*: "É exaustivo passar pelo mesmo ciclo repetidas vezes. Gostaria de poder dizer que será diferente desta vez. A única coisa que posso dizer é que você está fazendo a coisa certa ao levá-lo para uma avaliação".
- *Dê a eles uma saída*: "Olhe, sei que esta é uma decisão muito difícil. Se você quiser, posso fazer isso por você. Basta me dar um sinal e providenciarei para que ela seja transportada e avaliada. Dessa forma, assumirei toda a culpa se ela ficar com raiva".
- *Se necessário, seja firme*: "O fato é que ela será avaliada para internação com ou sem sua cooperação. Sou um profissional respeitado, que fez uma avaliação completa, e acredito que ela pode fazer algo para encerrar a própria vida nas próximas 24 horas. Vou ligar para o hospital e dizer para esperarem a internação nos próximos 30 minutos. Se você não puder concordar em levá-la e dar consentimento para a avaliação, vou chamar as autoridades. Eles ficarão felizes em transportá-la".

Colaborando e se comunicando com apoios da comunidade

O último exemplo indica que a polícia ou outros serviços comunitários podem ser notificados, dependendo da gravidade do risco de suicídio e das possíveis necessidades de transporte ou de outros serviços. Se a polícia ou outras instituições comunitárias forem notificadas, devem ser claramente informadas sobre a gravidade da situação e que um estudante potencialmente suicida está envolvido.

Documentação

Todas as ações tomadas pela escola em relação à avaliação e intervenção com jovens suicidas devem ser documentadas. Na medida do possível, as respostas do estudante e de outras pessoas entrevistadas devem ser registradas textualmente. A documentação deve ser concluída o mais rápido possível após o incidente para garantir maior precisão. Uma vez concluída, deve ser armazenada em um local seguro.

Preparando o retorno do estudante à escola

Se um estudante for avaliado como em alto risco de suicídio e for posteriormente hospitalizado, é provável que ele retorne à escola em um futuro muito próximo – talvez em apenas 1 ou 2 dias (mais informações sobre hospitalização são fornecidas a seguir no capítulo). Se o estudante não for hospitalizado, mas for levado para casa por sua família, é possível que ele volte à escola no dia seguinte. De qualquer forma, a equipe escolar precisa planejar o retorno do estudante adequadamente. A comunicação com a família e com os prestadores de serviços de saúde mental antes do retorno do estudante (se possível) é recomendada para determinar seu estado global e quais apoios a escola pode oferecer.

Uma vez que um estudante retorna à escola, independentemente de ter sido hospitalizado ou temporariamente colocado em um ambiente alternativo, a equipe escolar é incentivada a adotar uma abordagem de "envolvimento abrangente", semelhante àquela usada com estudantes que têm problemas de comportamento disruptivo (Quinn & Lee, 2007). Como o termo sugere, uma abordagem de envolvimento abrangente inclui intervenções amplas e multissistêmicas, que englobam os diferentes contextos ambientais nos quais o estudante vive. O envolvimento abrangente é uma abordagem colaborativa e multidisciplinar, na qual a escola trabalha em estreita colaboração com profissionais de outras áreas (por exemplo, médica, justiça juvenil), que tem melhorado o comportamento adaptativo e reduzido problemas emocionais e comportamentais em jovens, bem como aumentado a probabilidade de que funcionem com mais sucesso nas escolas e na comunidade (Quinn & Lee, 2007). Embora a eficácia do envolvimento abrangente não tenha sido avaliada no contexto de jovens suicidas, essa abordagem colabora de forma eficaz com uma variedade de problemas de saúde mental em crianças e adolescentes.

Antes de voltar à escola, uma reunião de retorno deve ser realizada com todas as partes interessadas relevantes, incluindo o estudante, os pais ou responsáveis, profissionais de saúde mental, a enfermeira e os administradores da escola e quaisquer profissionais envolvidos da comunidade que possam comparecer. O objetivo da reunião deve ser discutir os vários apoios necessários para o estudante que retorna, abordar quaisquer perguntas ou preocupações e discutir a coordenação de serviços entre a escola e a comunidade. Erbacher e colegas (2015) listam algumas das questões que devem ser abordadas na reunião de retorno:

- Selecionar professores que devem ser informados sobre os protocolos e sobre o monitoramento de possíveis sinais de alerta, mantendo a confidencialidade.

- Descobrir se o estudante tem consultas com profissionais externos com os quais a troca de informações seria útil para o plano de segurança.

- Fazer com que os pais ou responsáveis assinem um formulário de autorização para que informações da escola e de serviços comunitários possam ser compartilhadas.

- Antecipar que o estudante pode sentir uma ampla gama de emoções ao retornar à escola, variando do entorpecimento ao sofrimento debilitante.

Capítulo 7

- Desenvolver colaborativamente um plano do que fazer se o estudante ficar nervoso em sala de aula (por exemplo, fazer uma respiração profunda para se manter calmo, sair da sala para fazer uma pausa).
- Decidir quais ações e responsabilidades serão assumidas pelo estudante, equipe escolar, pais ou responsáveis e profissionais de serviços comunitários.
- Discutir e praticar com o estudante possíveis frases que ele pode usar se os colegas disserem algo potencialmente perturbador ou se não souber como responder, como "Onde você estava nos últimos dias?" ou "Ouvi dizer que eles tiveram que te levar para o hospital psiquiátrico." A preparação e o ensaio podem ajudar o estudante a se sentir mais confiante em responder. Possíveis respostas incluem "Eu estava me sentindo excessivamente estressado e precisava de um tempo" ou "Eu estava muito doente".

Também pode ser útil se houver um membro da equipe escolar que possa servir como o coordenador principal para facilitar o retorno do aluno à escola. Além de se reunir regularmente com o aluno após seu retorno, o profissional também pode fazer o seguinte, conforme recomendado pela excelente fonte *Prevenção do suicídio: Um guia para escolas de Ensino Médio* (Departamento de Serviços para Abuso de Substâncias e Saúde Mental [DSASSM], 2012, p. 80–81):

- Familiarize-se com as informações básicas do caso, incluindo:
  - Como o *status* de risco do aluno foi identificado.
  - O que precipitou o *status* de alto risco do aluno ou a tentativa de suicídio.
  - Que medicamento(s) o aluno está tomando.

- Em concordância com a família, sirva como elo principal da escola com os pais e mantenha contato regular com a família:
  - Ligue ou se reúna frequentemente com a família.
  - Facilite o encaminhamento da família para aconselhamento familiar, se apropriado.
  - Encontre-se com o aluno e sua família e com os profissionais da escola relevantes (por exemplo, o psicólogo ou o assistente social) para discutir os serviços de que o aluno precisará ao retornar à escola.

- Atue como intermediário com outros professores e membros da equipe escolar, com a permissão da família, em relação ao aluno, o que pode envolver o seguinte:
  - Pergunte ao aluno sobre suas preocupações acadêmicas e discuta opções potenciais.
  - Eduque os professores e outros membros relevantes da equipe sobre os sinais de alerta de outra crise de suicídio.
  - Reúna-se com a equipe apropriada para criar um plano de reintegração individual antes do retorno do aluno e discuta os possíveis ajustes para as necessidades que ele apresenta.

- Modifique o horário e a quantidade de cursos do aluno para aliviar o estresse, se necessário.
- Organize tutoria de colegas ou professores, se necessário.
- Combine com os professores para permitirem a extensão do prazo de entrega de trabalhos sem penalidade.
- Monitore o progresso do aluno.
- Informe os professores e outros membros relevantes da equipe sobre os possíveis efeitos colaterais dos medicamentos que o aluno está tomando e sobre os procedimentos para notificar os profissionais adequados (por exemplo, a enfermeira, psicólogo ou assistente social da escola) se os efeitos forem observados. Ao compartilhar informações sobre o tratamento médico, é necessário cumprir o Ferpa[80] e o Hipaa[81].

- Acompanhe os problemas de comportamento e/ou frequência do aluno:
  - Reúna-se com os professores para ajudá-los a entender os limites e as consequências apropriadas do comportamento.
  - Discuta preocupações e opções com o aluno.
  - Consulte o profissional escolar responsável pela disciplina.
  - Consulte o provedor de serviços de saúde mental do aluno para entender se esses comportamentos podem estar associados à medicação que ele está tomando.
  - Monitore a frequência diária colocando o aluno em uma lista de presença para entrar/sair, que deve ser assinada pelos professores da sala de aula e devolvida ao escritório de frequência no fim do dia letivo.
  - Faça visitas domiciliares ou confirme com os pais regularmente para revisar o registro de frequência e disciplina.
  - Ofereça o aconselhamento específico para os problemas na escola.

- Se o aluno for hospitalizado, obtenha o acordo da família para consultar a equipe do hospital sobre questões como:
  - Entrega das tarefas escolares a serem concluídas no hospital ou em casa, conforme apropriado.
  - Permissão para um representante da escola visitar o aluno no hospital ou em casa, com a anuência dos pais.
  - Participação de reuniões de planejamento de tratamento e da conferência da alta hospitalar, com a permissão dos pais.

- Estabeleça um plano para contato periódico com o aluno enquanto ele estiver afastado da escola.
- Se o aluno não puder frequentar a escola por um período prolongado, defina como ajudá-lo a cumprir os requisitos do curso.

---

80. *Family Educational Rights and Privacy Act* [N.T.].
81. *Health Insurance Portability and Accountability Act* [N.T.].

Capítulo 7

Outras intervenções de nível 3 para jovens suicidas

Estudantes que estão em alto risco de suicídio geralmente necessitam de intervenções mais abrangentes e intensivas do que aqueles com risco baixo ou moderado. Informações adicionais sobre intervenções que foram utilizadas com pessoas suicidas, com diferentes graus de sucesso, serão discutidas nas próximas seções. Elas incluem (1) aumento do contato, (2) terapia comportamental dialética, (3) hospitalização e (4) medicamentos.

Aumento do contato

Até o momento, poucas intervenções demonstraram ter um efeito significativo e positivo na prevenção de mortes por suicídio em ensaios clínicos controlados randomizados[82] (ECCRs). Duas intervenções que foram avaliadas em ECCRs são intervenções psicossociais, ambas visando a conexão social ou pertencimento, uma variável altamente associada ao suicídio (Joiner, 2005, 2009). Embora nenhum dos estudos tenha incluído crianças ou adolescentes em sua amostragem, os resultados são esclarecedores e têm implicações úteis para a prevenção do suicídio nas escolas.

Motto e Bostrom (2001) conduziram um estudo em larga escala com 843 ex--pacientes que haviam sido hospitalizados em uma instituição psiquiátrica após uma tentativa de suicídio. Os 843 indivíduos, que haviam em sua totalidade resistido ao atendimento contínuo, foram aleatoriamente designados para receber cartas curtas e periódicas da equipe do hospital (condição experimental) ou para não receber nenhuma carta (condição de controle). As "cartas de apoio" recebidas pelo primeiro grupo não eram longas. Consistiam simplesmente em breves expressões de preocupação e lembretes de que a instituição de tratamento estava acessível quando os pacientes precisavam. Apesar de curtas, as cartas enviadas aos pacientes não eram padronizadas, e sim redigidas de forma diferente e personalizadas para cada indivíduo tanto quanto possível. As cartas foram enviadas ao primeiro grupo todos os meses durante 4 meses, bimestralmente durante 8 meses e a cada 3 meses por 4 anos. Ao longo de 5 anos, esse grupo recebeu um total de 24 cartas.

Os resultados do estudo indicaram que o grupo de ex-pacientes que recebeu as cartas tinha significativamente menos probabilidade de morrer por suicídio do que os pacientes no grupo de controle após os primeiros 2 anos da intervenção. Os autores especularam que a intervenção, um programa sistemático de contato com pessoas em alto risco de comportamento suicida contínuo, foi eficaz porque fazia com que os ex-pacientes se sentissem de alguma forma conectados à instituição hospitalar como um todo.

> Aumentar a conexão dos estudantes pode ser uma estratégia útil e viável para diminuir o comportamento suicida em jovens.

---

82. No original, *randomized controlled trials* (RCTs) [N.T.].

Fleischmann e colegas (2008) também conduziram um estudo que envolveu um aumento do contato com indivíduos suicidas. Eles atribuíram aleatoriamente indivíduos que haviam sido hospitalizados após uma tentativa de suicídio a um de dois grupos: um grupo de controle, que recebeu o tratamento usual, e um grupo que recebeu o tratamento usual mais uma intervenção breve e contato, incluindo psicoeducação do paciente e acompanhamento. O estudo envolveu mais de mil indivíduos que haviam sido hospitalizados em unidades de emergência de oito hospitais, em cinco locais culturalmente diferentes. As taxas de morte por suicídio foram examinadas e acompanhadas durante 18 meses. Os resultados indicaram que significativamente menos mortes ocorreram no grupo experimental em comparação com o grupo de controle, que recebeu tratamento como de costume.

A ênfase dessas duas intervenções no "contato interpessoal (incluindo, é claro, o acesso ao tratamento) – bem como os resultados convincentes em relação à consequência principal, a morte por suicídio – têm o potencial de informar trabalhos futuros na prevenção escolar" (Joiner, 2009, p. 246). O estudo de Motto e Bostrom (2001) tornou-se particularmente influente e deu origem a muitas pesquisas similares. Por exemplo, Luxton, June e Comtois (2013) realizaram uma revisão de vários estudos que examinavam o valor de contatos de acompanhamento com pacientes suicidas após alta de unidades psiquiátricas e descobriram que o contato repetido parecia reduzir o comportamento suicida. Coletivamente, esses estudos são notáveis por demonstrar o impacto significativo e profundo que até mesmo um contato limitado pode ter no bem-estar dos indivíduos, incluindo a redução potencial do risco de suicídio. Esses resultados apoiam a ideia de que um ingrediente-chave nos esforços de prevenção do suicídio nas escolas deve se concentrar em manter os estudantes em risco e alto risco conectados a outras pessoas, sejam elas pais, responsáveis, colegas ou educadores.

Terapia comportamental dialética

A TCD é um tratamento cognitivo-comportamental para transtornos e problemas de saúde mental complexos e difíceis de tratar. Dimeff e Linehan (2001, p. 10) fornecem a seguinte descrição resumida da TCD:

> A TCD combina as estratégias básicas da terapia comportamental com práticas de *mindfulness* oriental, inserindo-se em uma visão de mundo dialética que enfatiza a síntese de opostos. O termo "dialético" também pretende transmitir tanto as múltiplas tensões que coexistem na terapia com clientes suicidas quanto a ênfase em aprimorar padrões de pensamento dialético para substituir o pensamento rígido e dicotômico. A dialética fundamental na TCD está entre

a validação e a aceitação do cliente como ele é, ao mesmo tempo que se ajuda a promover mudanças. Os procedimentos de aceitação na TCD incluem o *mindfulness* (por exemplo, atenção ao momento presente, assumir uma postura não julgadora, foco na eficácia) e uma variedade de estratégias estilísticas baseadas em validação e aceitação. As estratégias de mudança na TCD incluem a análise comportamental de comportamentos mal adaptativos e técnicas de resolução de problemas, incluindo treinamento de habilidades, gerenciamento de contingência (ou seja, reforços, punições), modificação cognitiva e estratégias baseadas em exposição.

Originalmente desenvolvida por Linehan (1993), a TCD surgiu de uma série de tentativas fracassadas de aplicar protocolos padrão de TCC a clientes adultos cronicamente suicidas com transtorno de personalidade borderline comórbido (Dimeff & Linehan, 2001; Linehan, 2015). Desde então, foi adaptada para uma variedade de outros problemas envolvendo a regulação emocional, como abuso de substâncias e a compulsão alimentar (Dimeff & Linehan, 2001), e emergiu como um tratamento potencialmente útil para a automutilação não suicida (AMNS) (Klonsky & Muehlenkamp, 2007). Além disso, a TCD tem sido usada com sucesso para tratar crianças e adolescentes (por exemplo, C. Callahan, 2008; Woodbury et al., 2008), incluindo jovens que apresentam comportamento suicida (McCauley et al., 2018; A. L. Miller et al., 2007). No final, o objetivo da TCD é ajudar indivíduos com problemas a desenvolver "as habilidades de que precisam para que tenham a experiência de que vale a pena viver a vida" (Linehan, 2020, p. 335).

> A terapia comportamental dialética, ou TCD, é uma forma de terapia cognitivo-comportamental que tem se mostrado promissora como uma intervenção psicossocial para jovens suicidas.

Diferente da primeira leva de terapias comportamentais, que enfatizavam a aplicação de princípios comportamentais básicos a problemas clínicos, e da segunda leva, que adicionava um componente cognitivo por meio da eliminação ou substituição de pensamentos irracionais e problemáticos (O'Brien et al., 2008), a TCD é semelhante a outras terapias de terceira geração, como a terapia de aceitação e compromisso[83] (TAC; Hayes et al., 1999), a psicoterapia analítica funcional[84] (PAF; Kohlenberg & Tsai, 1991), e a terapia cognitiva baseada em *mindfulness*[85] (TCBM; Segal et al., 2002), pois enfatiza dois conceitos fundamentais e relacionados: *aceitação* e *mindfulness* (Greco & Hayes, 2008; Hayes et al., 2004).

---

83. No original, *acceptance and commitment therapy* [N.T.].

84. No original, *functional analytic psychotherapy* [N.T.].

85. No original, *mindfulness-based cognitive therapy* [N.T.].

Aceitação

A TCD se concentra na aceitação dos problemas *e* em modificá-los – ideias que, à primeira vista, pareceriam mutuamente exclusivas. No entanto, como observado por O'Brien e colegas (2008, p. 16),

> O objetivo dessas técnicas não é mudar pensamentos ou emoções problemáticas, mas sim aceitá-los pelo que são – apenas experiências privadas, não verdades literais. Nessa visão, a aceitação é acompanhada pela mudança, mas a mudança é diferente daquela vista nas terapias cognitivo-comportamentais tradicionais: em vez de mudar o conteúdo de seus pensamentos, os clientes estão mudando o relacionamento com seus pensamentos. O equilíbrio cuidadoso entre aceitação e mudança, referido como a dialética central na TCD, caracteriza uma dialética comum a todas as terapias de terceira geração. Quando os clientes conseguem equilibrar aceitação e mudança, aceitando seus pensamentos como tais e, assim, mudando seu relacionamento com eles, ganham a flexibilidade para se mover em direções valorizadas.

Portanto, a TCD difere das terapias cognitivo-comportamentais tradicionais em seu tratamento de eventos privados e experiências internas, como pensamentos, sentimentos e sensações corporais ou físicas. Como observado por Greco e Hayes (2008, p. 3), "em vez de focar e tentar mudar o conteúdo, a frequência e a forma de pensamentos e sentimentos, abordagens baseadas na aceitação [...] procuram alterar a função de fenômenos internos de forma a diminuir seu impacto comportamental". Consequentemente, profissionais que estão familiarizados e confortáveis com técnicas cognitivo-comportamentais tradicionais, especialmente aquelas que enfatizam a reestruturação cognitiva e a contestação de pensamentos e crenças irracionais, podem achar inicialmente difícil a "mudança de mentalidade" necessária para entender abordagens de terceira geração (como a TCD), dada a diferença fundamental em relação às premissas básicas da terapia cognitiva tradicional (Merrell, 2008). Diferentemente do foco da terapia cognitivo-comportamental tradicional, que quer mudar o *conteúdo* dos pensamentos do cliente, a TCD enfatiza a mudança do *relacionamento* do cliente com seus pensamentos (O'Brien et al., 2008).

Mindfulness

Além de abraçar a aceitação, outro elemento comum nas terapias comportamentais de terceira geração, como a TCD, é a ênfase no *mindfulness*[86], que en-

---

86. Atenção plena [N.T.].

Capítulo 7

volve "prestar atenção de uma maneira específica, propositalmente, no momento presente e de forma não julgadora" (Kabat-Zinn, 1994, p. 4). Portanto, o *mindful-ness* implica estar presente e não julgar, mesmo nas situações e momentos mais desagradáveis e dolorosos (O'Brien et al., 2008). Praticar o *mindfulness* envolve três elementos diferentes, mas interrelacionados: observar, descrever e partici-par. Mais especificamente, "observar envolve olhar para os próprios pensamen-tos, sentimentos e comportamentos sem tentar mudá-los; descrever se refere à classificação de pensamentos, sentimentos e comportamentos sem julgamento; e participar exige um envolvimento completo no momento presente, sem auto-consciência" (O'Brien et al., 2008, p. 21). Embora a aplicação de procedimentos de *mindfulness* para tratar problemas de saúde mental tenha uma história relati-vamente recente (Greco & Hayes, 2008), a prática do *mindfulness* é realizada por budistas há mais de 2.500 anos (Kabat-Zinn, 2003).

O *mindfulness* é uma das habilidades centrais ensinadas a indivíduos que lutam com essa aparente polaridade entre aceitação e mudança, e programas ba-seados em *mindfulness* estão sendo cada vez mais utilizados em escolas (Rawa-na et al., 2018). Embora essa não seja a única habilidade ensinada na TCD, seu aprendizado e prática fornecem uma base a partir da qual outras habilidades ne-cessárias podem ser desenvolvidas, incluindo tolerância ao sofrimento, regulação emocional e eficácia interpessoal (Linehan, 2015; Wagner et al., 2006). Conforme observado por O'Brien e colegas (2008, p. 20),

> Cultivando uma consciência não julgadora do momento presente, os indivíduos [...] podem observar e classificar melhor suas emo-ções sem agir impulsivamente de acordo com elas; assim, sua tole-rância a sentimentos angustiantes aumenta, a capacidade de regular as emoções melhora e, portanto, podem se relacionar de maneira mais eficaz com os outros, cujas emoções também são observadas e classificadas de forma não julgadora.

Papel e função do terapeuta de TCD

A função e o papel do terapeuta de TCD também incluem uma análise da função que o comportamento desempenha para um indivíduo, e isso foi bem re-sumido por Nock, Teper e Hollander (2007, p. 1084), considerando um terapeuta que atende um adolescente envolvido em automutilação:

- O terapeuta de TCD identifica cuidadosamente e operacionaliza os com-portamentos-alvo a serem modificados no tratamento (usando uma ava-liação abrangente de transtornos mentais, comportamentos-problema e funcionamento do cliente) e mede continuamente esses comportamentos ao longo do tratamento.

- O terapeuta de TCD ajuda o cliente a identificar os antecedentes e as consequências de sua automutilação e outros comportamentos-alvo, para que os entenda melhor e possa modificá-los.

- Uma vez que o terapeuta e o cliente compreendem as funções da automutilação do cliente, trabalham juntos para desenvolver outros comportamentos alternativos e incompatíveis para substituí-la.

- Como em outras formas de terapia comportamental, o terapeuta tenta modificar o ambiente do cliente para promover a mudança de comportamento, e, com adolescentes, isso envolve trabalhar com a família ao longo do processo.

- Além de compartilhar a filosofia e o plano de tratamento com a família, o terapeuta trabalha para modificar suas interações com o adolescente, ensinando, quando necessário, habilidades de manejo.

Terapeutas de TCD que tratam estudantes potencialmente suicidas devem primeiro trabalhar com eles para se comprometerem com o tratamento e depois se concentrar nos principais alvos da TCD, que incluem (1) diminuir comportamentos que ameacem a vida, (2) diminuir comportamentos que interfiram na terapia, (3) diminuir comportamentos que interfiram na qualidade de vida e (4) aumentar habilidades comportamentais. As principais habilidades ensinadas aos estudantes durante as sessões de TCD devem incluir *mindfulness*, regulação emocional, eficácia interpessoal, tolerância à angústia e habilidade de "caminhar pelo caminho do meio" (Nock et al., 2007). Este último módulo de habilidades é um aspecto único da TCD para adolescentes e inclui a aprendizagem de várias habilidades focadas na família, incluindo a validação de si e dos outros, o uso de princípios comportamentais e dilemas comuns entre adolescentes e famílias (Nock et al., 2007). Embora seja recomendado um curso de terapia de TCD de 1 ano para adultos, uma versão para adolescentes desenvolvida por A.L. Miller e colegas (2007) é significativamente mais curta e pode ser concluída em um período de 16 semanas.

Uma discussão mais abrangente sobre a TCD está além do escopo deste livro. Embora a maioria dos profissionais escolares de saúde mental provavelmente não esteja fornecendo intervenções psicossociais diretas como a TCD, devem pelo menos estar cientes dos seus princípios básicos e por que ela é um tratamento potencialmente útil para jovens suicidas. Também devem conhecer os nomes dos terapeutas de TCD em suas comunidades e encaminhar jovens potencialmente suicidas, quando apropriado. Embora seja necessária mais pesquisa sobre a TCD, há evidências crescentes de que pode ser uma intervenção psicossocial eficaz para adolescentes suicidas. Por exemplo, McCauley e colegas (2018) descobriram que a TCD foi eficaz na redução de tentativas de suicídio repetidas entre adolescentes altamente suicidas com idades entre 12 e 18 anos. Os profissionais escolares de saúde mental interessados em obter mais informações sobre a TCD são incentivados a consultar outras fontes, incluindo Linehan (1993, 2015), Callahan (2008) e, especialmente, A.L. Miller et al. (2007).

Hospitalização

Os estudantes considerados em alto risco de suicídio são, muitas vezes, hospitalizados. A hospitalização psiquiátrica é atualmente considerada o padrão de cuidados para indivíduos com risco agudo de suicídio, incluindo crianças e adolescentes (Associação Americana de Psiquiatria, 2003) e seu objetivo é oferecer cuidados intensivos, incluindo monitoramento 24 horas, intervenção medicamentosa aguda e intervenção em situações de crise (Ward-Ciesielski & Rizvi, 2020).

Embora os serviços específicos fornecidos em hospitais psiquiátricos para pacientes internados por comportamento suicida variem, "o objetivo geral é eliminar o risco agudo da maneira menos restritiva e no menor tempo possível" (Ward-Ciesielski & Rizvi, 2020, p. 2). Tipicamente, o protocolo para indivíduos hospitalizados por comportamento suicida se concentra primeiramente na avaliação de risco, seguida pela promoção de segurança ao indivíduo suicida através da criação de um ambiente seguro e acolhedor. A hospitalização também envolve a tentativa de identificar e tratar os fatores de risco modificáveis que contribuem para o comportamento suicida do indivíduo, por meio de intervenções psicofarmacológicas e psicoterapêuticas de curto prazo (Galardy & Lineberry, 2013).

> A escola não deve ver a hospitalização como uma panaceia para o comportamento suicida em jovens ou se deixar levar por um falso senso de segurança quando os alunos são hospitalizados.

A equipe do hospital se esforçará para manter os jovens hospitalizados em segurança. Supondo que não sejam liberados do hospital no mesmo dia em que são admitidos, também serão alimentados, receberão uma cama e serão mantidos o mais confortável possível durante a estadia. Terão acesso a profissionais de saúde mental com os quais podem discutir os problemas que levaram ao comportamento suicida em terapia individual, em grupo ou ambos(T. A. Erbacher et al., 2015). No entanto, dado o típico curto período de internação de pacientes hospitalizados por suicídio, qualquer forma de psicoterapia que os jovens recebam será limitada no tempo. Uma vez que os hospitais são instalações médicas, os jovens admitidos serão avaliados quanto à medicação (ou reavaliados, se já estiverem medicados), recebendo o que for necessário, como antidepressivos para depressão unipolar ou maior.

A maioria das crianças e adolescentes hospitalizados nos Estados Unidos por comportamento suicida não permanece por muito tempo – frequentemente apenas por 1 ou 2 dias. As internações curtas ocorrem por várias razões, incluindo uma acentuada queda, ao longo de muitos anos, na disponibilidade de leitos psiquiátricos financiados pelo estado, diminuição do reembolso do seguro para hospitalização psiquiátrica, necessidade de leitos psiquiátricos se o paciente não for mais considerado agudamente suicida, o desejo frequente dos pais ou responsáveis de levar seus filhos para casa o mais rápido possível, o aumento dos custos dos serviços psiquiátricos para pacientes internados e o fato de que a maioria das retenções psiquiátricas involuntárias é de apenas 48 a 72 horas (D. N. Miller & Mazza, 2017). Além disso, cortes contínuos no financiamento da saúde e iniciativas de redução de custos "levaram a um ritmo ainda mais acelerado nos tratamentos de pacientes internados, ao mesmo tempo que reduziram o número e a disponibilidade de profissionais com treinamento e experiência suficientes para atender às necessidades dos pacientes além da administração de medicamentos" (Ward-Ciesielski & Rizvi, 2020, p. 2). Portanto, dadas a estadia geralmente curta, as inúmeras restrições e a falta de consistência nos cuidados de acompanhamento, a hospitalização de jovens suicidas deve ser geralmente vista como uma tentativa de fornecer contenção e estabilização, em vez de tratamento intensivo e extensivo (D. N. Miller & Mazza, 2017).

Embora muitos acreditem que a hospitalização psiquiátrica garante um ambiente seguro para jovens suicidas, essa crença, infelizmente, nem sempre é verdadeira. Conforme observado por Joiner (2010, p. 181), "milhares de pessoas morrem por suicídio nos Estados Unidos todos os anos, seja enquanto estão hospitalizadas por condições psiquiátricas ou dias após receberem alta do hospital. Há uma associação, portanto, entre ser hospitalizado e morrer por suicídio". Essa declaração *não* deve ser interpretada como uma prova de que a hospitalização *causa* o suicídio. Em vez disso, as duas condições são altamente correlacionadas, porque a gravidade subjacente da doença mental aumenta a probabilidade tanto da hospitalização quanto do suicídio.

Há também um risco elevado de comportamentos suicidas, para além do suicídio, após a hospitalização psiquiátrica, incluindo tentativas de suicídio (Ward-Ciesielski & Rizvi, 2020). Por exemplo, Goldston e colegas (1999) descobriram que quase 25% de sua amostragem de 180 adolescentes admitidos em um hospital psiquiátrico por comportamento suicida tentaram o suicídio durante um período de acompanhamento de 5 anos, sendo que mais da metade tentou durante o primeiro ano. Yen e colegas (2013) avaliaram 119 adolescentes hospitalizados por comportamento suicida e descobriram que 18% deles haviam tentado o suicídio dentro de 6 meses após suas hospitalizações. Essas e outras descobertas semelhantes de outros estudos sugerem que indivíduos que estão em risco de suicídio quando são admitidos em um hospital muitas vezes continuam em alto risco de comportamento suicida depois de sair.

Existem outros riscos potenciais associados à hospitalização psiquiátrica, além do comportamento suicida contínuo. Embora uma variedade de estudos tenha relatado experiências geralmente positivas, melhorias e/ou satisfação entre pacientes hospitalizados, outros estudos encontraram resultados diferentes (Ward-Ciesielski & Rizvi, 2020). Por exemplo, Priebe e colegas (2011) descobriram que a hospitalização involuntária devido ao risco de autoagressão estava associada a resultados piores. Outros riscos possíveis incluem níveis exacerbados de estresse e sofrimento que podem ocorrer devido à hospitalização, incluindo a possibilidade de testemunhar comportamento confuso, alarmante e/ou violento de outros pacientes ou da equipe do hospital. A experiência da hospitalização pode ser altamente aversiva e até traumatizante para algumas pessoas, além de mais prejudicial do que benéfica como resultado.

Além disso, a hospitalização não apenas interrompe rotinas e expectativas normais, mas também tem o potencial de ser disruptiva para o tratamento posterior. Por exemplo, "relatos anedóticos frequentemente incluem experiências com pacientes cuja confiança e relacionamento terapêutico foram danificados – às vezes irreparavelmente – ao seguir com a hospitalização, mesmo em circunstâncias de gerenciamento de risco agudo" (Ward-Ciesielski & Rizvi, 2020, p. 7). Usar a hospitalização como uma intervenção em situações de crise também pode impedir que o indivíduo desenvolva habilidades críticas de enfrentamento para lidar com pensamentos, sentimentos e/ou comportamentos aversivos, ao retirar a pessoa de seu ambiente normal (Ward-Ciesielski & Rizvi, 2020).

Em resumo, atualmente não há evidências de que a hospitalização psiquiátrica reduza a frequência ou o risco de suicídio (Galardy & Lineberry, 2013; Ward-Ciesielski & Rizvi, 2020), independentemente da duração da internação ou do fato de ter sido voluntária ou não (Joiner, 2010). Além disso, a hospitalização para alguns jovens suicidas pode não apenas ser ineficaz, mas também prejudicial. Dessa forma, avaliar os custos e os benefícios da hospitalização "deve envolver muito mais considerações do que a crença não baseada em evidências de que o risco imediato de suicídio a curto prazo será aliviado" (Ward-Ciesielski & Rizvi, 2020, p. 11). Portanto, a equipe escolar não deve ver a hospitalização como uma panaceia para o comportamento suicida em jovens ou se deixar levar por um falso senso de segurança quando os alunos suicidas são hospitalizados. A hospitalização de jovens por comportamento suicida deve ser usada com cautela e prudência, especialmente quando é involuntária.

Intervenções psicofarmacológicas

Embora não exista um tratamento médico específico para o suicídio, as intervenções psicofarmacológicas geralmente se concentram nas questões emocionais e comportamentais que provavelmente estão associadas ao comportamento suicida, como transtorno bipolar, transtorno de estresse pós-traumático, outros transtornos de ansiedade, de conduta, abuso de substâncias e, especialmente, depressão (D. N. Miller & Mazza, 2017). Como discutido anteriormente, esses e outros transtornos de saúde mental são tipicamente encontrados em crianças e adolescentes que morrem por suicídio (Fleischmann et al., 2005), sugerindo que transtornos de saúde mental aumentam o risco de suicídio, em vez de causá-lo diretamente (Kaut, 2013).

Pesquisas que examinam a eficácia das intervenções psicofarmacológicas indicam que o neurotransmissor serotonina está altamente associado à depressão e a tentativas de suicídio, e intervenções psicofarmacológicas na forma de medicamentos antidepressivos demonstraram eficácia em elevar o humor e reduzir as taxas de suicídio entre aqueles que estão em maior risco (Kaut, 2013). A norepinefrina e a dopamina também estão associadas à depressão e são afetadas por medicamentos antidepressivos, sugerindo que receptores para esses neurotransmissores também podem estar associados ao comportamento suicida (Kaut, 2013). Portanto, embora sejam necessárias mais pesquisas, os inibidores de recaptação de serotonina-norepinefrina (IRSNs) estão recebendo crescente atenção como uma medicação antidepressiva potencialmente eficaz para jovens.

> Há uma controvérsia significativa sobre o uso de medicamentos antidepressivos, especialmente sobre a possibilidade de aumentar o comportamento suicida em jovens. O uso de antidepressivos não levou a um aumento de tentativas de suicídio ou de suicídio entre os estudantes que tomam esses medicamentos.

Apesar dos potenciais benefícios da medicação antidepressiva para crianças e adolescentes, uma controvérsia significativa surgiu no que diz respeito à sua relação com o comportamento suicida quando pesquisas sugeriram que a paroxetina, um inibidor seletivo de recaptação de serotonina (ISRS), demonstrou um leve aumento na ideação e no comportamento suicida em crianças e adolescentes com transtorno depressivo maior. Essa descoberta levou a demonstrações públicas de preocupação por parte do Departamento de Alimentos e Medicamentos[87] (DAM) e outras agências reguladoras (Kratochvil et al., 2006). Em 2004, os resultados de uma meta-análise, incluindo 24 ensaios clínicos controlados (aproximadamente 4.400 pacientes pediátricos) de nove medicamentos antidepressivos, foram apresentados em uma audiência pública. Não houve suicídios em nenhum dos testes, e o risco cumulativo de ideação suicida relatada espontaneamente foi de 4% para pacientes que receberam medicação ativa e 2% para pacientes que receberam placebo (Hammad et al., 2006). Não havia evidências de que os antidepressivos aumentassem outras formas de comportamento suicida (ou seja, tentativas de suicídio, mortes por suicídio) em adul-

---

87. No original, Food and Drug Administration (FDA) [N.T.].

Capítulo 7

tos. Na verdade, os resultados indicaram que esses medicamentos reduziram o comportamento suicida em adultos (Joiner, 2010).

O motivo preciso para as taxas mais altas de ideação suicida (embora não para suicídio) entre os pacientes pediátricos que receberam medicação antidepressiva em comparação com aqueles que receberam placebo não está claro. Uma possível explicação foi apontada por Joiner (2010, p. 250):

> Muitas pessoas consideram os medicamentos antidepressivos como ativadores, pois podem ajudar a resolver problemas de energia e transformar estados de ânimo depressivos em mais positivos. Na maioria dos casos, isso representa um alívio bem-vindo da fadiga, falta de energia e foco, e do humor deprimido. Mas pode haver uma ativação excessiva? A resposta é sim e, quando isso ocorre, pode levar a agitação, inquietação, ansiedade e insônia. Esses podem constituir fatores de risco agudos para a ideação e o comportamento suicida, já que agitação e insônia estão entre os sinais de alerta mais sérios de suicídio. O resultado de tudo isso é que medicamentos que predominantemente aliviam a depressão podem, em um pequeno subconjunto de pessoas, potencialmente levar a uma hiperativação e, assim, a um aumento do comportamento suicida.

Para ilustrar esse ponto, quando os jovens estão gravemente deprimidos, eles podem desenvolver planos suicidas, mas podem não ter a energia necessária para colocá-los em prática. Uma vez que começam a tomar medicação antidepressiva e, esperançosamente, começam a se sentir melhor, podem, então, ter a energia necessária para seguir adiante com seu plano suicida. No entanto, esse cenário provavelmente ocorreria apenas entre um número muito pequeno de crianças e adolescentes (D. N. Miller & Mazza, 2017).

Após a audiência pública e as recomendações de várias organizações de saúde pública e psicofarmacológicas, em outubro de 2004, o DAM emitiu o aviso de "tarja preta" para todos os antidepressivos, a medida mais forte tomada pela agência antes de retirar sua aprovação de um medicamento (Joiner, 2010). Isso afirma essencialmente que o uso de antidepressivos com populações pediátricas pode estar associado a um aumento do risco de suicídio (Hammad et al., 2006). Após esse aviso, o número de prescrições de antidepressivos para populações pediátricas diminuiu significativamente (Bhatia et al., 2008). Ironicamente, houve especulações de que o número reduzido de jovens tomando medicação antidepressiva devido aos receios sobre sua possível relação com o suicídio pode ser pelo menos em parte responsável por mais suicídios entre os jovens (Gibbons et al., 2007). Por exemplo, à medida que o número de prescrições de ISRS para jovens diminuiu nos Estados Unidos, o número de mortes por suicídio aumentou (Joiner, 2010). Os médicos têm diagnosticado depressão em crianças e adolescentes em menor grau do que o esperado, talvez devido aos temores gerados pelos antidepressivos (Libby et al., 2007).

Em uma revisão abrangente da literatura, a evidência de uma relação entre antidepressivos e suicídio em jovens foi considerada "pouco convincente" (Bostwick, 2006). Se a vulnerabilidade ao suicídio devido ao uso de medicação existe, parece mais provável que se desenvolva nas primeiras semanas após o início da medicação e, quanto mais tempo um indivíduo estiver medicado, menos provável será o comportamento suicida (Bostwick, 2006). Embora tenha reconhecido que aumentos na ideação suicida em jovens como resultado da medicação antidepressiva fossem possíveis, Pierson (2009) indicou que não há evidências do aumento de outras formas mais graves de comportamento suicida. Além disso, Joiner (2010, p. 245) observa que "a grande maioria das evidências indica que esses medicamentos [ou seja, antidepressivos], embora imperfeitos, têm prevenido e reduzido enormes quantidades de sofrimento humano" e levaram a menos, em vez de mais, suicídios.

No entanto, esta questão continua sendo altamente controversa; alguns estudos apoiam o aviso de "tarja preta" do DAM, levando pesquisadores a concluírem que a evidência de intervenções psicofarmacológicas para o comportamento suicida em jovens é contraditória e a caracterizar essas intervenções como experimentais (Nock et al., 2019). Portanto, se o uso de medicamentos antidepressivos estiver sendo considerado, deve ser prescrito com as devidas precauções, caso a caso, além de cuidadosamente monitorado.

A equipe escolar, especialmente os profissionais de saúde mental, pode desempenhar um papel vital no monitoramento de medicamentos antidepressivos em jovens. Por exemplo, jovens medicados podem preencher formulários de autorrelato individualmente, como a Escala de Depressão para Adolescentes de Reynolds[88] (RADS-2) ou o Questionário de Ideação Suicida[89] (QIS), antes, durante e após o uso da medicação. O monitoramento de medicamentos é um papel apropriado não apenas para profissionais de saúde, como enfermeiros escolares, mas também para profissionais de saúde mental, como psicólogos escolares. E a pesquisa sugere que eles estão dispostos e são capazes de fazê-lo (Gureasko-Moore et al., 2005).

Para que o monitoramento de medicamentos seja mais eficaz nas escolas, os profissionais são encorajados a adotar uma abordagem flexível e incluir uma avaliação da aceitabilidade e viabilidade do monitoramento de medicamentos (Volpe et al., 2005). Antes de se tornarem participantes ativos no monitoramen-

---

88. No original, Reynolds Adolescent Depression Scale [N.T.].

89. No original, Suicidal Ideation Questionnaire (SIQ) [N.T.].

to de medicamentos, a escola deve garantir que possuam (1) conhecimento das questões legais, éticas e de treinamento relacionadas a medicamentos; (2) conhecimento de tratamentos com medicamentos psicotrópicos; e (3) conhecimento de técnicas de avaliação comportamental (Segool & Carlson, 2008). Para obter mais informações sobre o monitoramento de medicamentos e intervenções psicofarmacológicas nas escolas, o leitor é encaminhado para Anderson, Walcott, Reck e Landau (2009), Carlson e Shahidullah (2014), DuPaul e Carlson (2005), Volpe et al. (2005), e especialmente Carlson e Barterjian (2019). O anexo 7.1, no fim deste capítulo, resume as intervenções para estudantes considerados de baixo, médio e alto risco de suicídio.

Comentários finais

Este capítulo apresentou uma visão geral das intervenções que podem ser usadas nas escolas para estudantes em baixo ou médio risco de comportamento suicida (intervenções selecionadas), bem como para estudantes em alto risco (intervenções terciárias). É particularmente crítico que a escola saiba como responder de forma eficaz a um aluno que está passando por uma crise suicida. Questões pertinentes relacionadas às intervenções psicossociais escolares para jovens suicidas foram revisadas, assim como controvérsias quanto à hospitalização e ao uso de antidepressivos. Profissionais escolares de saúde mental que têm conhecimento nessas áreas terão mais probabilidade de prevenir o comportamento suicida em jovens e de responder de forma mais eficaz quando esse ocorrer.

Anexo 7.1[90]
Prevenção e estratégias de intervenção para jovens potencial-mente suicidas por nível de risco

Baixo risco

- Desenvolver um plano de segurança em conjunto com a escola, pais ou responsáveis e o aluno.
- Fornecer à família os detalhes da avaliação que levou o aluno a ser designado como em baixo risco.
- Continuar monitorando o aluno e realizar reavaliações periódicas do risco de suicídio.
- Se o aluno ainda não estiver conectado a um serviço de saúde mental comunitário, sugerir aos pais ou responsáveis que marquem uma consulta para o aluno.
- Idealmente, os provedores de saúde mental comunitários recomendados terão experiência anterior com jovens suicidas e em intervenções baseadas em evidências, como a terapia cognitivo-comportamental (TCC) e/ou a terapia comportamental dialética (TCD).

Risco moderado

- O aluno deve ser monitorado cuidadosamente e avaliado regularmente para determinar se o risco de suicídio aumenta ou diminui.
- Os pais ou responsáveis devem ser contatados, e um plano de segurança deve ser desenvolvido, tanto para uso na escola quanto em casa.
- Se o aluno ainda não estiver recebendo tratamento na comunidade, deve ser recomendado aos pais ou responsáveis que isso comece imediatamente, de preferência com um profissional com conhecimento e habilidades necessárias para oferecer intervenções baseadas em evidências.
- O aluno deve ser encaminhado para uma avaliação psiquiátrica para determinar se o uso de medicamentos para depressão pode ser um curso de ação e opção viável.
- O profissional de saúde mental da escola deve estar em contato frequente com o aluno, pais ou responsáveis e quaisquer profissionais envolvidos, de preferência atuando como coordenador desses serviços.
- Serviços de nível 2, incluindo intervenções para problemas que o aluno possa estar enfrentando, como depressão, desesperança, problemas de conduta, abuso de substâncias e/ou falta de conexão, devem ser considerados e implementados conforme apropriado.

---

90. De *Comportamento suicida em crianças e adolescentes: Prevenção, avaliação e intervenção na escola*, 2ª edição, de David N. Miller. Copyright © 2021 The Guilford Press.

Alto risco

- Remover o acesso a meios letais.
- Manter o aluno em segurança.
- Usar planos de segurança.
- Comunicar e colaborar com os pais ou responsáveis.
- Comunicar e colaborar com os apoios na comunidade.
- Documentar todas as ações.
- Preparar o retorno do aluno à escola.
- Implementar outras intervenções de nível 3, conforme necessário, como:
  - maior contato;
  - TCD;
  - hospitalização;
  - monitoramento de medicamentos.

Capítulo 8

Posvenção do suicídio na escola

*O aspecto que exige mais treinamento da equipe escolar
e que provavelmente a deixa mais apreensiva é o que
fazer no período após um suicídio.*
Scott Poland

*O suicídio traz em seu rastro um nível de confusão e
devastação que é, em grande parte, indescritível.*
Kay Redfield Jamison

*Perplexidade, culpa, arrependimento e autocrítica são
companheiros constantes para um sobrevivente da perda
por suicídio.*
Sue Klebold

Infelizmente, mesmo quando as escolas implementam programas abrangentes de prevenção do suicídio, alguns alunos ainda podem tirar suas próprias vidas. Em situações raras, mas trágicas, a escola e o distrito escolar que os alunos frequentaram muitas vezes se tornam um ponto focal de atenção e escrutínio – de outros alunos, da equipe escolar, das famílias dos alunos e da mídia (Fundação Americana para Prevenção do Suicídio [Faps] & Centro de Recursos de Prevenção do Suicídio [CRPS], 2018; Poland, 1989). Para piorar a situação, quando um aluno morre por suicídio, a equipe escolar frequentemente não está preparada para isso, assim como os profissionais de saúde mental. Por exemplo, um estudo constatou que mais da metade de um grupo de 111 psicólogos escolares relatou preparo, conhecimento e confiança limitados em relação à posvenção do suicídio e níveis ainda mais baixos de competência na prevenção do comportamento suicida em outros alunos (O'Neill et al., 2020). No momento imediato após a morte de um aluno por suicídio, frequentemente há um sentimento de choque e descrença na comunidade escolar, bem como confusão sobre o que deve ser feito, quem deve fazer o quê e como responder da forma mais eficaz aos alunos e funcionários que estão enfrentando a perda de um dos seus.

O termo *posvenção do suicídio* foi originalmente cunhado por Shneidman (1975) e se refere a uma série de atividades proativas e previamente planejadas que são implementadas após um suicídio para mitigar os efeitos associados à morte. Os objetivos primários da posvenção do suicídio nas escolas incluem (1) oferecer recursos para aqueles afetados pelo suicídio, (2) facilitar estratégias de enfrentamento, (3) prevenir possíveis comportamentos imitativos de suicídio ou efeitos de "contágio", (4) identificar as necessidades contínuas dos membros da comunidade escolar e (5) finalmente, retomar o foco da escola na instrução acadêmica (Hart, 2012).

> O termo posvenção se refere a uma série de atividades pré--planejadas que são postas em prática após um suicídio.

Embora cada um desses objetivos seja importante, dois se destacam. Um deles é auxiliar outros alunos e a equipe escolar a lidar com os muitos sentimentos complexos que frequentemente acompanham o suicídio de um aluno, como choque, tristeza, luto, confusão e raiva (Brock, 2002; Hart, 2012; R. Lieberman et al., 2008). Um segundo objetivo importante da posvenção é tomar as medidas apropriadas para prevenir qualquer incidente adicional de suicídio ou de comportamento suicida, um fenômeno frequentemente denominado *contágio do suicídio*, e monitorar cuidadosamente os alunos que podem estar em maior risco de suicídio (Brock, 2002; Hart, 2012). Em relação à questão do contágio (discutida extensamente mais adiante neste capítulo), a equipe escolar deve estar ciente de que uma *posvenção* eficaz também contribui com a *prevenção* do suicídio. Ou seja, dado que a morte de um aluno por suicídio pode aumentar a probabilidade de comportamento suicida em outros alunos vulneráveis, um componente criticamente importante da posvenção é evitar que ocorram mais suicídios.

Embora possam ter as melhores intenções, os administradores escolares podem falhar em fornecer a liderança necessária no período após o suicídio de um aluno, porque normalmente não receberam treinamento em posvenção. Consequentemente, uma estratégia comum parece ser "fingir que o suicídio não aconteceu e esperar que nenhum outro ocorra" (Poland, 1989, p. 135). Dada essa situação, cabe à ECPS desenvolver procedimentos eficazes de posvenção e treinar toda a equipe da escola para implementá-los caso ocorra o suicídio de um aluno. A forma como esse processo pode ser mais bem realizado é o assunto deste capítulo.

No entanto, deve-se observar que, como outras formas de resposta a crises nas escolas (Brock et al., 2016), existem vários desafios associados à condução de pesquisas sobre posvenção do suicídio, e como resultado, a base de pesquisa nessa área é limitada. Portanto, muitas das práticas recomendadas para a posvenção são baseadas mais na experiência coletiva e clínica do que em uma extensa base de pesquisa.

A importância da prontidão

Como foi discutido no capítulo 3, todas as escolas devem ter uma descrição detalhada de suas políticas e procedimentos em relação à abordagem dada ao comportamento suicida em jovens. Isso deve envolver uma descrição detalhada e específica dos procedimentos de posvenção, incluindo a identificação de quem faz parte da equipe e quais são suas funções. A *prontidão* é um componente essencial da posvenção eficaz, e procedimentos apropriados devem ser desenvolvidos e implementados *antes* que um suicídio ocorra.

> A prontidão é um componente essencial da posvenção eficaz, e procedimentos apropriados devem ser desenvolvidos e implementados *antes* que um suicídio ocorra.

O objetivo principal de qualquer resposta de intervenção em crises, incluindo a posvenção, é ajudar os indivíduos a restabelecer habilidades imediatas de enfrentamento (Brock, 2002). Uma pergunta-chave que deve ser feita imediatamente após o suicídio de um aluno é sobre o nível de desafio de enfrentamento que aquela morte representará para outros alunos. Por exemplo, se o aluno falecido era bem conhecido (um jovem popular) e/ou o suicídio foi público (aconteceu na escola), procedimentos de posvenção serão claramente necessários.

> O objetivo principal de qualquer resposta de intervenção em crises, incluindo a posvenção, é ajudar os indivíduos a restabelecerem habilidades imediatas de enfrentamento.

No entanto, se uma morte ocorreu, mas os alunos não sabem (e continuarão sem saber) que foi resultado de suicídio, a posvenção (para suicídio) não seria necessária (embora provavelmente ainda seja importante oferecer estratégias amplas de posvenção relacionados à morte de jovens, como aconselhamento para luto). Como observado por Ruof e Harris (1988, p. 8), "o comportamento suicida é contagioso apenas se outras pessoas tiverem conhecimento dele… se puder evitar que informações sobre tentativas [de suicídio] cheguem à escola, provavelmente é sábio fazê-lo". A justificativa para essa recomendação é que, se a posvenção ocorrer quando não é necessária, chamará atenção desnecessária para o suicídio e pode transmitir

> Uma pergunta-chave que deve ser feita imediatamente após o suicídio de um aluno é sobre o nível de desafio de enfrentamento que aquela morte representará para outros alunos.

a mensagem de que o suicídio é um caminho para que estudantes vulneráveis a possíveis efeitos de contágio consigam ser percebidos (Brock, 2002).

No entanto, em muitos, se não na maioria dos casos, se houver um suicídio, os alunos saberão de uma forma ou de outra. Quando os jovens estão cientes de que ocorreu um suicídio, a pior coisa que as escolas podem fazer é agir como se isso não tivesse acontecido (Brock, 2002). Infelizmente, essa prática não é incomum. Por exemplo, conheço um distrito escolar urbano de médio porte que sofreu com quatro suicídios de estudantes em um período de 5 meses, todos durante o ano letivo. Cada um dos indivíduos que morreu por suicídio era estudante do Ensino Médio, e dois dos suicídios ocorreram em um período de uma semana. O distrito aparentemente não tinha procedimentos de posvenção em vigor até depois do terceiro suicídio. Por que o distrito falhou em implementar procedimentos de posvenção? De acordo com relatos da mídia, o superintendente do distrito escolar afirmou que o distrito não discutia a questão dos suicídios com os alunos com receio de glorificá-lo e, consequentemente, aumentar a probabilidade de outros suicídios ocorrerem. A ironia dessa declaração não deve passar despercebida.

> **Quando os jovens estão cientes de que ocorreu um suicídio, a pior coisa que as escolas podem fazer é agir como se isso não tivesse acontecido.**

Princípios que orientam a posvenção do suicídio nas escolas

Um recurso excelente para os procedimentos de posvenção escolar é a segunda edição de *Depois de um suicídio: Ferramentas para escolas* (Faps & CRPS, 2018, p. 2). As ferramentas (que estão disponíveis gratuitamente *online*) concentram-se em como responder após a morte de um aluno por suicídio e defendem os seguintes princípios para orientar os esforços de posvenção do suicídio nas escolas:

- As escolas devem tratar todas as mortes de alunos da mesma maneira. Ter uma abordagem para um aluno que morre de câncer (por exemplo) e outra para um aluno que morre por suicídio reforça a associação negativa que, muitas vezes, envolve o suicídio e pode ser profundamente dolorosa para a família e os amigos íntimos do aluno falecido.
- Adolescentes são vulneráveis ao risco de contágio do suicídio, ou seja, quando um aluno que está passando por dificuldades experimenta a perda de outro aluno por suicídio e fica em maior risco. Portanto, é importante não simplificar, glamorizar ou romantizar inadvertidamente o aluno ou sua morte.
- Adolescentes também são resilientes. Com as informações adequadas, orientação e apoio da escola, os alunos podem aprender a lidar com o suicídio de um colega, processar seu luto e retornar a um funcionamento saudável.
- O suicídio tem múltiplas causas. No entanto, um estudante que morre por suicídio provavelmente estava lidando com preocupações significativas, como uma condição de saúde mental que causou uma dor psicológica

substancial, mesmo que essa dor não fosse aparente para os outros. Mas também é importante entender que a maioria das pessoas com condições de saúde mental não tenta o suicídio.

- A ajuda deve estar disponível para qualquer estudante que possa estar lidando com problemas de saúde mental ou sentimentos suicidas.
- Os esforços de posvenção precisam considerar a diversidade cultural daqueles afetados pelo suicídio.

Samn para posvenção em suicídio

O modelo do Samn que foi utilizado ao longo deste livro no contexto da prevenção do suicídio também deve ser aplicado na posvenção. Por exemplo, todos os estudantes dentro de uma população específica (alunos de uma escola de Ensino Médio na qual um jovem morreu por suicídio) devem ser informados sobre a morte do estudante por suicídio e ter a oportunidade de fazer qualquer pergunta que possam ter. Entre outras tarefas no nível 1, os rumores devem ser dissipados e todos os estudantes devem ser informados sobre como, quando e onde podem obter ajuda adicional, se necessário. No nível 2, as intervenções são direcionadas a estudantes específicos que podem precisar de suporte adicional, seja em grupo ou individualmente. No nível 3, as intervenções se voltam aos alunos mais afetados pela morte e que, consequentemente, podem precisar de níveis mais contínuos e individualizados de apoio, possivelmente incluindo intervenções psicoterapêuticas, como a terapia cognitivo-comportamental (T. A. Erbacher et al., 2015; D. N. Miller & Mazza, 2018).

Desenvolvendo um protocolo para responder ao suicídio de estudantes

Ter um protocolo pré-planejado em vigor para saber como responder às consequências do suicídio de um estudante de imediato e a longo prazo é um componente essencial de uma abordagem abrangente para a prevenção do suicídio nas escolas. É aconselhável desenvolver protocolos para responder ao suicídio, uma vez que qualquer morte pode ter um efeito profundo nas crianças ou adolescentes, especialmente a morte inesperada de um colega ou de alguém que conhecem (DSASSM, 2012). O excelente recurso *Prevenção do suicídio: Ferramentas para escolas de Ensino Médio* (DSASSM, 2012, p. 85) , disponível gratuitamente *online*, apresenta várias razões para desenvolver protocolos de posvenção do suicídio nas escolas:

> A equipe escolar é incentivada a utilizar um protocolo de intervenção pós-suicídio na escola para mobilizar efetivamente uma resposta eficaz ao suicídio de um estudante.

Capítulo 8

- A morte de alguém da mesma idade pode ameaçar o senso de vulnerabilidade dos adolescentes.
- A morte de uma pessoa admirada e tida como modelo pode gerar sentimentos conflitantes, incluindo perda e traição.
- O suicídio de uma pessoa conhecida pode torná-los suscetíveis ao contágio do suicídio.
- A morte por suicídio pode fazer com que seja difícil para os estudantes se concentrarem nos seus estudos e outras atividades regulares.

Consequentemente, as escolas precisam "ajudar os alunos a lidar com isso a curto prazo, criando um protocolo que descreva etapas específicas a serem tomadas após um suicídio", e "continuar a ajudar os alunos a lidar a longo prazo, já que as repercussões emocionais de um suicídio podem persistir por meses, e até anos, após o evento" (DSASSM, 2012, p. 86).

Passos para desenvolver um protocolo de posvenção do suicídio na escola

O recurso *Prevenção do suicídio: Ferramentas para escolas de Ensino Médio* (DSASSM, 2012, p. 88–91) recomenda sete passos para desenvolver protocolos que respondam a um suicídio: (1) convocar um grupo para criar os protocolos, (2) identificar parceiros da comunidade que possam ajudar, (3) criar um protocolo para a resposta imediata da sua escola a um suicídio, (4) incluir o Protocolo de Resposta Imediata no plano de crises da escola, (5) criar um protocolo para a resposta a longo prazo a um suicídio, (6) ajudar a equipe a compreender os protocolos e (7) atualizar os protocolos. Cada um desses sete passos é agora descrito com mais detalhes.

Convocar um grupo para criar o protocolo

O grupo de planejamento do protocolo deve incluir:

- Membros da equipe que conhecem os funcionários e suas funções, habilidades e personalidades, e os parceiros da comunidade que estarão envolvidos na resposta a um suicídio.
- Um administrador.
- Profissionais de saúde mental, como o orientador, assistente social ou psicólogo escolar.
- Um membro da equipe de resposta a crises da sua escola.

Identificar parceiros da comunidade que possam ajudar

As escolas podem precisar da ajuda de outros indivíduos, agências e organizações na comunidade para responder ao suicídio de um estudante, como de um centro de saúde mental local, que irá abordar as necessidades emocionais de estudantes e funcionários, assim como do departamento de polícia local (incluindo instituições específicas de comunidades indígenas), para obter informações sobre a morte ou garantir a segurança do *campus*. Ao preparar esses protocolos, também é importante envolver porta-vozes das comunidades culturais e religiosas das quais os estudantes fazem parte, pois podem fornecer *insights* essenciais sobre as tradições de luto. Eles devem ser incluídos como parceiros no processo de planejamento, para que possam trazer informações e estar prontos e dispostos a participar caso ocorra uma tragédia.

Criar um protocolo para a resposta imediata da sua escola a um suicídio

Antes de iniciar o processo de criação de um protocolo para a sua escola, primeiro investigue o que já está em vigor.

- Existem protocolos ou procedimentos estaduais, distritais ou comunitários aos quais o seu deve se adequar?
- Em caso afirmativo, são recomendados ou obrigatórios, e quão apropriados são para as necessidades da sua escola?
- Sua escola tem um plano de resposta a crises e, em caso afirmativo, o plano inclui procedimentos para responder a um suicídio?

Se você determinar que precisa criar ou modificar um protocolo existente, deve fazer as seguintes alterações:

- *Um coordenador de resposta a suicídios*, que será responsável por entrar em contato com os membros da equipe de resposta a suicídios no caso de um suicídio e por coordenar o trabalho da equipe. Um substituto deve ser designado para os momentos em que o coordenador não estiver disponível.
- *Um procedimento para decidir quando implementar o protocolo*, bem como quais aspectos do protocolo devem ser implementados com base na natureza do evento. A decisão provavelmente será tomada pelo diretor junto com o coordenador de resposta a suicídios.
- *As ações* que a escola precisa tomar imediatamente após um suicídio, a pessoa responsável por cada ação e um substituto para realizar essas tarefas caso o responsável não esteja disponível. Embora um único indivíduo, como o diretor, possa ser responsável por várias ações, é importante não atribuir muitas responsabilidades a um só membro da equipe, pois isso pode interferir em sua capacidade de realizar as tarefas. Evite atribuir tarefas a pessoas que não serão capazes de funcionar efetivamente em um ambiente altamente emocional.
- *Informações de contato para pessoas e instituições* que você pode precisar notificar, como a polícia ou um conselheiro de luto. Os parceiros da comu-

Capítulo 8

nidade que você identificar no passo 2 podem ajudá-lo a determinar quais instituições e indivíduos precisam ser envolvidos. Você deve confirmar com essas pessoas e organizações que são as partes apropriadas para entrar em contato e que consentem em ser identificadas no protocolo de resposta a suicídios da escola como ponto de contato no caso de um suicídio.

- *Recursos* de que sua equipe precisa para implementar o protocolo, como uma carta a ser enviada aos pais ou responsáveis ou diretrizes para lidar com a mídia.

Incluir o protocolo de resposta imediata no plano de resposta a crises da sua escola

Muitos distritos e escolas têm planos de resposta a crises, que frequentemente incluem protocolos para desastres naturais, emergências médicas e violência grave. É importante incluir também os protocolos de resposta ao suicídio.

Criar um protocolo para uma resposta a longo prazo a um suicídio

O suicídio de um membro da comunidade escolar, especialmente de um estudante, tem consequências que perdurarão muito depois do evento. Você também deve criar um protocolo que descreva as ações a serem tomadas nas semanas, meses e anos após um suicídio, incluindo:

- Homenagear adequadamente o falecido no anuário e na formatura.
- Preparar-se para o aniversário da morte ou o aniversário do falecido de maneiras que não aumentem a probabilidade de criar contágio do suicídio.

Ajudar a equipe a compreender o protocolo

As pessoas responsáveis por implementar o protocolo, incluindo quem desempenha um papel de reserva, devem estar familiarizadas com as ações e suas funções específicas. Deve ser perguntado a elas se se sentem capazes de realizar essas atribuições. Alguns membros da equipe podem ter tido experiências que fazem com que seja emocionalmente difícil para eles assumir certas responsabilidades. Uma vez atribuídas responsabilidades, forneça a cada membro da equipe cópias do protocolo e quaisquer recursos de que possam precisar. Toda a equipe escolar deve ser informada sobre o protocolo.

Atualizar o protocolo

O protocolo pode precisar de atualizações periódicas, por exemplo, para recrutar novos membros da equipe de resposta a suicídios, caso algum funcionário se aposente, deixe o emprego ou tire uma licença. Mudanças na comunidade, como o fechamento de um centro de saúde mental, também podem exigir alterações no protocolo. Alguém (talvez o coordenador de resposta a suicídios) deve:

- Revisar periodicamente o protocolo.
- Decidir se o protocolo precisa ser atualizado.
- Convocar um pequeno grupo (talvez a equipe de planejamento original) para atualizar o protocolo.

Protocolo escolar de posvenção do suicídio

Um protocolo escolar de posvenção do suicídio, incluindo vários procedimentos a serem implementados quando um estudante morre por suicídio, é discutido na próxima seção (o anexo 8.1 no fim deste capítulo resume o protocolo). Embora essas tarefas sejam listadas em uma ordem sequencial, diferentes equipes de resposta a crises provavelmente implementarão muitas delas simultaneamente. Devido à urgência de responder ao suicídio de um estudante de maneira oportuna, o planejamento da equipe escolar deve ser concluir muitos desses procedimentos o mais rápido possível e, de preferência, dentro de 24 horas da confirmação da morte do estudante por suicídio.

Confirmar que a morte ocorreu

Imediatamente após receber relatos de que a morte de um estudante ocorreu, a escola deve tentar confirmar o fato e determinar se a causa foi suicídio (Brock, 2002; Hart, 2012). A classificação legal de uma morte por suicídio é complexa, e apenas um legista pode fazer isso oficialmente, embora outros profissionais também possam dar essa informação, como um policial (Hart, 2012). A morte só deve ser considerada resultado de suicídio quando confirmada por fontes respeitáveis e, de preferência, múltiplas, incluindo a família da vítima do suicídio, o legista, o hospital ou departamentos de polícia ou xerife. Declarações de estudantes, professores ou outro educador não devem ser aceitas sem verificar primeiro os fatos (Brock, 2002).

Mobilize a ECPS

O capítulo 3 discutiu os papéis e responsabilidades da ECPS, cujos membros devem assumir funções de liderança primária na resposta de posvenção em caso de suicídio na escola. Uma vez que uma morte por suicídio tenha sido confirmada, o coordenador da ECPS deve imediatamente entrar em contato e mobilizar a equipe de resposta a crises, pois ele é o principal ponto de contato para dirigir e comunicar as tarefas de posvenção em suicídio. O coordenador (1) tem responsabilidade geral durante toda a crise; (2) é o ponto central de contato; (3) monitora as atividades gerais de posvenção em toda a escola; e (4) lida com a comunicação com os diferentes grupos de pessoas dentro da escola (por exemplo, administração, educadores, estudantes e pais) (Faps & CRPS, 2018). Se possível, antes de se reunirem com a equipe da escola, os membros da ECPS devem receber informações sobre os procedimentos de posvenção e as funções e responsabilidades de cada membro no processo.

Designar um porta-voz para a mídia

Os distritos escolares devem estar preparados para serem contatados por vários meios de comunicação se um estudante de uma de suas escolas morre por suicídio, especialmente se ele era conhecido na comunidade (T. A. Erbacher et al., 2015). Um profissional deve ser designado como porta-voz da mídia, e idealmente essa pessoa deve ter conhecimento sobre o suicídio e sua prevenção, ter os recursos necessários, estar ciente das práticas responsáveis da mídia e comunicá-las aos meios de comunicação, se e quando necessário. Erbacher et al. (2015) sugerem que, na maioria dos casos, o diretor da escola seria um porta-voz adequado, embora em suicídios de grande visibilidade eles sugiram que o especialista em comunicações do distrito escolar (se o distrito tiver um) ou o superintendente provavelmente seriam os mais adequados para lidar com as solicitações da mídia. Um problema potencial com essas pessoas atuando como porta-vozes, no entanto, é que elas podem não ter conhecimento específico sobre a forma de divulgação do suicídio na mídia. Por essa razão, o coordenador, ou um membro da ECPS, seria um porta-voz lógico e apropriado.

Usar e monitorar as redes sociais

Os americanos de todas as idades estão, cada vez mais, usando plataformas de redes sociais (como Facebook, X, Instagram, Snapchat) para uma variedade de fins. Os distritos escolares também aumentaram o uso de redes sociais, criando páginas no Facebook ou contas no X para comunicar vários eventos e atividades que ocorrem em suas escolas. As escolas que já estabeleceram uma presença nas redes sociais provavelmente serão mais eficazes em alcançar um número maior de pessoas em suas comunidades no caso de um suicídio (Flitsch et al., 2012).

Os distritos podem usar sistemas eletrônicos de alerta (por exemplo, alertas K-12), que enviam rapidamente mensagens para professores, alunos, pais ou responsáveis e membros da comunidade. No contexto de posvenção do suicídio, escolas e distritos podem usar as redes sociais para dissipar boatos e comunicar sobre a morte e questões relacionadas, como funeral, doenças mentais, luto, sinais de alerta do suicídio, educando a comunidade sobre como e onde obter ajuda (T. A. Erbacher et al., 2015). A equipe escolar também pode monitorar as contas de redes sociais dos alunos, pois suas postagens, comentários e outras mensagens podem ser úteis para identificar colegas que necessitam de apoio adicional (T. A. Erbacher et al., 2015).

Entrar em contato com a família do estudante para expressar condolências e oferecer apoio

O contato com a família do estudante que morreu por suicídio frequentemente será uma das primeiras tarefas de posvenção, enquanto os membros da ECPS tentam verificar os fatos da morte. É recomendado que o contato com a família seja feito pela equipe escolar adequada, pessoalmente, se possível dentro de 24 horas após a morte (Brock, 2002). Visitas às famílias sob tais circunstâncias são obviamente ocasiões sóbrias e os profissionais podem se sentir desconfortáveis. Esses sentimentos são compreensíveis, mas é importante lembrar que qualquer desconforto ou constrangimento é mínimo e insignificante em comparação à devastação emocional experimentada pelos membros da família de um estudante que morreu por suicídio.

Ao se reunir com as famílias logo após a morte por suicídio de seu filho ou filha, é importante comunicar condolências sinceras e sensíveis pela perda e oferecer apoio à família de qualquer forma possível – por exemplo, olhando diretamente nos olhos dos pais (ou responsáveis) e dizendo: "Sr. e sra. Delgado, estamos muito, muito tristes pela morte de Jason. Em nome de nossa escola e de todo o distrito, queremos enviar nossas condolências por sua perda. Vocês e sua família estão em nossos pensamentos, e queremos que saibam que, se precisarem de alguma coisa ou se houver algo que possamos fazer para ajudar de alguma forma, por favor, nos avisem".

Expressar condolências e oferecer apoio aos pais e famílias não deve ser enfraquecido por comentários bem-intencionados, porém inúteis, como indicar que o suicídio foi "vontade de Deus", que seu filho ou filha agora está "em um lugar melhor" ou que os pais "superarão" a perda com o tempo e poderão colocar "um ponto final". O uso de tais palavras ou expressões pode, possível e compreensivelmente, resultar em raiva e desdém dos pais. Gordon Livingston, um psiquiatra que perdeu o filho mais velho para o suicídio e o mais novo para a leucemia em um período de 13 meses, afirmou que aprendeu "um ódio duradouro pela expressão *ponto-final*, com suas implicações reconfortantes de que o luto é um processo com duração limitada, do qual todos nós nos recuperamos. A ideia de que eu poderia chegar a um ponto em que não sentiria mais falta dos meus filhos era obscena para mim…" (Livingston, 2004, p. 116).

Livingston também relatou uma anedota sobre o falecido ator Gregory Peck, talvez mais conhecido por seu papel vencedor do Oscar como Atticus Finch no clássico filme *O sol é para todos*, baseado no romance de Harper Lee. Em uma entrevista realizada muitos anos após a morte de seu filho por suicídio, perguntaram a Peck com que frequência pensava nele. "Eu não penso nele todos os dias", disse. "Penso nele a cada hora de cada dia" (como citado em Livingston, 2004, p. 116). Da mesma forma, Joiner (2010, p. 3) relata uma anedota sobre um homem que estava sendo "consolado" por alguém que disse que a morte de seu filho por suicídio era "vontade de Deus". Em resposta a essa tentativa talvez bem-intencionada, mas inadequada, de fornecer algum grau de consolo, o homem respondeu com raiva: "Não foi a vontade de Deus que meu filho precioso se matasse com um tiro na cabeça!" Esses exemplos breves fornecem algumas lições claras sobre o que *não* dizer a familiares enlutados após um suicídio.

Discutir questões relacionadas ao suicídio e à resposta da escola com os pais

Na reunião com os pais ou responsáveis, é recomendado que um membro da equipe de crise discuta quais detalhes sobre a morte concordam em compartilhar com a equipe e com os alunos da escola. Se os pais ou responsáveis já organizaram o funeral, a escola pode perguntar à família se o funeral será público e se os alunos e funcionários da escola serão autorizados a comparecer. Deve ser comunicado claramente aos membros da família que a escola não discutirá nem especulará sobre possíveis motivos para o suicídio (Brock, 2002). Os familiares também podem ajudar a identificar amigos do aluno falecido que possam precisar de apoio. Se apropriado, a resposta de posvenção da escola ao suicídio pode ser discutida com a família, embora o assunto possa ser adiado se a equipe ainda não tiver determinado exatamente quais serão os procedimentos (Brock, 2002).

Abordar qualquer incerteza ou rumores sobre a causa da morte

Após a confirmação da morte de um aluno e a determinação de que a causa foi suicídio, a posvenção pode prosseguir. No entanto, em muitos casos, é possível confirmar a morte de um aluno, mas não a causa, pelo menos não imediatamente. Logo, o reconhecimento público da morte do aluno frequentemente ocorrerá antes que seja revelado que foi suicídio. Até que a morte seja confirmada e verificada como sendo causada por suicídio, no entanto, a escola deve tratá-la simples e verdadeiramente como uma morte cuja causa ainda é desconhecida.

Nessa situação, a escola deve informar aos alunos que a causa da morte está sendo determinada e que eles serão notificados quando houver informações adicionais. À medida que a escola toma conhecimento de mais detalhes sobre a morte, decisões precisarão ser tomadas sobre quais informações podem ser compartilhadas com os alunos. Todas as comunicações sobre a morte de um jovem devem se ater aos fatos, evitar especulações e incentivar a escola e os alunos a fazerem o mesmo. Muitas estratégias de posvenção ainda podem ser implementadas, embora se concentrem em questões gerais relacionadas ao luto devido à causa desconhecida da morte.

Rumores sobre a morte do aluno frequentemente circulam quando a causa ainda não foi confirmada. A escola deve comunicar aos alunos que tais rumores não são apenas imprecisos, mas também profundamente prejudiciais para a família e amigos do aluno falecido (DSASSM, 2012). Considerando que os rumores podem se espalhar rapidamente entre os alunos através de várias redes sociais, a escola pode se sentir pressionada para transmitir rapidamente informações adicionais aos alunos, incluindo se a morte foi resultado de suicídio. No entanto, ela não deve divulgar aos alunos que ocorreu um suicídio até que fontes confiáveis forneçam essa informação, independentemente dos rumores que possam estar circulando.

Embora a morte de um aluno deva ser divulgada o mais rápido possível, informações oficiais sobre a causa da morte (seja por suicídio ou não) não devem ser passadas aos alunos na escola ou no distrito até que os pais ou responsáveis do jovem falecido tenham sido consultados (Faps & CRPS, 2018). A necessidade da escola de compartilhar informações com alunos e funcionários de maneira oportuna deve ser cuidadosamente equilibrada com a solicitação da família quanto às informações que devem ser divulgadas. Portanto, a escola pode optar por inicialmente divulgar uma declaração geral sobre a morte do aluno, sem mencionar o nome se a família não der permissão para fazê-lo (por exemplo, *"Recebemos a triste e terrível notícia de que um aluno do nono ano faleceu no fim de semana"*) (Faps & CRPS, 2018).

Também pode haver situações em que se sabe que um aluno faleceu e que a causa da morte foi declarada como suicídio, mas a família não deseja que isso seja comunicado à comunidade escolar por diversas razões possíveis (como preocupações com privacidade ou a família ainda não acreditar ou aceitar que a causa da morte foi suicídio). Nessa situação, um representante da escola, preferencialmente alguém que tenha um bom relacionamento com a família (um profissional de saúde mental ou administrador escolar), deve ser designado como o contato, com o objetivo de explicar à família que (a) os alunos já estão conversando sobre a morte entre eles, e (b) ter adultos na comunidade escolar conversando abertamente com os alunos sobre o suicídio pode ajudar a prevenir comportamentos suicidas adicionais (Faps & CRPS, 2018).

Às vezes, a equipe escolar pode se encontrar em uma posição em que precisará equilibrar a necessidade de ser verdadeira com a comunidade escolar e sensível aos desejos da família. Se a família se recusar a permitir a divulgação sobre o suicídio do aluno, as escolas podem declarar que "a família solicitou que informações sobre a causa da morte não sejam compartilhadas neste momento" (Faps & CRPS, 2018, p. 7). Mesmo nessa situação, no entanto, a escola pode aproveitar a oportunidade para conversar com os alunos sobre a questão do suicídio, especialmente quando há rumores sobre o assunto. Aqui está um exemplo de declaração que poderia ser comunicada a todos os alunos para abordar esse assunto: "*Sabemos que tem havido muita discussão sobre a causa da morte. Como o assunto do suicídio foi levantado, queremos aproveitar esta oportunidade para fornecer informações precisas sobre o suicídio em geral, formas de preveni-lo e como obter ajuda se você ou alguém que você conhece estiver se sentindo deprimido ou pensando em suicídio*" (Faps & CRPS, 2018, p. 7).

Abordar questões de diversidade cultural

Os esforços de posvenção precisam levar em consideração a diversidade cultural das pessoas afetadas por um suicídio, incluindo a equipe escolar, os alunos, as famílias e a comunidade em geral. A diversidade pode incluir questões relacionadas à raça, etnia, idioma, crenças religiosas, *status* socioeconômico, orientação sexual e/ou deficiência. A cultura de um grupo pode afetar significativamente a maneira como os indivíduos veem e respondem ao suicídio e à morte. Os principais pontos relacionados à diversidade cultural em relação ao suicídio são (Faps & CRPS, 2018, p. 8):

- Saiba que a capacidade das pessoas de falar sobre o suicídio varia muito e, em algumas culturas, o suicídio ainda é visto como uma falha moral.
- Seja sensível às crenças e costumes relacionados à família e à comunidade, incluindo rituais, funerais, a pessoa apropriada para entrar em contato etc.
- Seja sensível à forma como a família ou a comunidade podem precisar responder à morte antes que indivíduos de fora intervenham para oferecer apoio.
- Envolva um "mediador cultural" para atuar como elo entre a família, a comunidade e a escola, se membros-chave da equipe escolar não forem do mesmo grupo racial, étnico ou religioso que a pessoa que morreu por suicídio.
- Traga intérpretes e tradutores se houver diferenças de idioma. Se possível, tenha materiais de recursos em diferentes idiomas disponíveis para os pais.

Informe a equipe escolar e conduza uma sessão de planejamento

Após a mobilização da ECPS, um membro desse time (geralmente o coordenador) precisará iniciar uma ligação para notificar a escola sobre a morte do aluno e realizar uma reunião inicial, antes do início do próximo dia letivo, para preparar a resposta de posvenção (Hart, 2012). Os objetivos da reunião devem ser informar o corpo docente e outros funcionários da escola sobre a morte, reconhecer o luto e a perda e prepará-los para atender às necessidades dos alunos (DSASSM, 2012).

Após a comunicação inicial ou reunião de descompressão com a equipe escolar, deve ser feita uma sessão de planejamento, cujos objetivos incluem (1) revisar os sinais de alerta de suicídio em jovens; (2) descrever quais medidas a escola tomou até o momento; (3) identificar ações a serem tomadas a seguir; e (4) preparar a equipe para lidar com os alunos, pais ou responsáveis e membros da mídia que possam se aproximar deles. A escola deve receber o nome da pessoa que atuará como porta-voz da instituição durante a resposta de posvenção e encaminhar quaisquer perguntas da mídia para essa pessoa. A notificação do suicídio e quaisquer atualizações também devem ser compartilhadas com o escritório do distrito (para onde muitos pais preocupados provavelmente ligarão), bem como com outras escolas do distrito.

A reunião com a escola também proporcionará à equipe a oportunidade de expressar suas próprias emoções em relação ao suicídio, e os professores devem ter permissão para se sentir desconfortáveis ao falar sobre esse tópico com os alunos e serem francos a respeito, se for o caso. Em tais situações, alguns educadores podem não ser capazes de oferecer aos alunos apoio e orientação e devem ter outras oportunidades para contribuir para os esforços de posvenção (Brock, 2002). O funcionário da escola que se sentir sobrecarregado pelo suicídio, por qualquer motivo, deve ser apoiado em seu próprio processo de luto (Hart, 2012) e autorizado a se desvincular de qualquer tarefa de posvenção que não se sinta capaz de realizar.

Avalie o impacto do suicídio na escola e o nível de resposta necessário

A ECPS deve adquirir informações sobre como a morte do aluno afetará a comunidade escolar, avaliar o impacto potencial da morte na escola e determinar o nível necessário da resposta de posvenção (Brock, 2002; Hart, 2012). Embora o suporte deva estar disponível para todos os alunos, alguns serão mais afetados pelo suicídio do que outros. É aconselhável determinar com precisão a resposta adequada, pois existem problemas potenciais envolvidos na subestimação e superestimação do nível necessário de suporte. Ao subestimá-lo, corre-se o risco de não oferecer serviços de posvenção suficientes para aqueles que necessitam. Ao superestimá-lo, o risco é sensacionalizar a morte, contribuindo inadvertidamente para possíveis efeitos de contágio (Brock, 2002).

A avaliação do impacto do suicídio de um aluno na comunidade escolar envolve estimar a quantidade de estudantes propensos a serem mais afetados pela morte e identificar seus nomes (Brock, 2002; Hart, 2012). Dois fatores principais precisam ser considerados nesse processo: vulnerabilidades pessoais e proximidade (Hart, 2012). As *vulnerabilidades pessoais* se referem a condições preexistentes que podem aumentar a probabilidade de comportamento suicida, como os fatores de risco discutidos em capítulos anteriores (por exemplo, depressão ou abuso de substâncias). A *proximidade* inclui três tipos possíveis: física, emocional e temporal. A *proximidade física* inclui alunos que podem ter testemunhado o suicídio ou os comportamentos suicidas do jovem falecido ou que compartilharam algum espaço físico com ele, como sentar-se ao seu lado na aula. Se o suicídio ocorreu na escola (o que é possível, mas altamente incomum), os alunos que testemunharam diretamente podem ser mais impactados do que aqueles que não viram nada. Conheço uma situação em que um aluno morreu por suicídio depois de atirar em si mesmo na cafeteria da escola. Vários estudantes foram testemunhas e pelo menos um deles foi atingido por sangue do ferimento de bala. Em tais situações terríveis, os alunos podem precisar de intervenções para trauma, estresse pós-traumático e luto, muitas vezes por um período prolongado (Brock, 2002; T. A. Erbacher et al., 2015).

Outra forma de proximidade é a *proximidade temporal*, que se refere a alunos que podem ser afetados pelo momento do suicídio, como um aluno que recentemente experimentou a morte por suicídio de um membro da família. Da mesma forma, suicídios de alunos que ocorrem durante as férias escolares, especialmente durante as férias de verão, podem ter menos impacto sobre outros estudantes do que um suicídio que ocorre durante os períodos em que a escola está em aula.

A *proximidade emocional* se refere aos estudantes que tinham um relacionamento com o aluno que faleceu por suicídio, como amigos próximos ou companheiros de equipe, ou estudantes que podem se identificar com ele devido a semelhanças culturais ou experiências de vitimização. Normalmente, recomenda-se que os amigos próximos do estudante que faleceu por suicídio sejam identificados para uma avaliação mais profunda, especialmente dado que pesquisas sugerem que o suicídio de um amigo durante a adolescência está associado a um aumento nos níveis de depressão e na probabilidade de pensamentos suicidas e tentativas de suicídio durante o primeiro ano após o suicídio (Feigelman & Gorman, 2008). No entanto, parece que os estudantes com maior risco de comportamento suicida subsequente são aqueles que eram amigos do falecido, mas não íntimos (Brent et al., 1989; Gould, Lake, Kleinman et al., 2018). Portanto, monitorar os amigos de um estudante que faleceu por suicídio é essencial, e realizar avaliações individualizadas de risco de suicídio com esses estudantes é altamente recomendado.

> Monitorar os amigos de um estudante que faleceu por suicídio é essencial, e realizar avaliações individualizadas de risco de suicídio com esses estudantes é altamente recomendado.

Identificar estudantes significativamente afetados pelo suicídio e iniciar um processo de encaminhamento

Com base em sua avaliação do impacto da morte na escola, os membros da ECPS entrarão em contato com os estudantes identificados como os mais afetados pelo suicídio. A equipe deve "se aproximar" ativamente desses estudantes, realizar avaliações individuais de risco de suicídio quando apropriado, oferecer serviços conforme necessário e monitorá-los cuidadosamente nos dias, semanas e meses seguintes ao suicídio (Brock, 2002; Hart, 2012).

Informar os estudantes

Estudantes que tinham um relacionamento próximo com o aluno que faleceu por suicídio, como qualquer amigo próximo que ele tinha na escola, devem ser notificados individualmente. Os membros da equipe escolar que compartilham essa informação difícil com os estudantes devem permanecer calmos e serenos ao fazê-lo, pois as reações dos adultos podem afetar significativamente as reações de uma criança ou adolescente a uma crise e também sua compreensão dela (Brock, 2012). Assim como na comunicação com pais ou responsáveis, é fácil ficar agitado e inadvertidamente fazer declarações bem-intencionadas, mas, em última análise, desnecessárias ou até prejudiciais. Alguns exemplos *do que não dizer* aos estudantes após o suicídio de um colega incluem "Ela está em um lugar melhor", "Ele está com Deus agora", "Mantenha a cabeça erguida" ou "Eu entendo como você se sente" (T. A. Erbacher et al., 2015).

Inicialmente, ao informar os estudantes sobre a morte do aluno, o anúncio deve incluir os fatos conforme foram oficialmente comunicados à escola, sem exagerar ou incluir fatos não comprovados, evitando detalhes excessivos sobre o suicídio e não especulando sobre por que o aluno tirou a própria vida. Fornecer informações sobre o suicídio aos estudantes é fundamental por várias razões, inclusive por-

> O *processo* através do qual as informações sobre o suicídio são transmitidas aos estudantes é tão importante quanto o conteúdo. Por exemplo, não é recomendado divulgar essas informações em grandes assembleias ou no sistema de alto-falantes da escola. É preferível pedir aos professores ou a outros membros da equipe que façam o anúncio aos estudantes em suas próprias salas de aula ou em pequenos grupos. Todos os professores devem receber um roteiro para ser lido textualmente aos estudantes em suas turmas, depois que todos chegarem. O roteiro permite que a escola se comunique de maneira consistente e uniforme, para que todos os estudantes recebam as mesmas informações. Após os anúncios em sala de aula, a equipe pode avaliar as reações dos estudantes, responder às suas preocupações, fornecer apoio e identificar aqueles que podem precisar de ajuda adicional (DSASSM, 2012).

Capítulo 8

que não o fazer, ou mesmo fingir não o fazer, frequentemente resultará na disseminação de boatos. Como os boatos costumam ser imprecisos e frequentemente provocam mais ansiedade do que os fatos reais, é importante que sejam desmentidos. Aqui estão algumas recomendações sobre o anúncio a ser feito aos estudantes:

- Deve declarar claramente que a causa da morte do estudante foi o suicídio (caso isso tenha sido confirmado). Em geral, é melhor não mencionar o método de suicídio, a menos que já seja do conhecimento comum. Se for mencionado, não deve haver um foco excessivo nele, nem em detalhes desnecessários em torno do suicídio.

- Deve deixar claro que esta é obviamente uma situação muito triste e terrível e que pode ser difícil para alguns estudantes e membros da equipe.

- Deve informar claramente aos estudantes que orientadores e outros profissionais estão disponíveis para falar com eles, caso queiram, explicando como acessar esses serviços. O atendimento deve estar disponível ao longo do dia, pelo tempo que for necessário, e os professores devem permitir que os estudantes tenham livre acesso aos profissionais. Também deve ser avisado que profissionais de saúde mental estarão disponíveis para responder a quaisquer perguntas dos alunos.

- Deve ser evitada qualquer informação que glorifique ou difame a pessoa que morreu por suicídio.

- Deve ser enfatizado aos estudantes que o suicídio é um problema evitável e tratável. Revise os sinais de alerta e repita como e onde obter ajuda para si próprio ou para outras pessoas afetadas pelo suicídio do estudante, tanto na escola quanto na comunidade local.

- Se os estudantes perguntarem sobre comparecer ao funeral, caso ocorra durante um dia letivo, deve ser dito a eles que podem fazê-lo se duas condições forem atendidas: (1) se o funeral estiver aberto ao público (os pais ou responsáveis podem ainda não ter tomado essa decisão neste momento) e (2) se tiverem autorização de seus pais ou responsáveis para comparecer ao funeral. No entanto, a escola não deve organizar um evento para isso, nem o distrito deve disponibilizar ônibus para os estudantes.

Aqui está um exemplo de anúncio em caso de suicídio (DSASSM, 2012, p. 101):

> Esta manhã, recebemos a notícia extremamente triste de que [nome do estudante] tirou a própria vida ontem à noite. Sabemos que todos estamos entristecidos por sua morte e enviamos nossas condolências à sua família e amigos. Postos de crise estarão localizados em toda a escola hoje para os estudantes que desejarem falar com um orientador. Informações sobre o funeral serão fornecidas quando estiverem disponíveis, e os estudantes podem comparecer com a permissão dos pais.

Aqui está um exemplo de anúncio para uma morte suspeita que não foi declarada como suicídio (DSASSM, 2012, p. 101):

> Esta manhã, recebemos a notícia extremamente triste de que [nome do estudante] faleceu na noite passada devido a um ferimento por disparo de arma de fogo. Esta é a única informação que recebemos oficialmente sobre as circunstâncias que cercam o evento. Sabemos que todos estamos entristecidos pela morte de [nome do estudante] e enviamos nossas condolências à sua família e amigos. Postos de crise estarão localizados em toda a escola hoje para os estudantes que desejarem falar com um orientador. Informações sobre o funeral serão fornecidas quando estiverem disponíveis, e os estudantes podem comparecer com a permissão dos pais.

No fim do primeiro dia, outro anúncio feito a toda a escola antes da saída pode ajudar a unir a comunidade escolar em seu luto de maneira simples e não sensacionalista. Nessa situação, é apropriado que o anúncio seja feito pelo sistema de som. Aqui está um exemplo de um possível anúncio (DSASSM, 2012, p. 101):

> Hoje foi um dia triste para todos nós. Encorajamos vocês a falar sobre a morte de [nome do estudante] com seus amigos, familiares e quem mais lhes conforta. Teremos funcionários especiais aqui amanhã para ajudar no enfrentamento da nossa perda. Vamos encerrar o dia com toda a escola oferecendo um momento de silêncio por [nome do estudante].

Depois que os estudantes recebem informações sobre o suicídio, não é incomum que tenham perguntas para os educadores. Os membros da equipe de resposta à crise devem antecipar muitos desses questionamentos e garantir que os professores tenham as respostas adequadas ou possam direcioná-los para os profissionais de saúde mental disponíveis para conversar com os estudantes. Algumas perguntas comuns que os alunos podem fazer incluem:

- Por que a pessoa morreu por suicídio?
- Qual método a pessoa usou?
- Por que ninguém (por exemplo, uma pessoa, Deus) impediu o aluno?
- Não tem alguém ou algo que seja culpado por isso?
- Essa pessoa não tomou uma decisão ruim e, por causa disso, está tudo bem ficar com raiva dela?

Envolva-se em atividades pedagógicas normais quando adequado

Após o anúncio ser lido aos estudantes em suas salas de aula e eles terem suas perguntas respondidas (por professores devidamente treinados ou profissionais

Capítulo 8

de saúde mental), incluindo a oportunidade de expressar quaisquer pensamentos e sentimentos que desejam compartilhar e de receber informações de que podem falar com um orientador a qualquer momento que desejarem, os professores devem iniciar a aula, conforme ocorreria normalmente. A transição da discussão sobre o suicídio do estudante para a aula típica *não* deve ser feita abrupta ou rapidamente; os alunos devem ter todo o tempo que precisarem para processar a notícia da morte. Dito isso, as escolas devem se esforçar para retornar às atividades pedagógicas típicas dentro de um prazo razoável (embora o que seja considerado "razoável" provavelmente varie muito com base nas necessidades dos estudantes). Concentrar-se novamente no ensino pouco tempo após anunciar a morte de um estudante por suicídio pode parecer insensível, desrespeitoso ou até frio. No entanto, é importante reconhecer que diferentes estudantes terão reações diferentes ao suicídio e, consequentemente, exigirão diferentes níveis de apoio.

Por exemplo, alguns alunos podem não ser muito afetados pela notícia da morte do estudante, talvez porque não tinham conexão com ele ou não o conheciam, e, portanto, podem conseguir se concentrar no trabalho escolar com pouca dificuldade. Outros exigirão apoio adicional, alguns precisarão de níveis mínimos de assistência (por exemplo, uma única reunião com um profissional de saúde mental logo depois de saber da morte), e outros necessitarão um apoio mais extenso (como reuniões com profissionais de saúde mental por vários dias). Todos os estudantes devem receber a mensagem clara de que qualquer pessoa que queira ajuda pode obtê-la a qualquer momento, mas também que a escola continuará sua rotina acadêmica normal. Isso também evita colocar os professores na situação desconfortável de ter que oferecer serviços de saúde mental (para os quais não são treinados) aos estudantes, incluindo aqueles que podem não querer ou precisar deles.

Ajudar os estudantes a lidar

Alguns estudantes podem se sentir emocionalmente sobrecarregados pelo suicídio e exigir apoio adicional da equipe escolar para lidar com isso. Todos devem ter a oportunidade de sair da sala de aula, a qualquer momento, e ir para uma reunião em pequenos grupos com outros estudantes, onde podem expressar seus sentimentos sobre a morte de seu colega e obter apoio (Faps & CRPS, 2018).

Idealmente, esses grupos devem ser conduzidos por profissionais escolares de saúde mental experientes em intervenções após um suicídio. Se isso não for possível, é importante que os adultos que se reúnem com os estudantes estejam à vontade para permitir que eles expressem seu luto e familiarizados tanto com os procedimentos da escola para responder a estudantes em situações de sofrimento quanto com a importância de encaminhá-los para serviços especializados. A prática de pequenos grupos de apoio também oferece a oportunidade para os adultos identificarem estudantes que possam precisar de ajuda adicional (Faps & CRPS, 2018).

As reuniões em grupo com estudantes podem ser estruturadas ou não, dependendo das necessidades dos jovens. Algumas reuniões podem ter uma pauta mais estruturada e seguir um limite de tempo, enquanto outras reuniões podem ser menos estruturadas, mais abertas e focar mais nas necessidades específicas dos estudantes (Faps & CRPS, 2018). Cada aluno em um grupo deve ter a oportunidade de falar, e os grupos devem se concentrar em ajudar os estudantes a (1) identificar e expressar suas emoções e (2) discutir estratégias práticas de enfrentamento, incluindo maneiras apropriadas de honrar sua perda, para que possam retornar seu foco à rotina e às atividades regulares (Faps & CRPS, 2018).

Ao ajudar os estudantes a identificar e expressar suas emoções, os profissionais de saúde mental devem reconhecer que crianças e adolescentes variam amplamente em termos de expressão emocional. Por exemplo, alguns estudantes podem ficar emocionalmente abertos, enquanto outros podem se mostrar relutantes ou incapazes de falar. Alguns também podem usar o humor como uma tentativa de lidar com suas emoções. A forma como as emoções são expressas pode ser influenciada por sua origem cultural. Ao se reunir com os estudantes em grupos, os profissionais de saúde mental devem reconhecer a diversidade de experiências relacionadas à expressão emocional e a ampla gama de sentimentos e reações ao suicídio que os estudantes podem ter, além de enfatizar a importância de ser respeitoso com os outros (Faps & CRPS, 2018).

Alguns estudantes podem precisar de ajuda para identificar emoções para além de simplesmente sentir tristeza ou raiva. Também podem precisar de garantias de que uma ampla gama de emoções e experiências é normal e esperada. É importante lembrar os estudantes de que algumas emoções podem ser experimentadas através de sintomas físicos (por exemplo, "borboletas" no estômago, falta de ar, insônia, fadiga e irritabilidade). Para estabelecer uma comunicação com os alunos e abrir um canal de conversa sobre essas questões, os profissionais de saúde mental podem perguntar quais são suas memórias favoritas do jovem que faleceu (Faps & CRPS, 2018). As duas perguntas a seguir também podem ser úteis para facilitar a conversa e a reflexão dos estudantes (Faps & CRPS, 2018, p. 15):

- "Qual é a sua maior preocupação em relação ao futuro imediato?"
- "O que poderia ajudá-lo a se sentir mais seguro agora?"

Além de ajudar os estudantes a identificar e expressar suas emoções, esses profissionais podem encorajá-los a pensar em estratégias específicas e simples que podem empregar sempre que emoções intensas, como ansiedade ou tristeza, começarem a aparecer. Aqui estão alguns exemplos(Faps & CRPS, 2018, p. 15–16):

Capítulo 8

- Usar técnicas simples de relaxamento e distração, como fazer três respirações profundas e lentas, contar até dez ou imaginar-se em seu lugar calmo e relaxante favorito.
- Participar de suas atividades ou hobbies favoritos, como ouvir música, conversar com um amigo, ler ou ir ao cinema.
- Exercitar-se.
- Pensar em como lidaram com dificuldades no passado e lembrar a si mesmos de que podem usar essas mesmas habilidades de enfrentamento agora.
- Escrever uma lista de pessoas a quem podem recorrer em busca de apoio.
- Escrever uma lista de coisas que os deixa ansiosos.
- Concentrar-se em metas pessoais, como voltar a uma aula que fazia com o jovem falecido ou passar tempo com amigos que tinham em comum.

Ao sugerir essas estratégias, os profissionais de saúde mental devem estar cientes de que alguns estudantes podem expressar culpa por pensar em outras coisas ou por se envolver em atividades agradáveis e talvez "sintam que, de alguma forma, precisam de permissão para se envolver em atividades que os ajudem a se sentir melhor e tirar a situação estressante da cabeça" (Faps & CRPS, 2018, p. 16). Se esses sentimentos forem expressos, os profissionais de saúde mental devem informar aos estudantes que é comum sentir culpa, mas tranquilizá-los de que não fizeram nada pelo qual deveriam se sentir culpados.

Os estudantes também devem ser encorajados a pensar em como desejam se lembrar do aluno que faleceu. Possíveis ideias para fazer isso incluem (Faps & CRPS, 2018, p. 16):

- Escrever um recado pessoal para a família.
- Participar do funeral.
- Criar um livro de memórias.
- Fazer algo amável por outra pessoa em homenagem ao amigo.

Os estudantes que desejam homenagear o aluno falecido de alguma forma devem ser informados sobre a política da escola (um assunto discutido posteriormente neste capítulo). "Reconhecer a necessidade dos estudantes de expressar seus sentimentos e ajudá-los a identificar maneiras apropriadas de fazê-lo pode iniciar o processo de retorno do foco deles para suas responsabilidades e vidas cotidianas" (Faps & CRPS, 2018, p. 16).

As escolas podem considerar oferecer apoios adicionais aos estudantes, como parcerias com centros de saúde mental da comunidade local para criar "centros de apoio" que funcionem como locais de encontro, seguros e confortáveis, para os estudantes se reunirem após o horário escolar. Esses centros de apoio podem oferecer aconselhamento de luto e outros serviços de saúde mental, e podem ser úteis para identificar e encaminhar jovens que precisam de uma ajuda mais intensiva, principalmente durante períodos de emoções intensas, como formaturas ou o aniversário da morte do estudante (Faps & CRPS, 2018).

Receber profissionais de saúde mental em sala de aula

Além de oferecer apoio em pequenos grupos a estudantes que precisam, ter profissionais de saúde mental visitando salas de aula pode ser uma abordagem eficaz. Embora os professores possam ler a declaração preparada pela escola e responder a algumas perguntas dos alunos, eles podem, compreensivelmente, se sentir desconfortáveis ou não estar preparados para abordar algumas perguntas ou oferecer os serviços de saúde mental necessários e adequados. Profissionais de saúde mental podem visitar salas de aula durante o dia escolar e fazer o seguinte (Faps & CRPS, 2018, p. 15):

- Fornecer a todos os alunos informações precisas sobre o suicídio.
- Preparar os alunos para os tipos de reações que podem ser esperadas após ouvirem sobre a morte de um colega.
- Apresentar estratégias seguras de enfrentamento que podem ser usadas nos próximos dias e semanas.
- Responder a perguntas que os alunos possam ter e dissipar quaisquer rumores.

Iniciar serviços de intervenção em crises

Indivíduos identificados como necessitando de serviços de intervenção em caso de crise devem recebê-los de preferência dentro de 24 horas após a morte (Brock, 2002, 2012). Profissionais escolares de saúde mental e membros da ECPS devem liderar a implementação de serviços de intervenção em caso de crise e reconhecer que o objetivo principal não é o tratamento em si, mas ajudar os indivíduos a restabelecer o enfrentamento imediato. Como parte desse processo, a ECPS deve garantir que os membros da equipe (1) revejam a programação de aulas da vítima do suicídio e (2) se encontrem separadamente com os alunos que estavam próximos ao suicídio seja física, temporal e/ou emocionalmente. Profissionais escolares de saúde mental frequentemente precisarão fazer uma triagem, pois as necessidades individuais dos alunos podem mudar ao longo do tempo. Os membros da ECPS devem colaborar com os professores e funcionários para avaliar se os alunos individuais precisam de menos ou mais apoio e garantir que a escola tenha recursos adequados para fornecê-lo.

Capítulo 8

Conduzir sessões diárias de planejamento

Após implementar os procedimentos de intervenção pós-suicídio, a equipe de crise deve planejar se encontrar pelo menos uma vez por dia, normalmente no fim do turno escolar, pelo tempo que for considerado apropriado e necessário. O objetivo dessas reuniões será revisar os eventos do dia e fazer planos adicionais, conforme necessário (Brock, 2002).

Entrevistar a equipe da escola

No fim do primeiro dia de posvenção, e continuando conforme necessário, deve ser realizada uma entrevista com toda a equipe escolar. Os objetivos dessa reunião incluem revisar e dar seguimento às atividades de intervenção em caso de crise, avaliar as estratégias empregadas e fazer planos para quaisquer etapas adicionais que possam ser necessárias ou desejáveis. A entrevista de *feedback* também oferece aos respondentes de crise a oportunidade de discutir suas próprias reações e compartilhar suas experiências emocionais – uma atividade que provavelmente tiveram pouco ou nenhum tempo para fazer antes da reunião (Brock, 2002). O *feedback* proporciona a oportunidade de realizar as seguintes etapas (T. A. Erbacher et al., 2015, p. 161–162):

- Expressar verbalmente o agradecimento à equipe.
- Rever os desafios e sucessos do dia, compartilhar experiências e fazer perguntas.
- Passar informações atualizadas sobre a morte ou o funeral.
- Discutir a programação e determinar necessidades adicionais de suporte para o dia seguinte.
- Verificar com a equipe para avaliar quem pode estar sofrendo e fazer encaminhamentos conforme necessário.
- Lembrar à equipe a importância do autocuidado.
- Lembrar à equipe de documentar os esforços de resposta à crise para futura análise e planejamento.

Avaliar a resposta de posvenção e se preparar para a resposta a longo prazo

Assim como deve liderar a implementação dos procedimentos de intervenção após o suicídio nas escolas, a ECPS deve avaliar a resposta de posvenção, e Hart (2012) sugere dois aspectos a serem considerados nesse processo:

1. *Durante a resposta*, para determinar sua adequação (por exemplo, se precisa ser aumentada), usando um processo recursivo ao longo da intervenção para guiar o nível de resposta e, finalmente, quando a resposta à crise deve ser concluída; e

2. *Crítica à resposta geral*, o que ocorre após o término da resposta à crise para avaliar o processo, determinar que tipo e nível de acompanhamento são necessários e identificar quais são as forças e fraquezas para ajustar o plano de crise e se preparar mais completamente para futuras respostas.

Uma vez concluídos os procedimentos de posvenção, a ECPS pode avaliar a resposta geral. Isso deve ser feito o mais cedo possível, enquanto as memórias ainda estão frescas sobre quais aspectos foram bem-sucedidos, quais foram menos eficazes e o que pode ser feito para aprimorar a resposta na próxima vez em que ocorrer um suicídio de estudante.

Fornecer apoio contínuo para estudantes em luto

Alguns estudantes podem continuar a ser afetados emocionalmente pelo suicídio várias semanas ou até meses depois e necessitarão de um apoio a longo prazo para gerenciar seu luto e sua tristeza. Embora esses dois termos sejam frequentemente usados de forma intercambiável[91], existe uma distinção importante entre eles. O *luto* é a experiência de perda por morte de um ente querido; a reação individual a esse luto é a *tristeza*, que inclui "as cognições internas do indivíduo e respostas emocionais, fisiológicas e comportamentais ao luto" (Heath & Cole, 2012, p. 651).

O luto de cada pessoa é único, varia com a idade e é afetado por uma variedade de fatores. Dito isso, reações comuns ao luto incluem reações emocionais (como tristeza, ansiedade, negação, medo, culpa e raiva); reações comportamentais (por exemplo, choro, choque, retraimento ou isolamento, entorpecimento e apatia); reações cognitivas (como dificuldade de concentração, flashbacks e dificuldade em tomar decisões); e reações físicas (por exemplo, dores de cabeça, de estômago, tensão e problemas com alimentação e/ou sono) (T. A. Erbacher et al., 2015). O luto é uma reação perfeitamente natural a uma perda significativa, e a maioria dos indivíduos relata que seu luto diminui ao longo do tempo sem grandes apoios. No entanto, alguns estudantes podem experimentar o que é conhecido como *luto complicado* como resultado do suicídio de um colega, o que inclui experimentar sintomas relacionados ao luto que tanto excedem quanto se estendem além das respostas consideradas típicas e adaptativas. O luto complicado "afeta enormemente a capacidade de alguém de desfrutar de atividades e de funcionar no dia a dia" (Heath & Cole, 2012, p. 652). Estudantes que estão experimentando um luto complicado como resultado de um suicídio precisarão receber apoio a longo prazo dos profissionais de saúde mental da escola.

---

91. No original, os termos são *bereavement*, que se refere ao luto e à perda, e *grief*, que traz a conotação da tristeza associada ao luto [N.T.].

Embora muitos estudantes experimentem a morte de alguém próximo a eles antes dos 18 anos (Hagan et al., 2017), a maioria não terá experimentado a perda de alguém por meio do suicídio. Além disso, lidar com a morte resultante do suicídio apresenta desafios únicos no processo de luto, especialmente para jovens. Por exemplo, as reações de luto ao suicídio muitas vezes são mais complicadas e difíceis, pois se trata de uma morte súbita e inesperada, para a qual geralmente não há tempo para se preparar ou fazer ajustes cognitivos e intrapessoais (Jimerson et al., 2012). Outro fator que complica o processo de luto quando o suicídio está envolvido é o fato de a causa da morte ter sido as próprias ações do falecido. O suicídio é frequentemente prevenível, e "a morte que é prevenível é mais difícil para as crianças (e adultos) entenderem e aceitarem" (T. A. Erbacher et al., 2015, p. 183).

Worden (2008) descreveu quatro tarefas de luto na infância que facilitam o ajuste adaptativo após a morte de uma pessoa significativa: (1) aceitar a realidade da perda, (2) processar os aspectos emocionais abordando diretamente as emoções negativas relacionadas à perda, (3) ajustar-se a um ambiente sem o falecido e (4) estabelecer uma conexão significativa com o falecido de uma maneira que permita à criança criar uma nova vida. Profissionais escolares de saúde mental que trabalham com crianças e adolescentes que estão passando pelo luto, seja pela morte de um amigo por suicídio ou por outra causa, devem estar cientes de que os "objetivos principais da intervenção são ajudar as crianças a se sentirem seguras, calmas e protegidas; aumentar a conexão com colegas solidários, equipe escolar e família; facilitar o enfrentamento eficaz; e instilar esperança" (Heath & Cole, 2012, p. 650). Para obter mais informações sobre como oferecer intervenções e suporte para crianças e adolescentes que estão passando pelo processo de luto, o leitor pode consultar obras de Brown e Jimerson (2017), Erbacher et al. (2015), Hagan et al. (2017), Heath e Cole (2012), Jimerson et al. (2012) e Worden (2008).

Planejar datas especiais

O aniversário da morte de um aluno (bem como outras datas significativas, como o aniversário ou a formatura do aluno falecido) pode reacender emoções e ser um momento perturbador e angustiante para alguns estudantes. A equipe escolar deve antecipar essa reação "e proporcionar uma oportunidade para reconhecer a data, especialmente com aqueles que eram mais próximos ao aluno que faleceu. Esses estudantes também podem precisar de apoio adicional, pois o luto pode ser um processo de longo prazo, e o aniversário de uma perda pode desencadear o luto e o trauma que eles experimentaram na época da morte" (Faps & CRPS, 2018, p. 16).

Fazer um acompanhamento com a família nas semanas e meses após o suicídio

Quando uma morte ocorre, seja por suicídio ou por outra causa, as pessoas na comunidade geralmente se mobilizam rapidamente para apoiar, confortar e consolar aqueles que são mais afetados por ela. Embora os dias imediatamente após a morte sejam extremamente difíceis para os membros da família do falecido, a situação geralmente é facilitada pela presença de pessoas gentis que se aproximam deles. No entanto, esses tipos de apoios geralmente não duram muito e podem acabar abruptamente, muitas vezes com o fim do funeral. Portanto, embora a equipe escolar deva entrar em contato com a família e oferecer suas condolências e apoio após o suicídio de seu filho ou filha, esse contato não deve se limitar às consequências imediatas da morte. Representantes da escola devem fazer um acompanhamento com os pais e irmãos nas semanas e meses após o suicídio e continuar a expressar seu apoio. Expressões de apoio são especialmente importantes se a família tiver outros filhos que estudam no distrito escolar, mas é uma prática recomendada mesmo que esse não seja o caso.

A menos que alguém tenha experimentado pessoalmente a morte trágica de um filho ou filha por suicídio, é impossível sequer imaginar as emoções agonizantes e complexas, bem como o profundo nível de luto, experimentados por esses pais. O psiquiatra Gordon Livingston (1999, p. 232) descreveu eloquentemente seu próprio luto após a morte de dois de seus filhos, um dos quais morreu por suicídio:

> Pais que perderam um filho falam do "marco zero". Nossas vidas são divididas entre o tempo antes e o tempo depois de nossos filhos terem morrido. Nenhum evento – formatura, casamento ou outra morte – nos define tanto. Em um momento eu era uma pessoa e, de repente, virei outra. A tarefa que temos pela frente é criar algo com nossos novos "eus" que, em certa medida, redime nosso sofrimento. Plantamos jardins, estabelecemos memoriais, valorizamos as memórias de nossos filhos e ajudamos aqueles que precisam lutar, como nós, contra o desespero. Lemos histórias de outros pais privados de seus filhos; às vezes, entramos em contato com eles com nossa experiência de suportar o insuportável.

Vários livros de memórias contam as comoventes histórias de pais sofrendo, lamentando, suportando e lidando com a trágica perda de seus filhos por suicídio. A equipe escolar se beneficiaria muito lendo essas histórias profundamente comoventes e, muitas vezes, desoladoras, pelo menos para entender melhor e desenvolver empatia pela experiência de pais enlutados. Aqui estão alguns excelentes exemplos:

Capítulo 8

- *My son... my son... A guide to healing after death, loss, or suicide*[92] de Iris Bolton e Curtis Mitchell (1983).
- *Orações para Bobby: Até onde a intolerância pode nos levar* de Leroy Aarons (2023).
- *When suicide comes home: A father's diary and comments*[93] de Paul Cox (2002).
- *Touched by suicide: Hope and healing after loss*[94] de Michael F. Myers e Carla Fine (2006).
- *Note to Adam: One mother's struggle to cope with suicide, and her personal journey to find the light*[95] de Becky Kruse (2011).
- *The girl behind the door: A father's quest to understand his daughter's suicide*[96] de John Brooks (2016).
- *O acerto de contas de uma mãe: A vida após a tragédia de Columbine* de Sue Klebold (2016).

Contágio e aglomerados de suicídios

O termo *contágio do suicídio* se refere ao processo pelo qual uma morte por suicídio pode contribuir para outras (Faps & CRPS, 2018). Um dos principais objetivos dos procedimentos de posvenção é prevenir qualquer ocorrência adicional de comportamento suicida resultante de possíveis efeitos de contágio. Essa preocupação surgiu a partir de pesquisas que apoiam a noção de que o suicídio pode ser "contagioso", no sentido de que a exposição a comportamentos suicidas pode influenciar outros indivíduos vulneráveis a imitá-los. A exposição a comportamentos suicidas pode ocorrer tanto por meio da experiência pessoal dos alunos (por exemplo, quando alguém que conhecem na escola morre por suicídio) quanto por meio da exposição na mídia de suicídios de celebridades.

O contágio é, de fato, um fenômeno real, mas é relativamente raro, representando entre 1 e 5% de todos os suicídios de jovens anualmente (Faps & CRPS, 2018). Adolescentes, muito mais do que crianças ou adultos, parecem ser particularmente suscetíveis a possíveis efeitos de contágio (Gould et al., 2003), principalmente porque

---

92. Sem versão em português. Em tradução livre, *Meu filho... meu filho... Um guia para a cura após a morte, a perda ou o suicídio* [N.T.].

93. Sem versão em português. Em tradução livre, *Quando o suicídio chega em casa: O diário de um pai e comentários* [N.T.].

94. Sem versão em português. Em tradução livre, *Tocado pelo suicídio: Esperança e cura após a perda* [N.T.].

95. Sem versão em português. Em tradução livre, *Nota para Adam: A luta de uma mãe para lidar com o suicídio e sua jornada pessoal para encontrar a luz* [N.T.].

96. Sem versão em português. Em tradução livre, *A garota atrás da porta: A jornada de um pai para entender o suicídio de sua filha* [N.T.].

eles se identificam mais prontamente com o comportamento e com as qualidades pessoais de seus pares (Faps & CRPS, 2018). Portanto, limitar possíveis efeitos de contágio após um suicídio é de grande importância para os profissionais escolares que prestam serviços a adolescentes em escolas de Ensino Médio e Fundamental 2.

Ao considerar possíveis efeitos de contágio no contexto de posvenção escolar, os profissionais de saúde mental e outros educadores devem estar atentos aos alunos que podem estar em maior risco de suicídio devido a problemas de saúde mental subjacentes e/ou que foram expostos a suicídios anteriores, seja diretamente (testemunhando um suicídio ou tendo relação com o falecido, por exemplo) ou indiretamente (como por meio de extensa cobertura na mídia) (Faps & CRPS, 2018, p. 38). Alunos que podem ser particularmente vulneráveis ao possível contágio são aqueles que:

- Têm histórico de tentativas de suicídio.
- Têm histórico de depressão, traumas ou perdas.
- Estão lidando com eventos estressantes na vida, como morte ou divórcio na família.
- Testemunharam uma morte.
- São membros da família ou amigos íntimos do falecido (incluindo irmãos em outras escolas, companheiros de equipe, colegas, parceiros significativos e conhecidos do falecido).
- Receberam uma ligação, mensagem de texto ou outra comunicação do falecido contando do suicídio e, possivelmente, sentem-se culpados por não terem percebido os sinais de alerta.
- Tiveram uma última interação muito negativa com o falecido.
- Podem ter brigado ou praticado *bullying* contra o falecido.

Além do contágio de suicídio, os profissionais escolares devem estar cientes de um fenômeno relacionado conhecido como um *aglomerado de suicídios*, que são múltiplos suicídios que ocorrem em um curto período de tempo, a uma taxa mais alta do que o previsto. Assim como o contágio de suicídio, os aglomerados parecem ser mais comuns entre adolescentes do que entre crianças ou adultos.

Existem dois tipos de aglomerados: *aglomerados locais* e *aglomerados de mídia ou em massa* (Joiner, 1999, 2010). Os aglomerados locais envolvem múltiplos suicídios que ocorrem próximos em termos de tempo e local. Por exemplo, uma escola americana de Ensino Médio tem uma média de um estudante morrendo por suicídio a cada 5 anos, mais ou menos. Em um capítulo anterior, mencionei uma escola de Ensino Médio na qual 4 alunos morreram por suicídio em um período de 13 meses. Dada a proximidade no tempo (13 meses desde o primeiro até o quarto suicídio) e no local (todos os quatro estudantes frequentavam a mesma escola), bem como o número muito maior de suicídios em comparação com dados normativos, esse caso de múltiplos suicídios seria um exemplo de um aglomerado local. Em contraste, os aglomerados de mídia são múltiplos suicídios que ocorrem próximos no tempo, mas não no local, ou seja, embora sejam temporalmente agrupados, ocorrem em muitas comunidades ao redor do mundo (Joiner, 2010), talvez porque estejam relacionados à divulgação midiática (Joiner, 1999). Um exemplo de um aglomerado de mídia seria vários suicídios ocorrendo ao redor do mundo dentro de horas ou dias após a morte de uma celebridade por suicídio (Joiner, 2010).

Embora existam algumas evidências tanto dos aglomerados locais quanto dos aglomerados de mídia, elas são mais fortes para os aglomerados locais (Joiner, 1999), que ocorrem "acima de qualquer dúvida" (Joiner, 2010, p. 141). No período imediato após o suicídio de um estudante, os profissionais escolares devem estar especialmente atentos à possibilidade de um aglomerado local, bem como aos estudantes que podem estar em maior risco de tentativa de suicídio. Joiner (2010, p. 142–143) ilustra no seguinte exemplo como um aglomerado local poderia funcionar entre adolescentes:

> Considere, por exemplo, um pequeno grupo de adolescentes do sexo feminino cujo gosto pelo abuso de substâncias e sentimento de alienação em relação à escola e ao círculo social as aproxima. Uma das meninas faz uma tentativa de suicídio letal. A situação das demais é precária; não apenas têm fatores de risco preexistentes, como abuso de substâncias e alienação, agora têm o risco adicional agudo da perda de uma amiga por suicídio. E não apenas isso – elas aprenderam uma lição, pelo menos implicitamente, que leva à reflexão de que "minha amiga fez isso e é como eu; isso significa que eu posso fazer isso também se eu quiser". Em outras palavras, as meninas restantes habituam-se vicariamente, por meio do comportamento da amiga, à ideia da morte por suicídio.

Contágio de suicídio relacionado à divulgação midiática

Uma questão central envolvendo a mídia é o potencial que a cobertura sobre o suicídio tem de contribuir com possíveis efeitos de contágio. Foram conduzidos mais de cem estudos examinando os chamados suicídios "imitadores" (ou seja, suicídios que parecem estar diretamente relacionados a relatos da mídia) (OMS, 2017). As conclusões gerais desses estudos indicaram que a cobertura midiática do suicídio pode levar a comportamentos suicidas subsequentes entre indivíduos vulneráveis.

Parece que a cobertura repetida de histórias de alto impacto está mais fortemente associada ao comportamento de imitação, especialmente quando a pessoa que morreu por suicídio é altamente respeitada (OMS, 2017). Mais especificamente, o contágio do suicídio por influência da mídia parece mais provável de ocorrer quando o público se identifica com a vítima (seja por idade, gênero ou nacionalidade, por exemplo), quando o método usado é divulgado em uma matéria, quando uma história é relatada ou exibida de forma proeminente ou dramática e quando suicídios de celebridades são relatados (Hawton & Williams, 2001; Pirkis et al., 2007; Pirkis & Blood, 2001; Stack, 2003). Ouvir ou assistir a certos tipos de música ou vídeos musicais também pode aumentar a ideação suicida em certos indivíduos vulneráveis (Rustad et al., 2003).

Uma vez que crianças e adolescentes podem ser especialmente vulneráveis às influências da mídia (Hawton & Williams, 2001), é fundamental fornecer a esta última diretrizes sobre a representação apropriada do suicídio. Infelizmente, as evidências são inconclusivas quanto ao impacto das diretrizes de mídia no comportamento dos profissionais envolvidos ou nas taxas de suicídio (Pirkis et al., 2007). No entanto, existem indicações de que vários meios de comunicação estão cada vez mais preocupados com o impacto de suas reportagens no comportamento suicida subsequente de outros indivíduos, especialmente após suicídios de celebridades notáveis, como Robin Williams, Chris Cornell, Kate Spade e Anthony Bourdain. Reportagens sobre suicídios escritas de acordo com as diretrizes de mídia têm um forte potencial para ajudar a prevenir o suicídio e geralmente não desencadeiam imitadores (OMS, 2017).

Orientações para trabalhar com a mídia

Quando um estudante morre por suicídio, a cobertura da mídia provavelmente será substancial, especialmente se houver mais de um suicídio[97]. Os funcionários da escola devem escolher cuidadosamente como as informações são compartilhadas com a mídia, e a escola deve (conforme mencionado anteriormente) designar um porta-voz para garantir que as informações sobre o suicídio sejam divulgadas de maneira consciente e consistente (Faps & CRPS, 2018). Uma das principais tarefas do porta-voz deve ser promover uma comunicação midiática segura para evitar possíveis contágios. O risco de contágio "está relacionado à quantidade, duração, destaque e conteúdo da cobertura da mídia. Portanto, é extremamente importante que as escolas incentivem fortemente a mídia a aderir às recomendações para uma comunicação segura" (Faps & CRPS, 2018, p. 24).

---

97. A realidade norte-americana difere da situação brasileira. Segundo o código de ética dos jornalistas, eles não devem noticiar ou divulgar informações sensacionalistas relacionadas à morte [N.T.].

Capítulo 8

Várias organizações profissionais publicaram orientações para a mídia para uma divulgação responsável do suicídio, e o porta-voz da mídia deve estar ciente delas. As orientações presentes em *Prevenção do suicídio: Um manual para profissionais da mídia*[98] (OMS, 2017), *reportingonsuicide.org* e *Depois de um suicídio: Ferramentas para escolas* (Faps & CRPS, 2018) estão detalhadas nas seções seguintes. Não é surpreendente que haja considerável sobreposição entre elas. No entanto, cada conjunto de orientações contém informações únicas e valiosas, e, por esse motivo, todas as três são discutidas.

Prevenção do suicídio: Um manual para profissionais da mídia

*Prevenção do suicídio: Um manual para profissionais da m*ídia (OMS, 2017) oferece diversos exemplos do que a mídia deve e *não deve* fazer ao divulgar um suicídio de maneira responsável. Aqui estão alguns exemplos do que a mídia *deve fazer* (OMS, 2017, p. viii):

- Fornecer informações precisas sobre onde buscar ajuda.
- Educar o público sobre fatos relacionados ao suicídio e sua prevenção, sem disseminar mitos.
- Publicar histórias sobre como lidar com estressores da vida ou pensamentos suicidas e como obter ajuda.
- Ter um cuidado especial ao relatar suicídios de celebridades.
- Ter cuidado ao entrevistar familiares ou amigos enlutados.
- Reconhecer que os próprios profissionais da mídia também podem ser afetados por histórias sobre suicídio.

Aqui estão alguns exemplos do que a mídia não deve fazer (OMS, 2017, p. viii):

- Não publicar com destaque matérias sobre suicídio e não repetir tais matérias em excesso.
- Não utilizar linguagem que sensacionalize ou normalize o suicídio, nem o apresentar como uma solução construtiva para problemas.
- Não descrever explicitamente o método usado.
- Não fornecer detalhes sobre o local.
- Não utilizar manchetes sensacionalistas.
- Não utilizar fotografias, vídeos ou *links* de mídia social.

---

98. No original, *Preventing suicide: A resource for media professionals* [N.T.].

Reportingonsuicide.org

O *site reportingonsuicide.org* traz várias recomendações no que diz respeito à divulgação midiática do suicídio, que foram desenvolvidas pelos principais especialistas em prevenção de suicídio em colaboração com várias organizações internacionais de prevenção de suicídio e de saúde pública, escolas de jornalismo, organizações de mídia, jornalistas e especialistas em segurança na Internet. As recomendações incluem o seguinte:

- Em vez de usar manchetes grandes, sensacionalistas e/ou de destaque (por exemplo, "Kurt Cobain usou uma espingarda para cometer suicídio"), informe o público sem sensacionalizar e minimize o destaque (como em "Kurt Cobain faleceu aos 27 anos").
- Em vez de incluir fotos ou vídeos do local ou do método de morte, da família enlutada, dos amigos ou do funeral, use fotos da escola, trabalho ou família e inclua o logotipo do serviço de prevenção do suicídio ou números locais de atendimento a crises.
- Em vez de descrever suicídios recentes como "epidêmicos", "em crescimento exponencial" ou usando outros termos fortes, investigue e relate cuidadosamente os dados mais recentes do CCD e use palavras não sensacionalistas como "aumento" ou "maior" ao descrever as taxas de suicídio.
- Em vez de descrever o suicídio como "inexplicável" ou "sem aviso", reconheça que a maioria das pessoas que morrem por suicídio apresentam sinais de alerta. Inclua as seções "Sinais de alerta" e "O que fazer" no artigo, se possível.
- Em vez de afirmar algo como "José da Silva deixou uma carta de suicídio dizendo...", diga "Uma carta do falecido foi encontrada e está sendo analisada pelo legista".
- Em vez de investigar e relatar o suicídio seguindo o procedimento de cobertura de crimes, relate o suicídio como uma questão de saúde pública.
- Em vez de citar e/ou entrevistar a polícia ou os primeiros socorristas sobre as causas do suicídio, busque orientação de especialistas em prevenção do suicídio.
- Em vez de se referir a um suicídio como "bem-sucedido", "malsucedido" ou como uma "tentativa fracassada", descreva-o como "morreu por suicídio" ou "se matou".

Depois de um suicídio: Ferramentas para escolas

A segunda edição de *Depois de um suicídio: Ferramentas para escolas* (Faps & CRPS, 2018) também traz uma lista do que fazer e do que não fazer ao divulgar o suicídio. Das três iniciativas mencionadas aqui, este conjunto é o único especificamente focado em prevenir efeitos de contágio entre estudantes nas escolas. Suas recomendações incluem o seguinte (Faps & CRPS, 2018, p. 24):

Capítulo 8

- Não glamorizar ou romantizar a vítima ou o suicídio.
- Não simplificar excessivamente as causas do suicídio.
- Não descrever detalhes do método.
- Não incluir fotografias do local da morte ou de enlutados devastados, o que pode atrair jovens vulneráveis que podem estar desesperados por atenção e reconhecimento.
- Usar linguagem preferencial, como "morreu por suicídio" ou "se matou".
- Incluir mensagens de esperança e recuperação.
- Consultar especialistas em prevenção do suicídio.
- Incluir uma lista de sinais de alerta, uma vez que a maioria das pessoas que morrem por suicídio (mas não todas) apresenta sinais de alerta.
- Mencionar a número de telefone 188 para prevenção do suicídio, do Centro de Valorização da Vida, e incluir informações sobre recursos locais de saúde mental em cada artigo.
- Incluir recursos locais e nacionais atualizados.

O anexo 8.2 no fim deste capítulo resume algumas das principais práticas recomendadas à divulgação midiática do suicídio. A equipe escolar é incentivada a compartilhar essas informações com os membros da mídia no caso de um suicídio de estudante.

Aspectos positivos da cobertura da mídia

Embora a cobertura da mídia após o suicídio de um estudante seja frequentemente percebida pela equipe escolar como uma invasão indesejada, também pode e deve ser vista como uma oportunidade para educação pública e engajamento comunitário. A mídia pode desempenhar um papel poderoso na educação pública sobre o suicídio, incluindo sinais de alerta, orientações sobre como reduzir o estigma associado a pessoas suicidas e explicação sobre como pessoas que lutam com comportamento suicida podem obter ajuda. A equipe escolar pode transmitir essas informações à mídia e trabalhar em parceria para garantir que informações precisas e úteis sejam transmitidas ao público. O problema não é a cobertura da mídia sobre o suicídio, e sim a forma como ele é apresentado.

Respondendo ao suicídio de um estudante na escola

Quando crianças ou adolescentes morrem por suicídio, na grande maioria das vezes isso ocorre perto ou no local de residência do estudante. Suicídios na escola, durante o horário escolar, são muito raros, mas podem acontecer e, às vezes, acontecem. No improvável caso de um suicídio ocorrer na escola, os procedimentos de posvenção descritos neste capítulo devem ser implementados. No entanto, antes de fazê-lo, é importante realizar as seguintes ações (T. A. Erbacher et al., 2015):

- Ligar para o 190.
- Notificar a enfermeira da escola.
- Instituir procedimentos de *lockdown*.
- Isolar a área onde o suicídio ocorreu.
- Não permitir que alunos ou funcionários sejam expostos ao corpo.
- Tratar a área como uma cena de crime (não tocar em nada) até a chegada da polícia ou de outros profissionais.

Respondendo ao suicídio de um membro adulto da equipe

Embora este capítulo tenha se concentrado especificamente no que as escolas podem e devem fazer no caso do suicídio de um estudante, as escolas também precisam se preparar para o possível suicídio de um membro da equipe. De fato, dado que a taxa de suicídio de adultos é maior do que a de crianças ou adolescentes, em alguns casos é mais provável que as escolas vivenciem o suicídio de um membro da equipe do que de um estudante. Em geral, exceto por algumas diferenças óbvias, muitas das atividades de posvenção para estudantes descritas neste capítulo seriam aplicáveis se a pessoa que morreu por suicídio fosse um membro adulto da comunidade escolar. Por exemplo, se o funcionário que morreu por suicídio fosse um professor, seria apropriado oferecer apoio adicional aos seus alunos, que estão lamentando sua perda. Outros funcionários adultos afetados pela morte também devem ser ajudados, por meio do encaminhamento para serviços de aconselhamento e/ou para o Programa de Assistência ao Empregado[99] do distrito escolar (T. A. Erbacher et al., 2015).

Homenagens e a resposta da escola

Quando um estudante morre, muitos outros podem naturalmente desejar homenagear seu colega falecido. No entanto, a homenagem a um estudante que morre por suicídio pode ser desafiadora para os distritos escolares, "que precisam equilibrar a compaixão no atendimento às necessidades dos estudantes enlutados e a homenagem adequada ao aluno que morreu, sem correr o risco de contágio do suicídio entre aqueles que também possam estar em risco" (Faps & CRPS, 2018, p. 26). Todas as escolas devem desenvolver uma política para homenagens

---

99. No original, Employee Assistance Program [N.T.].

Capítulo 8

antes que ocorra uma morte por suicídio, além de garantir que ela seja registrada por escrito e claramente comunicada a toda a equipe escolar.

Conforme mencionado anteriormente, as escolas devem se esforçar para tratar todas as mortes da mesma maneira. Seguir uma prática de homenagear um estudante que morreu em um acidente de carro, ou devido a uma condição médica como o câncer, mas adotar uma resposta diferente para um estudante que morreu por suicídio "reforça o preconceito, que pode ser profundamente doloroso para a família e amigos do estudante" (Faps & CRPS, 2018, p. 26). Dito isso, como os adolescentes são especialmente vulneráveis ao possível contágio do suicídio, é igualmente importante homenagear o aluno sem romantizar ou glamorizar involuntariamente nem o aluno nem o suicídio. O foco de qualquer homenagem deve estar em como o estudante viveu, em vez de como morreu. Dado que as pessoas que morrem por suicídio geralmente têm um ou mais distúrbios de saúde mental no momento de suas mortes, é recomendado buscar oportunidades para enfatizar a conexão entre problemas de saúde mental (por exemplo, depressão) e suicídio. Outra recomendação é juntar os amigos do estudante falecido e organizar uma possível homenagem junto com os membros da família, identificando a abordagem desejada, significativa e segura para reconhecer e honrar a perda (Faps & CRPS, 2018).

Existem várias formas diferentes de homenagem que a escola pode organizar, seja isoladamente ou em conjunto, incluindo (1) funerais e cerimônias fúnebres, (2) homenagens espontâneas, (3) homenagens *online*, (4) jornais escolares, (5) eventos, (6) anuários, (7) formatura e (8) homenagens permanentes e bolsas de estudo. Cada uma dessas formas de homenagem será discutida agora no contexto do suicídio de um estudante, juntamente com sugestões para as escolas.

Funerais e cerimônias fúnebres

Um dos desafios das homenagens envolve funerais e cerimônias fúnebres na comunidade. O documento *Depois de um suicídio: Ferramentas para escolas* (Faps & CRPS, 2018, p. 26) contém informações valiosas sobre este tópico.

- É altamente recomendado que não se realizem funerais e cerimônias fúnebres nas instalações da escola. A escola deve, em vez disso, concentrar-se em manter seu horário, estrutura e rotina regulares. O uso de uma sala ou área da escola para uma cerimônia fúnebre pode conectar inexoravelmente esse espaço à morte, tornando difícil para os estudantes retornarem lá para aulas ou atividades regulares[100].

---

100. Considerando o cenário americano, o autor se refere a instituições laicas.

- Também é fortemente recomendado que o funeral seja realizado fora do horário escolar. Se a família decidir realizá-lo durante o horário escolar, é recomendado que a escola não cancele as aulas, nem ofereça transporte para os alunos até o local. Os estudantes precisam da autorização dos pais ou responsáveis para sair da escola e comparecer ao funeral. Os protocolos regulares da escola devem ser seguidos para liberar estudantes maiores de idade.

- Se possível, a escola deve coordenar com a família e com o agente funerário para providenciar a presença de profissionais de saúde mental no local. Em todos os casos, o diretor da escola ou outro administrador sênior deve comparecer ao funeral.

- As escolas devem encorajar fortemente os pais cujos filhos expressem interesse em comparecer ao funeral a acompanhá-los. Isso oferece não apenas apoio emocional, mas também uma oportunidade para os pais monitorarem a resposta de seus filhos, abrir uma discussão com eles e lembrá-los de que a ajuda está disponível se eles ou um amigo precisarem.

Homenagens espontâneas

Homenagens espontâneas são uma reação cada vez mais comum a uma perda de vida inesperada e muitas vezes violenta. Nas escolas, os alunos podem organizar uma homenagem espontânea para um estudante que morreu por suicídio de várias maneiras. Por exemplo, podem deixar flores, cartas, poemas, fotos, bichos de pelúcia ou outros itens em uma área intimamente associada ao estudante, como seu armário, na cadeira da sala de aula ou até mesmo no local onde ele morreu (caso tenha sido um espaço público) (Faps & CRPS, 2018). Aqui estão algumas recomendações específicas do documento *Depois de um suicídio: Ferramentas para escolas* (Faps & CRPS, 2018, p. 27–28) sobre homenagens espontâneas em escolas:

- O objetivo da escola deve ser encontrar um equilíbrio entre a necessidade dos alunos de sofrer pela perda e o risco de glamorizar acidentalmente a morte. Caso haja cerimônias e homenagens espontâneas na escola, a equipe deve monitorá-las em busca de mensagens que possam ser inapropriadas (hostis ou inflamatórias) ou que indiquem estudantes em risco.

- É importante ter um limite de tempo e uma comunicação direta sobre as homenagens para ajudar a restaurar o equilíbrio. Embora seja necessário, em alguns casos, definir limites para os estudantes, é importante fazê-lo com compaixão e sensibilidade, oferecendo sugestões criativas sempre que possível. Por exemplo, as escolas podem disponibilizar quadros e marcadores para que os alunos possam se reunir e escrever mensagens. É recomendado que os quadros fiquem em uma área que possa ser evitada por aqueles que não desejam participar (ou seja, nem na cantina nem na entrada principal) e sejam monitorados pela equipe da escola.

- As homenagens podem permanecer no local até depois do funeral (ou por cerca de cinco dias). Após esse período, os objetos de tributo podem ser oferecidos à família. A comunidade escolar deve ser informada que os cartazes serão entregues para a família, para que as pessoas não pensem que foram removidos de forma desrespeitosa. Isso pode ser feito através de um aviso colocado perto da homenagem, no dia em que for retirada.

- Recomenda-se que as escolas desencorajem pedidos para criar e distribuir imagens do falecido, em camisetas ou *bottons*, por exemplo. Embora esses itens possam ser reconfortantes para alguns estudantes, podem ser bastante perturbadores para outros. Apresentar repetidamente imagens do estudante falecido na escola também pode ser disruptivo e glamorizar acidentalmente o suicídio. A escola deve priorizar a proteção dos estudantes vulneráveis ao contágio, em detrimento de aceitar o que pode reconfortar aqueles que desejam lembrar o estudante falecido. Se os estudantes forem à escola usando esses itens, é recomendado que sejam autorizados a usá-los apenas por esse dia, e a equipe deve explicar a justificativa da política da escola. Algumas escolas encontraram um meio termo com os estudantes, permitindo que usem pulseiras com uma mensagem positiva (por exemplo, fé, esperança, amor), como uma maneira de homenagear e lembrar o estudante falecido.

- Uma vez que a cadeira vazia do estudante falecido pode ser desconcertante e sugestiva, após aproximadamente 5 dias (ou após o funeral), a sala pode ser reorganizada para criar um novo ambiente. Os professores devem explicar antecipadamente que a intenção é equilibrar a homenagem compassiva ao estudante falecido e o retorno ao foco nas aulas. Os alunos podem se envolver no planejamento de como mover ou remover a cadeira de forma respeitosa. Poderiam, por exemplo, ler um texto que enfatize seu amor pelo amigo e seu compromisso de trabalhar para erradicar o suicídio em sua memória.

- Quando uma homenagem espontânea ocorre fora das instalações da escola, a influência da instituição é limitada. No entanto, a escola pode incentivar uma abordagem responsável entre os estudantes, explicando que é recomendável que as homenagens tenham um limite de tempo (novamente, em torno de 5 dias, ou até depois do funeral), e logo seja desmontada e os itens oferecidos à família. A escola também pode sugerir que os estudantes participem de uma cerimônia (supervisionada) para desmontar a homenagem, ao som de música, e com a autorização para os alunos levarem parte da homenagem para casa. Os itens restantes seriam, então, oferecidos à família.

- As escolas devem desencorajar reuniões grandes e não supervisionadas. Quando necessário, os administradores podem considerar a cooperação da polícia local para monitorar os locais fora do *campus* por motivos de segurança. Os orientadores também podem ser convocados para participar dessas reuniões, oferecendo apoio, orientação e supervisão.

- Não é recomendado que as bandeiras sejam hasteadas a meio mastro (uma decisão geralmente tomada pelas autoridades governamentais locais, e não pela administração da escola, de qualquer forma).

Homenagens online

Assim como as homenagens espontâneas, as páginas de homenagens *online* e *sites* de mensagens se tornaram cada vez mais comuns. Algumas escolas podem optar por criar uma página de homenagem no *site* da escola e/ou do distrito ou em um *site* de redes sociais, desde que tenham a permissão da família do estudante falecido. Se uma homenagem *online* for criada pela escola, deve ser limitada no tempo, monitorada pela equipe escolar e incluir uma lista de recursos para obter mais informações e apoio (Faps & CRPS, 2018). *Depois de um suicídio: Ferramentas para escolas* (Faps & CRPS, 2018, p. 28–29) oferece as seguintes recomendações:

- Recomenda-se que as páginas de homenagens *online* permaneçam ativas por até 30 a 60 dias após a morte do estudante. Nesse momento, devem ser desativadas e substituídas por uma declaração que reconhece as mensagens carinhosas e de apoio que foram postadas, encorajando os estudantes que desejam homenagear ainda mais seu amigo a considerar outras sugestões criativas (cf. a seção sobre sugestões para organizar homenagens seguras).
- As escolas devem manter uma cópia da página de homenagem depois que ela for desativada. Pode ser uma impressão da página do Facebook ou uma série de capturas de tela etc. Esse material pode servir como uma referência posterior se houver preocupações com a segurança dos estudantes que deixaram mensagens.
- Se os amigos do estudante criarem uma página própria de homenagem, a equipe da escola deve se comunicar com eles para garantir que a página inclua mensagens seguras e informações precisas. Os funcionários devem seguir quaisquer páginas de homenagem iniciadas pelos estudantes para que possam monitorar e responder conforme apropriado.

Jornais escolares

Além da divulgação da morte de um estudante nos jornais da comunidade local, o mesmo pode ser feito no jornal da escola, servindo como homenagem. Se houver um relato no jornal da escola, o artigo deve ser monitorado pela equipe da escola para garantir um conteúdo apropriado. Esses artigos podem ser úteis para disseminar ainda mais as mensagens positivas, fornecer sinais de alerta para o suicídio, recursos onde os estudantes podem obter ajuda adicional se precisarem e focar em estratégias saudáveis de enfrentamento e resiliência (Faps & CRPS, 2018).

Eventos

Colegas do estudante que morreu por suicídio podem desejar homenageá-lo por meio de algum tipo de evento, como uma atividade esportiva, leitura de poesia ou apresentação de dança. Também pode haver pedidos para organizar outros tipos de homenagem, como um diploma póstumo para o estudante ou um tributo em vídeo, talvez a ser apresentado na formatura (Faps & CRPS, 2018). Embora esses pedidos sejam compreensíveis, a equipe da escola deve estar atenta ao princípio orientador de tratar todas as mortes da mesma maneira. Eles podem preferir que os alunos se concentrem em outras formas de homenagem, como organizando um evento de conscientização sobre prevenção do suicídio (Faps & CRPS, 2018).

Além dos estudantes, a família do jovem falecido pode manifestar interesse em realizar um evento ou assembleia na escola com fins educacionais, para evitar que outros jovens tirem suas próprias vidas (Faps & CRPS, 2018, p. 30). Embora as iniciativas sejam claramente bem-intencionadas,

> as escolas são fortemente aconselhadas a explicar que tanto apresentar o conteúdo quanto realizar assembleias ou outros eventos grandes para os estudantes não é uma abordagem eficaz para a prevenção do suicídio e pode, na verdade, ser arriscado. Os estudantes que sofrem de depressão ou outros problemas de saúde mental podem ouvir as mensagens de maneira muito diferente da que é pretendida, ficando ainda mais propensos a agir de acordo com seus pensamentos suicidas. Além disso, os alunos geralmente relutam em falar em uma assembleia, preferindo grupos menores, onde se sentem mais confiantes. Uma opção melhor é incentivar os pais a trabalharem com a escola para organizar um programa educacional apropriado...

Anuários

Assim como em outras formas de homenagem, estudantes que morreram por suicídio não devem ser tratados de maneira diferente nos anuários em comparação com alunos que morreram de outras maneiras. Conforme observado em *Depois de um suicídio: Ferramentas para escolas* (Faps & CRPS, 2018, p. 30), "se houver a tradição de dedicar o anuário (ou uma página do anuário) a estudantes que morreram por outras causas, essa política também é aplicável a um estudante que morreu por suicídio". O membro da equipe responsável pelo anuário deve trabalhar com profissionais escolares de saúde mental e administradores para garantir que sejam transmitidas mensagens apropriadas, focadas na saúde mental e prevenção do suicídio. Por exemplo, sob a foto do estudante no anuário, pode estar a mensagem: "Em sua memória, trabalharemos para eliminar o preconceito em torno de problemas de saúde mental e suicídio" (Faps & CRPS, 2018, p. 30).

Formatura

Novamente, tratar todas as mortes da mesma maneira deve ser uma diretriz geral, incluindo os procedimentos típicos nas cerimônias de formatura. Conforme observado em *Depois de um suicídio: Ferramentas para escolas* (Faps & CRPS, 2018, p. 30), "se houver a tradição de incluir uma homenagem a estudantes falecidos que teriam se formado com a turma, aqueles que morreram por suicídio também devem ser incluídos. As escolas podem desejar incluir uma breve declaração reconhecendo e nomeando os alunos da turma de formandos que faleceram. Decisões finais sobre o que incluir em tais homenagens devem ser tomadas pelo diretor e pela equipe adequada".

Homenagens permanentes e bolsas de estudo

Alguns estudantes podem desejar criar uma homenagem permanente, física, em memória do estudante que morreu por suicídio, como plantar uma árvore no terreno da escola ou instalar um banco ou placa. Outros podem sugerir uma homenagem "viva", sem uma presença física, como uma bolsa de estudos com o nome do estudante falecido (Faps & CRPS, 2018). Embora não haja evidências de que homenagens permanentes aumentam o risco de contágio, "podem ser lembretes perturbadores para estudantes enlutados. Sempre que possível, é recomendável que sejam feitas fora do *campus*. A escola deve ter em mente que, uma vez que planta uma árvore, coloca uma placa, instala um banco ou estabelece uma bolsa de estudos com nome de um estudante falecido, terá que estar preparada para fazer o mesmo por outros, o que pode ser bastante difícil de manter ao longo do tempo" (Faps & CRPS, 2018, p. 30).

Sugestões para homenagens segura

Dada a possibilidade de despertar involuntariamente comportamentos suicidas em estudantes vulneráveis, alguns funcionários da escola podem concluir que simplesmente proibir todas as formas de homenagem seria benéfico. No entanto, isso seria problemático por várias razões, principalmente porque poderia ser muito doloroso para a família e os amigos do aluno, resultando em reações negativas e intensas (Faps & CRPS, 2018). Em vez disso, as escolas "podem desempenhar um papel importante em canalizar a energia e a paixão dos alunos (e da comunidade em geral) em uma direção positiva, equilibrando a necessidade de luto da comunidade com o impacto que a atividade proposta provavelmente terá sobre os alunos, especialmente aqueles que podem ser vulneráveis ao contágio" (Faps & CRPS, 2018, p. 30).

Além disso, "as escolas podem sugerir uma reunião com os amigos próximos do aluno falecido para discutir o tipo e o momento de qualquer homenagem. Isso oferece uma oportunidade importante para que os alunos sejam ouvidos e para a escola explicar de maneira sensível sua justificativa para permitir certos tipos de atividades e não outros. As escolas podem até estabelecer um comitê permanente composto por alunos, administradores e familiares, que pode ser convocado conforme necessário" (Faps & CRPS, 2018, p. 31). As escolas também podem sugerir alternativas para homenagear alunos que morreram por suicídio, incluindo o seguinte (Faps & CRPS, 2018, p. 31):

- Realizar um dia de serviço comunitário ou criar um programa escolar de serviço comunitário em homenagem ao aluno falecido.
- Montar uma equipe para participar de um evento de conscientização ou de captação de recursos patrocinado por uma das organizações nacionais de saúde ou de prevenção ao suicídio (por exemplo, uma Caminhada Out of Darkness[101] da Faps) ou realizar um evento de captação de recursos para apoiar uma linha direta de crises local ou outro programa de prevenção do suicídio.
- Patrocinar um dia de conscientização sobre saúde mental.
- Comprar livros sobre saúde mental para a biblioteca local ou da escola.
- Trabalhar com o governo para desenvolver e implementar um currículo focado no desenvolvimento social e emocional e no incentivo a buscar ajuda.
- Trabalhar como voluntário em uma linha direta de crises comunitária.
- Arrecadar fundos para ajudar a família a cobrir despesas funerárias.
- Disponibilizar um livro ou cartões na secretaria da escola por algumas semanas para que os alunos possam escrever mensagens para a família, compartilhar lembranças do falecido ou oferecer condolências. O livro ou os cartões podem ser posteriormente entregues à família em nome da comunidade escolar.

Informações adicionais sobre a posvenção do suicídio nas escolas

Para leitores interessados em informações adicionais sobre este tópico, são recomendados os excelentes materiais *Prevenção do suicídio: Um manual para profissionais da mídia* (OMS, 2017), *Depois de um suicídio: Ferramentas para escolas* (Faps & CRPS, 2018) e o *site reportingonsuicide.org*. Embora esses documentos tenham sido amplamente referenciados neste capítulo, vale a pena revisá-los em sua totalidade e podem ser facilmente acessados *online*. Profissionais escolares de saúde mental são particularmente incentivados a aprimorar seus conhecimentos e habilidades na área de serviços de posvenção, uma vez que, caso

---

101. Trata-se de uma atividade promovida pela Faps, Fundação Americana para Prevenção do Suicídio, em diversos momentos e locais diferentes do país, para incentivar à prevenção do suicídio [N.T.].

haja uma resposta eficaz ao suicídio de um aluno, é mais provável que as escolas adotem esforços mais amplos de prevenção do suicídio no futuro. Existem muitos casos em que o suicídio de um aluno serviu como um "sinal de alerta" para os administradores escolares, que posteriormente deram prioridade mais alta à prevenção do suicídio em suas escolas e distritos.

Além das escolas: os efeitos em cadeia do suicídio

Embora o foco deste capítulo tenha sido os efeitos do suicídio de um jovem em outros jovens, na equipe escolar e na família da vítima de suicídio, deve-se reconhecer que o suicídio frequentemente tem um efeito em cadeia que afeta não apenas a escola, mas também a família extensa e os colegas do aluno e membros de sua comunidade (Singer et al., 2019). O "efeito em cadeia" causado pela morte de um estudante por suicídio é, muitas vezes, considerável. Por exemplo, embora pesquisas antigas tenham estimado que 6 pessoas eram afetadas por uma morte por suicídio (Shneidman, 1973), números mais recentes sugerem que cada morte por suicídio afeta aproximadamente 135 pessoas, sendo que 25 relatam sofrimento persistente e significativo como resultado (Cerel et al., 2016). Consequentemente, embora muitas pessoas em uma escola sejam afetadas pelo suicídio de um aluno, um número considerável fora da escola também irá sofrer as consequências. Essa realidade é um lembrete importante de que as escolas estão inseridas e são parte integrante das comunidades em que estão localizadas. Estamos todos juntos nisso.

Comentários finais

Embora a posvenção de suicídio tenha muitos propósitos, os dois mais fundamentais são fornecer serviços de intervenção em crises e prevenir que mais suicídios ocorram. Deve haver um equilíbrio delicado ao transmitir informações sobre a morte de um aluno, para não criar possíveis efeitos de contágio inadvertidamente. O planejamento prévio é essencial, mas parece não existir em muitas escolas. Há poucos eventos mais chocantes e inesperados nas escolas do que o suicídio de um aluno, mas a equipe pode tirar o melhor de uma situação trágica respondendo a ela de maneira coordenada, compassiva e eficaz. A forma como as escolas respondem ao suicídio de um aluno pode ter um efeito profundo na promoção de estratégias de enfrentamento e tem o potencial de prevenir suicídios adicionais de estudantes. Ter procedimentos de posvenção de suicídio em vigor antes de um suicídio ocorrer e implementá-los com eficácia após um suicídio é fundamental. Em resumo, a posvenção deve ser vista como um componente essencial da prevenção do suicídio nas escolas.

Capítulo 8

Anexo 8.1[102]
Um protocolo de prevenção de suicídio nas escolas

- Verifique se ocorreu uma morte.
- Mobilize a equipe central de prevenção de suicídio.
- Designe um porta-voz para a mídia.
- Use e monitore as redes sociais.
- Entre em contato com a família do aluno para expressar condolências e oferecer apoio.
- Discuta questões relacionadas ao suicídio e à resposta da escola com pais ou responsáveis.
- Aborde qualquer incerteza ou rumor sobre a causa da morte.
- Trate de questões de diversidade cultural.
- Notifique a equipe escolar e realize uma sessão de planejamento.
- Avalie o impacto do suicídio na escola e o nível de resposta necessário.
- Identifique estudantes significativamente afetados pelo suicídio e inicie um processo de encaminhamento.
- Notifique os estudantes sobre o suicídio.
- Retome as práticas de ensino normais quando apropriado.
- Ajude os alunos a lidar com o luto.
- Organize entradas de profissionais de saúde mental nas salas de aula.
- Inicie serviços de intervenção em crises.
- Realize sessões diárias de planejamento.
- Entreviste a equipe da escola.
- Avalie a resposta de posvenção e se prepare para a resposta a longo prazo.
- Forneça suporte contínuo aos alunos enlutados.
- Planeje datas comemorativas.
- Acompanhe os pais ou responsáveis nas semanas e meses após o suicídio.

---

102. De *Comportamento Suicida em crianças e adolescentes: Prevenção, avaliação e intervenção na escola*, 2ª edição, de David N. Miller. Copyright © 2021 The Guilford Press.

Anexo 8.2[103]
Diretrizes recomendadas para uma cobertura responsável da mídia sobre suicídios

- Forneça informações precisas sobre onde procurar ajuda.
- Eduque o público sobre os fatos relacionados ao suicídio e sua prevenção, sem disseminar mitos.
- Publique matérias sobre como lidar com estressores da vida ou pensamentos suicidas e como obter ajuda.
- Tenha cautela ao noticiar suicídios de celebridades.
- Tenha cautela ao entrevistar familiares ou amigos enlutados.
- Reconheça que os profissionais de mídia também podem ser afetados por histórias sobre suicídio.
- Utilize linguagem preferencial, como "morreu por suicídio" ou "se matou", em vez de "cometeu" suicídio.
- Inclua mensagens de esperança e recuperação.
- Consulte especialistas em prevenção de suicídio.
- Inclua uma lista de possíveis sinais de alerta de suicídio.
- Mencione a Linha Nacional de Prevenção do Suicídio (800-273-8255) e forneça informações atualizadas sobre recursos locais e nacionais de prevenção do suicídio e saúde mental.
- Caracterize o suicídio como uma questão de saúde pública.
- Não glamorize ou romantize a vítima ou o suicídio.
- Não simplifique demais as causas do suicídio.
- Não descreva os detalhes do método.
- Não inclua fotografias do local da morte ou de enlutados devastados, o que pode atrair jovens vulneráveis em busca de atenção e reconhecimento.
- Não dê destaque a matérias sobre suicídio e não as repita em excesso.
- Não utilize linguagem sensacionalista ou que normalize o suicídio ou o apresente como uma solução construtiva para problemas.
- Não forneça detalhes sobre o local do suicídio.
- Não use manchetes sensacionalistas.

---

103. De *Comportamento suicida em crianças e adolescentes: Prevenção, avaliação e intervenção na escola*, 2ª edição, de David N. Miller. Copyright © 2021 The Guilford Press.

Epílogo

O objetivo mais nobre de uma organização ou indivíduo é salvar vidas.
Gene Cash

Quem salva uma vida, é como se [essa pessoa] tivesse
salvado um mundo inteiro.
O Talmude

A prevenção do suicídio é responsabilidade de todos.
Lema da AAS

No prefácio deste livro, sugeri que uma das principais razões pelas quais, até hoje, não fomos tão eficazes quanto poderíamos na prevenção do suicídio, incluindo o suicídio na juventude, é o nível de sigilo e estigma que o envolve. Assim como o tratamento de pessoas que passaram por formas sérias de doença mental, a reação a indivíduos suicidas foi caracterizada ao longo de grande parte de nossa história por medo, confusão e maus-tratos. Nossa reação tem sido ainda mais exacerbada pelos muitos mitos e incompreensões sobre o comportamento suicida, incluindo suas causas e a melhor forma de tratá-lo, bem como uma subestimação de sua disseminação. Como observado por Joiner e colegas (2009, p. 168), há uma grande "discrepância entre a amplitude do problema público [do suicídio] e a resposta do público em geral".

Como ilustração desse ponto, considere os seguintes fatos. Em 2017, mais de 47 mil americanos morreram por suicídio, e houve um aumento de 33% nos suicídios em todo o país de 1999 a 2017. Durante o mesmo período, outras principais causas de morte, incluindo doença respiratória crônica, câncer, doenças cardíacas e acidente vascular cerebral, tiveram declínios significativos.

Epílogo

Os Institutos Nacionais de Saúde (INS)[104], os maiores financiadores de pesquisa biomédica do mundo, gastaram 68 milhões de dólares em prevenção do suicídio em 2017. Em contraste, gastaram 6 bilhões em câncer e 1,3 bilhão em doenças cardíacas. A doença renal, que é a 9ª principal causa de morte (o suicídio é a 10ª), recebeu um financiamento de 592 milhões. Mesmo condições de saúde com taxas de mortalidade muito menores que o suicídio recebem substancialmente mais financiamento. Por exemplo, em 2017, o orçamento do INS foi de 882 milhões para distúrbios visuais, 327 milhões para pesquisa do sono e 134 milhões para doenças intestinais.

Em resumo, o financiamento do INS destinado à prevenção do suicídio é ínfimo em comparação com outras principais causas de morte, incluindo condições que diminuíram significativamente nos últimos anos (enquanto o suicídio aumentou) e outras com taxas de mortalidade muito menores. Além disso, o financiamento de outras fontes para pesquisa também é limitado, incluindo iniciativas federais de prevenção do suicídio na juventude e programas de prevenção do suicídio nas escolas. Dizem que, com frequência, os orçamentos destinados declaram o valor da iniciativa. Se isso for verdade, o que isso diz sobre o quanto valorizamos a prevenção do suicídio?

Felizmente, a falta de financiamento não precisa impedir as escolas de se envolverem ativamente em esforços abrangentes de prevenção do suicídio. A equipe escolar já pode fazer muito para prevenir efetivamente o suicídio na juventude. Infelizmente, muitas instituições da nossa nação não têm se envolvido ativamente nesse esforço. O estigma é uma razão, a falta de compreensão sobre o suicídio e sobre as práticas eficazes de prevenção na juventude é outra, e a apatia ou relutância de alguns profissionais da escola em oferecer programas institucionais adequados de prevenção do suicídio é provavelmente um fator adicional. No entanto, cada um desses problemas pode e precisa ser superado, se realmente quisermos prevenir o comportamento suicida em crianças e adolescentes. E não há lugar melhor para fazer isso do que nas escolas de nossa nação.

Cura e recuperação

O campo da antropologia médica propôs uma distinção útil entre *curar uma doença* e *se recuperar de uma enfermidade*. Especificamente, *"doença se refere a um mau funcionamento dos processos biológicos, enquanto o termo enfermidade se refere à experiência psicossocial e ao significado da doença percebida... Visto dessa perspectiva, a enfermidade é a moldagem da doença em comporta-

---

104. No original, National Institutes of Health (NIH) [N.T.].

mento e experiência. Ela é criada por reações pessoais, sociais e culturais à doença" (Kleinman, 1980, p. 72). Para ilustrar essa distinção, considere-a no contexto do HIV/Aids. Embora desenvolver uma cura para a doença do HIV/Aids seja claramente desejável, "na sua ausência, ainda podemos curar a enfermidade, sem excluir aqueles que a têm, empatizando com sua angústia e cercando seu sofrimento de respeito e amor" (Crossan, 1994, p. 81).

A analogia com o suicídio e a prevenção nas escolas é clara. Assim como as pessoas com HIV/Aids, os jovens que estão pensando em suicídio estão não apenas sofrendo pelos efeitos de sua "doença" (ou seja, o sofrimento emocional resultante dos transtornos mentais, como a depressão, que geralmente estão subjacentes ao comportamento suicida), mas também por sua "enfermidade" (ou seja, o estigma e a vergonha frequentemente vivenciados por jovens suicidas). A equipe escolar pode desempenhar um papel significativo em lidar tanto com a "doença" do suicídio quanto com sua correspondente "enfermidade".

Derrubando barreiras

Como a equipe escolar pode melhor realizar a "cura" e a "recuperação" de jovens suicidas? Uma maneira é colocar em prática as informações apresentadas neste livro. Outra é trabalhar para derrubar barreiras – barreiras para compreensão, para empatia e para conseguir ajuda para crianças e adolescentes sem que se sintam estigmatizados por isso. Talvez a maior barreira que nos impede de ser mais proativos na prevenção do suicídio, inclusive durante a juventude, seja a percepção comum de que o suicídio é um problema individual, em vez de social. Ou, dizendo de outra maneira, que é uma questão de saúde pessoal, em vez de saúde pública. Quando compreendermos coletivamente que o comportamento suicida em crianças e adolescentes é um problema de saúde pública da sociedade, e não apenas um problema de saúde mental individual, progressos reais poderão ser feitos na busca pela prevenção do suicídio juvenil. Podemos fazer isso.

Um problema evitável e uma tragédia desnecessária

O suicídio na juventude é evitável. Talvez não possamos evitar *todos* os suicídios na juventude, mas podemos prevenir muito mais do que estamos fazendo atualmente. E, por ser um problema evitável, o suicídio na juventude é uma tragédia desnecessária. Cada um de nós tem um papel a desempenhar na prevenção dessa tragédia, mas, antes disso, é necessário conhecimento, habilidade e comprometimento. A escolha é nossa.

Epílogo

O lema da AAS é simples e direto: "A prevenção do suicídio é responsabilidade de todos". Eu concordo, e espero que os leitores deste livro também. Ao assumirmos a responsabilidade pela prevenção do suicídio, nos tornamos responsáveis por ela. Se a equipe escolar não se percebe como responsável pela prevenção do suicídio na juventude, é improvável que outros também o façam. Nas palavras do jornalista David K. Shipler (2004, p. 299), "quando a responsabilidade é distribuída e espalhada por tantas pessoas e instituições, parece deixar de existir. O que prevalece é o contrário. Pode parecer que ninguém é responsável. Na verdade, todos são".

Pensamentos finais

Minha esperança é que os leitores retirem deste livro os pontos essenciais de que o comportamento suicida na juventude é um problema maciço e complexo de saúde pública, que reflete transtornos mentais subjacentes, que a maioria dos jovens suicidas não quer morrer tanto quanto quer que seu sofrimento termine, que o suicídio na juventude pode ser evitado, que todos nós temos a responsabilidade de evitá-lo, e que as escolas e a equipe escolar podem ser especialmente úteis nesse processo, principalmente por meio da implementação de sistemas de apoio baseados em evidências e em vários níveis. Prevenir o suicídio na juventude é responsabilidade de todos – incluindo você.

Não há conquista maior na vida do que salvar a vida de outro, especialmente se envolver salvar uma criança ou um adolescente de uma morte desnecessária, prematura e trágica por suicídio. Devido ao seu contato frequente com crianças e adolescentes, os profissionais escolares têm talvez a melhor oportunidade de todos para alcançar esse objetivo louvável. Um problema urgente exige uma resposta urgente, e não há momento melhor para apresentar essa resposta do que agora. Juntos, vamos tornar a prevenção, avaliação e intervenção no suicídio uma prioridade em nossas escolas.

Referências

Aarons, L. (2023). *Orações para Bobby: Até onde a intolerância pode nos levar?* Hoo.

Adelman, H. S., & Taylor, L. (2006). *The school leader's guide to student learning supports: New directions to addressing barriers to learning.* Corwin.

Agência Brasília. (2019, setembro 11). Aumentam chamados ao Samu para evitar suicídio. *Agência Brasília.* https://www.agenciabrasilia.df.gov.br/2019/09/11/sobe-numero--de-chamados-ao-samu-para-evitar-tentativas-de-suicidio/

Albers, C. A., Glover, T. A., & Kratochwill, T. R. (2007). Where are we, and where do we go now?: Universal screening for enhanced educational and mental health outcomes. *Journal of School Psychology, 45,* 257–263.

Alvarez, A. (1971). *The savage god: A study of suicide.* Norton.

Ambrose, S. E. (1990). *Eisenhower: Soldier and president.* Simon & Schuster.

Anderson, A. R., Christenson, S. L., Sinclair, M. F., & Lehr, C. A. (2004). Check & Connect: The importance of relationships for promoting engagement with school. *Journal of School Psychology, 42,* 95–113.

Anderson, L., Walcott, C. M., Reck, S. G., & Landau, S. (2009). Issues in monitoring medication effects in the classroom. *Psychology in the Schools, 46,* 820–826.

Anestis, M. D. (2018). *Guns and suicide: An American epidemic.* Oxford University Press.

Anestis, M. D., & Anestis, J. C. (2015). Suicide rates and state laws regulating access and exposure to handguns. *American Journal of Public Health, 105,* 2049–2058.

Anestis, M. D., Anestis, J. C., & Butterworth, S. E. (2017). Handgun legislation and changes in statewide overall suicide rates. *American Journal of Public Health, 107,* 579–581.

Anestis, M. D., Khazem, L. R., Law, K. C., Houtsma, C., LeTard, R., Moberg, F., & et al. (2015). The association between state laws regulating handgun ownership and statewide suicide rates. *American Journal of Public Health, 105,* 2059–2067.

Anestis, M. D., Law, K. C., Hyejin, J., Houtsma, C., Khazem, L. R., & Assavedo, B. L. (2017). Treating the capability for suicide: A vital and understudied frontier in suicide prevention. *Suicide and Life-Threatening Behavior, 47,* 523–537.

Anestis, M. D., Soberay, K. A., Gutierrez, P. M., Hernandez, T. D., & Joiner, T. E. (2014). Reconsidering the link between impulsivity and suicidal behavior. *Personality and Social Psychology Review, 18,* 366–386.

Armijo versus Escolas Públicas de Wagon Mound, 159 F.3d 1253 (10th Cir. 1998).

Aseltine, R. H., & DeMartino, R. (2004). An outcome evaluation of the SOS suicide prevention program. *American Journal of Public Health, 94*, 446–451.

Aseltine, R. H., James, A., Schilling, E. A., & Glanovsky, J. (2007). Evaluating the SOS suicide prevention program: A replication and extension. *BMC Public Health, 7*, 161.

Asher, J. (2007). *Thirteen reasons why*. Penguin.

Ashworth, S., Spirito, A., Colella, A., & Benedict-Drew, C. (1986). A pilot suicidal awareness, identification, and prevention program. *Rhode Island Medical Journal, 69*, 457–461.

Associação Americana de Psicologia. (2013). *Gun violence: Prediction, prevention, and policy*. www.apa.org/pubs/info/reports/gun-violence-prevention.aspx

Associação Americana de Psicologia. (2017). *Ethical principles of psychologists and code of conduct with the 2016 amendment*. www.apa.org/ethics/code/ethics-code-2017.pdf

Associação Americana de Psiquiatria. (2003). Practice guidelines for the assessment and treatment of patients with suicidal behaviors. *American Journal of Psychiatry, 160*(Suppl. 11), 1–60.

Associação Americana de Psiquiatria. (2013). *Diagnostic and statistical manual of mental disorders* (5. ed.).

Associação Nacional de Psicólogos Escolares. (2020). *Padrões profissionais da Associação Nacional de Psicólogos Escolares*. certification/nasp-2020-professional-standards-adopted

Avanci, J. Q., Assis, S. G., Silva Filho, O. C., Tavares, P. H. S. L., & Marriel, N. S. M. (2023). *Comportamento suicida e autolesão na infância e adolescência: Conversando com profissionais sobre formas de prevenção*. Faperj.

Azrael, D. R., & Hemenway, D. (2000). In the safety of your own home: Results from a national survey of gun use at home. *Social Science and Medicine, 50*, 285–291.

Bageant, J. (2007). *Deer hunting with Jesus: Dispatches from America's class war*. Three Rivers.

Baker, J. A., Dilly, L., Aupperlee, J., & Patil, S. (2003). The developmental context of school satisfaction: Schools as psychologically healthy environments. *School Psychology Quarterly, 18*, 206–222.

Baker, J. A., & Maupin, A. M. (2009). School satisfaction and children's positive school adjustment. Em R. Gilman, E. S. Huebner, & M. J. Furlong (Orgs.), *Handbook of positive psychology* (p. 189–196). Routledge.

Baker, J. A., Terry, T., Bridger, R., & Winsor, A. (1997). Schools as caring communities. *School Psychology Review, 26*, 586–602.

Ballantine, H. T. (1979). The crisis in ethics, anno domini 1979. *New England Journal of Medicine, 301*, 634–638.

Barrett, T. (1985). *Youth in crisis: Seeking solutions to self-destructive behavior*. Sopris West.

Barrio, C. A. (2007). Assessing suicide risk in children: Guidelines for developmentally appropriate interviewing. *Journal of Mental Health Counseling, 29*, 50–66.

Bauman, S. (2015). Cyber-bullying and suicide: Is there a link?: What are the roles of traditional bullying and the media? Em P. Goldblum, J. C. Espelage, & B. Bongar (Orgs.), *Youth suicide and bullying: Challenges and strategies for prevention and intervention* (p. 77–89). Oxford University Press.

Baumeister, R. F. (1990). Suicide as escape from self. *Psychological Review, 97*, 90–113.

Baumeister, R. F., & Leary, M. R. (1995). The need to belong: Desire for interpersonal attachments as a fundamental human motivator. *Psychological Bulletin, 117*, 497–529.

Beauchamp, D. E. (1976). Public health as social justice. *Inquiry, 13*, 1–14.

Beautrais, A. (2007). Suicide by jumping: A review of research and prevention strategies. *Crisis: Journal of Crisis Intervention and Suicide Prevention, 28*(Suppl. 1), 58–63.

Beck, A. T. (1996). Beyond belief: A theory of modes, personality, and psychopathology. Em P. Salkovskis (Org.), *Frontiers of cognitive therapy: The state of the art and beyond* (p. 1–25). Guilford.

Beck, A. T., Brown, G., & Street, R. A. (1989). Prediction of eventual suicide in psychiatric inpatients by clinical rating of hopelessness. *Journal of Consulting and Clinical Psychology, 57*, 309–310.

Beck, A. T., Kovacs, M., & Weissman, A. (1975). Hopelessness and suicidal behavior. *Journal of the American Medical Association, 234*, 1146–1149.

Beck, A. T., Rush, A. J., Shaw, B. F., & Emery, G. (1979). *Cognitive therapy of depression.* Guilford.

Beck, A. T., & Steer, R. A. (1991). *Beck Scale for Suicide Ideation manual.* Harcourt Brace.

Bennewith, O., Nowers, M., & Gunnell, D. (2007). Effects of barriers on the Clifton suspension bridge, England, on local patterns of suicide: Implications for prevention. *British Journal of Psychiatry, 190*, 266–267.

Benson, N. F., Floyd, R. G., Kranzler, J. H., Eckert, T. L., Fefer, S. A., & Morgan, G. B. (2019). Test use and assessment practices of school psychologists in the United States: Findings from the 2017 National Survey. *Journal of School Psychology, 72*, 29–48.

Berman, A. L. (2009). School-based suicide prevention: Research advances and practice implications. *School Psychology Review, 38*, 233–238.

Berman, A. L., Eastgard, S., Gutierrez, P., Mazza, J., Poland, S., Roggenbaum, S., & et al. (2009). *School suicide prevention accreditation resource guide* (2. ed.). American Association of Suicidology.

Berman, A. L., Jobes, D. A., & Silverman, M. M. (2006). *Adolescent suicide: Assessment and intervention.* American Psychological Association.

Berman, A. L., Litman, R. E., & Diller, J. (1989). *Equivocal death casebook* [Unpublished manuscript].

Berman, A. L., & Silverman, M. M. (2014). Suicide risk assessment and risk formulation: Part II. Suicide risk formulation and the determination of levels of risk. *Suicide and Life--Threatening Behavior, 44*, 432–443.

Bernet, R. A., & Joiner, T. E. (2007). Sleep disturbances and suicide risk: A review of the literature. *Neuropsychiatric Disease and Treatment, 3*, 829–834.

Berninger, V. W. (2006). Research-supported ideas for implementing reauthorized IDEA with intelligent professional psychological services. *Psychology in the Schools, 43*, 781–796.

Bhatia, S. K., Rezac, A. J., Vitello, B., Sitorius, M. A., Buehler, B. A., & Kratochvil, C. . J. (2008). Antidepressant prescribing practices for the treatment of children and adolescents. *Journal of Child and Adolescent Psychopharmacology, 18*, 70–80.

Blachly, P. H., & Fairley, N. (1989). Market analysis for suicide prevention: Relationship of age to suicide on holidays, day of the week and month. *Northwest Medicine, 68*, 232–238.

Blaustein, M., & Fleming, A. (2009). Suicide from the Golden Gate Bridge. *American Journal of Psychiatry, 166*, 1111–1116.

Bockler, N., Seeter, T., Sitzer, P., & Heitmeyer, W. (2013). School shootings: Conceptual framework and international empirical trends. Em N. Bockler, T. Seeter, P. Sitzer, & W. Heitmeyer (Orgs.), *School shootings: International research, case studies, and concepts for prevention* (p. 1–24). Springer.

Bolnik, L., & Brock, S. E. (2005). The self-reported effects of crisis intervention work on school psychologists. *California School Psychologist, 10*, 117–124.

Bolton, I., & Mitchell, C. (1983). *My son... My son...: A guide to healing after death, loss, or suicide*. Bolton.

Bond, L. A., & Carmola Hauf, A. (2004). Taking stock and putting stock in primary prevention: Characteristics of effective programs. *Primary Prevention, 24*, 199–221.

Borowski, I. W., Ireland, M., & Resnick, M. D. (2001). Adolescent suicide attempts: Risks and protectors. *Pediatrics, 107*, 485–493.

Borum, R., Cornell, D., Modzeleski, W., & Jimerson, S. (2010). What can be done about school shootings?: A review of the evidence. *Educational Researcher, 39*, 27–37.

Bostwick, J. M. (2006). Do SSRIs cause suicide in children?: The evidence is underwhelming. *Journal of Clinical Psychology, 62*, 235–241.

Botega, N. (2014). Comportamento suicida: Epidemiologia. *Psicologia USP, 25*, 231–236. https://doi.org/10.1590/0103-6564D20140004

Bradshaw, C. P. (2015). Translating research to practice in bullying prevention. *American Psychologist, 70*, 322–332.

Bradshaw, C. P., & Waasdorp, T. E. (2019). *Preventing bullying in schools: A social and emotional learning approach to prevention and early intervention*. Norton.

Bradvik, L., & Berglund, M. (2003). A suicide peak after weekends and holidays in patients with alcohol dependence. *Suicide and Life-Threatening Behavior, 33*, 186–191.

Brent, D. A. (1997). The aftercare of adolescents with deliberate self-harm. *Journal of Child Psychology and Psychiatry, 38*, 277–286.

Brent, D. A. (2001). Firearms and suicide. *Annals of the New York Academy of Science, 932*, 225–240.

Brent, D. A., Braugher, M., Bridge, J., Chen, T., & Chiappetta, L. (1999). Age- and sex--related risk factors for adolescent suicide. *Journal of the American Academy of Child and Adolescent Psychiatry, 38*, 1497–1505.

Brent, D. A., Johnson, S., Bartle, S., Bridge, J., Rather, C., Matta, J., & et al. (1993). Personality disorder, tendency to impulsive violence, and suicidal behavior in adolescents. *Journal of the American Academy of Child and Adolescent Psychiatry, 32*, 69–75.

Brent, D. A., Kerr, M. M., Goldstein, C., Bozigar, J., Wartella, M., & Allen, M. J. (1989). An outbreak of suicide and suicidal behavior in a high school. *Journal of the American Academy of Child and Adolescent Psychiatry, 28*, 918–924.

Bridge, J. A., Asti, L., Horowitz, L. M., Greenhouse, J. B., Fontanella, C. A., Sheftal, A. H., & et al. (2015). Suicide rates among elementary school-aged children in the United States from 1993 to 2012. *JAMA Pediatrics, 169*, 673–677.

Bridge, J. A., Goldstein, T. R., & Brent, D. A. (2006). Adolescent suicide and suicidal behavior. *Journal of Psychology and Psychiatry, 47*, 372–394.

Bridge, J. A., Horowitz, L. M., Fontanella, C. A., Sheftall, A. H., Greenhouse, J. B., Kelleher, K. J., & et al. (2018). Age-related racial disparity in suicide rates among U.S. youth between 2001 and 2015. *JAMA Pediatrics, 172*, 697–699.

Brock, S. E. (2002). School suicide postvention. Em S. E. Brock, P. J. Lazarus, & S. R. Jimerson, *Best practices in school crisis prevention and intervention* (p. 211–223). National Association of School Psychologists.

Brock, S. E. (2012). Preparing for school crisis intervention. Em S. E. Brock & S. R. Jimerson, *Best practices in school crisis prevention and intervention* (2. ed., p. 265–283). National Association of School Psychologists.

Brock, S. E., & Jimerson, S. R. (Orgs.). (2012). *Best practices in school crisis prevention and intervention* (2. ed.). National Association of School Psychologists.

Brock, S. E., Nickerson, A. B., Louvar Reeves, M. A., Conolly, C. N., Jimerson, S. R., Pesce, R. C., & et al. (2016). *School crisis prevention and intervention: The PREPaRE model* (2. ed.). National Association of School Psychologists.

Brock, S. E., Sandoval, J., & Hart, S. (2006). Suicidal ideation and behaviors. Em G. C. Bear & K. M. Minke, *Children's needs III: Development, prevention, and intervention* (p. 225–238). National Association of School Psychologists.

Brooks, J. (2016). *The girl behind the door: A father's quest to understand his daughter's suicide.* Scribner.

Brown, J. A., Goforth, A. N., & Machek, G. (2018). School psychologists' experiences with and training in suicide assessment: Challenges in a rural state. *Contemporary School Psychology, 22*, 195–206.

Brown, J. A., & Jimerson, S. R. (Orgs.). (2017). *Supporting bereaved students at school.* Oxford University Press.

Brown, J. H. (2001). Youth, drugs, and resilience education. *Journal of Drug Education, 31,* 83–122.

Brunstein Klomek, A., Marrocco, F., Kleinman, M., Schonfield, I. S., & Gould, M. S. (2008). Peer victimization, depression, and suicidality in adolescents. *Suicide and Life--Threatening Behavior, 38,* 166–180.

Bryan, C. J., & Rudd, M. D. (2006). Advances in the assessment of suicide risk. *Journal of Clinical Psychology, 62,* 185–200.

Burke, M. R. (2002). School-based substance abuse prevention: Political finger-pointing does not work. *Federal Probation, 66,* 66–71.

Burrow-Sanchez, J. J., & Hawken, L. S. (2007). *Helping students overcome substance abuse: Effective practices for prevention and intervention.* Guilford.

Calear, A. L., Christensen, H., Freeman, A., Fenton, K., Busby Grant, J., van Spijker, B., & et al. (2016). A systematic review of psychosocial suicide prevention interventions for youth. *European Child and Adolescent Psychiatry, 25,* 467–482.

Callahan, C. (2008). *Dialectical behavior therapy: Children and adolescents.* Pesi.

Callahan, V. J., & Davis, M. S. (2009). A comparison of suicide note writers with suicides who did not leave notes. *Suicide and Life-Threatening Behavior, 39,* 558–568.

Canetto, S. S., & Sakinofsky, I. (1998). The gender paradox in suicide. *Suicide and Life--Threatening Behavior, 28,* 1–23.

Carlson, J. S., & Barterjian, J. A. (Orgs.). (2019). *School psychopharmacology: Translating research to practice.* Springer.

Carlson, J. S., & Shahidullah, J. D. (2014). Best practices in assessing the effects of psychotropic medications on student performance. Em A. Thomas & P. Harrison (Orgs.), *Best practices in school psychology VI* (p. 361–374). National Association of School Psychologists.

Carlton, P. A., & Deane, F. P. (2000). Impact of attitudes and suicidal ideation on adolescents' intentions to seek professional psychological help. *Journal of Adolescence, 23,* 35–45.

Carney, C. P., Allen, J., & Doebbeling, B. N. (2002). Receipt of clinical preventive medical services among psychiatric patients. *Psychiatric Services, 53,* 1028–1030.

Caron, J., Julien, M., & Huang, J. H. (2008). Changes in suicide methods in Quebec between 1987 and 2000: The possible impact of Bill C-17 requiring safe storage of firearms. *Suicide and Life-Threatening Behavior, 38,* 195–208.

Centros de Controle e Prevenção de Doenças. (2009). *School connectedness: Strategies for increasing protective factors among youth.* U.S. Department of Health and Human Services.

Centros de Controle e Prevenção de Doenças. (2017). *Web-based injury statistics query and reporting systems (WISQARS)* [Fatal Injury Reports, 1999–2015, for National, Regional, and States]. National Center for Injury Prevention and Control.

Centros de Controle e Prevenção de Doenças. (2018). Youth risk behavior surveillance – United States, 2017. *Morbidity and Mortality Weekly Report — Surveillance Summaries, 67*(8). www.cdc.gov/healthyyouth/data/yrbs/pdf/2017/ss6708.pdf

Cerel, J., Maple, M., van de Venne, J., Moore, M., Flaherty, C., & Brown, M. (2016). Exposure to suicide in the community: Prevalence and correlates in one U.S. state. *Public Health Reports, 131,* 100–107.

Cerel, J., Moore, M., Brown, M. M., van de Venne, J., & Brown, S. L. (2015). Who leaves suicide notes?: A six-year population-based study. *Suicide and Life-Threatening Behavior, 45,* 326–334.

Chassin, L., Bountress, K., Haller, M., & Wang, F. (2014). Adolescent substance use disorders. Em E. J. Mash & R. A. Barkley (Orgs.), *Child psychopathology* (3. ed., p. 180–221). Guilford.

Cicogna, J. I. R., Hillesheim, D., & Hallal, A. L. de L. C. (2019). Mortalidade por suicídio de adolescentes no Brasil: Tendência temporal de crescimento entre 2000 e 2015. *Jornal Brasileiro de Psiquiatria, 68.*

Ciffone, J. (1993). Suicide prevention: A classroom presentation to adolescents. *Social Work, 38,* 196–203.

Ciffone, J. (2007). Suicide prevention: An analysis and replication of a curriculum-based high school program. *Social Work, 52,* 41–49.

Cigularov, K., Chen, P. Y., Thurber, B. W., & Stallones, L. (2008). What prevents adolescents from seeking help after a suicide education program? *Suicide and Life-Threatening Behavior, 38,* 74–86.

Cohen, J., McCabe, E. M., Michelli, N. M., & Pickeral, T. (2009). School climate: Research, policy, practice, and teacher education. *Teachers College Record, 111,* 180–213.

Collaborative for Academic, Social, and Emotional Learning. (2015). *2015 CASEL guide: Effective, social and emotional learning programs: Middle and high school edition.*

Colt, G. H. (2006). *November of the soul: The enigma of suicide.* Scribner.

Conner, T. (2011). Academic engagement ratings and instructional references: Comparing behavioral, cognitive, and emotional engagement among three school-age student cohorts. *Review of Higher Education and Self-Learning, 4,* 52–66.

Copeland, W. E., Wolke, D., Angold, A., & Costello, J. (2013). Adult psychiatric outcomes of bullying and being bullied by peer in childhood and adolescence. *JAMA Psychiatry, 70,* 419–426.

Cornell, D., & Nekvasil, E. (2012). Violent thoughts and behaviors. Em S. E. Brock & S. R. Jimerson (Orgs.), *Best practices in school crisis prevention and intervention* (2. ed.). National Association of School Psychologists.

Cornell, D., & Williams, F. (2006). Student threat assessment as a strategy to reduce school violence. Em S. R. Jimerson & M. J. Furlong (Orgs.), *Handbook of school violence and school safety: From research to practice.* Erlbaum.

Cox, P. (2002). *When suicide comes home: A father's diary and comments.* Bolton.

Crossan, J. D. (1994). *Jesus: A revolutionary biography.* HarperCollins.

CRPDF. (2020). *Orientações para a atuação profissional frente a situações de suicídio e automutilação*. Conselho Federal de Psicologia do DF.

Curtis, C. (2010). Youth perceptions of suicide and help-seeking: "They'd think I was weak or 'mental'". *Journal of Youth Studies, 13*, 699–715.

CVV. (2023). *Guia para pais e educadores*. Centro de Valorização da Vida. www.cvv.org.br

Czyz, E. K., Berona, J., & King, C. A. (2015). A prospective examination of the interpersonal-psychological theory of suicidal behavior among psychiatric adolescent inpatients. *Suicide and Life-Threatening Behavior, 45*, 243–259.

Daigle, M. S. (2005). Suicide prevention through means restriction: Assessing the risk of substitution. *Accident Analysis and Prevention, 37*, 625–632.

Daniel, S. S., Walsh, A. K., Goldston, D. B., Arnold, E. M., Reboussin, B. A., & Wood, F. B. (2006). Suicidality, school dropout, and reading problems among adolescents. *Journal of Learning Disabilities, 36*, 507–514.

Das, J. K., Salam, R. A., Arshad, A., Finkelstein, Y., & Bhutta, Z. (2016). Interventions for adolescent substance abuse: An overview of systematic reviews. *Journal of Adolescent Health, 59*(4S), S61–S75.

Dazzi, T., Gribble, R., Wessely, S., & Fear, N. T. (2014). Does asking about suicide and related behaviours induce suicidal ideation?: What is the evidence? *Psychological Medicine, 44*, 3361–3363.

De Leo, D., Dwyer, J., Firman, D., & Nellinger, K. (2003). Trends in hanging and firearm suicide rates in Australia: Substitution of method? *Suicide and Life-Threatening Behavior, 33*, 151–164.

Deane, F. P., Wilson, C. J., & Ciarrochi, J. (2001). Suicidal ideation and help negation: Not just hopelessness or prior help. *Journal of Clinical Psychology, 57*, 901–914.

Debski, J., Spadafore, C. D., Jacob, S., Poole, D. A., & Hixson, M.D. (2007). intervention: Training, roles, and knowledge of school psychologists. *Psychology in the Schools, 44*, 157–170.

Delizonna, L., Alan, I., & Steiner, H. (2006). A case example of a school shooting: Lessons learned in the wake of tragedy. Em S. R. Jimerson & M. J. Furlong (Orgs.), *Handbook of school violence and school safety: Research to practice* (p. 617–629). Erlbaum.

DeMello, A. (1998). *Walking on water*. Crossroad.

Departamento de Serviços para Abuso de Substâncias e Saúde Mental. (2012). *Preventing suicide: A toolkit for high schools* [HHS Publication No. SMA- 12-4669].

Dimeff, L., & Linehan, M. M. (2001). Dialectical behavior therapy in a nutshell. *The California Psychologist, 34*, 10–13.

Doll, B., & Cummings, J. A. (Orgs.). (2008a). *Transforming school mental health services: Population-based approaches to promoting the competency and wellness of children*. Corwin.

Doll, B., & Cummings, J. A. (2008b). Why population-based services are essential for school mental health, and how to make them happen in your school. Em B. Doll & J. A. Cummings (Orgs.), *Transforming school mental health services: Population-based approaches to promoting the competency and wellness of children* (p. 1–20). Corwin.

Domitrovich, C. E., Bradshaw, C. P., Greenberg, M. T., Embry, D., Poduska, J. M., & Ialongo, N. S. (2010). Integrated models of school-based prevention: Logic and theory. *Psychology in the Schools, 47*, 71–88.

D'Onofrio, A. A. (2007). *Adolescent self-injury: A comprehensive guide for counselors and health care professionals.* Springer.

Drapeau, C. W., & McIntosh, J. L. (2020). *U.S.A. suicide 2018: Official final data.* American Association of Suicidology. www.suicidology.org

Drapeau, C. W., & Nadorff, M. R. (2017). Suicidality in sleep disorders: Prevalence, impact and management strategies. *Nature and Science of Sleep, 9*, 213–226.

Draper, J., Murphy, G., Vega, E., Covington, D. W., & McKeon, R. (2015). Helping callers to the National Suicide Prevention Lifeline who are at imminent risk of suicide: The importance of active engagement, active rescue, and collaboration between crisis and emergency services. *Suicide and Life-Threatening Behavior, 45*, 261–278.

Duong, J., & Bradshaw, C. P. (2015). Bullying and suicide prevention: Taking a balanced approach that is scientifically informed. Em D. L. Espelage, J. Chu, & B. Bongar (Orgs.), *Youth suicide and bullying: Challenges and strategies for prevention and intervention* (p. 19–27). Oxford University Press.

DuPaul, G. J., & Carlson, J. S. (2005). Child psychopharmacology: How school psychologists can contribute to effective outcomes. *School Psychology Quarterly, 20*, 206–221.

Durkheim, E. (1897). *Le suicide: Etude de sociologie.* F. Alcan.

Durlak, J. A. (2009). Prevention programs. Em T. B. Gutkin & C. R. Reynolds (Orgs.), *The handbook of school psychology* (4. ed., p. 905–920). Wiley.

Durlak, J. A., Weissberg, R. P., Dymnicki, A. B., Taylor, R. D., & Schellinger, K. B. (2011). The impact of enhancing students' social and emotional learning: A meta-analysis of school-based universal interventions. *Child Development, 82*, 405–432.

Eckert, T. L., Miller, D. N., DuPaul, G. J., & Riley-Tillman, T. C. (2003). Adolescent suicide prevention: School psychologists' acceptability of school-based programs. *School Psychology Review, 32*, 57–76.

Eckert, T. L., Miller, D. N., Riley-Tillman, T. C., & DuPaul, G. J. (2006). Adolescent suicide prevention: Gender differences in students' perceptions of the acceptability and intrusiveness of school-based screening programs. *Journal of School Psychology, 44*, 271–285.

Eggert, L. L., Thompson, E. A., Herting, J. R., & Nicholas, L. J. (1995). Reducing suicide potential among high-risk youth: Tests of school-based prevention program. *Suicide and Life-Threatening Behavior, 25*, 276–296.

Eggert, L. L., Thompson, E. A., Herting, J. R., Nicholas, L. J., & Dicker, B. G. (1994). Preventing adolescent drug use and high school dropout through an intensive school-based social network development program. *American Journal of Health Promotion, 8*, 202–215.

Eisel versus Conselho de Educação do Condado de Montgomery, 597 A.2d 447 (1991).

Ellis, A. (2004). *Rational emotive behavior therapy: It works for me–it can work for you.* Prometheus.

Emery, P. E. (1983). Adolescent depression and suicide. *Adolescence, 18*, 245–258.

Erbacher, T. (2018). *Suicide Postvention Using the PREPaRE Model* (p. 125–141). https://doi.org/10.4324/9781315301471-13

Erbacher, T. A., Singer, J. B., & Poland, S. (2015). *Suicide in schools: A practitioner's guide to multi–level prevention, assessment, intervention, and postvention.* Routledge.

Farnsworth, W. (2018). *The practicing stoic: A philosophical user's manual.* Godine.

Feigelman, W., & Gorman, B. S. (2008). Assessing the effects of peer suicide on youth suicide. *Suicide and Life-Threatening Behavior, 38*, 181–194.

Fein, R., Vossekuil, B., Pollack, W., Borum, R., Modzeleski, W., & Reddy, M. (2002). *Threat assessment in schools: A guide to managing threatening situations and to creating safe school climates.* U.S. Secret Service and Department of Education.

Figley, C. R. (1995). *Compassion fatigue: Coping with secondary traumatic stress disorder.* Brunner/Mazel.

Fiocruz. (2024). *Adolescência e suicídio: Um problema de saúde pública.* Fiocruz.

Fleischmann, A., Bertolote, J. M., Belfer, M., & Beautrais, A. (2005). Completed suicide and psychiatric diagnoses in young people: Examination of the evidence. *American Journal of Orthopsychiatry, 75*, 676–683.

Fleischmann, A., Bertolote, J. M., Wasserman, D., DeLeo, D., Bolhari, J., Botega, N. J., & et al. (2008). Effectiveness of brief intervention and contact for suicide attempters: A randomized controlled trail in five countries. *Bulletin of the World Health Organization, 86*, 703–709.

Flitsch, E., Magnesi, J., & Brock, S. E. (2012). Social media and crisis prevention and intervention. Em S. E. Brock & S. R. Jimerson (Orgs.), *Best practices in school crisis prevention and intervention* (2. ed., p. 287–304). National Association of School Psychologists.

Flora, S. R. (2000). Praise's magic ratio: Five to one gets the job done. *Behavior Analyst Today, 1*, 64–69.

Fonagy, P., Cottrell, D., Phillips, J., Bevington, D., Glaser, D., & Allison, E. (2015). *What works for whom?: A critical review of treatments for children and adolescents* (2. ed.). Guilford.

Força-Tarefa contra o Suicídio Juvenil por Armas de Fogo. (1998). Consensus statement on youth suicide by firearms. *Archives of Suicide Research, 4*, 89–94.

Forman, S. G., & Kalafat, J. (1998). Substance abuse and suicide: Promoting resilience against self-destructive behavior in youth. *School Psychology Review*, *27*, 398–406.

Forman, S. G., & Oliveira, P. (2018). Intervention planning and implementation. Em S. L. Grapin & J. H. Kranzler (Orgs.), *School psychology: Professional issues and practices* (p. 115–130). Springer.

Fossey, R., & Zirkel, P. A. (2004). Liability for a student suicide in the wake of Eisel. *Texas Wesleyan Law Review*, *10*, 403–439.

Fossey, R., & Zirkel, P. A. (2011). Student suicide case law in public schools. Em D. N. Miller, *Child and adolescent suicidal behavior: School-based prevention, assessment, and intervention* (p. 131–137). Guilford.

Franklin, J. C., Ribeiro, J. D., Bentley, K. H., Huan, X., Musacchio, K. M., Chang, B. P., & et al. (2017). Risk factors for suicidal thoughts and behaviors: A meta–analysis of 50 years of research. *Psychological Bulletin*, *43*, 187–232.

Freedenthal, S. (2007). Racial disparities in mental health service use by adolescents who thought about or attempted suicide. *Suicide and Life-Threatening Behavior*, *37*, 22–34.

Freedenthal, S. (2018). *Helping the suicidal person: Tips and techniques for professionals.* Routledge.

Friend, T. (2003, outubro 13). Letters from California – Jumpers: The fatal grandeur of the Golden Gate Bridge. *The New Yorker*, 48–59.

Fulginiti, A., Rice, E., Hsu, H. T., Rhoades, H., & Winetrobe, H. (2016). Risky integration: A social network analysis of network position, exposure, and suicidal ideation among homeless youth. *Journal of Crisis Intervention and Suicide Prevention*, *37*, 184–193.

Fundação Americana para Prevenção do Suicídio, Associação Americana de Orientadores Educacionais, Associação Nacional de Psicólogos Escolares, & The Trevor Project. (2019). *Model school district policy on suicide prevention: Model language, commentary, and resources* (2. ed.). https://afsp.org/model-school- policy- on- suicide- prevention

Fundação Americana para Prevenção do Suicídio & Centro de Recursos de Prevenção do Suicídio. (2018). *After a suicide: A toolkit for schools* (2. ed.). Education Development Center.

Fur, S. R., Westefeld, J. S., McConnell, G. N., & Jenkins, M. S. (2001). Suicide and depression among college students. *Professional Psychological Research and Practice*, *32*, 97–100.

Furlong, M. J., Gilman, R., & Huebner, E. S. (Orgs.). (2014). *Handbook of positive psychology in schools* (2. ed.). Routledge.

Furlong, M. J., Morrison, G. M., & Jimerson, S. R. (2004). Externalizing behaviors of aggression and violence and the school context. Em R. B. Rutherford Jr., M. M. Quinn, & S. R. Mathur (Orgs.), *Handbook of research in emotional and behavioral disorders* (p. 243–261). Guilford.

Galardy, C. A., & Lineberry, T. W. (2013). Hospitalization as suicide prevention. Em D. Lester & J. R. Rogers (Orgs.), *Suicide: A global issue: Vol. 2. Prevention* (p. 91–108). Praeger.

Garfinkel, B. D., Froese, A., & Hood, J. (1982). Suicide attempts in children and adolescents. *American Journal of Psychiatry, 139*, 1257–1261.

Garland, A. F., Shaffer, D., & Whittle, B. A. (1989). A national survey of school-based adolescent suicide prevention programs. *Journal of the American Academy of Child and Adolescent Psychiatry, 28*, 931–934.

Garland, A. F., & Zigler, E. (1993). Adolescent suicide prevention: Current research and social policy implications. *American Psychologist, 48*, 169–182.

Gibbons, R. D., Brown, C. H., Hur, K., Marcus, S. M., Bhaumik, D. K., Erkens, J. A., & et al. (2007). Early evidence on the effects of regulators' suicidality warnings on SSRI prescriptions and suicide in children and adolescents. *American Journal of Psychiatry, 164*, 1356–1363.

Gillham, J. E., Brunwasser, S. M., & Freres, D. R. (2008). Preventing depression in early adolescence: The Penn Resiliency Program. Em J. R. Z. Abela & B. L. Hankin (Orgs.), *Handbook of depression in children and adolescents* (p. 309–332). Guilford.

Gilman, R., Meyers, J., & Perez, L. (2004). Structured extracurricular activities among adolescents: Findings and implications for school psychologists. *Psychology in the Schools, 41*, 31–41.

Godoy Garraza, L., Walrath, C., Goldston, D. B., & McKeon, R. (2015). Effect of the Garrett Lee Smith memorial suicide prevention program among suicide attempts among youths. *JAMA Psychiatry, 72*, 1143–1149.

Goin, M. (2003). The "suicide prevention contract": Dangerous myth. *Psychiatric News, 18*, 3.

Goldblum, P., Espelage, D. L., Chu, J., & Bongar, B. (Orgs.). (2015). *Youth suicide and bullying: Challenges and strategies for prevention and intervention*. Oxford University Press.

Goldney, R. D., & Fisher, L. J. (2008). Have broadbased community and professional education programs influenced mental health literacy and treatment seeking for those with major depression and suicidal ideation? *Suicide and Life-Threatening Behavior, 38*, 129–139.

Goldsmith, S. K., Pellmar, T. C., Kleinman, A. M., & Bunney, W. E. (2002). *Reducing suicide: A national imperative*. National Academy Press.

Goldston, D. B. (2003). *Measuring suicidal behavior and risk in children and adolescents*. National Academy Press.

Goldston, D. B., Daniel, S. S., Reboussin, D. M., Reboussin, B. A., Frazier, P. H., & Kelley, A. E. (1999). Suicide attempts among formerly hospitalized adolescents: A prospective naturalistic study of risk during the first 5 years after discharge. *Journal of the American Academy of Child and Adolescent Psychiatry, 38*, 660–671.

Goldston, D. B., Davis Molock, S., Whitbeck, L. B., Murakami, J. L., Zayas, L. H., & Nagayama Hall, G. C. (2008). Cultural considerations in adolescent suicide prevention and psychosocial treatment. *American Psychologist, 63*, 14–31.

Goldston, D. B., Walrath, C. M., McKeon, R., Puddy, R. W., Lubell, K. M., Potter, L. B., & et al. (2010). The Garrett Lee Smith Memorial suicide prevention program. *Suicide and Life-Threatening Behavior, 40*, 245–256.

Goodenow, C. (1993). The psychological sense of school membership among adolescents: Scale development and educational correlates. *Psychology in the Schools, 30*, 79–90.

Gould, M. S., Cross, W., Pisani, A. R., Munfakh, J. L., & Kleinman, M. (2013). Impact of the Applied Suicide Intervention Skills training on the National Suicide Prevention Lifeline. *Suicide and Life-Threatening Behavior, 43*, 676–691.

Gould, M. S., Greenberg, T., Munfakh, J. L., Kleinman, M., & Lubell, K. (2006). Teenagers' attitudes about seeking help from telephone crisis services (hotlines). *Suicide and Life-Threatening Behavior, 36*, 601–613.

Gould, M. S., Greenberg, T., Velting, D. M., & Shaffer, D. (2003). Youth suicide risk and preventative interventions: A review of the last 10 years. *Journal of the American Academy of Child and Adolescent Psychiatry, 42*, 386–405.

Gould, M. S., Kalafat, J., Munfakh, J. L., & Kleinman, M. (2007). An evaluation of crisis hotline outcomes: Part 2. Suicidal callers. *Suicide and Life-Threatening Behavior, 37*, 338–352.

Gould, M. S., & Kramer, R. A. (2001). Youth suicide prevention. *Suicide and Life-Threatening Behavior, 31*(Suppl.), 6–31.

Gould, M. S., Lake, A. M., Galfalvy, H., Kleinman, M., Munfakh, J. L., Wright, J., & et al. (2018). Follow-up with callers to the National Suicide Prevention Lifeline: Evaluation of callers' perceptions of care. *Suicide and Life-Threatening Behavior, 48*, 75–86.

Gould, M. S., Lake, A. M., Kleinman, M., Galfalvy, H., Chowdhury, S., & Madnick, A. (2018). Exposure to suicide in high schools: Impact on serious suicidal ideation/behavior, depression, maladaptive coping strategies, and attitudes toward help-seeking. *International Journal of Environmental Research and Public Health, 15*, 455.

Gould, M. S., Lake, A. M., Munfakh, J. L., Galfalvy, H., Kleinman, M., Williams, C., & et al. (2016). Helping callers to the National Suicide Prevention Lifeline who are at imminent risk of suicide: Evaluation of caller risk profiles and interventions implemented. *Suicide and Life-Threatening Behavior, 46*, 172–190.

Gould, M. S., Marrocco, F. A., Kleinman, M., Thomas, J. G., Mostkoff, K., Cote, J., & et al. (2005). Evaluating iatrogenic risk of youth suicide screening programs: A randomized control trial. *Journal of the American Medical Association, 293*, 1635–1643.

Gould, M. S., Munfakh, J. L. H., Lubell, K., Kleinman, M., & Parker, S. (2002). Seeking help from the internet during adolescence. *Journal of the American Academy of Child and Adolescent Psychiatry, 41*, 1182–1189.

Gould, M. S., Munfakh, J. L., Kleinman, M., & Lake, A. M. (2012). National Suicide Prevention Lifeline: Enhancing mental health care for suicidal individuals and other people in crisis. *Suicide and Life-Threatening Behavior, 42*, 22–35.

Gould, M. S., Velting, D., Kleinman, M., Lucas, C., Thomas, J. G., & Chung, M. (2004). Teenagers' attitudes about coping strategies and help-seeking behavior for suicidality. *Journal of the American Academy of Child and Adolescent Psychiatry, 43*, 1124–1133.

Grapin, S. L., & Kranzler, J. H. (Orgs.). (2018). *School psychology: Professional issues and practices.* Springer.

Gratz, K. L. (2003). Risk factors for and functions of deliberate self-harm: An empirical and conceptual review. *Clinical Psychology: Science and Practice, 10*, 192–205.

Greco, L. A., & Hayes, S. C. (Orgs.). (2008). *Acceptance and mindfulness treatments for children and adolescents: A practitioner's guide.* New Harbinger.

Greenspoon, P. J., & Saklofske, D. H. (2001). Toward an integration of subjective well--being and psychopathology. *Social Indicators Research, 54*, 81–108.

Griffiths, A. J., Sharkey, J. D., & Furlong, M. J. (2009). Student engagement and positive school adaptation. Em R. Gilman, E. S. Huebner, & M. J. Furlong (Orgs.), *Handbook of positive psychology in schools* (p. 197–211). Routledge.

Groholt, B., & Ekeberg, O. (2009). Prognosis after adolescent suicide attempt: Mental health, psychiatric treatment, and suicide attempts in a nine-year follow-up study. *Suicide and Life-Threatening Behavior, 39*, 125–136.

Grollman, E. A. (1988). *Suicide: Prevention, intervention, postvention.* Beacon.

Grossman, A. H., & D'Augelli, A. R. (2007). Transgender youth and life-threatening behaviors. *Suicide and Life-Threatening Behavior, 37*, 527–537.

Grossman, D. (1995). *On killing: The psychological cost of learning to kill in war and society.* Back Bay Books.

Gureasko-Moore, D. P., DuPaul, G. J., & Power, T. J. (2005). Stimulant treatment for attention-deficit/ hyperactivity disorder: Medication monitoring practices of school psychologists. *School Psychology Review, 34*, 232–245.

Gutierrez, P. M., & Osman, A. (2008). *Adolescent suicide: An integrated approach to the assessment of risk and protective factors.* Northern Illinois University Press.

Gutierrez, P. M., & Osman, A. (2009). Getting the best return on your screening investment: Maximizing sensitivity and specificity of the Suicidal Ideation Questionnaire and Reynolds Adolescent Depression Scale. *School Psychology Review, 38*, 200–217.

Gutierrez, P. M., Watkins, R., & Collura, D. (2004). Suicide risk screening in an urban high school. *Suicide and Life-Threatening Behavior, 34*, 421–428.

Haas, A. P., Eliason, M., Mays, V. M., Mathy, R. M., & Cochrane, S. D. (2010). Suicide and suicide risk in lesbian, gay, bisexual and transgender population. *Journal of Homosexuality, 58*, 10–51.

Haas, M. (2018). *Interviewing for assessment: A practical guide for school psychologists and school counselors.* Wiley.

Hagan, M. J., Ingram, A. M., & Wolchik, S. A. (2017). Evidence-based interventions for childhood grief in children and adolescents. Em L. Theodore (Org.), *Handbook of evidence-based interventions for children and adolescents* (p. 67–82). Springer.

Hammad, T. A., Laughren, T., & Racoosin, J. (2006). Suicidality in pediatric patients treated with antidepressant drugs. *Archives of General Psychology, 63*, 332–339.

Hamza, C. A., & Heath, N. L. (2018). Nonsuicidal self-injury: What schools can do. Em A. W. Leschied, G. L. Saklofske, & G. L. Flett (Orgs.), *Handbook of school-based mental health promotion: An evidence-informed framework for implementation* (p. 237–260). Springer.

Hamza, C. A., & Willoughby, T. (2016). Nonsuicidal self-injury and suicidal risk among emerging adults. *Journal of Adolescent Health, 59*, 411–415.

Harris, K. M., & Goh, M. T. (2017). Is suicide assessment harmful to participants?: Findings from a randomized control trial. *International Journal of Mental Health Nursing, 26*, 181–190.

Hart, S. R. (2012). Student suicide: Suicide postvention. Em S. E. Brock & S. R. Jimerson (Orgs.), *Best practices in school crisis prevention and intervention* (2. ed., p. 203–222). National Association of School Psychologists.

Haw, C., Hawton, K., Gunnell, D., & Platt, S. (2014). Economic recession and suicidal behavior: Possible mechanisms and ameliorating factors. *International Journal of Social Psychiatry, 61*, 73–81.

Hawton, K. (2002). United Kingdom legislation on pack sizes of analgesics: Background, rationale, and effects on suicide and deliberate self-harm. *Suicide and Life-Threatening Behavior, 32*, 223–229.

Hawton, K., & Williams, K. (2001). The connection between media and suicidal behavior warrants serious attention. *Crisis: Journal of Crisis Intervention and Suicide Prevention, 22*, 137–140.

Hayes, S. C., Follette, V. M., & Linehan, M. M. (Orgs.). (2004). *Mindfulness and acceptance: Expanding the cognitive-behavioral tradition*. Guilford.

Hayes, S. C., Strosahl, K. D., & Wilson, K. G. (1999). *Acceptance and commitment therapy: An experiential approach to behavior change*. Guilford.

Heath, M. A., & Cole, B. V. (2012). Identifying complicated grief reactions in children. Em S. E. Brock & S. R. Jimerson (Orgs.), *Best practices in school crisis prevention and intervention* (p. 649–670). National Association of School Psychologists.

Heath, M. A., & Sheen, D. (2005). *School-based crisis intervention: Preparing all personnel to assist*. Guilford.

Hecht, J. M. (2013). *Stay: A history of suicide and the arguments against it*. Yale University Press.

Hedegaard, H., Curtin, S. C., & Warner, M. (2018). *Suicide mortality in the United States, 1999–2017* (NCHS Data Brief 330). National Center for Health Statistics.

Hemenway, D., & Miller, M. (2004). Gun threats against and self-defense gun use by California adolescents. *Archives of Pediatrics and Adolescent Medicine, 158*, 395–400.

Hemenway, D., & Solnick, S. J. (2015). The epidemiology of self-defense gun use: Evidence from the National Crime Victimization Surveys 2007-2011. *Preventive Medicine, 79*, 22–27.

Hendin, H. (1987). Youth suicide: A psychosocial perspective. *Suicide and Life-Threatening Behavior, 17*, 151–165.

Hendin, H. (1991). Psychodynamics of suicide, with particular reference to the young. *American Journal of Psychiatry, 148*, 1150–1158.

Hendin, H., Brent, D. A., Cornelius, J. R., Coyne-Beasley, T., Greenberg, T., & et al. (2005). Youth suicide. Em D. I. Evans, E. B. Foa, R. E. Gur, H. Hendin, C. P. O'Brien, M. E. P. Seligman, & et al. (Orgs.), *Treating and preventing adolescent mental health disorders: What we know and what we don't know* (p. 430–493). Oxford University Press.

Hess, R. S., Short, R. J., & Hazel, C. E. (2012). *Comprehensive children's mental health services in schools and communities: A public health problem-solving model.* Routledge.

Higgins, E. T. (2004). Making a theory useful: Lessons handed down. *Personality and Social Psychology Review, 8*, 138–145.

Hoagwood, K., & Johnson, J. (2003). School psychology: A public health framework: I. From evidence-based practices to evidence-based policies. *Journal of School Psychology, 41*, 3–21.

Hoberman, H. M., & Garfinkel, B. D. (1988). Completed suicide in youth. *Canadian Journal of Psychiatry, 33*, 494–502.

Hojnoski, R., Morrison, R., Brown, M., & Matthews, W. (2006). Projective test use among school psychologists: A survey and critique. *Journal of Psychoeducational Assessment, 24*, 145–159.

Hollander, M. (2017). *Helping teens who cut: Using DBT skills to end self-injury* (2. ed.). Guilford.

Holt, M. K., Vivolo-Kantor, A. M., Polanin, J. R., Holland, K. M., DeGue, S., Matiasko, J. L., & et al. (2015). Bullying and suicidal ideation and behaviors: A meta-analysis. *Pediatrics, 135*, 496–509.

Horn, W. F., & Tynan, D. (2001). Time to make special education "special" again. Em C. E. Finn, A. Rotherham, & C. R. Hokanson (Orgs.), *Rethinking special education for a new century.* Thomas B. Fordham Foundation and the Progressive Policy Institute.

Hunt, T. (2006). *Cliffs of despair: A journey to the edge.* Random House.

Hyatt-Burkhart, D., Kolbert, J. B., & Crothers, L. M. (2017). Evidence-based interventions for conduct disorder in children and adolescents. Em L. Theodore (Org.), *Handbook of evidence-based interventions for children and adolescents* (p. 193–203). Springer.

Hymel, S., & Swearer, S. M. (2015). Four decades of research on school bullying: An introduction. *American Psychologist, 70*, 293–299.

Instituto Nacional de Justiça. (2002). Preventing school shootings: A summary of a U.S. Secret Service safe school initiative report. *NIJ Journal, 248*, 10–15.

Jacob, S. (2009). Putting it all together: Implications for school psychology. *School Psychology Review, 38*, 239–243.

Jacob, S. (2013). Creating safe and welcoming schools for LGBT students: Ethical and legal issues. *Journal of School Violence, 12*, 98–115.

Jacob, S., Decker, D. M., & Timmerman Lugg, E. (2016). *Ethics and law for school psychologists* (2. ed.). Wiley.

Jacobson, C., Batejan, K., Kleinman, M., & Gould, M. (2013). Reasons for attempting suicide among a community sample of adolescents. *Suicide and Life-Threatening Behavior, 43*, 646–662.

Jacobson, C. M., & Gould, M. (2007). The epidemiology and phenomenology of non-suicidal self-injurious behavior among adolescents: A critical review of the literature. *Archives of Suicide Research, 11*, 129–147.

Jamison, K. R. (1999). *Night falls fast: Understanding suicide*. Knopf.

Jenkins, A. L., Singer, J. B., Conner, B. T., Calhoun, S., & Diamond, G. (2014). Risk for suicidal ideation and attempt among a primary care sample of adolescents engaging in non-suicidal self-injury. *Suicide and Life-Threatening Behavior, 44*, 616–628.

Jensen, P. (2002a). Closing the evidence-based treatment gap for children's mental health services: What we know versus what we do. *Report on Emotional and Behavioral Disorders in Youth, 2*, 43–47.

Jensen, P. (2002b). Nature versus nurture and other misleading dichotomies: Conceptualizing mental health and illness in children. *Report on Emotional and Behavioral Disorders in Youth, 2*, 81–86.

Jenson, W. R., Olympia, D., Farley, M., & Clark, E. (2004). Positive psychology and externalizing students in a sea of negativity. *Psychology in the Schools, 41*, 67–79.

Jimerson, S. R., Brown, J. A., & Stewart, K. T. (2012). Sudden and unexpected student death: Preparing for and responding to the unpredictable. Em S. E. Brock & S. R. Jimerson (Orgs.), *Best practices in school crisis prevention and intervention* (2. ed., p. 469–483). National Association of School Psychologists.

Jimerson, S. R., Reschly, A. L., & Hess, R. S. (2008). Best practices in increasing the likelihood of high school completion. Em A. Thomas & J. Grimes (Orgs.), *Best practices in school psychology V* (p. 1085–1097). National Association of School Psychologists.

Jobes, D. A. (2003). *Manual for the collaborative assessment and management of suicidality – revised (CAMS-R)* [Manuscrito não publicado].

Jobes, D. A. (2016). *Managing suicidal risk: A collaborative approach* (2. ed.). Guilford.

Joe, S., Canetto, S. S., & Romer, D. (2008). Advancing prevention research on the role of culture in suicide prevention. *Suicide and Life-Threatening Behavior, 38*, 354–362.

Joiner, T. E. (1999). The clustering and contagion of suicide. *Current Directions in Psychological Science, 8*, 89–92.

Joiner, T. E. (2005). *Why people die by suicide*. Harvard University Press.

Joiner, T. E. (2009). Suicide prevention in schools as viewed through the interpersonal-psychological theory of suicidal behavior. *School Psychology Review, 38*, 244–248.

Joiner, T. E. (2010). *Myths about suicide*. Harvard University Press.

Joiner, T. E. (2014). *The perversion of virtue: Understanding murder–suicide*. Oxford University Press.

Joiner, T. E., Conwell, Y., Fitzpatrick, K. K., Witte, T. K., Schmidt, N. B., Berlim, M. T., & et al. (2005). Four studies on how past and current suicidality relate even when "everything but the kitchen sink" is covaried. *Journal of Abnormal Psychology, 144*, 291–303.

Joiner, T. E., Kalafat, T., Draper, J., Stokes, H., Knudson, M., Berman, A. L., & et al. (2007). Establishing standards for the assessment of suicide risk among callers to the National Suicide Prevention Lifeline. *Suicide and Life-Threatening Behavior, 37*, 353–365.

Joiner, T. E., Sachs-Ericsson, N., Wingate, L., Brown, J., Anestis, M., & Selby, E. (2006). Childhood physical and sexual abuse and lifetime number of suicide attempts: A persistent and theoretically important relationship. *Behaviour Research and Therapy, 45*, 539–547.

Joiner, T. E., Van Orden, K. A., Witte, T. K., & Rudd, M. D. (2009). *The interpersonal theory of suicide: Guidance for working with suicidal clients*. American Psychological Association.

Joiner, T. E., Walker, R. L., Rudd, M. D., & Jobes, D. A. (1999). Scientizing and routinizing the assessment of suicidality in outpatient practice. *Professional Psychology: Research and Practice, 30*, 447–453.

Jorm, A. F., Korten, A. E., Jacomb, P. A., Christensen, H., Rodgers, B., & Politt, P. (1997). Mental health literacy: A survey of the public's ability to recognize mental disorders and their beliefs about the effectiveness of treatment. *Medical Journal of Australia, 166*, 182–186.

Kabat-Zinn, J. (1990). *Full catastrophe living*. Dell.

Kabat-Zinn, J. (1994). *Wherever you go, there you are: Mindfulness meditation in everyday life*. Hyperion.

Kabat-Zinn, J. (2003). Mindfulness-based interventions in context: Past, present, and future. *Clinical Psychology: Science and Practice, 10*(2), 144–156. https://doi.org/10.1093/clipsy.bpg016

Kalafat, J. (2003). School approaches to youth suicide prevention. *American Behavioral Scientist, 46*, 1211–1223.

Kalafat, J., & Elias, M. (1994). An evaluation of a school-based suicide awareness intervention. *Suicide and Life-Threatening Behavior, 24*, 224–233.

Kalafat, J., Gould, M., Munfakh, J. L., & Kleinman, M. (2007). An evaluation of crisis hotline outcomes: Part 1. Nonsuicidal crisis callers. *Suicide and Life-Threatening Behavior, 37*, 322–337.

Kalesan, B., Villarreal, M. D., Keyes, K. M., & Galea, S. (2016). Gun ownership and social gun culture. *Injury Prevention, 22*, 216–220.

Kane, A. (2024, agosto 17). After only 8 months, the Golden Gate Bridge's anti-suicide nets have saved a lot of lives. *The San Francisco Standard*. https://sfstandard.com/2024/08/17/golden-gate-bridge-anti-suicide-nets-work/

Kashani, J. H., Goddard, P., & Reid, J. C. (1989). Correlates of suicidal ideation in a community sample of children and adolescents. *Journal of the American Academy of Child and Adolescent Psychiatry, 28*, 912–917.

Katz, C., Bolton, S. L., Katz, L. Y., Isaak, C., Tilston-Jones, T., Sareen, J., & et al. (2013). A systematic review of school-based suicide prevention programs. *Depression and Anxiety, 30*, 1030–1045.

Kaut, K. P. (2013). Neuobiology, psychopharmacology, and the prevention of suicide. Em D. Lester & J. R. Rogers (Orgs.), *Prevention* (Vol. 2, p. 27–50). Praeger.

Kazdin, A. E. (2005). *Parent management training: Treatment for oppositional, aggressive, and antisocial behavior in children and adolescents.* Oxford University Press.

Kelson versus Cidade de Springfield, 767 F.2d 651 (9th Cir 1985).

Kern, L., George, M. P., & Weist, M. D. (2016). *Supporting students with emotional and behavioral problems: Prevention and intervention strategies.* Brookes.

Kerr, N. A. (2013). Suicide prevention centers. Em D. Lester & J. R. Rogers (Orgs.), *Prevention* (Vol. 2, p. 71–89). Praeger.

Kilmes-Dougan, B., Free, K., Ronsaville, D., Stillwell, J., Welsh, C. J., & Radke-Yarrow, M. (1999). Suicidal ideation and attempts: A longitudinal investigation of children of depressed and well mothers. *Journal of the American Academy of Adolescent Psychiatry, 38*, 651–659.

King, C. A., Ewell Foster, C., & Rogalski, K. M. (2013). *Teen suicide risk: A practitioner guide to screening, assessment, and management.* Guilford.

King, R., Nurcombe, R., Bickman, L., Hides, L., & Reid, W. (2003). Telephone counseling for adolescent suicide prevention: Changes in suicidality and mental state from beginning to end of a counseling session. *Suicide and Life-Threatening Behavior, 33*, 400–411.

Kingsbury, S. J. (1993). Clinical components of suicidal intent in adolescent overdoses. *Journal of the American Academy of Child and Adolescent Psychiatry, 32*, 518–520.

Klaus, N. M., Mobilio, A., & King, C. A. (2009). Parent–adolescent agreement concerning adolescents' suicidal thoughts and behaviors. *Journal of Clinical Child and Adolescent Psychology, 38*, 245–255.

Klebold, S. (2016). *O acerto de contas de uma mãe: A vida após a tragédia de Columbine.* Verus.

Kleinman, A. (1980). *Patients and healers in the context of culture: An exploration of the borderland between anthropology, medicine, and psychiatry.* University of California Press.

Klimes-Dougan, B., Klingsbeil, D. A., & Meller, S. S. (2013). The impact of universal suicide prevention programs on the help-seeking attitudes and behaviors of youths. *Crisis, 34*, 82–97.

Klingman, A., & Hochdorf, Z. (1993). Coping with distress and self-harm: The impact of a primary prevention program among adolescents. *Journal of Adolescence, 16*, 121–140.

Klomek, A. B., Kleinman, M., Altschuler, E., Marrocco, F., Amkawa, L., & Gould, M. S. (2013). Suicidal adolescents' experience with bullying perpetration and victimization during high school as risk factors for later depression and suicidality. *Journal of Adolescent Health, 53*, 37–42.

Klonsky, E. D., & May, A. M. (2014). Differentiating suicide attempters from suicide ideators: A critical frontier for suicidology research. *Suicide and Life-Threatening Behavior, 44*, 1–5.

Klonsky, E. D., & May, A. M. (2015). The three-step theory (3ST): A new theory of suicide rooted in the "ideation-to- action" framework. *International Journal of Cognitive Therapy, 8*, 114–129.

Klonsky, E. D., May, A. M., & Glenn, C. R. (2013). The relationship between nonsuicidal self-injury and attempted suicide: Converging evidence from four samples. *Journal of Abnormal Psychology, 122*, 231–237.

Klonsky, E. D., May, A. M., & Saffer, B. Y. (2016). Suicide, suicide attempts, and suicidal ideation. *Annual Review of Clinical Psychology, 12*, 307–330.

Klonsky, E. D., & Muehlenkamp, J. J. (2007). Self-injury: A research review for the practitioner. *Journal of Clinical Psychology: In Session, 63*, 1045–1056.

Klonsky, E. D., Qiu, T., & Saffer, B. Y. (2017). Recent advances in differentiating suicide attempters from suicide ideators. *Current Opinion in Psychiatry, 30*, 15–20.

Klonsky, E. D., Saffer, B. Y., & Bryan, C. J. (2018). Ideation-to- action theories of suicide: A conceptual and empirical update. *Current Opinion in Psychology, 22*, 30–43.

Knipfel, J. (2000). *Quitting the Nairobi trio*. Penguin Putnam.

Knitzer, J., Steinberg, Z., & Fleisch, B. (1991). Schools, children's mental health, and the advocacy challenge. *Journal of Clinical Child Psychology, 20*, 102–111.

Knopov, A., Sherman, R. J., Raifman, J. P., Larson, E., & Siegel, N. B. (2019). Household gun ownership and youth suicide rates at the state level, 2005-2015. *American Journal of Preventive Medicine, 56*, 335–342.

Knox, K. L., Conwell, Y., & Caine, E. D. (2004). If suicide is a public health problem, what are we doing to prevent it? *American Journal of Public Health, 94*, 37–45.

Kohlenberg, R. J., & Tsai, M. (1991). *Functional analytic psychotherapy: Creating intense and curative therapeutic relationships*. Plenum.

Kratochvil, C. J., Vitiello, B., Walkup, J., Emslie, G., Waslick, B., Weller, E. B., & et al. (2006). Selective serotonin reuptake inhibitors in pediatric depression: Is the balance between benefits and risks favorable? *Journal of Child and Adolescent Psychopharmacology, 16*, 11–24.

Kratochwill, T. R., Albers, C. A., & Shernoff, E. (2004). School-based interventions. *Adolescent Psychiatric Clinics of North America, 13*, 895–903.

Kreitman, N., & Platt, S. (1984). Suicide, unemployment, and domestic gas detoxification in Britain. *Journal of Epidemiology and Community Health, 38*, 1–6.

Kruse, B. (2011). *Note to Adam: One mother's struggle to cope with suicide, and her personal journey to find the light.* Yorkshire.

LaFromboise, T. D. (1996). *American Indian life skills development curriculum.* University of Wisconsin Press.

LaFromboise, T., & Howard-Pitney, B. (1995). The Zuni life skills development curriculum: Description and evaluation of a suicide prevention program. *Journal of Counseling Psychology, 45,* 479–486.

Lankford, A. (2013). *The myth of martyrdom: What really drives suicide bombers, rampage shooters and other self–destructive killers.* Palgrave Macmillan.

Lankford, A., & Hakim, N. (2011). From Columbine to Palestine: A comparative analysis of rampage shooters in the United States and volunteer suicide bombers in the Middle East. *Aggression and Violent Behavior, 16,* 98–107.

Laye-Gindhu, A., & Schonert-Reichl, K. A. (2005). Non-suicidal self-harm among community adolescents: Understanding the "whats" and "whys" of self-harm. *Journal of Youth and Adolescence, 34,* 447–456.

Leenaars, A. (2009). Gun availability and control in suicide prevention. Em D. Wasserman & C. Wasserman (Orgs.), *Oxford textbook of suicidology and suicide prevention* (p. 577–581). Oxford University Press.

Leenaars, A., Wenckstern, S., Appleby, M., Fiske, H., Grad, O., Kalafat, J., & et al. (2001). Current issues in dealing with suicide prevention in schools: Perspectives from some countries. *Journal of Educational and Psychological Consultation, 12,* 365–384.

Lei Garrett Lee Smith, 108th Cong., S. 2634 (2004).

Leschied, A. W., Saklofske, D. H., & Flett, G. L. (Orgs.). (2018). *Handbook of school-based mental health promotion: An evidence-informed framework for implementation.* Springer.

Lester, D. (1979). Temporal variation in suicide and homicide. *American Journal of Epidemiology, 109,* 517–520.

Lester, D. (1988). One theory of teen-age suicide. *Journal of School Health, 58,* 193–194.

Lester, D. (2013). Preventing suicide by restricting access to methods for suicide. Em D. Lester & J. R. Rogers (Orgs.), *Prevention* (Vol. 2, p. 149–168). Praeger.

Lewin, K. (1951). *Field theory in social science: Selected theoretical papers.* Harper & Row.

Lewinsohn, P. M., Rohde, P., Seeley, J. R., & Baldwin, C. L. (2001). Gender differences in suicide attempts from adolescence to young adulthood. *Journal of the American Academy of Child and Adolescent Psychiatry, 40,* 427–434.

Lewis, L. M. (2007). No-harm contracts: A review of what we know. *Suicide and Life--Threatening Behavior, 37,* 50–57.

Libby, A. M., Brent, D. A., Morrato, E. J., Orton, H. D., Allen, R., & Valuck, R. J. (2007). Decline in treatment of pediatric depression after FDA advisory on risk of suicidality with SSRIs. *American Journal of Psychiatry, 164,* 884–891.

Lieberman, R. A., Toste, J. R., & Heath, N. L. (2009). Nonsuicidal self-injury in the schools: Prevention and intervention. Em M. K. Nixon & N. L. Heath (Orgs.), *Self-injury in youth: The essential guide to assessment and intervention* (p. 195–215). Routledge.

Lieberman, R., Poland, S., & Cassel, R. (2008). Best practices in suicide intervention. Em A. Thomas & J. Grimes (Orgs.), *Best practices in school psychology V* (p. 1457–1472). National Association of School Psychologists.

Lieberman, R., Poland, S., & Kornfeld, C. (2014). Suicide intervention in the schools. Em A. Thomas & P. Harrison (Orgs.), *Best practices in school psychology VI* (p. 273–288). National Association of School Psychologists.

Lilienfield, S., Ammirati, R., & David, M. (2012). Distinguishing science from pseudoscience in school psychology: Science and scientific thinking as safeguards against human error. *Journal of School Psychology, 50*, 7–36.

Lindsey, M. A., Sheftal, A. H., Xiao, Y., & Joe, S. (2019). Trends of suicidal behaviors among high school students in the United States: 1991–2017. *Pediatrics, 144*, e20191187.

Linehan, M. M. (1993). *Cognitive-behavioral treatment of borderline personality disorder.* Guilford.

Linehan, M. M. (2015). *DBT skills training manual* (2. ed.). Guilford.

Linehan, M. M. (2020). *Building a life worth living.* Random House.

Linn-Gust, M. (2010). *Rocky roads: The journeys of families through suicide grief.* Chellehead Works.

Litwiller, B. J., & Brausch, A. M. (2013). Cyber bullying and physical bullying in adolescent suicide: The role of violent behavior and substance abuse. *Journal of Youth and Adolescence, 42*, 675–684.

Livingston, G. (1999). *Only spring: On mourning the death of my son.* Marlow.

Livingston, G. (2004). *Too soon old, too late smart: Thirty true things you need to know now.* Marlow.

Lloyd-Richardson, E. E., Perrine, N., Dierker, L., & Kelley, M. L. (2007). Characteristics and functions of non-suicidal self-injury in a community sample of adolescents. *Psychological Medicine, 37*, 1183–1192.

Lofthouse, N., Muehlenkamp, J. J., & Adler, R. (2009). Non-suicidal self-injury and co-occurrence. Em M. K. Nixon & N. L. Heath (Orgs.), *Self-injury in youth: The essential guide to assessment and intervention* (p. 59–78). Routledge.

LoMurray, M. (2005). *Sources of strength facilitators guide: Suicide prevention peer gatekeeper training.* North Dakota Suicide Prevention Project.

Lopez, S. J., Rose, S., Robinson, C., Marques, S. C., & Pais-Ribeiro, J. (2009). Measuring and promoting hope in schoolchildren. Em R. Gilman, E. S. Huebner, & M. J. Furlong (Orgs.), *Handbook of positive psychology in schools* (p. 37–50). Routledge.

Lubell, K. M., & Vetter, J. B. (2006). Suicide and youth violence prevention: The promise of an integrated approach. *Aggression and Violent Behavior, 11*, 167–175.

Luoma, J. B., Martin, C. E., & Pearson, J. L. (2002). Contact with mental health and primary care providers before suicide: A review of the evidence. *American Journal of Psychiatry, 159*, 909–916.

Luxton, D. D., June, D. D., & Comtois, K. A. (2013). Can postdischarge follow-up contacts prevent suicide and suicidal behavior?: A review of the evidence. *Crisis: Journal of Crisis Intervention and Suicide Prevention, 34*, 32–41.

Maag, J. W. (2001). Rewarded by punishment: Reflections on the disuse of positive reinforcement in schools. *Exceptional Children, 67*, 173–186.

Mandrusiak, M., Rudd, M. D., Joiner, T. E., Berman, A. L., Van Orden, K. A., & Witte, T. K. (2006). Warning signs for suicide on the Internet: A descriptive study. *Suicide and Life-Threatening Behavior, 36*, 263–271.

Mann, J. J. (1998). The neurobiology of suicide. *Nature Medicine, 4*, 25–30.

Maris, R. W., Berman, A. L., & Silverman, M. M. (2000). *Comprehensive textbook of suicidology*. Guilford.

Marraccini, M. E., & Brier, Z. M. F. (2017). School connectedness and suicidal thoughts and behaviors: A systematic meta-analysis. *School Psychology Quarterly, 32*, 5–21.

Martin, G., Richardson, A. S., Bergen, H. A., Roeger, L., & Allison, S. (2005). Perceived academic performance, self-esteem and locus of control as indicators of need for assessment of adolescent suicide risk: Implications for teachers. *Journal of Adolescence, 28*, 75–87.

Martin, N. K., & Dixon, P. N. (1986). Adolescent suicide: Myths, recognition, and evaluation. *The School Counselor, 33*, 265–271.

Martinez, R. S., & Nellis, L. M. (2008). Response to intervention: A school-wide approach for promoting academic success for all students. Em B. Doll & J. A. Cummings (Orgs.), *Transforming school mental health services: Population-based approaches to promoting the competency and wellness of children* (p. 143–164). Corwin.

Mathias, C. W., Furr, M., Sheftal, A. H., Hill-Kapturczak, N., Crum, P., & Dougherty, D. M. (2012). What's the harm in asking about suicidal ideation? *Suicide and Life-Threatening Behavior, 42*, 341–351.

May, J. P., & Hemenway, D. (2002). Do criminals go to the hospital when they are shot? *Injury Prevention, 8*, 236–238.

Mazza, J. J. (1997). School-based suicide prevention programs: Are they effective? *School Psychology Review, 26*, 382–396.

Mazza, J. J. (2000). The relationship between posttraumatic stress symptomatology and suicidal behavior in school-based adolescents. *Suicide and Life-Threatening Behavior, 30*, 91–103.

Mazza, J. J. (2006). Youth suicidal behavior: A crisis in need of attention. Em F. A. Villarrue & T. Luster (Orgs.), *Adolescent mental health* (p. 156–177). Greenwood.

Mazza, J. J., Catalano, R. F., Abbott, R. D., & Haggerty, K. D. (2011). An examination of the validity of retrospective measures in suicide attempts in youth. *Journal of Adolescent Health, 49*, 532–537.

Mazza, J. J., Dexter-Mazza, E. T., Miller, A. L., Rathus, J. H., & Murphy, H. E. (2016). *DBT skills in schools: Skills training for emotional problem solving for adolescents (DBT STEPS-A)*. Guilford.

Mazza, J. J., & Eggert, L. L. (2001). Activity involvement among suicidal and nonsuicidal highrisk and typical adolescents. *Suicide and Life-Threatening Behavior, 31*, 265–281.

Mazza, J. J., & Reynolds, W. M. (2001). An investigation of psychopathology in nonreferred suicidal and nonsuicidal adolescents. *Suicide and Life-Threatening Behavior, 31*, 282–302.

Mazza, J. J., & Reynolds, W. M. (2008). School-wide approaches to prevention of and treatment for depression and suicidal behaviors. Em B. Doll & J. A. Cummings (Orgs.), *Transforming school mental health services* (p. 213–241). Corwin.

McCann, I. L., & Pearlman, L. A. (1990). Vicarious traumatization: A framework for understanding the psychological effects of working with victims. *Journal of Traumatic Stress, 3*, 131–149.

McCauley, E., Berk, M. S., Asarnow, J. R., Adrian, M., Cohen, J., Korslund, K., & et al. (2018). Efficacy of dialectical behavior therapy for adolescents at high risk for suicide: A randomized clinical trial. *JAMA Psychiatry, 75*, 777–785.

McConaughy, S. H. (2013). *Clinical interviews for children and adolescents: Assessment to intervention* (2. ed.). Guilford.

McGiboney, G. W. (2016). *The psychology of school climate*. Cambridge Scholars.

McIntosh, K., & Goodman, S. (2016). *Integrated multi-tiered systems of support: Blending RTI and PBIS*. Guilford.

McLoughlin, A. B., Gould, M. S., & Malone, K. M. (2015). Global trends in teenage suicide: 2003-2014. *QJM: International Journal of Medicine, 108*, 765–780.

Menninger, K. (1933). Psychoanalytic aspects of suicide. *International Journal of Psychoanalysis, 14*, 376–390.

Menninger, K. (1970). *Eros e tânatos: O homem contra si próprio*. IBRASA.

Merrell, K. W. (2008). *Helping students overcome depression and anxiety: A practical guide* (2. ed.). Guilford.

Merrell, K. W., & Buchanan, R. (2006). Intervention selection in school-based practice: Using public health models to enhance systems capacity of schools. *School Psychology Review, 35*, 167–180.

Merrell, K. W., Ervin, R. A., & Gimpel Peacock, G. (2012). *School psychology for the 21st century: Foundations and practices* (2. ed.). Guilford.

Merrell, K. W., & Gueldner, B. A. (2010). *Social and emotional learning in the classroom: Promoting mental health and academic success*. Guilford.

Merrell, K. W., Gueldner, B. A., & Tran, O. K. (2008). Social and emotional learning: A school--wide approach to intervention for socialization, friendship problems, and more. Em B. Doll & J. A. Cummings (Orgs.), *Transforming school mental health services: Populations-based approaches to promoting the competency and wellness of children* (p. 165–185). Corwin.

Michel, K., & Valach, L. (2011). The narrative interview and the suicidal patient. Em K. Michel & D. A. Jobes (Orgs.), *Building a therapeutic alliance with the suicidal patient* (p. 63–80). American Psychological Association.

Middlebrook, D. L., LeMaster, P. L., Beals, J., Novins, D. K., & Manson, S. (2001). Suicide prevention in American Indian and Alaska Native communities: A critical review of programs. *Suicide and Life-Threatening Behavior, 31*(Suppl.), 132–149.

Miller, A. L., Rathus, J. H., & Linehan, M. M. (2007). *Dialectical behavior therapy with suicidal adolescents*. Guilford.

Miller, D. N. (2010). Assessing internalizing problems and well-being. Em G. Gimpel Peacock, R. A. Ervin, E. J. Daly, III, & K. W. Merrell (Orgs.), *Practical handbook of school psychology* (p. 175–191). Guilford.

Miller, D. N. (2012a). Preventing student suicide. Em S. E. Brock & S. R. Jimerson (Orgs.), *Best practices in school crisis prevention and intervention* (2. ed., p. 203–222). National Association of School Psychologists.

Miller, D. N. (2012b). Youth suicidal behavior in the context of school violence. Em S. R. Jimerson, A. B. Nickerson, M. J. Mayer, & M. J. Furlong (Orgs.), *Handbook of school violence and school safety: International research and practice* (2. ed., p. 203–214). Routledge.

Miller, D. N. (2013a). Assessing risk for suicide. Em S. H. McConaughy, *Clinical interviews for children and adolescents: Assessment to intervention* (2. ed., p. 208–227). Guilford.

Miller, D. N. (2013b). Lessons in suicide prevention from the Golden Gate Bridge: Means restriction, public health, and the school psychologist. *Contemporary School Psychology, 17*, 71–79.

Miller, D. N. (2013c). Non-suicidal self-injury. Em J. Sandoval (Org.), *Crisis counseling, intervention and prevention in the schools* (3. ed., p. 362–381). Taylor & Francis.

Miller, D. N. (2014). Levels of responsibility in school–based suicide prevention: Legal requirements, ethical duties, and best practices. *International Journal of Behavioral Consultation and Therapy, 19*(3), 15–18.

Miller, D. N. (2015, abril). *A candle in the dark: The critical role of science in understanding and preventing suicide* [President's address presented at the annual conference of the American Association of Suicidology].

Miller, D. N. (2016, abril). *Casting a wider net: Promoting a public health approach to suicide prevention* [President's address presented at the annual conference of the American Association of Suicidology].

Miller, D. N. (2018). Understanding and preventing youth suicide: Ideation-to-action theories of suicidal behavior and their implications for school–based suicide prevention. Em P. Terry & R. Price (Orgs.), *Understanding suicide: Perspectives, risk factors and gender differences* (p. 165–186). Nova Science.

Miller, D. N. (2019). Suicidal behavior in children: Issues and implications for elementary schools. *Contemporary School Psychology, 23,* 357–366.

Miller, D. N. (2021). Assessing risk for suicide. Em S. H. McConaughy & S. A. Whitcomb, *Clinical interviews for children and adolescents: Assessment to intervention, third edition.* Guilford.

Miller, D. N., & Brock, S. E. (2010). *Identifying, assessing, and treating self-injury at school.* Springer.

Miller, D. N., & DuPaul, G. J. (1996). School-based prevention of adolescent suicide: Issues, obstacles, and recommendations for practice. *Journal of Emotional and Behavioral Disorders, 4,* 221–230.

Miller, D. N., & Eckert, T. L. (2009). Youth suicidal behavior: An introduction and overview. *School Psychology Review, 38,* 153–167.

Miller, D. N., Eckert, T. L., DuPaul, G. J., & White, G. P. (1999). Adolescent suicide prevention: Acceptability of school-based programs among secondary school principals. *Suicide and Life-Threatening Behavior, 29,* 72–85.

Miller, D. N., Eckert, T. L., & Mazza, J. J. (2009). Suicide prevention programs in the schools: A review and public health perspective. *School Psychology Review, 38,* 168–188.

Miller, D. N., George, M. P., & Fogt, J. B. (2005). Establishing and sustaining research-based practices at Centennial School: A descriptive case-study of systemic change. *Psychology in the Schools, 42,* 553–567.

Miller, D. N., Gilman, R., & Martens, M. P. (2008). Wellness promotion in the schools: Enhancing students' mental and physical health. *Psychology in the Schools, 45,* 5–15.

Miller, D. N., & Gould, K. (2013). Forgotten founder: Harry Marsh Warren and the history and legacy of the Save-A-Life League. *Suicidology Online, 4,* 12–15.

Miller, D. N., & Jome, L. M. (2008). School psychologists and the assessment of childhood internalizing disorders: Perceived knowledge, role preferences, and training needs. *School Psychology International, 29,* 500–510.

Miller, D. N., & Jome, L. M. (2010). School psychologists and the secret illness: Perceived knowledge, role preferences, and training needs in the prevention and treatment of internalizing disorders. *School Psychology International, 31,* 509–520.

Miller, D. N., & Mazza, J. J. (2013). Suicide prevention programs in schools. Em D. Lester & J. R. Rogers (Orgs.), *Prevention* (Vol. 2, p. 109–134). Praeger.

Miller, D. N., & Mazza, J. J. (2017). Evidence-based interventions for suicidal behavior in children and adolescents. Em L. A. Theodore (Org.), *Handbook of evidence-based interventions for children and adolescents* (p. 55–66). Springer.

Miller, D. N., & Mazza, J. J. (2018). School-based suicide prevention, intervention, and postvention. Em A. Leschied, D. Saklofske, & G. Flett (Orgs.), *The handbook of school--based mental health promotion: An evidence-informed framework for implementation* (p. 261–277). Springer.

Miller, D. N., & Miller, K. D. (2020). Homicide and suicide in schools: Understanding and preventing murder-suicide in educational settings. Em D. Wattel (Org.), *Homicide: Risk factors, trends and prevention strategies* (p. 1–35). Nova Science.

Miller, D. N., & Nickerson, A. B. (2006). Projective assessment and school psychology: Contemporary validity issues and implications for practice. *The California School Psychologist, 11,* 73–84.

Miller, D. N., Nickerson, A. B., & Jimerson, S. R. (2014). Positive psychological interventions in U.S. schools: A public health approach to internalizing and externalizing problems. Em R. Gilman, E. S. Huebner, & M. J. Furlong (Orgs.), *Handbook of positive psychology in schools* (2. ed., p. 478–493). Routledge.

Miller, D. N., & Sawka-Miller, K. D. (2011). Beyond unproven trends: Critically evaluating school-wide programs. Em T. M. Lionetti, E. Snyder, & R. W. Christner (Orgs.), *A practical guide to developing competencies in school psychology* (p. 141–154). Springer.

Miller, D. N., & Sawka-Miller, K. D. (2015). Preventing school shootings: A public health approach to gun-related homicide and murder-suicide in schools. Em M. B. Morris (Org.), *Public health and harm reduction: Principles, perceptions and programs* (p. 1–34). Nova Science.

Miller, M., Azrael, D., & Hemenway, D. (2006). Belief in the inevitability of suicide: Results of a national survey. *Suicide and Life-Threatening Behavior, 36,* 1–11.

Miller, T. R., & Taylor, D. M. (2005). Adolescent suicidality: Who will ideate, who will act? *Suicide and Life-Threatening Behavior, 35,* 425–435.

Miller, W. R., & Rollnick, S. (2013). *Motivational interviewing: Helping people change* (3. ed.). Guilford.

Ministério da Saúde dos Estados Unidos. (1999). *The Surgeon General's call to action to prevent suicide.*

Ministério da Saúde dos Estados Unidos & Aliança Nacional para Ação pela Prevenção do Suicídio. (2012). *2012 national strategy for suicide prevention: Goals and objectives for action.*

Minois, G. (1999). *History of suicide: Voluntary death in western culture.* Johns Hopkins University Press.

Mishara, B. L. (1999). Conceptions of death and suicide in children ages 6–12 and their implications for suicide prevention. *Suicide and Life-Threatening Behavior, 29,* 105–118.

Mishara, B. L., & Daigle, M. (2001). Helplines and crisis intervention services: Challenges for the future. Em D. Lester (Org.), *Suicide prevention: Resources for the millennium* (p. 153–177). Brunner-Routledge.

Morrison, J. Q., & Harms, A. L. (2018). *Advancing evidence-based practice through program evaluation: A practical guide for schools-based professionals.* Oxford University Press.

Moskos, M. A., Achilles, J., & Gray, D. (2004). Adolescent suicide myths in the United States. *Crisis, 25,* 176–182.

Moskos, M., Olson, L., Halbern, S., Keller, T., & Gray, D. (2005). Utah youth suicide study: Psychological autopsy. *Suicide and Life-Threatening Behavior, 35,* 536–546.

Motohashi, Y., Kaneko, Y., Sasaki, H., & Yamaji, M. (2007). A decrease in suicide rates in Japanese rural towns after community-based intervention by the health promotion approach. *Suicide and Life-Threatening Behavior, 37,* 593–599.

Motto, J. A., & Bostrom, A. G. (2001). A randomized controlled trial of post-crisis suicide prevention. *Psychiatric Services, 52,* 828–833.

Muehlenkamp, J. J., & Gutierrez, P. M. (2004). An investigation of differences between self-injurious behavior and suicide attempts in a sample of adolescents. *Suicide and Life--Threatening Behavior, 34,* 12–23.

Muehlenkamp, J. J., & Gutierrez, P. M. (2007). Risk for suicide attempts among adolescents who engage in non-suicidal self-injury. *Archives of Suicide Research, 11,* 69–82.

Mulvey, E. P., & Cauffman, E. (2001). The inherent limits of predicting school violence. *American Psychologist, 56,* 797–802.

Myers, M. F., & Fine, C. (2006). *Touched by suicide: Hope and healing after loss.* Penguin.

Nangle, D. W., Hansen, D. J., Grover, R. L., Newman Kingery, J., Suveg, C., & Contributors. (2016). *Treating internalizing disorders in children and adolescents: Core techniques and strategies.* Guilford.

Nastasi, B. K., Bernstein-Moore, R., & Varjas, K. M. (2004). *School-based mental health services: Creating comprehensive and culturally specific programs.* American Psychological Association.

Nation, M., Crusto, C., Wandersman, A., Kumpfer, K. L., Seybolt, D., Morrissey-Kane, E., & et al. (2003). What works in prevention: Principles of effective prevention programs. *American Psychologist, 58,* 449–456.

Nelson, C. M., Sprague, J. R., Jolivette, K., Smith, C. R., & Tobin, T. J. (2009). Positive behavior support in alternative education, community-based mental health, and juvenile justice settings. Em W. Sailor, G. Dunlap, G. Sugai, & R. Horner (Orgs.), *Handbook of positive behavior support* (p. 465–496). Springer.

Nelson, E. L. (1987). Evaluation of youth suicide prevention school program. *Adolescence, 22,* 813–825.

Nickerson, A. B., Cornell, D. G., Smith, J. D., & Furlong, M. J. (2013). School anti-bullying efforts: Advice for education policymakers. *Journal of School Violence, 12,* 268–282.

Nickerson, A. B., & Slater, E. D. (2009). School and community violence and victimization as predictors of adolescent suicidal behavior. *School Psychology Review, 38,* 218–232.

Nixon, M. K., & Heath, N. L. (Orgs.). (2009). *Self-injury in youth: The essential guide to assessment and intervention*. Routledge.

Nock, M. K. (2014). *The Oxford handbook of suicide and self-injury*. Oxford University Press.

Nock, M. K., Boccagno, C. E., Kleiman, E. M., Ramirez, F., & Wang, S. B. (2019). Suicidal and nonsuicidal self-injury. Em M. J. Prinstein, E. A. Youngstrom, E. J. Mash, & R. A. Barkley (Orgs.), *Treatment of disorders in childhood and adolescence* (4. ed., p. 258–277). Guilford.

Nock, M. K., Borges, G., Bromet, E. J., Cha, C. B., Kessler, R. C., & Lee, S. (2008). Suicide and suicidal behavior. *Epidemiological Reviews, 30*, 133–154.

Nock, M. K., Green, J. G., Hwang, I., McLaughlin, K. A., Simpson, N. A., Zaslavsky, A. M., & et al. (2013). Prevalence, correlates, and treatment of lifetime suicidal behavior among adolescents: Results from the National Comorbidity Survey Replication Adolescent Supplement. *JAMA Psychiatry, 70*, 300–310.

Nock, M. K., Joiner, T. E., Gordon, K. H., Lloyd-Richardson, E., & Prinstein, M. J. (2006). Non-suicidal self-injury among adolescents: Diagnostic correlates and relation to suicide attempts. *Psychiatry Research, 144*, 65–72.

Nock, M. K., Teper, R., & Hollander, M. (2007). Psychological treatment of self-injury among adolescents. *Journal of Clinical Psychology: In Session, 63*, 1081–1089.

Nordentoft, M., Qin, P., Helweg-Larsen, K., & Juel, K. (2007). Restrictions in means for suicide: An effective tool in preventing suicide: The Danish experience. *Suicide and Life--Threatening Behavior, 37*, 688–697.

Nuland, S. B. (1993). *How we die: Reflections on life's final chapter*. Vintage Books.

O'Brien, K. M., Larson, C. M., & Murrell, A. R. (2008). Third-wave behavior therapies for children and adolescents: Progress, challenges, and future directions. Em L. A. Greco & S. C. Hayes (Orgs.), *Acceptance and mindfulness treatments for children and adolescents: A practitioner's guide* (p. 15–35). New Harbinger.

O'Carroll, P. W., & Silverman, M. M. (1994). Community suicide prevention: The effectiveness of bridge barriers. *Suicide and Life-Threatening Behavior, 24*, 89–91.

O'Neill, J. C., Marraccini, M. E., Bledsoe, S. E., Knotek, S. E., & Tabori, A. V. (2020). Suicide postvention practices in schools: School psychologists' experiences, training, and knowledge. *School Psychology, 35*, 61–71.

Orbach, I., & Bar-Joseph, H. (1993). The impact of a suicide prevention program for adolescents on suicidal tendencies, hopelessness, ego identity, and coping. *Suicide and Life-Threatening Behavior, 23*, 120–129.

Organização Mundial da Saúde. (2014). *Preventing suicide: A global imperative*.

Organização Mundial da Saúde. (2017). *Preventing suicide: A resource for media professionals, update 2017*.

Organização Mundial da Saúde. (2018). *Mental health: Suicide data* [Dataset]. www.who.int/mental_health/prevention/suicide/suicideprevent/en

O'Toole, M. E. (2000). *The school shooter: A threat assessment perspective.* National Center for the Analysis of Violent Crime, Federal Bureau of Investigation.

Overholser, J. C., Hemstreet, A. H., Spirito, A., & Vyse, S. (1989). Suicide awareness programs in the schools: Effects of gender and personal experience. *Journal of the American Academy of Child and Adolescent Psychiatry, 28,* 925–930.

Peña, J. B., & Caine, E. D. (2006). Screening as an approach for adolescent suicide prevention. *Suicide and Life-Threatening Behavior, 36,* 614–637.

Peterson, C. M., Matthews, A., Copps-Smith, E., & Conrad, L. A. (2017). Suicidality, self-harm, and body dissatisfaction in transgender adolescents and emerging adults with gender dysphoria. *Suicide and Life-Threatening Behavior, 47,* 475–482.

Petrosky, E. Y., Harpaz, R., Fowler, K. A., & Betz, C. S. (2018). Chronic pain among suicide decedents, 2003 to 2014: Findings from the National Violent Death Reporting Systems. *Annals of Internal Medicine, 169,* 448–455.

Pfeffer, C. R. (1986). *The suicidal child.* Guilford.

Pfeffer, C. R. (2003). Assessing suicidal behavior in children and adolescents. Em R. A. King & A. Apter (Orgs.), *Suicide in children and adolescents* (p. 211–226). Cambridge University Press.

Phillips, D. P., & Feldman, K. (1973). A dip in deaths before ceremonial occasions. *American Sociological Review, 38,* 678–696.

Pierson, E. E. (2009). Antidepressants and suicidal ideation in adolescence: A paradoxical effect. *Psychology in the Schools, 46,* 910–914.

Pirkis, J., & Blood, R. W. (2001). Suicide and the media: Part II. Portrayal in fictional media. *Crisis: Journal of Crisis Intervention and Suicide Prevention, 22,* 155–162.

Pirkis, J., Blood, R. W., Beautrais, A., Burgess, P., & Skehan. (2007). Media guidelines on the reporting of suicide. *Crisis: Journal of Crisis Intervention and Suicide Prevention, 27,* 82–87.

Pirkis, J., Spittal, M. J., Cox, G., Robinson, J., Cheung, Y. T. D., & Studdert, D. (2013). The effectiveness of structural interventions at suicide hotspots: A meta-analysis. *International Journal of Epidemiology, 42,* 541–548.

Platt, S. (2016). Inequalities and suicidal behavior. Em R. C. O'Connor & J. Pirkis (Orgs.), *International handbook of suicide prevention* (2. ed., p. 258–283). Wiley.

Plemmons, G., Hall, M., Doupnik, S., Gay, J., Brown, C., Browning, W., & et al. (2018). Hospitalization for suicide ideation or attempt, 2008–2015. *Pediatrics, 141*(6), e20172426.

Pokorny, A. (1992). Prediction of suicide in psychiatric patients: Report of a prospective study. Em R. Maris, A. Berman, J. Maltsberger, & R. Yufit (Orgs.), *Assessment and prediction of suicide* (p. 105–129). Guilford.

Poland, S. (1989). *Suicide intervention in the schools.* Guilford.

Polsgrove, L., & Smith, S. W. (2004). Informed practice in teaching self-control to children with emotional and behavioral disorders. Em R. B. Rutherford, M. M. Quinn, & S. R. Mathur (Orgs.), *Handbook of research in emotional and behavioral disorders* (p. 399–425). Guilford.

Power, T. J. (2003). Promoting children's mental health: Reform through interdisciplinary and community partnerships. *School Psychology Review, 32*, 3–16.

Power, T. J., DuPaul, G. J., Shapiro, E. S., & Kazak, A. E. (2003). *Promoting children's health: Integrating school, family, and community.* Guilford.

Priebe, S., Katsakou, C., Yeeles, K., Amos, T., Morriss, R., Doulao, W., & et al. (2011). Predictors of clinical and social outcomes following involuntary hospital admission: A prospective observational study. *European Archives of Psychiatry and Clinical Neuroscience, 261*, 377–386.

Princípios de ética profissional da Associação Nacional de Psicólogos Escolares. (2010). *School Psychology Review, 39*, 302–319.

Qin, P., Agerbo, E., & Mortenson, P. B. (2003). Suicide risk in relation to socioeconomic, demographic, psychiatric, and familial risk factors: A national register-based study of all suicides in Denmark, 1981–1997. *American Journal of Psychiatry, 160*, 765–772.

Quinn, K. P., & Lee, V. (2007). The wraparound approach for students with emotional and behavioral disorders: Opportunities for school psychologists. *Psychology in the Schools, 44*, 101–111.

Randall, B. P., Eggert, L. L., & Pike, K. C. (2001). Immediate post intervention effects of two brief youth suicide prevention interventions. *Suicide and Life-Threatening Behavior, 31*, 41–61.

Rathus, J. H., & Miller, A. L. (2015). *DBT skills manual for adolescents.* Guilford.

Rawana, J. S., Diplock, B. D., & Chan, S. (2018). Mindfulness-based programs in school settings: Current state of the research. Em A. W. Leschied, D. H. Saklofske, & G. L. Flett (Orgs.), *Handbook of school-based mental health promotion: An evidence-informed framework for implementation* (p. 323–355). Springer.

Ream, R. K., & Rumberger, R. W. (2008). Student engagement, peer social capital, and school dropout among Mexican American and non-Latino white student. *Sociology of Education, 81*, 109–139.

Reidenberg, D., & Berman, A. L. (2017). Changing the direction of suicide prevention in the United States. *Suicide and Life-Threatening Behavior, 47*, 509–517.

Reisch, T., & Michel, K. (2005). Securing a suicide hot spot: Effects of a safety net at the Bern Muenster Terrace. *Suicide and Life-Threatening Behavior, 35*, 460–467.

Reisch, T., Schuster, U., & Michel, K. (2007). Suicide by jumping and accessibility of bridges: Results from a national survey in Switzerland. *Suicide and Life-Threatening Behavior, 37*, 681–687.

Resnick, M. D., Bearman, P. S., Blum, R. W., Bauman, K. E., Harris, K. M., Jones, J., & et al. (1997). Protecting adolescents from harm: Findings from the National Longitudinal Study on Adolescent Health. *Journal of the American Medical Association, 278*, 823–832.

Reynolds, A. J., & Ou, S. R. (2010). Early childhood to young adulthood: An introduction to the special issue. *Children and Youth Services Review, 32*, 1045–1053.

Reynolds, W. M. (1988). *Suicide Ideation Questionnaire: Professional manual*. Psychological Assessment Resources.

Reynolds, W. M. (1991). A school-based procedure for the identification of students at--risk for suicidal behavior. *Family and Community Health, 14*, 64–75.

Reynolds, W. M. (1992). *Internalizing disorders in children and adolescents*. Wiley.

Reynolds, W. M., & Mazza, J. J. (1993). *Suicidal behavior in adolescents: Suicide attempts in school-based youngsters* [Unpublished manuscript].

Reynolds, W. M., & Mazza, J. J. (1994). Suicide and suicidal behavior. Em W. M. Reynolds & H. F. Johnston (Orgs.), *Handbook of depression in children and adolescents* (p. 520–580). Plenum.

Ribeiro, J. D., Bodell, L. P., Hames, J. L., Hagan, C. R., & Joiner, T. E. (2013). An empirically based approach to the assessment and management of suicidal behavior. *Journal of Psychotherapy Integration, 23*, 207–221.

Rich, C. L., Young, J. G., Fowler, R. C., Wagner, J., & Black, N. A. (1990). Guns and suicide: Possible effects of some specific legislation. *American Journal of Psychiatry, 147*, 342–346.

Richardson, A. S., Bergen, H. A., Martin, G., Roeger, L., & Allison, S. (2005). Perceived academic performance as an indicator of risk of attempted suicide in young adolescents. *Archives of Suicide Research, 9*, 163–176.

Richman, J. (1986). *Family therapy for suicidal people*. Springer.

Ridge Anderson, A., Keyes, G. M., & Jobes, D. A. (2016). Understanding and treating suicidal risk in young children. *Practice Innovations, 1*, 3–19.

Robinson, J., Calear, A. L., & Bailey, E. (2018). Suicide prevention in educational settings: A review. *Australasian Psychiatry, 26*, 132–140.

Robinson, J., Cox, G., Malone, A., Williamson, M., Baldwin, G., Fletcher, K., & O'Brien, M. (2013). A systematic review of school-based interventions aimed at preventing, treating, and responding to suicide-related behavior in young people. *Crisis: Journal of Crisis Intervention and Suicide Prevention, 34*, 164–182.

Rodger, S., Hibbert, K., Leschied, A. W., Atkins, M., Masters, E. R., & Pandori-Chuckal, J. (2018). Mental health literacy as a fundamental part of teacher preparation: A Canadian perspective. Em A. W. Leschied, D. H. Saklofske, & G. L. Flett (Orgs.), *Handbook of school-based mental health promotion: An evidence-informed framework for implementation* (p. 127–142). Springer.

Rosenthal, P. A., & Rosenthal, S. (1984). Suicidal behavior by preschool children. *American Journal of Psychiatry*, *141*, 520–525.

Ross, C. P. (1980). Mobilizing schools for suicide prevention. *Suicide and Life-Threatening Behavior*, *10*, 239–244.

Rudd, M. D. (2006). *The assessment and management of suicidality*. Professional Resources.

Rudd, M. D., Berman, A. L., Joiner, T. E., Nock, M. K., Silverman, M., Mandrusiak, M., & et al. (2006). Warning signs for suicide: Theory, research, and clinical applications. *Suicide and Life-Threatening Behavior*, *36*, 255–262.

Rudd, M. D., Joiner, T. E., & Rajab, M. H. (1995). Help negation after acute suicidal crisis. *Journal of Consulting and Clinical Psychology*, *63*, 499–503.

Rudd, M. D., Joiner, T. E., & Rajab, M. H. (2001). *Treating suicidal behavior: An effective, time-limited approach*. Guilford.

Rueter, M. A., Holm, K. E., McGeorge, C. R., & Conger, R. D. (2008). Adolescent suicidal ideation subgroups and their association with suicidal plans and attempts in young adulthood. *Suicide and Life-Threatening Behavior*, *38*, 564–575.

Rueter, M. A., & Kwon, H. K. (2005). Developmental trends in adolescent suicidal ideation. *Journal of Research on Adolescence*, *15*, 205–222.

Runyon, B. (2004). *The burn journals*. Vintage.

Ruof, S., & Harris, J. (1988). Suicide contagion: Guilt and modeling. *NASP Communique*, *18*, 8.

Rustad, R. A., Small, J. E., Jobes, D. A., Safer, M. A., & Peterson, J. R. (2003). The impact of rock music videos and music with suicidal content on thoughts and attitudes about suicide. *Suicide and Life-Threatening Behavior*, *33*, 120–131.

Sagan, C. (1996). *The demon-haunted world: Science as a candle in the dark*. Ballantine Books.

Sandoval, J. (Org.). (2013). *Crisis counseling, intervention, and prevention in the schools* (3. ed.). Routledge.

Santaella-Tenorio, J., Cerda, M., Villavecas, A., & Galea, S. (2016). What do we know about the association between firearm legislation and firearm-related injuries? *Epidemiological Review*, *38*, 140–157.

Satcher, D. (1998). Bringing the public health approach to the problem of suicide. *Suicide and Life-Threatening Behavior*, *28*, 325–327.

Sawka-Miller, K. D., & McCurdy, B. L. (2009). Preventing antisocial behavior: Parent training in low-income urban schools. Em J. K. Levine (Org.), *Low incomes: Social, health and educational outcomes* (p. 1–30). Nova Science.

Sawka-Miller, K. D., McCurdy, B. L., & Mannella, M. C. (2002). Strengthening emotional support services: An empirically-based model for training teachers of students with behavior disorders. *Journal of Emotional and Behavioral Disorders*, *10*, 223–232.

Sawka-Miller, K. D., & Miller, D. N. (2007). The third pillar: Linking positive psychology and school-wide positive behavior support. *School Psychology Forum, 2,* 26–38.

Scherff, A., Eckert, T. L., & Miller, D. N. (2005). Youth suicide prevention: A survey of public school superintendents' acceptability of school-based programs. *Suicide and Life--Threatening Behavior, 35,* 154–169.

Schilling, E. A., Aseltine, R. H., & James, A. (2016). The SOS suicide prevention program: Further evidence of efficacy and effectiveness. *Prevention Science, 17,* 157–166.

Schilling, E. A., Lawless, M., Buchanan, L., & Aseltine, R. H. (2014). Signs of suicide (SOS) shows promise as a middle school suicide prevention program. *Suicide and Life--Threatening Behavior, 44,* 653–667.

Schmitz, W. M., Allen, M. H., Feldman, B. N., Gutin, N. J., Jahn, D. R., Kleepsis, P. M., & et al. (2012). Preventing suicide through improved training in suicide risk assessment and care: An American Association of Suicidology task force report addressing serious gaps in U.S. mental health training. *Suicide and Life-Threatening Behavior, 42,* 292–304.

Schneider, S. R., O'Donnell, L., Stueve, A., & Coulter, R. W. S. (2012). Cyberbullying, school bullying, and psychological distress: A regional census of high school students. *American Journal of Public Health, 102,* 171–177.

Segal, Z. V., Williams, J. M. G., & Teasdale, J. D. (2002). *Mindfulness-based cognitive therapy for depression: A new approach to preventing relapse.* Guilford.

Segool, N. K., & Carlson, J. S. (2008). Efficacy of cognitive-behavioral and pharmacological treatments for children with social anxiety. *Depression and anxiety, 25*(7), 620–631.

Seiden, R. H. (1978). Where are they now?: A follow- up study of suicide attempters from the Golden Gate Bridge. *Suicide and Life-Threatening Behavior, 8,* 1–13.

Seligman, M. E. P. (1992). *Helplessness: On depression, development, and death.* Freeman.

Seligman, M. E. P., & Csikszentmihalyi, M. (2000). Positive psychology: An introduction. *American Psychologist, 55,* 5–14.

Serviço de Saúde Pública dos Estados Unidos. (2001). *National strategy for suicide prevention: Goals and objectives for action.* U.S. Department of Health and Human Services.

Sewell, K. W., & Mendelsohn, M. (2000). Profiling potentially violent youth: Statistical and conceptual problems. *Children's Services: Social Policy, Research, and Practice, 3,* 147–169.

Shaffer, D., & Craft, L. (1999). Methods of adolescent suicide prevention. *Journal of Clinical Psychiatry, 60,* 70–74.

Shaffer, D., Garland, A., Gould, M., Fisher, P., & Trautman, P. (1988). Preventing teenage suicide: A critical review. *Journal of the American Academy of Child and Adolescent Psychiatry, 27,* 675–687.

Shaffer, D., Garland, A., Vieland, V., Underwood, M. M., & Busner, C. (1991). The impact of a curriculum-based suicide prevention program for teenagers. *Journal of the American Academy of Child and Adolescent Psychiatry, 30,* 588–596.

Shaffer, D., Gould, M. S., Fisher, P., Trautman, P., Moreau, D., Kleinman, M., & et al. (1996). Psychiatric diagnoses in child and adolescent suicide. *Archives of General Psychiatry, 53*, 339–348.

Shaffer, D., Vieland, V., Garland, A., Rojas, M., Underwood, M., & Busner, C. (1990). Adolescent suicide attempters: Response to suicide prevention programs. *Journal of the American Medical Association, 264*, 3151–3155.

Shafii, M., & Shafii, S. L. (1982). Self-destructive, suicidal behavior, and completed suicide. Em M. Shafii & S. L. Shafii (Orgs.), *Pathways of human development: Normal growth and emotional disorders in infancy, childhood and adolescence* (p. 164–180). Thieme-Stratton.

Shapiro, E. S., Miller, D. N., Sawka, K., Gardill, M. C., & Handler, M. W. (1999). Facilitating the inclusion of students with emotional and behavioral disorders into general education classrooms. *Journal of Emotional and Behavioral Disorders, 7*, 83–93.

Shea, S. C. (2002). *The practical art of suicide assessment.* Wiley.

Shea, S. C. (2009). Suicide assessment: Part 2. Uncovering suicidal intent using the Chronological Assessment of Suicide Events (CASE approach). *Psychiatric Times, 26.* www. psychiatrictimes.com/view/suicide-assessment-part-2-uncovering-suicidal-intent-using-case-approach

Sheftal, A. H., Asti, L., Horowitz, L. M., Felts, A., Fontanella, C. A., Campo, J. V., & et al. (2016). Suicide in elementary school-aged children and early adolescents. *Pediatrics, 138*, 1–10.

Shinn, M. R., & Walker, H. M. (Orgs.). (2010). *Interventions for achievement and behavior problems in a three-tier model including RTI.* National Association of School Psychologists.

Shipler, D. K. (2004). *The working poor: Invisible in America.* Vintage.

Shneidman, E. S. (1973). *On the nature of suicide.* Jossey-Bass.

Shneidman, E. S. (1975). Postvention: The care of the bereaved. Em R. Pasnau (Org.), *Consultation in liaison psychiatry* (p. 245–256). Grune & Stratton.

Shneidman, E. S. (1985). *Definition of suicide.* Wiley.

Shneidman, E. S. (1996). *The suicidal mind.* Oxford University Press.

Shneidman, E. S. (2004). *Autopsy of a suicidal mind.* Oxford University Press.

Shochet, I. M., Dadds, M. R., Ham, D., & Montague, R. (2006). School connectedness is an underemphasized parameter in adolescent mental health: Results of a community prediction study. *Journal of Clinical Child and Adolescent Psychology, 35*, 170–179.

Siegel, M. (1979). Privacy, ethics, and confidentiality. *Professional Psychology, 10*, 249–258.

Silenzio, V. M. B., Pena, J. B., Duberstein, P. R., Cerel, J., & Knox, K. L. (2007). Sexual orientation and risk factors for suicidal ideation and suicide attempts among adolescents and young adults. *American Journal of Public Health, 97*, 2017–2019.

Silverman, M. M., Berman, A. L., Sanddal, N. D., O'Carroll, P. W., & Joiner, T. E. (2007a). Rebuilding the tower of babel: A revised nomenclature for the study of suicide and suicidal behaviors: Part 1. Background, rationale, and methodology. *Suicide and Life-Threatening Behavior, 37*, 248–263.

Silverman, M. M., Berman, A. L., Sanddal, N. D., O'Carroll, P. W., & Joiner, T. E. (2007b). Rebuilding the tower of babel: A revised nomenclature for the study of suicide and suicidal behaviors: Part 2. Suicide-related ideations, communications, and behaviors. *Suicide and Life-Threatening Behavior, 37*, 264–277.

Simon, R. I. (2007). Gun safety management for patients at risk for suicide. *Suicide and Life-Threatening Behavior, 37*, 518–526.

Sinclair, M. F., Christenson, S. L., Hurley, C., & Evelo, D. (1998). Dropout prevention for high-risk youth with disabilities: Efficacy of a sustained school engagement procedure. *Exceptional Children, 65*, 7–21.

Singer, J. B., Erbacher, T. A., & Rosen, P. (2019). School-based suicide prevention: A framework for evidence-based practice. *School Mental Health, 11*(1), 54–71.

Smith, K., & Crawford, S. (1986). Suicidal behavior among normal high school students. *Suicide and Life-Threatening Behavior, 16*, 313–325.

Smith-Millman, M. K., & Flaspohler, P. D. (2019). School-based suicide prevention laws in action: A nationwide investigation of principals' knowledge of and adherence to state school-based suicide prevention laws. *School Mental Health, 11*, 321–334.

Snyder, C. R., & Lopez, S. J. (2007). *Positive psychology: The scientific and practical exploration of human strengths.* SAGE.

Solomon, A. (2001). *The noonday demon: An atlas of depression.* Scribner.

Solomon, A. (2016). Introduction. Em S. Klebold, *A mother's reckoning: Living in the aftermath of tragedy* (p. xi–xviii). Crown.

Speed, K., Drapeau, C. W., & Nadorff, M. R. (2018). Differentiating single and multiple suicide attempters: What nightmares can tell us that other predictors cannot. *Journal of Clinical Sleep Medicine, 14*, 829–834.

Spencer-Thomas, S., & Jahn, D. R. (2012). Tracking a movement: U.S. milestones in suicide prevention. *Suicide and Life-Threatening Behavior, 42*, 78–85.

Spirito, A., Overholser, J., Ashworth, S., Morgan, J., & Benedict-Drew, C. (1988). Evaluation of a suicide awareness curriculum for high school students. *Journal of the American Academy of Child and Adolescent Psychiatry, 27*, 705–711.

Srebnik, D., Cauce, A. M., & Baydar, N. (1996). Help-seeking pathways for children and adolescents. *Journal of Emotional and Behavioral Disorders, 4*, 210–220.

St. Pierre, T. L., & Kaltreider, D. L. (2004). Tales of refusal, adoption, and maintenance: Evidence-based substance abuse prevention via school-extension collaboration. *American Journal of Evaluation, 25*, 479–491.

Stack, S. (2000). Suicide: A 15-year review of the sociological literature: Part I. Cultural and economic factors. *Suicide and Life-Threatening Behavior, 30,* 145–162.

Stack, S. (2003). Media coverage as a risk factor in suicide. *Journal of Epidemiology and Community Health, 57,* 238–240.

Stage, S. A., & Quiroz, D. R. (1997). A meta-analysis of interventions to decrease disruptive classroom behavior in public education settings. *School Psychology Review, 26,* 333–368.

Stanley, B., & Brown, G. K. (2012). Safety planning intervention: A brief intervention to mitigate suicide risk. *Cognitive and Behavioral Practice, 19,* 256–264.

Stanley, I. H., Hom, M. A., Rogers, M. L., Anestis, M. D., & Joiner, T. E. (2016). Discussing firearm ownership and access as part of suicide risk assessment and prevention: "Means safety" versus "means restriction". *Archives of Suicide Research, 21,* 237–253.

Steinmetz, K. (2018, agosto 20). The real fake news crisis. *Time,* 26–31.

Stengel, E. (1967). *Suicide and attempted suicide.* Penguin.

Stewart, S. M., Eaddy, M., Horton, S. E., Hughes, J., & Kennard, B. (2017). The validity of the interpersonal theory of suicide in adolescence: A review. *Journal of Child and Adolescent Psychology, 46,* 437–449.

Stoiber, K. C., & DeSmet, J. L. (2010). Guidelinesfor evidence-based practice in selecting interventions. Em G. Gimpel Peacock, R. A. Ervin, E. J. Daly III, & K. W. Merrell (Orgs.), *Practical handbook of school psychology: Effective practices for the 21st century.* Guilford.

Stormont, M., Reinke, W. M., & Herman, K. C. (2010). Introduction to the special issue: Using prevention science to address mental health issues in schools. *Psychology in the Schools, 47,* 1–4.

Stormont, M., Reinke, W. M., Herman, K. C., & Lembke, E. S. (2012). *Academic and behavior supports for at-risk students: Tier 2 interventions.* Guilford.

Strein, W., Hoagwood, K., & Cohn, A. (2003). School psychology: A public health perspective: I. Prevention, populations, and systems change. *Journal of School Psychology, 41,* 23–38.

Sugai, G. (2007). Promoting behavioral competence in schools: A commentary on exemplary practices. *Psychology in the Schools, 44,* 113–118.

Sugai, G., & Horner, R. H. (2009). Defining and describing schoolwide positive behavior support. Em W. Sailor, G. Dunlap, G. Sugai, & R. Horner (Orgs.), *Handbook of positive behavior support* (p. 307–326). Springer.

Suldo, S. M. (2016). *Promoting student happiness: Positive psychology interventions in schools.* Guilford.

Suldo, S. M., Bateman, L. P., & Gelley, C. D. (2014). Understanding and promoting school satisfaction in children and adolescents. Em M. J. Furlong, R. Gilman, & E. S. Huebner (Orgs.), *Handbook of positive psychology in schools* (2. ed., p. 365–380). Routledge.

Suldo, S. M., & Shaffer, E. J. (2008). Looking beyond psychopathology: The dual-factor model of mental health in youth. *School Psychology Quarterly, 37,* 52–68.

Suldo, S. M., Thalji-Raitano, A., Kiefer, S. M., & Ferron, J. M. (2016). Conceptualizing high school students' mental health through a dual-factor model. *School Psychology Review, 45*, 434–457.

Swearer, S. M., Espelage, D. L., & Napolitano, S. A. (2009). *Bullying prevention and intervention: Realistic strategies for schools*. Guilford.

Swearer, S. M., Fluke, S. M., Gonzalez, S. E., & Myers, Z. R. (2017). Evidence-based interventions for bullying among children and adolescents. Em L. Theodore (Org.), *Handbook of evidence-based interventions for children and adolescents* (p. 155–166). Springer.

Swearer, S. M., & Hymel, S. (2015). Understanding the psychology of bullying: Moving toward a social-ecological diathesis-stress model. *American Psychologist, 70*, 344–353.

Tarasoff versus diretores da Universidade da Califórnia, 131 Cal. Rptr. 14 (1976).

Taylor, R. D., Oberle, E., Durlak, J. A., & Weissberg, R. P. (2017). Promoting positive youth development through school-based social and emotional learning interventions: A meta-analysis of follow- up effects. *Child Development, 88*, 1156–1171.

The Trevor Project. (2020). *2020 national survey on LGBTQ youth mental health*.

Theodore, L. A. (Org.). (2017). *Handbook of evidence-based interventions for children and adolescents*. Springer.

Thompson, E. A., Connelly, C. D., Thomas-Jones, D., & Eggert, L. L. (2013). School difficulties and co-occurring health risk factors: Substance use, aggression, depression, and suicidal behaviors. *Journal of Child and Adolescent Psychiatric Nursing, 26*, 74–84.

Thompson, E. A., Eggert, L. L., & Herting, J. R. (2000). Mediating effects of an indicated prevention program for reducing youth depression and suicide risk behaviors. *Suicide and Life-Threatening Behavior, 30*, 252–271.

Thompson, E. A., Mazza, J. J., Herting, J. R., Randell, B. P., & Eggert, L. L. (2005). The mediating roles of anxiety, depression, and hopelessness on adolescent suicidal behaviors. *Suicide and Life-Threatening Behavior, 35*, 14–34.

Tomek, S., Burton, L. M., Hooper, L. M., Bolland, A., & Bolland, J. (2018). Suicidality in Black American youth living in impoverished neighborhoods: Is school connectedness a protective factor? *School Mental Health, 10*, 1–11.

Tucker, R. P., Crowley, K. J., Davidson, C. L., & Gutierrez, P. M. (2015). Risk factors, warning signs, and drivers of suicide: What are they, how do they differ, and why does it matter? *Suicide and Life-Threatening Behavior, 45*, 679–689.

Underwood, M., & Kalafat, J. (2009). *Lifelines: A suicide prevention program*. Hazelden.

Valeri, J. (2024, abril 22). Viver em uma casa com arma de fogo aumenta risco de suicídio entre os jovens. *Jornal da USP*. https://jornal.usp.br/radio-usp/viver-em-uma-casa-com--arma-de-fogo-aumenta-risco-de-suicidio-entre-os-jovens/

Van Dyke, R. B., & Schroeder, J. L. (2006). Implementation of the Dallas threat of violence risk assessment. Em S. R. Jimerson & M. J. Furlong (Orgs.), *Handbook of school violence and school safety: From research to practice* (p. 603–616). Erlbaum.

Van Orden, K. A., Joiner, T. E., Hollar, D., Rudd, M. D., Mandrusiak, M., & Silverman, M. M. (2006). A test of the effectiveness of suicide warning signs for the public. *Suicide and Life-Threatening Behavior, 36*, 272–287.

Van Orden, K. A., Witte, T. K., Gordon, K. H., Bender, T. W., & Joiner, T. E. (2008). Suicidal desire and the capability for suicide: Tests of the interpersonal-psychological theory of suicidal behavior among adults. *Journal of Consulting and Clinical Psychology, 76*, 72–83.

Van Orden, K. A., Witte, T. K., Selby, E. A., Bender, T. W., & Joiner, T. E. (2008). Suicidal behavior in youth. Em J. R. Z. Abela & B. L. Hankin (Orgs.), *Handbook of depression in children and adolescents* (p. 441–465). Guilford.

Vieland, V., Whittle, B., Garland, A., Hicks, R., & Shaffer, D. (1991). The impact of curriculum-based suicide prevention programs for teenagers: An 18-month follow-up. *Academy of Child and Adolescent Psychiatry, 30*, 811–815.

Volpe, R. J., Heick, P. F., & Gurerasko-Moore, D. (2005). An agile behavioral model for monitoring the effects of stimulant medication in school settings. *Psychology in the Schools, 42*, 509–523.

Vossekuil, B., Fein, R. A., Reddy, M., Borum, R., & Modzeleski, W. (2002). *The final report and findings of the Safe School Initiative: Implications for the prevention of school attacks in the United States.* Secret Service and U.S. Department of Education.

Vrinotis, M., Barber, C., Frank, E., Demicco, R., & New Hampshire Firearm Safety Coalition. (2015). A suicide prevention campaign for firearm dealers in New Hampshire. *Suicide and Life-Threatening Behavior, 45*, 157–163.

Wagner, E. E., Rathus, J. H., & Miller, A. L. (2006). Mindfulness in dialectical behavior therapy (DBT) for adolescents. Em R. A. Baer (Org.), *Mindfulness-based treatment approaches: Clinician's guide to evidence base and applications* (p. 167–189). Elsevier.

Walker, H. M., Horner, R. H., Sugai, G., Bullis, M., Sprague, J. R., Bricker, D., & et al. (1996). Integrated approaches to preventing antisocial behavior patterns among school-age children and youth. *Journal of Emotional and Behavioral Disorders, 4*, 193–256.

Walrath, C., Godoy Garazza, L., Reid, H., Goldston, D. B., & McKeon, R. (2015). Impact of the Garrett Lee Smith youth suicide prevention program on suicide mortality. *American Journal of Public Health, 105*, 986–993.

Walsh, B. W. (2012). *Treating self-injury: A practical guide* (2. ed.). Guilford.

Walsh, E., Hooven, C., & Kronick, B. (2013). School-wide staff and faculty training in suicide risk awareness: Success and challenges. *Journal of Child and Adolescent Psychiatric Nursing, 26*, 53–61.

Wandersman, A., & Florin, P. (2003). Community interventions and effective prevention. *American Psychologist, 58*, 441–448.

Ward-Ciesielski, E. F., & Rizvi, S. L. (2020). *The potential iatrogenic effects of psychiatric hospitalization for suicidal behavior: A critical review and recommendations for research* [Epub ahead of print].

Wasserman, D., Hoven, C. W., Wasserman, C., Wall, M., Eisenberg, R., Hadlaczky, G., & et al. (2015). School-based suicide prevention programmes: The SEYLE cluster-randomized, controlled trial. *The Lancet, 385,* 1536–1544.

Weiss, C. H., Murphy-Graham, E., & Birkeland, S. (2005). An alternate route to policy influence: How evaluators affect D.A.R.E. *American Journal of Evaluation, 26,* 12–30.

Westefeld, J. S., Bell, A., Bermingham, C., Button, C., Shaw, K., Skow, C., & et al. (2010). Suicide among preadolescents: A call to action. *Journal of Loss and Trauma, 15,* 381–407.

Whitcomb, S. A. (2017). *Behavioral, social, and emotional assessment of children and adolescents.* Routledge.

White, R. (1993). *"It's your misfortune and none of my own": A new history of the American west.* University of Oklahoma Press.

Whitley, J., Smith, J. D., Vaillancourt, T., & Neufeld, J. (2018). Promoting mental health literacy among educators: A critical aspect of school-based prevention and intervention. Em A. W. Leschied, D. H. Saklofske, & G. L. Flett (Orgs.), *Handbook of school-based mental health promotion: An evidence-informed framework for implementation* (p. 143–165). Springer.

Whitlock, J., Muehlenkamp, J., Eckenrode, J., Purington, A., Abrams, G. B., Barreira, P., & et al. (2013). Nonsuicidal self-injury as a gateway to suicide in young adults. *Journal of Adolescent Health, 52,* 486–492.

Whitlock, J., Wyman, P. A., & Moore, S. R. (2014). Connectedness and suicide prevention in adolescents: Pathways and implications. *Suicide and Life-Threatening Behavior, 44*(3), 246–272.

Wickrama, T., & Vazsonyi, A. T. (2011). School contextual experiences and longitudinal changes in depressive symptoms from adolescence to young adulthood. *Journal of Community Psychology, 39,* 566–575.

Wilcox, H. C., Kellam, S. G., Brown, C. H., Poduska, J., Ialongo, N. S., Wang, W., & et al. (2008). The impact of two univervsal randomized first- and second-grade classroom interventions on young adult suicide ideation and attempt. *Drug and Alcohol Dependence, 95*(Suppl. 1), S60–S73.

Williams, M. (2001). *Suicide and attempted suicide.* Penguin Books.

Wise, A. J., & Spengler, P. M. (1997). Suicide in children younger than age fourteen: Clinical judgment and assessment issues. *Journal of Mental Health Counseling, 19,* 318–335.

Witmer, L. (1996). Clinical psychology. *American Psychologist, 51,* 248–251.

Witte, T. K., Merrill, K. A., Bernert, R. A., Hollar, D. L., Schatschneider, C., & Joiner, T. E. (2008). "Impulsive" youth suicide attempters are not necessarily all that impulsive. *Journal of Affective Disorders, 107,* 107–116.

Wolf, M., Bantjes, J., & Kagee, A. (2015). The challenges of school-based suicide prevention: Experiences and perceptions of mental health professionals in South African schools. *Social Work Practitioner-Researcher, 27,* 20–44.

Woodbury, K. A., Roy, R., & Indik, J. (2008). Dialectical behavior therapy for adolescents with borderline features. Em L. A. Greco & S. C. Hayes (Orgs.), *Acceptance and mindfulness treatments for children and adolescents: A practical guide* (p. 115–138). New Harbinger.

Woodside, M., & McClam, T. (1998). *An introduction to human services* (3. ed.). Brookes/Cole.

Worden, J. W. (2008). *Grief counseling and grief therapy: A handbook for the mental health practitioner* (4. ed.). Springer.

Wyke versus Conselho Escolar do Condado de Polk, 129 F.3d 560 (11th Cir. 1997).

Wyman, P. A. (2014). Developmental approaches to prevent adolescent suicide: Research pathways to effective upstream preventive interventions. *American Journal of Preventive Medicine, 47*, 251–256.

Wyman, P. A., Hendricks Brown, C., LoMurray, M., Schmeelk-Cone, K., Petrova, M., Yu, Q., & et al. (2010). An outcome evaluation of the sources of strength suicide prevention program delivered by adolescent public leaders in high schools. *American Journal of Public Health, 100*, 1653–1661.

Yamokoski, C. A., & Lamoureux, B. (2013). Prevention of suicide through the education of primary care physicians. Em D. Lester & J. R. Rogers (Orgs.), *Prevention* (Vol. 2, p. 135–147). Praeger.

Yen, S., Weinstock, L. M., Andover, M. S., Sheets, E. S., Selby, E. A., & Spirito, A. (2013). Prospective predictors of adolescent suicidality: 6-month post-hospitalization follow-up. *Psychological Medicine, 43*, 983–993.

Ying, Y., & Chang, K. (2009). A study of suicide and socioeconomic factors. *Suicide and Life-Threatening Behavior, 39*, 214–226.

York, J., Lamis, D. A., Friedman, L., Berman, A. L., Joiner, T. E., Mcintosh, J. L., & et al. (2013). A systematic review process to evaluate suicide prevention programs: A sample case of community-based programs. *Journal of Community Psychology, 41*, 35–51.

Zenere, F. J. I., & Lazarus, P. J. (1997). The decline of youth suicidal behavior in an urban multicultural school system following the introduction of a suicide prevention and intervention program. *Suicide and Life-Threatening Behavior, 16*, 360–378.

Zenere, F. J. I., & Lazarus, P. J. (2009). The sustained reduction of youth suicidal behavior in an urban multicultural school district. *School Psychology Review, 38*, 189–199.

Zirkel, P. A. (2019). Liability for student suicide: An updated empirical analysis of the case law. *Communique, 48*(1), 28–31.

Zirkel, P. A., & Fossey, R. (2005). Liability for student suicide. *West's Education Law Reporter, 197*, 489–497.

Zullig, K. J., & Matthews-Ewald, M. R. (2014). School climate: Definition, measurement, and application. Em M. J. Furlong, R. Gilman, & E. S. Huebner (Orgs.), *Handbook of positive psychology in schools* (Vol. 2, p. 313–328). Routledge.

Zwaaswij, M., Van der Ende, J., Verhaak, P. F., Bensing, J. M., & Vernhulst, F. C. (2003). Help seeking for emotional and behavioural problems in children and adolescents: A review of recent literature. *European Child and Adolescent Psychiatry, 12*, 153–161.

Índice

A

Abordagem baseada em equipe. *Cf. tb.* Equipe Central de Prevenção do Suicídio (ECPS); Funcionários da escola; Prevenção do suicídio nas escolas; Professores
  autocuidado para a equipe escolar e 105
  conduzindo reuniões eficazes 102
  papéis e responsabilidades dos funcionários da escola e 98
  políticas e procedimentos públicos e 96
  posvenção e 270
  resposta à crise e 105
  retorno à escola de estudantes em alto risco e 246
  reuniões de equipe 102
  visão geral 96, 110

Abordagem de avaliação de ameaças 221. *Cf. tb.* Avaliações de risco

Abordagem de envolvimento abrangente 246

Abordagem de saúde pública. *Cf. tb.* Abordagens e serviços comunitários
  o suicídio como um problema de saúde pública 112
  saúde mental como um componente da 133
  serviços de saúde mental nas escolas 140
  teorias do comportamento suicida de ideação para ação e 55
  visão geral 111, 114, 141

Abordagem narrativa 197

Abordagens e serviços comunitários. *Cf.* Abordagem de saúde pública
  bullying e 218
  educação pública 131
  linhas diretas de crise 125
  medidas de segurança 117
  níveis de risco e 228, 245
  o modelo de prevenção do suicídio da Força Aérea americana 132
  posvenção e 270, 286
  serviços *online* de crise 130
  visão geral 116

Abuso 151

Aceitação 79, 253

Aglomerados de suicídio 102, 293

Ajuda profissional 156, 243. *Cf. tb.* Comportamento de busca de ajuda

Amizade 156. *Cf. tb.* Colegas

Anexos
  Amostra de entrevista com perguntas para avaliar o risco de suicídio (anexo 6.1) 225
  Crises e eventos estressantes na vida que podem precipitar ou desencadear comportamento suicida (anexo 5.2) 172
  Diretrizes recomendadas para uma cobertura responsável da mídia sobre suicídios (anexo 8.2) 309
  Exemplos de perguntas para professores e pais ou responsáveis (anexo 6.2) 226
  Prevenção e estratégias de intervenção para jovens potencialmente suicidas por nível de risco (anexo 7.1) 263
  Suicídio de jovens – exemplos de mitos e realidades (anexo 5.1) 169
  Um protocolo de prevenção de suicídio nas escolas (anexo 8.1) 308

Ansiedade 154, 194, 198, 215, 233

Armas
  entrevistas com crianças e adolescentes e 205
  fatores de risco e 152
  identificação de jovens potencialmente em risco 184
  intervenções para estudantes em alto risco e 242
  medidas de segurança e 120
  tiroteios em escolas e 219

Armas de fogo. Cf. Armas

Autocontrole 187

Autoestima 152, 156

Automutilação não suicida (AMNS)
  avaliação e 174, 209

fatores de risco e 151, 209
identificação de jovens potencialmente em risco e 184
terapia comportamental dialética (TCD) e 251

Avaliação. *Cf. tb.* Entrevistas em avaliações; Avaliações de risco; Triagem
anexos para 225
escola e 29
intervenções psicofarmacológicas e 261
mitos e equívocos comuns sobre o suicídio juvenil e 45
procedimentos a serem evitados 208
realizar 185
unindo à intervenção 175
visão geral 173, 224

Avaliação Cronológica de Eventos Suicidas 223

Avaliação de programas e fidelidade 71, 218

Avaliações de risco 176. *Cf. tb.* Avaliação; Entrevistas em avaliações; Fatores de risco; Prevenção do suicídio nas escolas; Triagem
anexos para 225
automutilação não suicida (AMNS) e 209
bullying e 214
entrevistas em 208
Equipe Central de Prevenção do Suicídio (ECPS) e 102
habilidades profissionais em 223
homicídio e 219
níveis de risco e 228
políticas e procedimentos públicos e 97
princípios das 190
procedimentos a serem evitados em 208
programas escolares de prevenção do suicídio e 179, 186
realizando 185
unindo à intervenção 175
visão geral 29, 81, 174, 224

B

Bilhetes de suicídio 46

Bullying 214

Burnout 106

C

Capacidade 56, 61, 62, 205

Capacidade adquirida 62, 205. *Cf. tb.* Capacidade

Capacitação 134

Centro de Valorização da Vida 18, 97, 129, 244

Cerimônias fúnebres e homenagens 275, 281, 299

Ciência 65

Clima/ambiente escolar 164, 240

Cobertura da mídia de um suicídio 295, 309

Cognição 53, 63, 213, 233

Colegas
bullying e 151, 214
ensinando alunos a como e onde encontrar ajuda 157
fatores de proteção e 156
prevenção e intervenção nas escolas e 69, 74, 239
triagem e 177

Comorbidade 151

Competência 91, 102, 261. *Cf. tb.* Treinamento

Comportamento de busca de ajuda 78, 156, 243

Comportamento suicida. *Cf. tb.* Ideação suicida; Suicídio; Tentativas de suicídio; Comunicações relacionadas ao suicídio
a dimensão do problema do comportamento suicida juvenil 35
compreendendo os termos relacionados ao 29
entrevistas com crianças e adolescentes e 203
fatores de risco e 150
intervenções psicofarmacológicas e 261
razões para 50
visão geral 66

Comunicação com responsáveis e apoios da comunidade 244, 275

Comunicações relacionadas ao suicídio. *Cf. tb.* Comportamento suicida
avaliações de risco e 186
identificação de jovens potencialmente em risco e 184
mitos e equívocos sobre 45
questões de responsabilidade e 82
sinais de alerta e 153
visão geral 31

Conexão 61, 62, 100, 164, 238

Conexão escolar 164. *Cf. tb.* Conexão

Confidencialidade 90, 242

Contágio de suicídio relacionado à divulgação midiática 294. *Cf. tb.* Aglomerados de suicídio; Contágio do suicídio

Contágio do suicídio 102, 267, 268, 292. *Cf. tb.* Posvenção

Corpo de Bombeiros 18

Crise, linhas diretas e serviços 125, 287. *Cf. tb.* Internet, uso e recursos

Crise, resposta 71, 105, 258, 271, 272. *Cf. tb.* Respondendo a jovens suicidas

Crises situacionais 155, 172

Crise, treinamento. Cf. Treinamento

Cuidadores. Cf. Pais/cuidadores

Currículo Lifelines 160, 162

D

Demografia do suicídio juvenil. *Cf. tb.* Estatísticas sobre suicídio
   armas e 120
   bullying e 214
   fornecer informações sobre o suicídio juvenil e 147, 148
   identificação de jovens potencialmente em risco e 184
   linhas diretas de crise e 126
   posvenção e 278
   visão geral 37

Depois de um suicídio
   Ferramentas para escolas 268, 297, 299

Depressão. *Cf. tb.* Saúde mental, necessidades de
   bullying e 215
   fatores de risco e 150
   identificação de jovens potencialmente em risco e 184
   programas escolares de intervenção e 232
   triagem e 177, 179, 180

Desempenho escolar. Cf. Funcionamento acadêmico

Desesperança
   automutilação não suicida (AMNS) e 213
   fatores de risco e 151
   linhas de crise e 127
   programas escolares de intervenção e 233
   sinais de alerta e 153
   teoria dos três passos do suicídio (T3P) e 61
   teoria interpessoal do suicídio (TIS) e 55

Disparadores 155, 172, 190

Dispensabilidade, percepção de 59

Documentação 87, 207, 246

Dor 53, 61, 63, 153, 154. *Cf. tb.* Dor psicológica; Sofrimento

Dor emocional 233. *Cf. tb.* Dor psicológica; Sofrimento

Dor psicológica. *Cf. tb.* Dor; Sofrimento

automutilação não suicida (AMNS) e 213
cognição e 63
sinais de alerta e 153
teoria dos três passos do suicídio (T3P) e 61
teoria interpessoal do suicídio (TIS) e 55
teorias de comportamentos suicidas e 54

Drogas, uso. Cf. Uso de substâncias e transtornos relacionados ao uso de substâncias (TUS)

E

Educação profissional 78, 79. *Cf. tb.* Treinamento

Educação sobre suicídio 70, 75, 144, 169

Empatia 199

Ensino de habilidades 75, 76, 100

Entrevistas com adolescentes. Cf. Entrevistas em avaliações

Entrevistas com crianças. Cf. Entrevistas em avaliações

Entrevistas com estudantes. Cf. Entrevistas em avaliações

Entrevistas em avaliações 192, 225, 226. *Cf. tb.* Avaliações; Avaliações de risco

Envolvimento em atividades 156, 239

Equipe Central de Prevenção do Suicídio (ECPS). *Cf. tb.* Funcionários da escola; Prevenção do suicídio nas escolas; Abordagem baseada em equipe
   autocuidado para a equipe escolar e 105
   conduzindo reuniões eficazes 102
   papéis e responsabilidades da 101
   políticas e procedimentos públicos e 96
   posvenção e 266, 273
   resposta à crise 105
   visão geral 95, 110

Equívocos comuns sobre o suicídio. Cf. Mitos e equívocos comuns sobre o suicídio

Escala de Avaliação da Gravidade do Suicídio de Columbia (EAGS-C) 178

Escala de Ideação Suicida de Beck 177

Escolas. *Cf. tb.* Intervenção no suicídio nas escolas; Posvenção do suicídio nas escolas; Prevenção do suicídio nas escolas
   abordagem de saúde pública e 134
   aumento da conexão e 238
   bullying e 218

colaboração com a comunidade 134
ensinando alunos a como e onde
encontrar ajuda 156
estratégias de autocuidado organizacional 109
fatores de proteção e 156
fornecer informações sobre o suicídio
juvenil e 146
importância de diminuir o sofrimento e 64
interações positivas e 164
intervenções psicofarmacológicas e 261
modelo de sistema de apoio em múltiplos
níveis (Samn) e 138
objetivos das avaliações de risco 186
posvenção e 271
práticas e estruturas baseadas em
evidências/informadas por evidências e 65
programas de nível 1 e 164
retorno a por estudantes de alto risco 246
serviços de saúde mental nas escolas 140
visão geral 28

Esquema de Decisão de Avaliação de Risco de
Suicídio 223

Estado de percepção 59, 81, 100

Estatísticas de suicídio infantil. Cf. Estatísticas
sobre suicídio

Estatísticas do suicídio de adolescentes. Cf.
Estatísticas sobre suicídio

Estatísticas sobre suicídio. Cf. Demografia do
suicídio juvenil
a dimensão do problema do
comportamento suicida juvenil 35
armas e 120, 122
em perspectiva 36
fornecer informações sobre o suicídio
juvenil e 146
terminologia relacionada ao
comportamento suicida e 29
tiroteios em escolas e 220
visão geral 26, 37, 66

Estigma 311

Estratégias universais 176. *Cf. tb.* Prevenção;
Programas de nível 1

Estresse 107, 152, 155, 172. *Cf. tb.*
Disparadores

Estudantes em alto risco 242, 264

Estudantes em baixo risco 228, 262, 263

Estudantes em risco moderado 229, 263

Etnia 38. *Cf. tb.* Demografia do suicídio juvenil

Eventos da vida 155, 172. *Cf. tb.* Disparadores

F

Fadiga por compaixão 106, 109

Família. *Cf. tb.* Pais/cuidadores
bullying e 218
entrevistando a 208
homenagens e 300, 302
identificação de jovens potencialmente em
risco e 152, 184
posvenção e 275, 290, 303

Fatores culturais 123, 152, 278. Cf.
Demografia do suicídio juvenil

Fatores de desenvolvimento 39, 53, 200

Fatores de proteção 75, 155, 186, 206,
216. *Cf. tb.* Habilidades de enfrentamento;
Habilidades de resolução de problemas;
Autoestima

Fatores de risco. *Cf. tb.* Avaliações de risco;
Sinais de alerta
bullying e 216
contágio do suicídio e 292
disparadores a serem considerados e 155
entrevistas com crianças e adolescentes
e 204
fornecer informações sobre o suicídio
juvenil e 149
identificação de jovens potencialmente em
risco com 184
níveis de risco e 228, 242
programas escolares de prevenção do
suicídio e 71, 75, 80
teoria interpessoal do suicídio (TIS) e 55
teorias do comportamento suicida de
ideação para ação e 55
tiroteios em escolas e 222
visão geral 50

Fatores de sexo 35, 41, 127. *Cf. tb.* Demografia
do suicídio juvenil

Fatores etários 39. *Cf. tb.* Demografia do
suicídio juvenil

Fatores geográficos 43. *Cf. tb.* Demografia do
suicídio juvenil

Fatores raciais 38, 152. *Cf. tb.* Demografia do
suicídio juvenil

Feriados 47

Financiamento para prevenção do suicídio 181, 311

Funcionamento acadêmico 81, 215, 238, 284

Funcionários da escola. *Cf. tb.* Equipe Central
de Prevenção do Suicídio (ECPS); Saúde
mental, profissionais de; Professores;
Abordagem baseada em equipe
autocuidado para 105
ensinando alunos a como e onde

encontrar ajuda e 156
entrevistas em avaliações de risco e 207
fatores de proteção e 156
fornecer informações sobre o suicídio
juvenil e 146
importância de diminuir o sofrimento e 64
informar os estudantes de uma morte por
suicídio 281
interações positivas e 164
legislação e 87
monitoramento de medicamentos nas
escolas e 261
papéis e responsabilidades dos 70, 98,
184, 288
posvenção e 273, 288
responsabilidade ética e 90
suicídios de membros adultos da equipe
e 299
triagem e 179, 182
visão geral 28, 110
Funerais 275, 282, 300

G

Gatilhos. Cf. Disparadores

H

Habilidades de enfrentamento 75, 152, 156,
243, 284
Habilidades de resolução de problemas 71, 75,
152, 156
Homicídio, risco de 219
Hospitalização 246, 256

I

Ideação suicida 30, 186. *Cf. tb.*
Comportamento suicida
Identidade de gênero 42, 126. *Cf. tb.*
Demografia do suicídio juvenil
Identificação 173, 181, 221. *Cf. tb.* Avaliação;
Triagem
Identificação de recursos 78
Intenção 31, 211
Interações entre funcionários e alunos 166,
193, 195, 250
Internação hospitalar. Cf. Hospitalização
Internet, uso e recursos 130, 206, 302. *Cf. tb.*
Linhas diretas de crise; Redes sociais
Intervenção com atividades extracurriculares
estruturadas (AEEs) 241

Intervenção no suicídio nas escolas 228. *Cf.
tb.* Intervenções; Posvenção do suicídio nas
escolas; Prevenção do suicídio nas escolas;
Programas de nível 2; Programas de nível 3
Intervenções. *Cf. tb.* Posvenção; Prevenção;
Intervenção no suicídio nas escolas;
Programas de nível 2; Programas de nível 3
anexos para 263
aumento do contato e 250
avaliações de risco e 175, 186
escola e 28, 140
importância de diminuir o sofrimento e 64
níveis de risco e 228, 242, 262
práticas e estruturas baseadas em
evidências/informadas por evidências 65
visão geral dos programas de intervenção 230
Intervenções de gerenciamento de
comportamento 236
Intervenções e apoios comportamentais
positivos (IACP) 139
Intervenções psicofarmacológicas 258
Intervenções terciárias. Cf. Intervenções;
Programas de nível 3

L

Legislação/fatores legais 82, 93, 122, 182, 260
Lésbicas, gays, bissexuais, transgêneros e queer
(LGBTQ) 42, 126, 152, 184, 214, 217. *Cf. tb.*
Demografia do suicídio juvenil; Identidade
de gênero; Orientação sexual
Linhas diretas de crise. Cf. Crise, linhas diretas
e serviços
Luto 289

M

Medicamentos 120, 258
Medidas de segurança 117, 242
Medo 56, 198
Melhores práticas 87, 92
Mensagem, linhas diretas por. Cf. Crise, linhas
diretas e serviços
Mindfulness 253
Mitos e equívocos comuns sobre o suicídio
anexos sobre 169
fornecer informações sobre o suicídio
juvenil e 147, 149
medo de perguntar aos jovens sobre
ideação suicida 194

visão geral 45, 66

Modelo de sistema de apoio em múltiplos níveis (Samn). *Cf. tb.* Prevenção do suicídio nas escolas; Programas de nível 1; Programas de nível 2; Programas de nível 3
  abordagem de saúde pública e 138
  bullying e 218
  limitações dos programas curriculares 159
  posvenção e 269
  triagem e 176
  visão geral 143

Modelo médico 133

Modelos de sistemas familiares 53

Morte por suicídio. *Cf. tb.* Posvenção; Posvenção do suicídio nas escolas; Estatísticas sobre suicídio; Suicídio
  armas e 120
  avaliação de programas de prevenção do suicídio em escolas e 72
  cobertura da mídia sobre 295
  compreendendo os termos relacionados ao comportamento suicida 34
  efeitos em cadeia da 306
  homenagens e 299
  questões de responsabilidade e 82
  visão geral 35

Mudanças de comportamento 153, 203

N

Níveis de risco 186

911 128

O

Orientação sexual 42, 152, 184, 214, 217. *Cf. tb.* Demografia do suicídio juvenil

P

Pais/cuidadores. *Cf. tb.* Família
  avaliações de risco e 192
  confidencialidade e 90
  entrevistas em avaliações de risco e 208
  Equipe Central de Prevenção do Suicídio (ECPS) e 102
  estudantes em alto risco e 244
  fatores parentais 152, 208
  homenagens e 300
  intervenções de educação dos pais 78, 79, 236
  mitos e equívocos comuns sobre o

suicídio e 45
posvenção e 275, 290
psicopatologia de 152

Perspectiva e abordagens cognitivo-comportamentais 53, 233, 251

Pertencimento 100

Planejamento de segurança 117, 229, 243

Plano de suicídio 31, 186. *Cf. tb.* Comunicações relacionadas ao suicídio

Posvenção. *Cf. tb.* Morte por suicídio; Intervenções; Prevenção; Posvenção do suicídio nas escolas
  anexos para 308
  cobertura da mídia de um suicídio e 295
  contágio do suicídio e 292
  Equipe Central de Prevenção do Suicídio (ECPS) e 103
  homenagens e 299
  materiais relacionados a 306
  modelo Samn e 269
  programas escolares de prevenção do suicídio e 78
  prontidão e 267
  resposta à crise e 105
  visão geral 265, 307

Posvenção do suicídio nas escolas. *Cf. tb.* Morte por suicídio; Posvenção; Posvenção do suicídio nas escolas; Intervenção no suicídio nas escolas; Prevenção do suicídio nas escolas
  anexos para 308
  contágio do suicídio e 292
  efeitos em cadeia do suicídio e 306
  homenagens e 299
  materiais sobre 306
  prontidão e 267
  protocolo para 270
  respondendo a suicídios ocorridos na escola 298
  suicídios de membros adultos da equipe e 299
  trabalho com a mídia 295
  visão geral 265, 268, 307

Práticas e estruturas baseadas em evidências/informadas por evidências 65, 137. *Cf. tb.* Intervenções; Prevenção

Prevenção. *Cf. tb.* Abordagens e serviços comunitários; Intervenções; Posvenção; Abordagem de saúde pública; Prevenção do suicídio nas escolas; Programas de nível 1
  abordagem de saúde pública para 55, 112, 136
  anexos sobre 169, 263

avaliação e 174
bullying e 217
contágio do suicídio e 292
educação pública e 131
escola e 28, 96, 140
estudantes em baixo risco e 228
exemplo da escola pública de Miami-Dade 77
financiamento e estigma em relação a 311
importância de diminuir o sofrimento e 64
interações entre funcionários e alunos e 166
medidas de segurança e 117
mitos e equívocos sobre o suicídio e 48
práticas e estruturas baseadas em
  evidências/informadas por evidências 65
retorno à escola de estudantes em alto
  risco e 246
serviços de saúde mental nas escolas 140
teorias do comportamento suicida de
  ideação para ação e 55
tiroteios em escolas e 219
trabalho com a mídia 295
visão geral 313
Prevenção do suicídio – Ferramentas para
  escolas de Ensino Médio (DSASSM, 2012) 269
Prevenção do suicídio nas escolas. *Cf. tb.*
  Prevenção; Intervenção no suicídio nas
  escolas; Posvenção do suicídio nas escolas;
  Escolas; Abordagem baseada em equipe;
  Programas de nível 1; Programas de nível 2;
  Programas de nível 3
  aumento do contato e 251
  autocuidado para a equipe escolar e 105
  financiamento para 311
  modelo de sistema de apoio em múltiplos
    níveis (Samn) e 138
  políticas e procedimentos públicos e 96
  responsabilidades éticas e legais e 182
  serviços de saúde mental nas escolas 140
  triagem e avaliações de risco e 179, 186
  visão geral 28, 68, 110, 143
Problemas de conduta 235
Processo e habilidade para encaminhamento
  78, 185, 245, 281
Professores. *Cf. tb.* Funcionários da escola;
  Abordagem baseada em equipe
  autocuidado para 105
  avaliações de risco e 192
  entrevista após uma morte por suicídio 288
  entrevistas em avaliações de risco e 207
  fatores de proteção e 155
  informar os estudantes de uma morte por
    suicídio 281
  interações positivas e 166

monitoramento de medicamentos nas
  escolas e 261
papéis e responsabilidades dos 89, 100
posvenção e 288
programas escolares de prevenção do
  suicídio e 70
responsabilidade ética e 89
retorno à escola de estudantes em alto
  risco e 246
suicídios de membros adultos da equipe
  e 299
Programa de Consciência Juvenil sobre Saúde
  Mental (CJSM) 73, 160, 163
Programa de Desenvolvimento de Habilidades
  de Vida para Indígenas Americanos
  (PDHVIA) 231
Programa de Resiliência de Penn (PRP) 235
Programa Educação para Resistência ao Abuso
  de Drogas (Erad) 237
Programa escolar Reconectando a Juventude –
  Uma Abordagem de Grupo para o
  Desenvolvimento de Habilidades de Vida 232
Programa Fontes de Força 157, 160
Programas curriculares de prevenção do
  suicídio 158. *Cf. tb.* Posvenção do suicídio
  nas escolas
Programas de Aprendizagem Social e
  Emocional (ASE) 74, 76, 100, 145, 159
Programas de nível 1. *Cf. tb.* Prevenção;
  Prevenção do suicídio nas escolas
  anexos para 169
  ensinando alunos a como e onde
    encontrar ajuda 156
  fornecer informações sobre o suicídio
    juvenil e 146
  limitações dos programas curriculares 158
  maximizando a eficácia dos 164
  melhorar o clima escolar com interações
    positivas entre funcionários e
    estudantes 166
  modelo de sistema de apoio em múltiplos
    níveis (Samn) e 139
  posvenção e 269
  visão geral 143, 168
  visão geral de programas de triagem 175
  visão geral de programas específicos 159
Programas de nível 2 139, 175, 227, 230, 269. *Cf.
  tb.* Intervenções; Intervenção no suicídio nas
  escolas; Prevenção do suicídio nas escolas
Programas de nível 3 139, 176, 227, 250, 269. *Cf.
  tb.* Intervenções; Intervenção do suicídio nas

escolas; Prevenção do suicídio nas escolas

Programas de prevenção centrados na sala de aula. Cf. Prevenção do suicídio nas escolas

Programas de prevenção de palestras e debates nas escolas. Cf. Prevenção do suicídio nas escolas

Programa SOS Sinais de Suicídio 160, 161, 177, 181

Promoção da saúde 137, 145. *Cf. tb.* Abordagem de saúde pública

Prontidão 267

Psicopatologia. Cf. Saúde mental, necessidades de

Psicoterapia analítica funcional (PAF) 252

Q

Questionando os estudantes. Cf. Entrevistas em avaliações

Questionário de Ideação Suicida 177, 181, 261

Questões de responsabilidade 82, 93. *Cf. tb.* Legislação/fatores legais

R

Raiva 154, 195

Redes sociais 206, 274, 302. *Cf. tb.* Internet, uso e recursos

Registros 87, 207, 246

Regulação emocional 54, 255

Resiliência 155, 268

Respondendo a jovens suicidas 98, 269, 298. *Cf. tb.* Resposta à crise; Intervenções; Posvenção; Prevenção

Responsabilidade ética
  intervenções para alunos em alto risco e 242
  melhores práticas e 92
  monitoramento de medicamentos nas escolas e 261
  programas escolares de prevenção do suicídio e 89
  triagem e 182

Resposta à intervenção (RAI) 139. *Cf. tb.* Modelo de sistema de apoio em múltiplos níveis (Samn)

Resposta a longo prazo a um suicídio 272. *Cf. tb.* Posvenção; Respondendo a jovens suicidas

Retorno à escola 246

S

Samu 18, 129, 315

Saúde mental, necessidades de. *Cf. tb.* Depressão
  abordagem de saúde pública e 115
  automutilação não suicida (AMNS) e 209
  educação pública e 131
  escola e 28, 80, 140
  fatores de risco e 150
  história da prevenção do suicídio nas escolas e 68
  intervenções psicofarmacológicas e 258
  letramento em saúde mental e 131
  morte por suicídio e 34

Saúde mental, profissionais de 89, 192, 223, 261, 287. *Cf. tb.* Saúde mental, serviços de; Funcionários da escola

Saúde mental, serviços de 133, 146. *Cf. tb.* Intervenções; Saúde mental, necessidades de; Saúde mental, profissionais de

Sinais de alerta 75, 149, 153, 204, 243. *Cf. tb.* Fatores de risco

Sistema de Vigilância de Comportamento de Risco Juvenil 36

Sistema Nacional de Divulgação de Mortes Violentas 40

Sofrimento 63, 153, 154, 164, 213. *Cf. tb.* Dor; Dor psicológica

Status socioeconômico 44. *Cf. tb.* Demografia do suicídio juvenil

Suicídio. *Cf. tb.* Morte por suicídio; Posvenção; Posvenção do suicídio nas escolas; Comportamento suicida
  como um problema de saúde pública 112
  efeitos em cadeia do 306
  entendendo a que o termo \ 29
  financiamento e estigma em relação ao 311
  quando, onde e como é mais provável que aconteça o suicídio 48
  razões para 50
  respondendo a suicídios ocorridos na escola 298
  visão geral 34, 35, 314

Suicídio, aglomerados 102, 292

Suicídio, comunicações relacionadas ao. Cf. Comunicações relacionadas ao suicídio

Suicídio consumado. Cf. Morte por suicídio; Suicídio

Suicídio, contágio 102, 267, 268, 292. *Cf. tb.*

Posvenção

Suicídio e homicídio 219

Suicídio, plano de. Cf. Plano de suicídio; Comunicações relacionadas ao suicídio

Suicídio, tentativas. Cf. Tentativas de suicídio

T

Técnicas projetivas 208

Telefone, linhas diretas por. Cf. Crise, linhas diretas e serviços

Tentativas de suicídio 35. *Cf. tb.* Comportamento suicida
avaliações de risco e 152, 184
mitos e equívocos sobre 45
questões de responsabilidade e 82
razões para 50
visão geral 32

Teoria cognitiva do suicídio 53

Teoria da fuga do comportamento suicida 54

Teoria dos três passos do suicídio (T3P) 61

Teoria interpessoal do suicídio (TIS) 55

Teorias do comportamento suicida de ideação para ação 55, 205

Teorias sobre o comportamento suicida 51

Terapia cognitiva baseada em *mindfulness* (TCBM) 252

Terapia comportamental dialética (TCD) 251

Terapia de aceitação e compromisso (TAC) 252

13 reasons why (série da Netflix, 2017) 216

Tiroteios em escolas 219

Transgêneros 42, 126. *Cf. tb.* Identidade de gênero; Lésbicas, gays, bissexuais, transgêneros e queer (LGBTQ)

Trauma secundário 106, 109

Treinamento
avaliações de risco e 223
estratégias de autocuidado organizacional 109
legislação relativa a 87
monitoramento de medicamentos nas escolas e 262
necessidades de saúde mental nas escolas e 29
programas escolares de prevenção do suicídio e 70
questões de responsabilidade e 87

Treinamento de Habilidades TCD para Resolver Problemas Emocionais em Adolescentes 100, 160, 163

Trevor Project 43

Triagem. *Cf. tb.* Avaliação; Identificação; Avaliações de risco
desafios da implementação nas escolas 180
intervenções psicofarmacológicas e 261
programas escolares de prevenção do suicídio e 179
questões éticas e legais na 182
visão geral 174, 183
visão geral dos programas de triagem 175

Tristeza 289

U

Uso de álcool. Cf. Uso de substâncias e transtornos relacionados ao uso de substâncias (TUS)

Uso de substâncias e transtornos relacionados ao uso de substâncias (TUS) 150, 154, 215, 236

V

Verificar e Conectar 241

Violência 219, 235

Violência sexual 215

Conecte-se conosco:

f facebook.com/editoravozes

◉ @editoravozes

𝕏 @editora_vozes

▶ youtube.com/editoravozes

☎ +55 24 2233-9033

www.vozes.com.br

Conheça nossas lojas:

www.livrariavozes.com.br

Belo Horizonte – Brasília – Campinas – Cuiabá – Curitiba
Fortaleza – Juiz de Fora – Petrópolis – Recife – São Paulo

  Vozes de Bolso

EDITORA VOZES LTDA.
Rua Frei Luís, 100 – Centro – Cep 25689-900 – Petrópolis, RJ
Tel.: (24) 2233-9000 – E-mail: vendas@vozes.com.br